国家哲学社会科学成果文库

NATIONAL ACHIEVEMENTS LIBRARY
OF PHILOSOPHY AND SOCIAL SCIENCES

国有股权行使和监管法律制度研究

徐晓松　等著

徐晓松 1957年10月出生，籍贯江西，法学博士，现任中国政法大学民商经济法学院教授、博士生导师，兼任中国经济法学研究会常务理事、北京市经济法研究会副会长。曾获"北京市优秀教师""北京市优秀中青年法学家"等荣誉称号，主持完成多项国家级及省部级科研课题，公开发表及出版《公司治理：结构抑或问题》《管制与法律的互动》《论国有企业改革中的产权问题》《论国有资本经营预算的生存环境及其对法律调整的影响》《国有资产保值增值的难点及法律对策》《公司法与国有企业改革研究》《论中国公司资本监管与公司治理》《国有企业治理法律问题研究》《国有独资公司治理法律制度研究》等代表性论著。

《国家哲学社会科学成果文库》
出版说明

  为充分发挥哲学社会科学研究优秀成果和优秀人才的示范带动作用,促进我国哲学社会科学繁荣发展,全国哲学社会科学规划领导小组决定自 2010 年始,设立《国家哲学社会科学成果文库》,每年评审一次。入选成果经过了同行专家严格评审,代表当前相关领域学术研究的前沿水平,体现我国哲学社会科学界的学术创造力,按照"统一标识、统一封面、统一版式、统一标准"的总体要求组织出版。

全国哲学社会科学规划办公室
2011 年 3 月

内 容 提 要

本书认为：基于对国家所有权公共权利属性的承继，国家股东行使股权的行为只能依靠法律对国有股权主体及其行为的拟制，在这一过程中，与私人股权完全不同的财产来源、设置目标以及权利行使方式，将对国有股东重大事项决定权、股份转让权以及股利分配权的行使和监管产生重大影响，进而形成国有股权与私人股权在制度构建上的根本区别。本书将从以下五个方面展开并论证上述命题。

第一部分，国有股权行使和监管法律制度的基本理论与研究重点。本书从国有股权行使和监管制度的公司治理价值、国有股权的公共权利属性及其对国有股权行使和监管制度构建的影响等三个方面构建了国有股权行使和监管法律制度的基本理论平台。本书认为：尽管国有股权在国家所有权行使方式中注入了私权因素，但在其公共权利属性的影响下，整个国有股权制度构建在出发点和最终结果上都表现出与既有公司股权制度的不同，股权行使主体制度的构建及其权利行使的监管将成为核心范畴，克服特殊"代理问题"将贯穿整个制度构建始终。这决定了本书在研究思路上不能直接套用既有的公司股权制度框架，而必须以公共权利属性对国有股权行使和监管制度构建的影响为线索，立足当下中国国有股权行使和监管的改革实践，围绕国有控股股东重大事项决定权、股份转让权以及股利分配权的行使和监管展开制度研究。

第二部分，国有控股股东重大事项决定权行使法律制度研究。本书认为，在公司法层面上，国有股东重大事项决定权行使制度构建是国有企业与政府之间关系调整和改革的关键环节。在当下国有公司股权多元化改革以及相关经济领域向民营企业开放的背景下，考虑到既有研究已经对国有独资公司投入了较多的资源，本书将国有资本控股公司中国有股东重大事项决定权的行使作为研究的一个重点。结合由"一股独大"及"双重身份"所形成的国有控股股东的"超控股东特权",针对国有控股股东行使重大事项决定权时的"过控"与"失控"现象,本书在对国有控股权行使中诸主体之间法律关系定位的基础上提出:建立以国有控股公司为核心的国有股权行使主体制度体系,通过设立"黄金股""优先股"以及信托等方式,进一步改进国有控股权行使的方式和内容,以最大限度地减少国有股权控制带来的负面作用。

第三部分,国有股转让权行使法律制度研究。本书认为,基于国有股权设置目标的公共属性,在当下国有公司股权多元化改革以及相关经济领域向民营企业开放的背景下,国有股转让权行使制度将在股权行使主体权、义、责任统一以及股份转让权行使程序控制方面保障国有股权转让的有序和公平。在对国有股权转让的基础及其所承载的利益冲突关系进行系统分析的基础上,笔者提出,公共利益的变化是国有股转让权行使的现实基础,而国有股权转让中对包括全民在内的诸多利益相关者产生的重大影响,必然对相关法律规则的协调平衡功能提出独特要求,因此,针对中国现行国有产权转让规则存在的主要问题,应当通过正当程序设计构建对政府及国资监管机构国有股转让决策权的制约和监督机制,建议将重大国有股权转让的审批权交给全国人大,同时结合行业特点,对受让方、转让场所以及转让方式的选择进行监管,并通过完善现行《转让办法》加强与现行制度的衔接。

第四部分,国有股股利分配权行使法律制度研究。本书认为,由于涉及国家财政预算制度,较之股权其他权能的行使,股利分配权行使最典型地体现了国有股权与私人股权在本质属性上的不同。基于公司法与预算法在国有股股利分配制度上交叉,"分不分""分多少"以及"谁来分"等问题是国有股股利分配权行使制度构建的关键问题。在针对上述问题展开制度构建的过程中,笔者提出,为更好地协调平衡国有公司与国家股东及全民因利润分配产生的利益关系,应当进一步改革和完善国有企业利润分配制度,合理划分国资监管机构与财政部门在国有资本经营预算中的职责划分,从预算监督层面加强对国有股股利分配权行使的监督。

第五部分,国有股权监管法律制度研究。本书认为,鉴于国有股权主体及其权利行使的特殊性,国有股权良性行使机制的形成不仅依赖法律对股权主体及其行为的制度构建,而且更有赖于法律对股权行使主体履行职责行为的监管。在这个意义上,国有股权监管是整个国有股权行使制度中不可或缺的内容。针对国有股权监管制度及其实践中的问题,笔者提出,首先,应当完善现行国有股权监管制度体系,其次,应当完善股权行使主体责任制度,尤其应当以信托责任为基础完善国有股权行使主体的民事责任制度、以公益诉讼原告制度改革为重点,完善国有股权行使主体民事责任的追究机制。

目 录

绪论 ………………………………………………………………（1）
  一、研究的意义 …………………………………………………（1）
  二、研究现状综述 ………………………………………………（4）
  三、研究的总体思路与框架 ……………………………………（7）
  四、预期创新 …………………………………………………（10）
  五、关键词的说明 ……………………………………………（12）

第一部分   国有股权行使和监管法律制度的基本理论及研究重点 ……（15）
  一、国有股权行使和监管制度的公司治理价值 ……………（16）
  二、国有股权的公共权利属性 ………………………………（23）
  三、公共权利属性对国有股权行使和监管制度构建的影响 ………（31）
  四、国有股权行使和监管法律制度研究的重点 ……………（38）

第二部分   国有控股股东重大事项决定权行使法律制度研究 …………（47）
  一、国有资本控股公司中国有控股权行使的特性 …………（49）
  二、国有资本控股公司中国有控股权行使存在的问题 ……（61）
  三、国有资本控股公司中国有控股权行使的思路 …………（66）
  四、国有控股权行使主体制度的构建 ………………………（75）
  五、国有控股权行使方式的改进 ……………………………（99）

第三部分   国有股转让权行使法律制度研究 ……………………………（123）
  一、国有股权的可转让性：转让权行使的基础 ……………（126）
  二、国有股转让权行使过程中的利益关系分析 ……………（142）
  三、对现行国有资产（产权）转让规则的反思 ……………（156）

四、国有股转让权行使法律制度的重构 …………………………（174）
　　五、相关配套制度的改革和完善 …………………………………（192）

第四部分　国有股股利分配权行使法律制度研究 ………………（199）
　　一、国有股股利分配权行使的特点及其意义 …………………（201）
　　二、国有股股利分配中的利益关系分析与相关立法政策思考 ………（206）
　　三、国有企业利润分配制度的进一步改革和完善 ……………（211）
　　四、国资监管机构与财政部门在国有资本经营预算中的职责划分 …（236）
　　五、从预算监督层面加强对国有股股利分配权行使的监督 …………（243）

第五部分　国有股权监管法律制度研究 …………………………（253）
　　一、现行国有股权监管制度体系及其完善 ……………………（254）
　　二、现行国有股权行使主体责任制度存在的问题及改革思路 ………（267）
　　三、国有股权行使主体民事责任制度的进一步完善 …………（273）
　　四、国有股权行使主体民事责任的追究机制 …………………（279）

参考文献 …………………………………………………………（291）

索引 ………………………………………………………………（317）

后记 ………………………………………………………………（319）

Contents

Introduction ··· (1)
  I. Research Significance ··· (1)
  II. Literature Review ·· (4)
  III. General Research Approach and Framework ················· (7)
  IV. Expected Innovation ··· (10)
  V. Clarification of Key Words ······································· (12)

Chapter 1 The Basic Theory and Research Emphasis of the Legal System of the State-owned Equity Exercise and Supervision ··· (15)
  I. The Value of the Legal System of the State-owned Equity Exercise and Supervision in Corporate Governance ······················ (16)
  II. The Public Right Attribute of State-owned Equity ············· (23)
  III. The Influence Exerted by the Public Right Attribute on State-owned Equity Exercise and Supervision Legal System Construction ········ (31)
  IV. The Research Emphasis of State-owned Equity Exercise and Supervision Legal System ·· (38)

Chapter 2 Legal System Research on the Exercise of Decision-making Power on Vital Items of State-owned Controlling Shareholders ··· (47)
  I. The Characters of Exercising State-owned Controlling Equity in State-owned Controlling Companies ······························ (49)

II. The Problems of Exercising State-owned Controlling Equity in
State-owned Controlling Companies ……………………………… (61)
III. The Logic of Exercising State-owned Controlling Equity in State-owned
Controlling Companies ………………………………………………… (66)
IV. The Construction of the State-owned Equity Subject System ……… (75)
V. The Exercising Way's Improvement of State-owned Controlling Equity
…………………………………………………………………………… (99)

**Chapter 3 A Study of the Legal System of the Transfer Right of
State-owned Equity** ……………………………………………… (123)
I. The Transferability of State-owned Equity: the Foundation of the
Transfer Right ………………………………………………………… (126)
II. The Analysis on Interest Relations of Exercising the Transfer Right of
State-owned Equity …………………………………………………… (142)
III. Thought on the Current Rules of State-owned Property (Rights)
Transfer ………………………………………………………………… (156)
IV. The Legal System Reconstruction of Exercising the Transfer Right of
State-owned Shares …………………………………………………… (174)
V. The Reformation and Perfection of Relevant Supporting Systems …… (192)

**Chapter 4 A Study of the Legal System of Exercising Dividend
Distribution Right of State-owned Equity** …………………… (199)
I. The Characters and Significance of Exercising Dividend Distribution
Right of State-owned Equity ………………………………………… (201)
II. Thought on Analysis of Interest Relations and Relevant Legislative
Policies on Dividend Distribution Right of State-owned Equity …… (206)
III. Further Reformation and Perfection of Profit Distribution System of
State-owned Companies ……………………………………………… (211)
IV. The Duty Separations of State-owned Property Regulators and Financial
Departments in State-owned Property Management and Budget …… (236)

Ⅴ. Strengthening the Supervision of Exercising Dividend Distribution Right
　　of State-owned Equity From the Budget Supervision Level ············ (243)

Chapter 5　A Study of the Supervision Legal System of State-owned
　　　　　　Equity ·· (253)
　Ⅰ. The Current Supervision System of State-owned Equity and its
　　　Perfection ··· (254)
　Ⅱ. The Current Problems and Reforming Ideas of State-owned Equity
　　　Subject System ··· (267)
　Ⅲ. The Further Perfection of the Civil Liability System of State-owned
　　　Equity Subject ·· (273)
　Ⅳ. The Accountability System of the Civil Liability of State-owned Equity
　　　Subject ··· (279)

Bibliography ··· (291)
Index ··· (317)
Postscript ··· (319)

绪　　论

一、研究的意义

　　基于社会公共利益的需求，国有企业在世界范围内的存在具有普遍性，但其投资过程中委托代理关系的复杂性，却使得国家（政府）应当如何有效行使投资人的权利、最终实现国有企业的设置目标成为一个世界性的难题。在破解这一难题的过程中，根据不同国情，按照国有资产的不同状况以及国家控制经济的不同需求，借助公司制度处理国有企业与国家（政府）之间的关系，通过国有公司的治理实现国企经营管理效益的改善和提高成为各国的共同选择。以此同时产生的问题是：作为与自然人及一般法人不同的主体，国家（政府）股东应当如何行使股权？

　　问题依然是世界性的，但基于国有企业在数量以及分布领域方面的差异，加之社会经济制度的不同，解决问题的方式在不同国家各不相同。就中国而言，从20世纪80年代初开始，国企改革从放权让利、利改税、承包和租赁经营、中小型国企拍卖至1990年代初的股份制改革，不过短短十年，国有股权及其行使问题就已被提上改革的议事日程。随着国有企业股份制改革的不断深入，国有股权被视为国家行使所有权的重要法律途径。2003年国务院国有资产监督管理委员会（以下可简称"国资监管机构"或"国务院国资委"）的设立标志着政府和学界就国有股权行使达成了这样的共识：国资监管机构"管"企业的基本方式应该是按照公司法规则行使国有股股权，"所有权到位"的实质就是"股东权利到位"。[①] 应当肯定，国资监管机构作为政府行使

---

① 张文魁：《国有资产管理体制改革四大热点》，载《改革与理论》2003年第3期。

股东权的平台，为分离政府作为国有资产所有权主体代表身份和社会公共事务管理者身份，实现政府国有资产所有权主体代表权利和社会公共事务管理行政权力相分离奠定了基础。按照改革者的设计，公司制改造之后的国有企业将摆脱"国家所有"和"国家经营"的传统经营模式，政府与国企的关系在法律形式上表现为基于公司法律规范而产生的股东与公司之间的权利义务关系，在实质上则全面实现企业国有资产的国家所有权向国有股权（State-owned Shares）的转换。而由于厘清了国有企业与政府的关系，企业将成为独立市场主体，获得改善和提高经营管理效率的动力。

　　正是基于上述，2003年以来国务院国资委立足公司治理，积极探索国家（政府）股东行使权利的最佳方式，从推进国有独资公司董事会制度建设、对国有公司高管实施经营业绩考核、积极推进国有企业的股份制改革、实施股权分置改革、推进企业的重组以及整体上市等方面做出了积极的努力。[①] 自2003年起至今，在国务院颁布《企业国有资产监督管理暂行条例》以下全书简称《国资监管条例》的基础上，国务院国资委陆续颁布《关于国有独资公司董事会建设的指导意见（试行）》《董事会试点企业外部董事管理办法（试行）》《董事会试点企业职工董事管理办法（试行）》《中央企业综合绩效评价管理暂行办法》《中央企业负责人经营业绩考核暂行办法》等一系列规范性文件，所有这些，标志着股份制改革后国有企业公司治理取得的成就，为2008年全国人大颁布《企业国有资产法》，从国家立法层面确立国有股权行使与监管的基本制度框架奠定了实践基础。

　　随着国有企业股份制改革的不断深入，20世纪90年代中后期开始，我国国有企业在整体上进入了以保持对国民经济控制力为重点的国有经济布局战略性调整阶段。这不仅表现为中小型国有企业在竞争性领域的退出，而且由国务院国资委直接履行出资人职责的中央国有企业也通过重组由2003年的

[①] 截至2013年第三季度，全国90%的国有及国有控股企业（不含金融类企业）完成了公司制股份制改革，国资委监管的中央企业及其所属子企业公司制股份制改制面达到89%；央企资产总额的56%、净资产的70%、营业收入的62%已在上市公司。详见白天亮：《国企改革：瞄准市场化加速转型》，载人民网，http://news.163.com/13/1108/03/9D4K7F5S00014AED.html，访问时间：2014年7月31日。

196户迅速收缩为2014年底的112户。① 也正是在这一过程中，国有企业的状况发生了巨大变化：(1) 长期处于总体亏损状态的央企开始盈利，并于2007年起向国家上交红利②。(2) 2000年的股权分置改革实现了国有股份在证券市场上的全流通，这标志着中国大型国企股权多元化改革时代的来临。正是在上述背景下，以下问题引起社会各界的关注。

首先，2007年央企开始重新向国家上缴利润，但也正是在"国有企业应当向国家上缴多少利润"的讨论中，人们发现对全民所有的社会资源近乎无偿占用在国企利润来源中占有很大比重。例如，在大多数研究中，国企对自然资源的无偿占用都被列为首位③；而另一些研究则揭示了国有企业在获得国家优惠政策以及融资方面得天独厚的低成本优势④；此外，几乎所有的统计数据都显示出盈利水平名列前茅的国企大都具有垄断地位。基于上述，人们开始质疑：公司经营管理水平的提高抑或其对社会资源的低成本占有，哪一个是当下国企盈利的原因？或者说哪一个因素对国企利润贡献最大？其次，面对国企员工（主要是企业管理层）的高薪和高福利待遇⑤、经营管理中的挥

---

① 详见《国企改革的三大方向：国资委或"管资本"为主》，载人民网，访问日期：2014年9月13日。
② 自1994年税制改革起至2007年的近14年间，由于严重亏损，国企没有向国家上缴利润。2007年9月国务院颁布《关于试行国有资本经营预算的意见》开始，国有企业向国家分红。
③ 在经济学界的研究中，资源租金问题主要包括矿产资源租金和土地资源租金。根据我国《资源税税目税额幅度表》规定：原油（元/吨）8.00—30.00；天然气（元/千立方米）2.00—15.00；煤炭（元/吨）0.30—5.00；其他非金属原矿（元/吨或立方米）0.50—20.00；黑色金属原矿（元/吨）2.00—30.00；有色金属原矿（元/吨）0.40—30；固体盐（元/吨）10.00—60.00；液体盐（元/吨）2.00—10.00。从2004年开始，我国对资源税进行了几次上调。但目前的制度仍然是租税混淆，而且租金被低估。例如石油资源税目前为30元/吨，但原油价格为2000—4000元左右/吨，资源税在原油价格中所占比例仅为1.5%—0.75%，大大低于国外10%—20%的费率水平。因此，国企对其占用的自然资源缴纳的费用微乎其微，几近于无偿使用。至于土地，目前国家对国企使用土地租金的收取没有相应的规定。
④ 例如，根据刘小玄和周晓艳的研究，2000—2007年，包括大约33万左右的企业观察值显示，从实际利息率来看国企实际上只需要支付1.6%的融资费率，而民企则需要支付5.4%。详见刘小玄、周晓艳2010年的工作论文《金融资源与实体经济之间配置关系的检验——兼论实体经济失衡的原因》。
⑤ 根据国家统计局网站披露的数据，2004年，国有企业的薪酬和工资首次超出其他单位的收入水平，此后，二者之间的差距逐年扩大：2006年7月11日由国资委统计评价局编制的一份统计年报显示，石油石化、通讯、煤炭、交通运输、电力等12家企业员工工资达到全国平均工资水平的3—4倍；而国家统计局的另一数据则显示，电力、电信、金融、保险、水电气供应、烟草等行业职工的平均工资是其他行业的2—3倍，如果再加上工资外收入和职工福利待遇上的差异，实际收入差距可能在5—10倍之间。以上资料转引自北京天则经济研究所课题组研究报告：《国有企业的性质、表现与改革》，第41—42页。

霍浪费①、决策不力及失误导致的国有资产流失等，人们普遍认同：国企利润中的相当部分仍在其内部循环，并没有造福社会。

上述问题至少说明了一个最简单的事实：改革至今，中国国企在整体上可能仍然维持着高成本运营的状态，换言之，国有企业改制为股份公司后，国家（政府）行使股权的行为尚未使国企在提升内部管理、降低运营成本方面实现根本性的变革。而在法律制度层面，最基本的问题可能是国有股东行使权利的机制尚未建立、健全，国有公司治理水平依然低下。因此，在肯定国有企业公司制改革重要意义的前提下，改革者应当深入思考这样的问题：首先，主体的特殊性对国有股权行使究竟具有什么样的影响？其次，面对当下国企改革以及国有股权行使和监管的现状，如何使未来的制度改革进一步走向深入？基于上述内容，本书认为，结合现阶段国家（政府）行使股权的实践，理论联系实际地回答上述问题，为我国国有股权行使与监管制度的进一步完善提出可供参考的意见和建议，是本书的意义所在。

二、研究现状综述

基于我国国情，虽经三十年改革，但我国国企体量大、活动领域宽仍然是当下中国国企与其他国家国企的最大区别，由此所面临的问题也存在巨大差异，这使其他国家和地区相关研究和改革实践经验的借鉴意义在整体上大打折扣。因此，为加强针对性，本书对研究现状的分析主要以国内法学界的研究文献为基础进行。

整体来看，国内学界关于国有股权行使与监管制度研究的成果主要集中在经济学界和法学界。其中，法学界对国有企业制度的研究主要集中在公司制改革、国有资产管理体制改革以及公司治理方面。关于国有股权制度的研究虽起步较早，但后续研究文献并不多，内容大致可分为：对国有股权制度的系统研究的著作；以国有独资公司内部治理为平台系统研究国家股东重大事项决定权行使与监管问题的著作；针对近年来国有股权行使实践中的国有

---

① 2009 年、2011 年在互联网上连续曝光并引起热议的中石化"天价灯""天价酒"事件表明，国有企业的浪费现象引发了社会的普遍关注和不满。

股权转让、股权分置改革、国企股利分配等具体问题展开研究的论著。上述研究中与本课题内容相关的研究成果主要体现在以下方面：（1）在对国有股权制度的专门研究中，以股权的性质、结构以及权利行使方式为线索，结合国企改革实际阐述国有股权行使、收益及其保护、流通转让等环节涉及的一系列法律问题①；（2）关于企业中国有股权的公权本质及其私法行使特征对完善国家所有权制度与国企公司治理意义的研究②；（3）从信托制度借鉴的角度探讨国有股权行使的方式③；（4）关于国资监管机构的法律定位及其与国家出资企业法律关系的分析④；（5）以公司内部治理为主线探讨国家股东与国有独资公司之间的关系⑤；（6）对国有控股公司的专门研究⑥；（7）对政府在国有股权转让中的控制权边界以及相应法律制度设计的研究⑦；（8）国有企业股利分配中国资委的地位及其与财政部之间关系的研究。⑧

尽管取得了诸多研究成果，但本书认为，由于中国国企改革是一个循序渐进和不断试错的过程，改革的不断深入必然暴露出既往国有股权行使与监管制度研究中存在的问题。具体而言：

1. 关于国有股权制度的系统研究。应当指出，这部分研究与本书研究内容最相类似，既往研究也搭建了国有股权制度的基础框架，但这部分论著由于写作年代久远，属于早期研究，在今天看来，成果大都比较原则和概括，提出的观点比较泛泛，或只是达成初步意见，随着国有企业和国有资产管理

---

① 详见石少侠：《国有股权问题研究》，吉林大学出版社 1998 年版；程合红、刘智慧、王洪亮：《国有股权研究》，中国政法大学出版社 2000 年版；肖海军：《国有股权法律制度研究》，中国人民公安大学出版社 2001 年版。

② 详见燕春：《国有股权的公权本质与私法行使》，载《安徽农业大学学报（社会科学版）》2008 年第 1 期。

③ 详见杨会新：《国有股权信托若干问题》，载《国家检察官学院学报》2005 年第 5 期；席月明：《国有资产信托法研究》，中国法制出版社 2008 年版。

④ 详见李曙光：《解析国资法四大问题》，载《上海国资》2009 年第 4 期。

⑤ 详见徐晓松等：《国有独资公司治理的法律制度研究》，中国政法大学出版社 2010 年版。

⑥ 详见徐晓松：《论国有控股公司组建及运作的法律规范》，载《政法论坛》1998 年第 6 期；吴茂见：《国有控股公司的概念和法律特征分析》，载《西南政法大学学报》2005 年第 6 期。

⑦ 详见闫月岭：《试论国企改制中政府职能作用》，载《经济师》2008 年第 8 期；姚洋、支兆华：《政府角色定位与企业改制的成败》，载《经济研究》2000 年第 1 期；邓峰：《国有资产的定性及其转让对价》，载《法律科学（西北政法学院学报）》2006 年第 1 期；李曙光：《论〈企业国有资产法〉中的"五人"定位》，载《政治与法律》2009 年第 4 期。

⑧ 详见徐晓松：《论国有资产监督管理机构在国有资本经营预算中的职责》，载《政治与法律》2009 年第 4 期。

体制改革的重大变化，特别是随着资本市场股权分置改革的完成，企业国有股权的行使环境已经发生了重大变化，部分观点在当前的实践中已经不合时宜，实际操作内容明显过时，不能为改革实践提供足够的支持，亟待发展和更新。

2. 关于国有股权行使与监管具体制度构建方面。应当指出，由于紧密结合国有股权行使与监管改革实践的进展，这方面的研究对解决改革实践中的问题具有很强的针对性。但随着国内外经济形势的变化以及国有股权进入全流通时代，上述研究明显表现出对国有股权行使与研究在系统、宏观方面抽象和把握的不足。例如：既往研究分别在独资公司国有股权行使与监督、国有股权交易、国有股分红等问题上有所建树，但对全流通背景下国有股权在国有控股公司中的行使与监管、经济结构转型背景下国有股份转让与交易的制度价值与制度设计、国有企业整体盈利背景下国有股分红权行使的制度价值与制度设计等，明显表现出宏观视角以及系统性方面的缺陷。

3. 由于改革进展的局限，既往研究不可避免地在一些重大问题上存在争议甚至留下了空白：（1）国资监管机构在国企治理和国有股权行使过程中所扮演的角色问题，该机构究竟应当是政府的组成部门还是国有资产的经营实体？[①] （2）与国有独资公司相比，国有资本控股公司中国有股东的控股地位对公司治理究竟利弊如何？[②] 国家（政府）应当如何行使控股股权？（3）关于国有股权的法律属性。尽管法学界对这一问题表现出关注[③]，但研究也表明，学界对国有股权性质及其法律规制的关注，由于脱离了具体企业制度而缺乏

[①] 通常的观点认为，国资委是政府的一个特设机构，专门代表政府对国家出资企业履行出资人职责，但有观点认为，国资委的法律定位就是一个"法定特设出资人机构"，是"特殊的企业法人"。详见李曙光：《论"企业国有资产法"中的"五人"定位》，载《政治与法律》2009年第4期。

[②] 倾向性的意见是国有股"一股独大"造成公司治理效率低下，认为国有资本控股公司（特别是其中的上市公司）仍然是带有很强行政色彩的组织，不重视中小股东利益，经营业绩滑坡。但经验研究结论却与此几乎相反，如周业安发现国有股、法人股的比例与净资产收益率有显著的正相关关系，甚至有学者指出国有股独大或独小对公司业绩是有利的，而适度混合的股权结构对公司业绩最不利。详见佘志宏等：《契约理论和上市公司治理》，载《经济评论》2003年第3期；王国刚：《上市公司国有资产减持应以四个原则为基本前提》，载《中国工业经济》2003年第2期；周业安：《金融抑制对中国企业融资能力影响的实证研究》，载《经济研究》1999年第2期；宾国强等：《股权分割，公司业绩与投资者保护》，载《管理世界》2003年第5期。

[③] 代表性作品如肖海军、朱ænçon：《国有股权的法律属性与法律关系》，载《邵阳高等专科学校学报》，2002年3月号；燕春：《国有股权的公权本质与私法行使》，载《安徽农业大学学报（社会科学版）》，2008年1月号。

针对性,同时也未能深入到国有企业的行业布局,对不同行业内的国有股权价值提出深刻见解。(4)关于国有企业的定位问题,这本该是研究国有股权行使和监管制度的基础性问题,但在法学研究中的关注度却不高,[①] 进而,既往研究不能准确评估公司制改革以及国有股权行使对国有企业制度生存基础的影响,进而从顶层设计角度确定国有股权行使和监管制度构建的基本方向。

三、研究的总体思路与框架

(一)研究的突破口与总体思路

本书认为:首先,由于国有股权在权利属性上与私人股权的本质区别,既有公司法律制度不可能为国有股权行使和监管制度的构建提供全部的制度资源,因此,在公司法股权制度基础上展开的一般性研究不能满足国有股权行使和监管制度构建的需求。其次,学界既往研究中比较系统深入的部分主要以国有独资公司为样本展开,具体内容大多集中于国有资本独资情况下股权主体制度框架的顶层设计以及股东重大事项决定权的行使。基于上述,本书应当从弥补既有研究不足的角度,结合当下国有股权行使和监管立法实践的现状寻找新的突破口。

2013年11月中国共产党第十八届三中全会发布了《中共中央关于全面深化改革的若干重大问题的决定》,明确指出国有资本、集体资本、非公有资本等交叉持股、相互融合的混合所有制经济是基本经济制度的重要实现形式,要积极发展混合所有制经济,以管资本为主加强国有资产监管,推动国有企业完善现代企业制度。[②] 上述,无疑为本书研究思路的确定提供了指引。

自2005年以后,随着改革的不断深入,国有股权各项权能的行使渐次展

[①] 法学界更多地关注反垄断法领域以及公用事业的民营化问题,但论述大多集中于反垄断法对国有企业的垄断行为是否可以进行规制以及如何规制的问题。详见史际春、肖竹:《公用事业民营化及其相关法律问题研究》,载《北京大学学报(哲学社会科学版)》2004年7月号;《反公用事业垄断若干问题研究:以电信业和电力业的改革为例》,载《法商研究》2005年第3期;史际春、姚海放:《国有制革新的理论与实践》,载《法学论坛》2005年第1期;马杰:《国有企业的反垄断法规制问题探析:〈中华人民共和国反垄断法〉第7条释义》,载《企业活力》2009年第10期。

[②] 详见2013年11月中国共产党第十八届三中全会发布的《中共中央关于全面深化改革的若干重大问题的决定》第6—8条。

开，其中最值得关注的是：（1）股权多元化改革中国有股东重大事项决定权的行使；（2）相关经济领域向民营企业开放背景下国有股份转让权的行使；（3）在国有企业盈利背景下国有股股利分配权的行使。本书认为，上述制度改革位居现阶段国有股权行使与监管制度建设实践的核心环节，正在进行的制度构建集中体现了国有股权的基本属性及其不同于私人股权的鲜明特色。以此为突破口展开，将使本书的研究处于国有股权行使和监管制度构建理论与实践的最前沿，实现本书推进国有股权行使和监管制度的理论与实践的研究目标。

基于上述，本书认为，首先，本书应当在公司股权制度基础上，紧紧围绕国有股权的公共权利属性及其对国有股权行使和监管制度构建的影响展开研究。其次，国有股权行使和监管既涉及企业制度改革，又涉及国有资产管理体制改革，这决定了相关制度只能在改革实践中建立和完善。因此，本书应当立足当下国有股权行使和监管制度建设实践展开研究。具体而言，不仅要结合现行体制对股权行使主体框架作出具有前瞻性的制度设计，还应当结合国家股东在重大事项决定、股权转让以及股利分配等三个方面行使权利的实践进行制度建设；不仅要研究国有独资情况下的国有股权行使与监管，而且还要研究国有资本控股情况下的国有股权的行使与监管。

基于上述，本书试图在研究思路上有所改变，将国有股权行使和监管制度的顶层设计与当下国有股权行使和监管的改革实践相结合，在对国有股权基本理论进行系统论述的基础上，围绕国有控股股东重大事项决定权、国有股份转让权以及股利分配权行使的实践，展开对国有股权行使和监管制度的研究，在深化现有研究的同时，最大限度地增强研究的针对性和实用性，以期对正在进行的改革作出应有的贡献。

（二）本书的主题与论证结构

本书的主题是：基于对国家所有权公共权利属性的承继，国家股东行使股权的行为只能依靠法律对国有股权主体及其行为的拟制，在这一过程中，与私人股权完全不同的财产来源、设置目标以及权利行使方式，将对国有股东重大事项决定权、股份转让权以及股利分配权的行使和监管产生重大影响，进而形成国有股权与私人股权在制度构建上的根本区别。本书将从以下五个方面展开并论证上述命题。

第一部分，国有股权行使和监管法律制度的基本理论与研究重点。本书从国有股权行使和监管制度的公司治理价值、国有股权的公共权利属性及其对国有股权行使和监管制度构建的影响等三个方面构建了国有股权行使和监管法律制度的基本理论平台。认为：尽管国有股权在国家所有权行使方式中注入了私权因素，但在其公共权利属性的影响下，整个国有股权制度构建在出发点和最终结果上都表现出与既有公司股权制度的不同，股权行使主体制度的构建及其权利行使的监管将成为核心范畴，克服特殊"代理问题"将贯穿整个制度构建始终。这决定了本书在研究思路上不能直接套用既有的公司股权制度框架，而必须以公共权利属性对国有股权行使和监管制度构建的影响为线索，立足当下中国国有股权行使和监管的改革实践，围绕国有控股股东重大事项决定权、股份转让权以及股利分配权的行使和监管展开制度研究。

第二部分，国有控股股东重大事项决定权行使法律制度研究。本书认为，在公司法层面上，国有股东重大事项决定权行使制度构建是国有企业与政府之间关系调整和改革的关键环节。在当下国有公司股权多元化改革以及相关经济领域向民营企业开放的背景下，考虑到既有研究已经对国有独资公司投入了较多的资源，本书将国有资本控股公司中国有股东重大事项决定权的行使作为研究的一个重点。结合由"一股独大"及"双重身份"所形成的国有控股股东的"超控股股东特权"，针对国有控股股东行使重大事项决定权时的"过控"与"失控"现象，本书在对国有控股权行使中诸主体之间法律关系定位的基础上提出：建立以国有控股公司为核心的国有股权行使主体制度体系，通过设立"黄金股""优先股"以及信托等方式，进一步改进国有控股权行使的方式和内容，以最大限度地减少国有股权控制带来的负面作用。

第三部分，国有股转让权行使法律制度研究。本书认为，基于国有股权设置目标的公共属性，在当下国有公司股权多元化改革以及相关经济领域向民营企业开放的背景下，国有股转让权行使制度将在股权行使主体权利、义务、责任统一以及股份转让权行使程序控制方面保障国有股权转让的有序和公平。在对国有股权转让的基础及其所承载的利益冲突关系进行系统分析的基础上，本书提出，公共利益的变化是国有股转让权行使的现实基础，而国有股权转让中对包括全民在内的诸多利益相关者产生的重大影响，必然对相关法律规则的协调平衡功能提出独特要求。因此，针对中国现行国有产权转让规则存在的主要问题，应当通过正当程序设计构建对政府及国资监管机构国有股转让决策权的制约和监督机制，建议将重大国有股权转让的审批权交给人大，同时结合行业特点，对受让方、转让场所以及转让方式的选择进行监管，并通过完善现行《企业国有产权转让管理暂行办法》本书以后简称《转让办法》加强与现行制度的衔接。

第四部分，国有股股利分配权行使法律制度研究。本书认为，由于涉及国家财政预算制度，较之股权其他权能的行使，股利分配权行使最典型地体现了国有股权与私人股权在本质属性上的不同。基于公司法与预算法在国有股股利分配制度上交叉，"分不分""分多少"，以及"谁来分"等问题是国有股股利分配权行使制度构建的关键问题。在针对上述问题展开制度构建的过程中，本书提出，为更好地协调平衡国有公司与国家股东及全民因利润分配产生的利益关系，应当进一步改革和完善国有企业利润分配制度，合理划分国资监管机构与财政部门在国有资本经营预算中的职责划分，从预算监督层面加强对国有股股利分配权行使的监督。

第五部分，国有股权监管法律制度研究。本书认为，鉴于国有股权主体及其权利行使的特殊性，国有股权良性行使机制的形成不仅依赖法律对股权主体及其行为的制度构建，而且更有赖于法律对股权行使主体履行职责行为的监管。在这个意义上，国有股权监管是整个国有股权行使制度中不可或缺的内容。针对国有股权监管制度及其实践中的问题，本书提出，首先，应当完善现行国有股权监管制度体系。其次，应当完善股权行使主体责任制度，尤其应当以信托责任为基础完善国有股权行使主体的民事责任制度、以公益诉讼原告制度改革为重点，完善国有股权行使主体民事责任的追究机制。

四、预期创新

较之同类研究，本书最主要的创新是：（1）研究思路创新。本书在整体上没有将公司股权制度直接套用于国有股权行使和监管制度构建的研究，而是将国有股权视为与私人股权并列的一类特殊股权，紧紧围绕国有股权的公共权利属性及其对国有股权行使和监管制度构建的影响展开研究，从而增强了研究的科学性和系统性。（2）思路创新决定了本书研究内容和论证体系的创新。从国有股权的公共权利属性出发，作者结合改革实践将国有股权行使和监管的重点及难点归纳为国有控股股东重大事项决定权利行使、国有股转让权行使、国有股股利分配权行使以及国有股权行使主体民事责任追究机制构建。与同类研究成果相比，上述研究自成体系，具有明显的创新性和开拓性。（3）本书研究对象的选择有创新。根据国有企业改革的进程，本书立足当下国有股权行使和监管实践，将研究对象扩展到以国有资本控股公司为主体的国有公司整体，将主要篇幅用于国有控股股东重大事项决定权、国家股东股份转让权以及股利分配权行使与监管的理论与实践研究，不仅弥补了学界既往研究偏重国有独资公司的缺陷，而且更加符合当前以及未来国有企业改革的实际需要。

在国有股权行使和监管具体法律制度构建方面，本书提出了以下具有新意的观点和立法建议：（1）主张以国有控股公司为载体、以建立健全国有股东代表制度为核心、以设立特别股和创设国有股权信托制度为配套，改进国有控股股东重大事项决定权的行使与监督。（2）在国有股转让权行使制度方面，主张构建正当程序，以制约政府决策权为重心，根据国家安全、经济战略、自然垄断、完全竞争等不同行业设置特殊的监管目标和审批权限，并对资产评估、管理层收购、职工持股、黄金股设计做配套性改革。（3）在国有股股利分配权行使法律制度研究方面，主张以协调平衡国有企业、国家股东以及全民之间的利益冲突为目标，将国有股股利分配与收益纳入国家预算监督体系，以国有企业利润上缴制度以及国资监管机构与财政部门在国有资本经营预算中职责的合理划分为重点，建立健全国有资本经营预算监督制度。（4）在国有股权监管法律制度研究方面，提出主体民事责任制度及其追究机制的欠缺是当前国有股权行使监管中存在的主要法律问题，建议以信托责任为基础完善国有股权行使主体的民事责任制度，并以公益诉讼原告制度改革为重点完善国有股权行使主体民事责任的追究机制。

五、关键词的说明

(一)"国有股权"及相关概念

关于国家在企业的投资权益,无论从相关法律以及规范性文件看还是从学界的研究看,至少存在两种表述,即"企业国有产权"和"企业国有资产"。根据2003年《企业国有产权管理暂行办法》(以下简称《转让办法》)的规定看,"企业国有产权"定义的重点是所有者权益,而按照2008年《企业国有资产法》第2条的规定,"企业国有资产"是指国家对企业各种形式的出资所形成的权益,因此,在公司制企业中,"企业国有资产"其实就是"国有股权"。基于此,本书认为,"企业国有产权""企业国有资产"以及"国有股权"三个概念并无本质差异,只在使用背景上不同,为方便理解,本书一般只使用"国有股权"概念,但分析对象不限于公司。在分析现行法律法规时,可能会出现上述三个概念的交替使用,但这并不表明本书认为"企业国有产权""企业国有资产"以及"国有股权"三个概念有本质差异。另外,在公司法研究层面,"国有股权"是与"私人股权"相对应的股权类型,其划分标准是股权持有主体所有制性质的不同,因此准确地说,"国有股权"最准确的称谓应当是"国家股权"。但本书考虑到学界研究的习惯,仍使用"国有股权",以保持关键词的统一,只在特指股权主体或者与私人股权主体比较时,可用"国家股权"代替"国有股权"。

(二)国有股权的"监管"与"监督"

本书题为"国有股权行使和监管法律制度研究"。其中,"国有股权行使"比较容易理解,是指国家(政府)以股东身份享有并行使股权的行为,由于其权利行使方式的拟制性,"国有股权行使"在制度层面应当包含国有股权主体体系的构建及其诸主体之间权利义务关系的界定,而"国有股权监管"的理解则比较复杂。

本书认为,首先,在国有资产管理体制的层面,"监管"就是政府对国有资产的监督管理,在法律制度上体现为现行《企业国有资产法》所确定的以国有资产出资人制度为核心的国有资产监管体制；其次，按照《企业国有资产法》的规定，在公司制企业中"企业国有资产"就是"国有股权"，而由于国有股权主体及其权利行使的特殊性，构成股权行使主体体系的机构之间通过层层"代理关系"连接，因此，良性股权行使机制的形成不仅依赖法律对股权主体及其行为制度的构建，而且还有赖于对股权行使主体履行职责行为的监管。在这个意义上，国有股权监管是整个国有股权行使制度中不可或缺的内容。

在上述意义上，本书认为"国有股权监管制度"应当被定义为：为保证国有股权行使的有效性（Validity）而对股权行使主体履行职责的行为进行监督管理的法律制度安排。以此为基础，"国有股权监管"可以来自两个层面：（1）来自国有股权主体的监管；（2）对国有股权行使主体的监管。前者是指在现行国有资产出资人制度下，履行出资人职责的机构对其委派的股东代表以及直接任命的独资公司董事、监事的监管。其中，对股东代表的监督属于股权行使过程中基于法定授权产生的国有股权行使主体体系内部的监督，而对独资公司董事、监事的监管则属于公司法层面上的股东监督。至于"对国有股权行使主体的监管"，按照《企业国有资产法》的相关规定，则是指各级人大、政府、各级政府审计机关以及社会公众对各级政府及其授权履行出资人职责的机构的监督。

综上所述，本书的结论是，由于国有股权行使同时涉及公司制度以及国有资产管理体制，"国有股权监管"的主体涵盖了政府、国家和社会等不同层面，既包括来自股东的监督，也包括来自国家所有权的监管，更包括来自社会的监督，在制度构建上更是涵盖了行政监管和司法监督。因此，本书标题中的"监管"一词已经不同于经济学意义上的"政府监管"，在严格的意义上，"监管"一词的使用并不是很准确。① 有鉴于此，在本书撰写中，作者在总标题、各部分大标题层面上使用"监管"一词，但在具体论述中，则视具体内容用"监督"一词替换。

---

① 本书发现，在《企业国有资产法》及《审计法》中，全国人民代表大会、国务院对国资监管机构监督关系均被表述为"监督"而不是"监管。"

(三) "国有企业""国有公司"及"国家出资企业"的含义

按照《企业国有资产法》第 5 条的规定,"国家出资企业"是指国家出资的国有独资企业、国有独资公司,以及国有资本控股公司、国有资本参股公司。因此,结合我国目前国有企业改革的实际情况,从股份控制的角度,"国有企业"是指国有股份在企业中占绝对控制地位的企业,包括国有独资企业、国有独资公司以及国有资本控股公司;而"国有公司"则是指采用公司制形式、且国有资本在公司中占控制地位的公司,包括国有独资公司和国有资本控股公司。本书严格按照上述规范使用"国有企业""国有公司"以及"国家出资企业"三个概念。

第一部分

国有股权行使和监管法律制度的基本理论及研究重点

作为国家（政府）与国有企业关系的法律表现形式，国有股权产生于公司制度在国有企业中的运用。而作为中国国有企业公司制改造的产物，国有股权又与中国国有企业改革的目标紧密相连。由此形成了国有股权行使和监管制度研究的基本理论问题：（1）国有股权行使和监管制度的价值何在？（2）较之私人股权，国有股权具有怎样的特性？（3）这些特性将对国有股权行使和监管制度的设计构建产生何种影响，进而形成国家股东与私人股东在股权行使和监管制度安排上的不同？

本书认为，尽管国有股权在国家所有权行使方式中注入了私权因素，但在其公共权利属性的影响下，整个国有股权制度构建在出发点和最终结果两个方面都表现出与既有公司股权制度的不同，不仅股权行使主体制度的构建及其监管将成为核心范畴，而且克服特殊"代理问题"也将贯穿整个制度构建始终。这决定了本书在研究思路上不能直接套用公司股权制度框架，而必须以公共权利属性对国有股权行使与监管制度构建的影响为线索，立足当下中国国有股权行使与监管的具体实践，围绕国有控股股东重大事项决定权、股份转让权以及股利分配权的行使与监管展开制度研究。

一、国有股权行使和监管制度的公司治理价值[①]

自20世纪90年代初始,中国学术界就将大量资源投向公司治理"结构"的研究,自21世纪以来,中国政府更是将建立公司(治理)机构作为国有企业改革的基本任务。[②]然而在实践中,"新三会"的建立、独立董事以及职工治理等却并未使公众真正建立对股份公司的信心,"有机构无治理"成为当下中国公司治理异常的真实写照。种种迹象表明,我们长期以来对公司治理"结构"的过分关注可能存在某种问题:公司治理仅仅是一种"结构"吗?

近年来国外关于公司治理趋同抑或差异的争论中,立足公司法制度架构的研究引人瞩目。[③] 被普遍认同的观点是:(1)公司治理不仅在不同社会制度和经济体制的国家具有差异性,而且这种差异性基于资本主义的多样性也存在于西方国家之间。显而易见,为增强公司治理措施的针对性,本土公司治理问题应当成为公司治理研究的重点。(2)是什么造就了公司治理的国别差异?答案被归结为"公司所有权结构",即"公司股权结构"。因此,本土的公司股权结构造就了公司治理问题的国别差异,从而也造就了公司治理措施的差别。[④] 以上述成果为平台,本书进一步认为,在准确把握中国国有企业公司治理问题的前提下,我们有可能揭示国有股权的行使和监管在中国国有公司治理中的重要地位。

---

① 该标题下的(一)(二)引自徐晓松:《公司治理:"结构"抑或"问题"》,载《政法论坛》2013年第6期。

② 文献检索表明,1994年前后,中国学术界就将公司治理的概念和框架引入中国国有企业改革的理论分析。而2005年前后开始,国务院国资委将董事会制度建设作为央业改革的基本任务,并取得了相当的进展。

③ 2006年北京大学出版社出版,由杰弗里·N.戈登、马克·J.罗共同主编的论文集《公司治理:趋同与存续》,集中展现了20世纪前后国外学界关于公司治理体制(模式)研究的成果。其中所载亨利·汉斯曼和莱尼尔·克拉克曼的《公司法历史的终结》一文,从公司法结构分析角度论证了"公司治理模式已经在很大程度上趋同于股东导向模式"的观点。该书的内容表明,对公司治理在世界范围内是趋同还是差异的回答形成了两种不同观点。

④ 在1996—1999年间国外学界关于公司治理趋同与多样性的讨论中,拜伯切克和罗从路径依赖的角度,论证了"世界各发达经济体制之间在所有权和公司治理方面存在着差异"的观点。参见〔美〕卢西恩·阿依·拜伯切克、马克·J.罗:《公司所有权和公司治理中的路径依赖理论》,载〔美〕杰弗里·N.戈登、马克·J.罗主编:《公司治理:趋同与存续》,赵玲、刘凯译,北京大学出版社2006年版,第76—121页。

（一）corporate governance：一种结构抑或一个体系

一直以来，国内学界对"corporate governance"的翻译困惑着笔者：公司治理究竟是一种"结构"还是一个包含结构在内的体系？文献检索表明，国内关于"corporate governance"的研究主要集中在经济学界和法学界，经济学界多将"corporate governance"译为"公司治理结构"或"公司治理"，[①]而法学界的对"corporate governance"的定义则紧紧围绕公司机构展开。[②] 而仔细分析不同学科对"corporate governance"的定义，我们不难发现：（1）无论如何翻译，"corporate governance"都被视为解决现代公司本身的问题而采用的法律或非法律手段及其所形成的制度格局的概括。因此准确地说，国内学者对"corporate governance"的翻译首先是"结构"意义上的，或者以"结构"为基础形成的"机制"意义上的。在这个层面上可以说"corporate governance"基本等同于"公司治理结构"。但应当指出，此处的"结构"实际上是"体制"或者"模式"的同义词，因此准确地说，"公司治理结构"虽然包含了"公司机构"，但却不等于"公司机构"。[③]（2）如果"corporate governance"被理解为一种"结构"，那么这种"结构"的目的是什么？无论经济学家和法学家的观点有多么不同，所有的表述都贯穿了这样的思想：公司治理结构的直接目的在于解决或者缓解现代公司关系的各主体之间、这些主

[①] 其代表性表为："公司治理结构研究的是各国经济中的企业制度安排问题。这种制度安排，狭义上指的是在所有权和管理权分离的条件下，投资者与上市企业之间的利益分配和控制关系（Schleifer and Vishny，1996）；广义地则可理解为关于企业组织方式、控制机制、利益分配的所有法律、机构、文化和制度安排，其界定的不仅是企业与其所有者（shareholders）之间的关系，而且包括企业与所有相关利益集团（例如雇员、顾客、供货商、所有社区，等等，统称 stakeholders）之间的关系。"详见梁能主编：《公司治理结构：中国的实践与美国的经验》，中国人民大学出版社 2000 版，第 4—5 页。

[②] 主要有以下几种表述：公司法人治理结构的核心是公司管理监督机制；公司治理结构是为控制代理风险而设置公司机构所形成的对管理人员的行为的激励和约束机制；公司治理结构是为维护股东、公司债权人以及社会公共利益而由法律和公司章程规定的有关公司组织机构之间的权力分配与制衡的制度体系。详见王保树：《是采用经营集中理念，还是采用制衡理念——20 世纪留下的公司法人治理课题》，引自王保树教授向 2001 年 2 月 12 日中国国家经济贸易委员会、日本经济产业省主办的"中日公司法国际研讨会"提交的论文，第 25 页；梅慎实：《现代公司机关权利构造论——公司治理结构的法律分析》，中国政法大学出版社 1996 版，第 83 页；崔勤之：《对我国公司治理结构的法理分析》，载《法制与社会发展》1992 年第 2 期。

[③] 在不少法学研究文献中，"公司治理结构"是"公司机构"的同义语。本书认为，这尽管与学科差异有关，但不得不说是对公司治理结构的一种误读。

体与现代公司之间日趋紧张化的利益冲突关系，不同仅在于调整这些利益冲突关系的出发点或者最终目的是为了股东利益还是为了利益相关者利益、抑或是为了两者的利益。基于此又可以认为，在将"corporate governance"翻译为"公司治理结构"的同时，学者们还是考虑了"治理对象"的。当然，略感遗憾的是，所有的表述都因过于概括而未能说明"治理结构"和"治理对象"之间的关系。本书认为，关注点的不同固然源于中国是一个法律移植国家，制度引进的需求始终是第一要务，但仍然要指出，将"corporate governance"翻译为"公司治理结构"肯定对后进学者的研究产生了某种负面影响——治理结构（"体制"或者"模式"）及其移植成为中国学者研究的重点，而治理的对象——"治理问题"却很少得到关注。[①]

基于上述，本书首先指出，本书所言"公司治理问题"不是"有关公司治理的各种问题"，而是指公司治理的制度——各种法律或非法律制度——所作用的对象。在这个意义上，公司治理措施以及通过治理欲解决的问题，应当是"corporate governance"所包含的全部内容。因此本书认为，"公司治理"应当是"corporate governance"最准确的翻译。其次，应当如何定义"公司治理问题"？本书认为，如果按照对公司法功能及其演进逻辑的通常理解，那么随着社会经济的发展，现实中需要公司法调整的利益冲突关系会由于与既有法律调整框架的不协调而出现紧张状态，因此，"公司治理问题"应当是对处于紧张状态的股东与公司（经营者）之间、公司（股东）与债权人（或者利益相关者）之间的利益冲突关系（这些关系可以简称为"公司关系"）的归纳。

最早对公司关系紧张状态的系统研究当推 1932 年美国学者伯利和米恩斯的《现代公司与私有财产》。以美国 20 世纪 30 年代的公共公司为样本，两位学者论证了股东与经营者之间紧张关系的具体表现[②]：在公共公司中，由于"所有权与控制权的分离"，包括公司业务范围的限制、严格的出资以及资本结构监督、股东掌握剩余控制权、股东对公司追加投资的优先权、公司只能

[①] 尽管公司治理结构与公司治理问题密切相关，但我们却很少看到"公司治理问题"的提法以及专论。

[②] 详见〔美〕阿道夫·A. 伯利、加德纳·C. 米恩斯：《现代公司与私有财产》，商务印书馆 2005 年版，第 142—163 页；第 284—285 页。

以盈余支付股息等传统公司法的股东保护措施,"通过股东控制权弱化(代理投票机制)、经营者排除州政府对出资的监督、缩小向企业增加投资的权利、放开股息发放范围、固定资本结构及相应固定地位两项权利的取消"等逐渐被打破,由于"权力由个人向控制性经营者的转移,以及与之相伴随的利益由个人向控制性经营集团的转移,已大大改变了股东的地位,尽管法律依然维持着定义股东和债券持有人的明确界限,但在经济学上二者的地位已经相当接近。"股东与经营者之间关系的紧张状态甚至导致伯利和米恩斯对公司制度的担忧。他们认为,"如果公司要存在下去的话,对大型公司的'控制'应当发展成为纯粹中立的技术统治,去平衡社会中不同集团的各种要求,以公共政策而不是以个人私利为基础,将公司的收入分配给每个集团。"在今天看来,这无疑意味着公司法结构的根本改变。另一个对现实中公司关系紧张状态有影响的研究是日本经济学家青木昌彦提出的"内部人控制"理论。针对20世纪70—80年代前苏联和东欧等处于经济转轨的国家,由于国家计划突然退出经济领域导致企业经理利用计划经济体制解体留下的权力真空进一步加强其权力的现象,青木昌彦将其称为"内部人控制"并定义为:经理人员事实上或依法掌握了控制权,并常常通过与工人的共谋(collusion),使他们的利益在公司战略决策中得到了充分的体现。

在实践中,最早将公司关系紧张状态作为对象进行治理的是英国和美国。早在20世纪50年代,由公司经理人员高薪、权力过大所导致的日益严重的损害股东权益现象引起公众的不满,以1991年一系列公司倒闭事件为导火索,英国的财务报告委员会、伦敦证券交易所等机构合作成立了世界上第一个公司治理委员会。1992年该委员会的《Cadbury报告》则标志着英国公司治理走向制度化。几乎以此同时,美国法律协会经过10年的认真研究,于1992年5月发表了题为《公司治理的原则:分析和建议》的报告。而2001年12月美国安然(Enron)公司的突然破产及其后相继暴露的诸多大公司在财务问题上弄虚作假的丑闻,则使全世界深切体会到公司关系的紧张状态。

综上,本书认为"corporate governance"在根本上应当被定义为一个体系:它不仅包括"公司治理结构",而且更应当包括"公司治理问题",就两者的关系而言,对"公司治理问题"的研究和定位远比"公司治理结构"来得重要——它奠基了公司治理的结构(体制或者模式),因此是公司治理的核心。

(二)"有机构无治理":中国国有公司治理问题与治理措施的脱节

在经历了三十年高度集中的计划经济体制之后,股份公司随着改革开放在 20 世纪 80 年代再次登陆中国,并在其后十年借助国有企业公司制改革成为中国企业的主流形态。本书认为,在对中国公司关系的分析中,没有什么影响因素能够超过以公有制为主导、多种经济成分并存背景下的国有企业公司制改革。正是基于此,沿着国有企业和民营企业共存的发展路径,中国公司相应地被划分为国有公司和民营公司①,前者是当今中国大型股份公司的主体,而后者则是中、小公司的代名词。

就国有公司而言。在经济转型尚未完成的背景下,基于国有企业以及国有资产管理体制改革的需求被引进的股份公司制度,自其诞生之日就面临新旧体制的交错。面对数量依旧庞大的国有企业,国家期望借公司的产权关系完成对政府与国有企业之间关系的改造,最终在"两权分开""政企分离"的国有资产监管环境中实现国有企业经营效益的提高。而在诸多实质性改革尚未进行,尤其是企业经营者任用体制尚未根本改变、国有股权行使缺乏监督、企业因市场化程度较低而缺乏外部竞争压力的情况下,国有公司内部机构的建立和完善成为政府(股东)工作的发力点——能否建立规范的公司机构制度被视为中国国有公司治理的关键。这可以从一个侧面解释,为什么中国的公司制度并不发达,但公司治理机构(结构)的概念却如此地深入人心。但令人遗憾的是,政府虽大力推进国有公司内部治理机构的建立健全,但我们看到的情形却是:改制后的国有公司"新三会"与"老三会"并存,"老三会"主宰着公司的运行,"新三会"成了摆设。

在制度设计层面上,按照公司法的作用机理,真正的"两权分离"和"政企分开"必须建立在国家股东承担剩余风险并由此提高对公司经营关切度的基础上,建立在国家能够如同私人股东那样行使股权的基础上,因此,所谓塑造合格股东就成为国有企业公司治理的核心问题,各级政府国资委(局)的建立及运作证明了这一点。但问题是,由于整个国有资产管理体制并没有

---

① 本书以国有股份在公司中所占比例为依据来定义国有企业,此处国有公司指国有股东独资或控股的公司。

完全按照公司法规则作出关键性的变革,以致目前为止,我们仍不能塑造出一个可以在公司法层面上被问责的国有股东。于是,国家(政府)虽身为股东,却只能继续生存在旧体制下的政企关系行为模式中,公司内部制衡并没有伴随"新三会"的建立而如期而至,最终,国有公司也不可能通过内部机构的建立获得全新的行为模式,国有公司的运营成本依旧无法降低,国家股东的权益——全体人民的利益——也就无法通过公司法得到保护。本书认为,这就是当下中国国有公司所面临的治理问题。

因此可以肯定,如果我们认为通过国有资产管理体制的进一步改革最终塑造出合格的国家股东是解决中国国有公司治理问题的关键,那么我们同时应当承认,在国家所有权基础上产生的国家股东及其权利行使问题远非建立"新三会"、引进独立董事等措施能够解决,甚至也不存在可供借鉴或引进的"先进"措施。在股权完全或者主要由国家持有的情况下,国家股东按照公司规则控制公司是一句空话,所有在公司法框架下建立的公司机构以及从域外借鉴而来的治理措施,在国有企业内部往往很难或者根本不能发挥作用。于是,如同我们所看到的那样,虽然国家股东与经营者之间的关系是典型的公司法内部制衡机制范畴的问题,但中国公司法在公司治理制度上与国外的"趋同"并没有解决中国国有公司的治理问题。

(三)国有股权行使和监管制度的公司治理价值

行文至此,本书的结论是,当下国有公司治理问题与治理措施的脱节凸显出国有股权行使与监管制度的公司治理价值。

尽管尚存不同看法,但首先应当肯定,公司法对股东权的保护迄今为止仍然被视为公司制度的关键。为了吸引投资,法律遵循公平原则,依公司财产的不同来源、根据利益和风险之间的关系区分股东和公司债权人,按照既有财产权保护规则向股东和公司债权人提供相应的保护。就股东与经营者的关系而言,立法者将公司法人的权利分为日常经营管理权和最终控制权,前者被授予以董事会为核心的经营管理阶层,后者则以股东会的方式配置给全体股东,股东以投资数额为基础平等享有表决权,在股份处分权的辅助下,实现对公司财产运作的最终控制。而日后投资人和经营者对这一制度安排的接受,表明公司立法成功完成了公司法人拟制的核心任务。

研究表明，随着公司制度的演进，现代公司股东权及其行使与公司治理具有密切联系。①（1）股东享有的与公司经营相关的权利虽然在分工日益精细的当代已经分别由不同机关行使，但基于对股东出资的保护，各国公司法中仍然保留一些由股东独享的权利，从而维持公司权利的平衡。② 这些重要的权利包括股东对公司重大事项的决定权（通过表决权体现出来的集体决策机制）、股东获取公司信息的权利（知情权），近些年来在股东行动主义的影响下，股东的批评、建议也被视为其对管理层施加压力的重要手段。③（2）在公司治理失去效力或股东利益诉求难以得到满足时，股东可以通过诉讼方式解决纠纷（诉讼权），也可以通过"用脚投票"的方式离开公司，这在客观上构成对公司治理效果市场评价的重要内容。这提醒我们，即便是股份自由转让和诉讼这种只为股东权益保护而设计的制度，也具有对公司管理者的约束意义。基于上述，现代公司的股东早已不是单纯的公司利益分享者，更是公司治理参与者。而股东双重身份的存在表明，股东对公司而言不仅仅意味着资本的初始来源，同时也是公司中重要的制衡力量。而近年来公司契约理论在股东与利益相关者之间构建起沟通渠道，在强调公司社会责任的背景下，股东身份不仅意味着对公司的责任，由于决策权的行使对社会利益的影响，

---

① 参见〔德〕格茨·怀克、克里斯蒂娜·温德比西勒：《德国公司法（第 21 版）》，殷盛译，法律出版社 2010 年版，第 567—575 页；〔德〕托马斯·莱赛尔、吕迪格·法伊尔：《德国资合公司法（第 3 版）》，高旭军等译，法律出版社 2005 年版，第 99—126 页。另外，伊斯特布鲁克、克拉克的分析也有着极为重要的价值，参见〔美〕弗兰克·伊斯特布鲁克、丹尼尔·费希尔：《公司法的经济结构》，张建伟、罗培新译，北京大学出版社 2005 年版，第 70—100 页、第 312—355 页；以及〔美〕罗伯特·C. 克拉克：《公司法则》，胡平等译，工商出版社 1999 年版，第 70—77 页。

② 汉斯曼和克拉克曼在其著作中对公司法的历史发展进行了分析，其认为即便在经理人力量日益强大的当下，股东权利仍然会成为制约经理人行为的重要力量。参见 Henry Hansmann and Reinier Kraakman, The End of History for Corporate Law, http://w4.stern.nyu.edu/emplibrary/99_013.PDF, 访问日期：2011 年 9 月 23 日。此外，对公司法进行的比较法分析也表明，公司股东享有一些对保护其利益有重要作用的权利，参见〔美〕莱纳·克拉克曼、〔英〕保罗·戴维斯等：《公司法剖析：比较与功能的视角》，刘俊海、徐海燕等译，北京大学出版社 2007 年版，第 39—62 页。与此类似的分析参见〔英〕保罗·戴维斯：《英国公司法精要》，范云慧译，法律出版社 2007 年版，第 131—160 页。

③ 当下，股东尤其是机构投资者常常通过公开媒体、出版物等方式，对所持股的公司绩效进行评估，对公司的具体政策进行批评，也包括开展院外立法活动等，这些方式被称为批评或抱怨，它对应了机构投资者不断增加和地位上升的现实，也是一种股东行动主义的表现。参见邓峰：《普通公司法》，中国人民大学出版社 2009 年版，第 392 页；以及 John C. Coffee, Liquidity Versus Control: The Institutional Investor as Corporate Monitor, Columbia Law Review, Vol. 91, 1991, pp. 1277—1368.

股东还必须承担起对利益相关者的责任。① 所有这些，都在不断扩充股东身份的维度。

基于上述，股权并不简单意味着收益的获取，股权的全面行使也将意味着股东在公司经营管理中的地位以及权利的实现。当然，这也给股东带来了一系列相关的义务和责任：股东不能简单地只关注所投入的资产的增值与否，而应当认真地对待股权的行使，积极地参与到公司治理之中。这一结论对国有股权意义重大：（1）与一般股权投资不同，基于公共目的，国有股权往往在公司中占控制地位，从公司治理理论的角度，国有股东与公司经营者之间利益冲突无疑是国有公司面临的最主要问题。在这个意义上，国有股权的行使无疑对建立健全经营管理层约束与激励机制、对国家以及全民利益的维护具有重要意义。（2）基于股权主体的特殊性，在国家（政府）能够像一个真正股东那样理性行使股权之前，我们还不能说国有公司建立了良好的治理结构，在这个层面上，国有股权行使和监管制度的研究与实践就成为解决当下国有公司"有机构无治理"问题的一个关键。

二、国有股权的公共权利属性

自公司制度被引入国有企业改革以来，以股权主体的所有制性质为标准，股权持有人便被划分为私人和国家两大类。与此相应，股权也被划分为私人股权和国家股权。作为人类社会进入工业化社会之后市场主体的基本法律形态，私人之间的交易无疑是公司法最初的服务对象——早在国家股权产生之前，私人股权制度就已经是公司法的重要内容。因此，在揭示了国有股权行使和监管制度的公司治理价值之后，我们应当回答的问题是：服务于私人企业的公司股权制度能否解决国家股东行使股权的问题？

权利属性是权利行使的决定性条件，因此问题的解答应当首先从国有股权的属性开始。本书认为，从国家所有权与国有股权之间关系的角度，基于

---

① 利益相关者理论通常要求公司承担起社会责任，虽然这种责任的直接承担者是公司，但是承担这种责任的重要后果就在于减少了股东的福利，而由于公司重大事项的决策权通常都由股东决定，因此在涉及利益相关者权益的事项上，股东的决策会有很大的影响。因此，本书认为股东对利益相关者承担责任有其内在的合理性。

对国家所有权公共权利属性的承继，国家股权具有与私人股权完全不同的设置目标和权利行使方式，国家股东行使股权的行为仍然只能依靠国有股权主体及其行为的法律拟制，而起源并服务于私人股权的公司股权制度并无这样的制度资源，因此不能为国家股东行使股权提供直接的制度支持。

（一）国家所有权的公共权利属性[①]

股权是权利人基于股东身份而享有的权利。如前所述，股东身份的取得在根本上以投资人向公司投资为条件，于是股权便可理解为由出资财产所有权转化而来的一种权利形式。依此推理，国有股权是国家向企业投资后，其国有资产所有权（即国家所有权）在公司中的转化形式。重要的问题是，虽然公司制被运用于国有资产经营之前，股权被认为是私权范畴的概念，但对国有股权却不能做类似的推理。类似于人们对私人股权性质的认识来源于其与私人所有权之间关系的分析，本书对国有股权属性的认识也必须从国家所有权与国有股权之间关系的分析开始。

应当指出，国家所有权的性质是学界研究最困难的问题之一，至今仍存在着巨大争议。苏联法学家维尼吉克托夫在《社会主义国家所有权》一书中指出，国家所有权最突出的特征就是国家政权与国家所有权的全部权能不可分割的结合，国营企业作为国家设立的机关系统，国家把财产交给其经营管理，国家所有权就是由国家机关对企业的行政活动来表现的，企业的活动就是为了直接表现国家的行政活动。[②] 该观点的理论基础是把社会主义经济看成是不需要经过交换而直接分配和消费的产品经济理论，认为国家机关可以直接指挥企业的生产经营活动，从而导致国家所有权与企业经营权不分，政府管理权与企业财产权不分，此种陈旧的观点已经为我们所摒弃。国内对国家所有权较早进行系统研究的民法学者王利明教授认为，在古代和中世纪，由于主权与财权之间的混淆，使国家所有权往往表现为政治权力和行政权力，这点在中国古代封建的国家土地所有权中表现得至为明显。到了资本主义社会，国家所有权作为一种所有权形式，一般是由法律确认的，但无论是从权

---

① 该标题下的内容引自张培尧：《论国有股权的基本属性》，载《北方法学》2012年第2期。
② 〔俄〕A. B. 维尼吉克托夫：《社会主义国家所有权》，转引自王利明：《国家所有权与管理权》，载《中国法学》1985年第4期。

利主体、客体还是内容方面看，国家所有权与私人所有权都存在着明显的差别。而我国的改革实践证明，国家所有权和国家行政权作为两种不同性质的权利（力），虽然都由国家享有，但是在行使中是可以分离的。各级政府部门并不是国家所有权的主体，它们都只是代表国家行使所有权的机关，不可漠视企业作为相对独立的商品生产者和经营者，在从事广泛的商品经济活动中所应该享有的国家所有权的权能。[①] 站在民法研究的角度，王教授认为国家所有权受制于法律的规定，实际上就是要服从民法关于所有权的一般规定，国家所有权的内容应主要限定在民事关系所有权内容的一般规定范围之内，不能由行政机关任意创设和扩大。

近几年，对于国家所有权的性质特点，学界又出现了许多新的观点。有学者提出，从法律上讲，国家所有权不是或至少不完全是一种民事权利，其性质更接近于行政权力。[②] 通过对国家所有权主体、客体、实现与保护四方面的阐述，该学者认为国家所有权不完全具备商品经济条件下财产所有权所固有的排他性、依存性和扩张性，这就从根本上决定了国家所有权很难适应市场经济，有必要对之进行重新审视。另一种观点认为，国家所有权属于行政法上的物权。[③] 所谓行政法上的物权，是指行政主体享有，不以盈利为目的，为公共利益或为行政便利而对物占有、使用、管理和处分的权利，可被划分为公务用物物权和公益用物物权。旧经济体制下政府拥有的经营性资产往往借助于公共权力进行市场盈利，国有企业实际上履行行政机关的职能，把实现行政目的当成自己的目标。而行政法上物权制度的建立，可将国有财产明确地分为两部分，一部分是生产性的可以用以盈利的，其本质与民法上的财产无异；另一部分是非生产性的，其运用要符合行政法上的目的。这就严格地限制国有财产借助公权力进入市场盈利，也限制公权力对市场的任意干预，有利于政府职能和国有企业职能的转变。还有学者从公法与私法二元化角度出发，认为国家所有权主体兼具民事主体与公权力主体的双重身份，国家作为民事主体的所有权外部关系，应由物权法调整；而对于国家作为公权力主

[①] 王利明：《国家所有权的法律特征研究》，载《法律科学》1990年第5期。
[②] 陈旭琴：《论国家所有权的法律性质》，载《浙江大学学报（人文社会科学版）》2001年第2期。
[③] 刘丽萍：《行政法上的物权初探》，载《政法论坛》2003年第3期。

体的国家所有权内部关系，则应交由国家资产管理的特别立法和相关立法（如《公司法》或《国有资产管理法》）调整，而由于国家所有权行使与保护需要多方面的立法进行调整，因此国家所有权兼具公法与私法上的双重特性。[①] 最近的一种观点在对罗马法以来公共所有权的演进史进行考察后，认为国家所有权的性质是公共所有权。[②] 该观点的可贵之处在于提出国家所有权是公共权利而不是公共权力，通过对比分析国家所有权与私人所有权，得出国家所有权是为实现公共利益而存在，这也决定了国家所有权的"实现"具有极宽泛的路径。同时，该观点指出行政权力的广泛渗入和主导性是国家所有权行使的主要方式，但不能从国家所有权实现方式上的特点推导出国家所有权的公共权力性质。

纵览以上观点，最初关于国家所有权的研究多停留在政府行政权力层面，认为国家所有权是行政权力的一种延伸和体现，忽视了国家所有权的所有权本质属性。而随着我国民法理论研究的繁荣，似乎对于国家所有权的研究又走向了另一极端，即认为国家所有权属于民事所有权的组成部分，要服从民法规范的调整，但却忽视了国家所有权的公共财产属性。事实上，由于国家兼有政治权力和财产权利的双重职能，即便在西方国家，国家究竟是作为一个民法主体而享有所有权，还是作为一独立于社会的公共权利执掌者而享有所有权，都是难以绝对区分的。美国法律体系中有"政府信托"（Government Trusts）、"行政上的产业"（Administration of Estates）等理论。本书认为，国家所有权是一种兼具公权力和私权利双重特点的混合性所有权，其公权力特征表现为抽象的所有权主体代表（即政府有关部门）对所有权客体、内容、实现及保护等一系列过程内容的行政管制，其私权利特征表现为具体的所有权主体（以本报告所论述的经营性国有资产为例，即是指国家出资企业）按照市场规则经营管理所有权客体，实现国有资产的保值增值。然而，无论是公权力还是私权利的行使，其目的都是为了满足社会公共利益的需要，而不是用来满足某个人或某个集团的利益需要，因此国家所有权的本质表现为公共权利。所以，对于国家所有权的法律调整与规范绝不仅是哪一部法律，甚

---

① 李庆海：《国家所有权法学透析》，载《行政与法》2004年第10期。
② 程淑娟：《论我国国家所有权的性质——以所有权观念的二元化区分为视角》，载《法律科学（西北政法大学学报）》2009年第1期。

至不是哪一个法律部门能够解决的，要结合公权力与私权利的双重特征，运用公法与私法相融合的思路与手段进行调整与规范。

（二）国有股权对国家所有权公共权利属性的承继

作为国家所有权在国家出资企业中的表现形式，国有股权如何承继了国家所有权的公共权利属性？

1. 财产来源和利益归属角度的分析

从国有股权的财产来源分析，中国国有股权的生成方式主要有以下三种：（1）国有企业公司制改造中通过企业国有资产折股直接形成的国有股权；（2）有权代表国家投资的政府部门或机构向公司投资而形成的国有股权；（3）具有法人资格的国有企事业单位或社会团体以其经营管理的国有资产依法向其他公司转投资而形成的国有股权。尽管不同的形成途径导致国有股权的具体权利主体不同，但其权利的物质来源无一例外都是国有资产，而国家代表全民对国有资产的占有、使用、收益和处分是"公共所有权"的权能表现。[①] 所以，由此产生的国有股权自然也就传承了"公共所有权"的衣钵，不论其权利主体具体是谁，其权利本质在于公共性。至于国有股权的利益归属，根据《国务院关于试行国有资本经营预算的意见》和《企业国有资产法》的相关规定，国有控股、参股企业的国有股权（股份）获得的股利、股息是国有资本经营预算收入的重要组成部分，因此，企业国有股权收益权行使最终是国家财政预算问题，该收益的支配也通过国家财政预算渠道进行，其公共权利本质不容置疑。

2. 权利行使角度的分析

应当指出，在股权主体被区分为"私人"和"国家"的背景下，国有股东权利的行使应当包含两个部分，一是国家（政府）如何行使股权；二是国家（政府）以什么样的组织形态来行使股权。关于前者，本书认为，由于整个公司运作机制建立在私人所有权的基础上，私人对其财产的关切是公司机制发挥作用的重要前提，因此，当改革者意图借股东与公司之间关系的规则

---

① 从公共所有权的起源来看，应当追溯到罗马法中的"属于国家之公用物"和"属于市府之公用物"。"属于国家之公用物"是指罗马全体市民公共享有的物，不得为私人所有；"属于市府之公用物"，也就是市府等所有的财产或称公法人物、市有物。参阅周枏：《罗马法原论》，商务印书馆1994年版。

来改造国家所有权框架下政府与国企的关系时,国家从所有权人变成了公司股东,这意味着公司机制所要求的"私人股东"的行为模式要被适用到"国家股东"身上,国家(政府)将适应这一需求,将管理运作企业的方式从传统的"所有权模式"转换到"股东权模式"。在这一背景下,国家(政府)将以什么样的组织形态来行使股权?本书认为,世界各国的实践已经证明,尽管从国家所有权向国家股权的变革改变了国家(政府)与国有企业之间的关系,但无论是国家所有权还是国有股权,其权利主体的法律形态都只能由国家或政府机构在层层授权关系下形成。因此,在"国家(政府)以什么样的组织形态来行使股权"的问题上,国有股权将承继国家所有权的公共属性,通过法律制度安排拟制出符合要求的权利主体、并形成相应的权利行使机制,而所有的制度安排,都会因国家(政府)机构的特性而使权利行使带有公共权利行使的特征。在这个意义上,国有股权制度不能被视为公共权利的私人行使方式。

3. 权利设置目标角度的分析

在世界范围内,由于国家投资经营企业存在的弊端,"我们为什么需要国有企业?"始终是理论与实践的一个重要争论点。具体到国有股权,如果说公司制改革只是使国家获得了经营国有资产的新方式,那么这一命题完全可以用"我们为什么要设置国有股权?"来替换。

整体而言,1929年的世界经济危机使各国开始反思资本主义制度和自由市场经济的合理性,并使越来越多的人意识到政府对经济的干预可以控制某些关键领域中的市场失灵和私人企业滥用市场权力问题。[1] 基于此,20 世纪 30—40 年代在全球范围内出现了大量的国有企业,这些国企的运作弥补了自由市场经济的缺陷,同时也满足了政府在特殊时期控制重要资源的需求。之后,在第二次世界大战结束后的近30年里,主要为克服原材料短缺、优化工业生产结构和保障必需服务的正常供应,欧洲国家的国有化浪潮也使其国有

---

[1] 代表性学者为凯恩斯,其认为资本主义并不能保证投资的数量足以弥补在充分就业条件下被储蓄掉的部分,因此资本主义制度会出现危机和失业的现象。而由于消费倾向、预期收益、供给价格和流动性偏好无法加以控制,因而国家应当对货币数量进行掌握,以便解决资本主义的危机和失业问题。参见〔英〕约翰·梅纳德·凯恩斯:《就业、利息和货币通论》(重译本),高鸿业译,商务印书馆1999年版。

化规模达到了前所未有的高度。当然，在 20 世纪 70—80 年代的全球性私有化浪潮中，西方国家又以公共利益为由将大多数国企还给了市场。①

从微观层面考察各国现存的国有企业，也可以看到其与公共利益之间的密切联系。依照美国《政府企业控制法案》（GCCA）的列举，美国的国有企业主要分布在与公共利益有重要关联的部门，如商品信贷公司（Commodity Credit Corporation, CCC）、联邦农作物保险公司（Federal Crop Insurance Corporation, FCIC）等。与此类似，在其他国家中，国有企业也充当了公共利益实现者的角色。如在韩国，国有企业大多分布在交通运输业、电力、煤气、供水、金融、保险等部门，并且基础设施领域内的比重在上升。② 而在拉丁美洲国家，20 世纪末大规模私有化之后仍被保留的国有企业往往集中在钢铁、能源、邮政等领域。

至于我国，在 1979 年改革开放之前，国有企业被视为国家在计划经济体制下组织和发展国民经济、满足全社会物质文化需求的工具。自 1979 年起至今，在经历了放权让利、利改税、承包及租赁经营、股份制等改革之后，伴随着数量和分布领域上的巨变，如何对国企进行准确"定位"成为被关注的问题。20 世纪 90 年代末之前，学界已经针对国企的改革与定位问题提出了大量积极意见。③ 之后，中国共产党的"十五大报告"提出了调整和完善所有制结构，探索公有制的多种实现形式，通过"抓大放小"对国有企业实施战略性改组，从战略上调整国有经济布局的改革思路。④ 1999 年中国共产党十五届四中全会《中共中央关于国有企业改革和发展若干重大问题的决定》（以下简称《决定》）确定了"从战略上调整国有经济布局和改组国有企业"的方针，提出"国有经济需要控制的行业和领域主要包括：涉及国家安全的行业，自然垄断的行业，提供重要公共产品和服务的行业，以及支柱产业和

---

① 以约翰·维克斯等学者为代表的一派观点认为，由私人完成国有企业从事的业务更有利于社会效益的提高，详见〔英〕约翰·维克斯、乔治·亚罗：《私有化的经济学分析》，廉晓红、矫静等译，重庆出版社 2006 年版，第 48—49 页。

② 李俊江、史本叶、侯蕾：《外国国有企业改革研究》，经济科学出版社 2010 年版，第 213 页、226—253 页。

③ 参见樊纲：《论股份经济中的资本效率》，载《财经科学》1989 年第 4 期。

④ 《高举邓小平理论伟大旗帜，把建设有中国特色社会主义事业全面推向二十一世纪——江泽民在中国共产党第十五次全国代表大会上的报告》，载人民网，网址：http://news.xinhuanet.com/zhengfu/2004-04/29/ content_ 1447509. htm，访问日期：2012 年 2 月 26 日。

高新技术产业中的重要骨干企业"①。

综上所述,首先,国有企业应当通过结构调整逐渐转型为实现特别目的的企业,所谓特别目的可以是国民经济发展的特殊需求,也可以是一定范围内的公共服务等;其次,经过多年改革,国有企业在官方表述中已趋近为"公共利益实现者"的角色。当然,随着国企的发展,上述《决定》对国企定位的表述也引发了学界争议。例如,对需要国有经济控制的"提供重要公共产品和服务的行业"及"支柱产业和高新技术产业中的重要骨干企业",一些学者认为其含义不清,另一些学者则认为,这种对概念的模糊处理为地方执行规则创造了一定的宽松空间。②此外,学界还对《决定》将"自然垄断行业""支柱行业"和"高新技术产业"列入需要国有经济控制的行业提出质疑。这导致在后来的一些规范性文件中对国有经济控制行业分类的混乱。③

那么,究竟应当如何对国有企业进行定位?本书认为,从实践角度,在历经30多年的改革之后,较之改革之前的无所不在,现存国企的活动领域已经发生了天翻地覆的变化,但如果以具体行业或领域对国企定位,仍然会出现因社会经济的发展变化而带来国有企业活动领域的不确定,进而导致对其定位的不准确。而从设置目标是否具有公共性的角度对国企定位,则不仅可以避免上述问题,同时也便于对国企公共性目标的审查,防止国企活动领域的随意扩大,造成非公经济发展的障碍。基于此,国企设置的所谓公共目标应当被定位于国家产业政策的执行者与某些政府管制的替代者。具体而言,首先,就我国市场经济发展以及民营企业发展的现状,在部分领域中,国有企业可以促进相关产业的迅速发展,并肩负执行国家产业政策的任务;其次,在自然垄断行业中,国有企业可以部分地实现对管制措施的替代,进而弥补管制所带来的公共利益损失,更好地实现公共利益。

---

① 参见《中共中央关于国企改革和发展若干重大问题的决定》,载新浪网,网址:http://news.sina.com.cn/c/2002-10-22/1413777782.html,访问日期:2012年1月20日。
② 参见杨瑞龙:《中国制度变迁方式转换的三阶段论——兼论地方政府的制度创新行为》,载景维民主编:《从计划到市场的过度——转型经济学前沿专题》,南开大学出版社2003年版,第161页。
③ 在2005年国务院的《关于鼓励和引导个体私营等非公有制经济发展的若干意见》中,对国有经济控制的"垄断行业"中未区分自然垄断行业和其他垄断行业,同时又新规定了"基础设施行业",其中又涉及了应当属于自然垄断性质的城市供水供电等行业,这种规定方式显然混淆了一些相近行业的内涵,这表明,规则的制定者对国有企业的行业定位的理解尚需进一步加深。

综上所述，由于国有企业的产生、发展以及退出市场与一国一定时期公共利益实现具有密切联系，因此，对国企存在价值的不同看法并不影响"公共利益的实现程度是各国国有企业设立、运行乃至退出的标准"成为普遍共识。[①] 在上述意义上，设置的公共利益目标无疑最充分地体现出国有股权对国家所有权公共权利属性的承继。

（三）结论

行文至此，本书得出以下结论：正是基于对国家所有权公共权利属性的承继，国有股权具有与私人股权完全不同的设置目标和权利行使方式，国家股东行使股权的行为仍然只能依靠国有股权主体及其行为的法律拟制，而起源并服务于私人股权的公司股权制度并无这样的制度资源，因此也就不能为国家股东行使股权提供直接的制度支持。

三、公共权利属性对国有股权行使和监管制度构建的影响

如果既有公司股权制度不能为国家股东行使股权提供直接的制度支持，那么这意味着在国有企业公司制改革中，立法者的一个重要任务是必须在公司法原则基础上构建起符合国有股东需求的新制度——国有股权制度。由此产生的问题是：如果国有股权的公共权利属性是其与私人股权区别的基本点，那么这将对国有股权行使和监督制度的构建产生怎样的影响？

本书认为：（1）如果国家股东行使股权的行为仍然只能依靠法律对国有股权主体及其行为的拟制，那么国有股权行使和监管的制度构建就将是整个国有股权制度的核心范畴；（2）在国有股权行使主体体系构建的过程中，特殊"代理问题"将成为该体系中诸主体之间关系处理的难点；（3）在国家股东行使股权的具体过程中，国有股权的公共属性将在重大事项决定、股权转

[①] 这方面的代表性著作为陆军荣：《国有企业的产业特质：国际经验及治理启示》，经济科学出版社 2008 年版，以及李俊江、史本叶、侯蕾：《外国国有企业改革研究》，经济科学出版社 2010 年版。陆军荣从历史发展的角度对全球国有企业的历史发展趋势进行了研究，而李俊江等人则以区分不同国家的方式，对全球各国的国有企业的发展历程进行了梳理。

让、股利分配等方面得到充分体现，形成国有股权区别于私人股权的制度特色。

（一）权利的行使和监管：国有股权制度的核心范畴

作为工业化社会中所有权主体经营其财产的重要工具，股权制度与公司法人权利的独立相伴而生。作为与公司法人权利相对独立又相互制约的新型权利类型，就其内容而言，股权制度在结构上应当包含两个基本方面：(1) 权利内容的限定；(2) 权利行使的途径，前者以尊重公司法人独立为边界，后者以保障股东权利实现为主旨。

就权利内容而言，按照公司制度的安排，股权是投资人以向公司投资的行为为基础、依公司法规定取得的权利。为使股东具有持久而旺盛的投资热情，同时又不减损公司法人独立经营而产生的投资效益，股权在内容上至少应当包含股利分配请求权、公司重大事项决定权、股份自由处分权以及公司剩余财产的分割权。[①]（1）作为公司的出资人，股东出资的最终目的是通过公司经营获得投资财产的增值，因此在公司法人财产独立的前提下，股利分配请求权的行使是股东实现这一目的的基本途径。（2）作为公司资本的重要来源方，为保障其投资权益的最终实现，股东理应获得与公司经营相关的权利，尽管受公司经营独立的限制，股东只能对公司重大事项享有决定权，但毫无疑问，这些权利为股东按照自己的意愿控制公司开辟了道路。（3）当公司内部治理机构失去效力或股东利益诉求难以得到满足时，股东还可以通过诉讼的方式解决纠纷（诉讼权），也可以通过"用脚投票"的方式离开公司。（4）当公司解散清算时，股东可以请求剩余财产的分割。

在股权内容被界定的基础上，如何使股东顺利行使权利？应当指出，尽管公司法中出现了大量的强制性规范，但主体权利仍被看做传统民事权利的延伸，在权利行使上依然尊重当事人的意志，法律只提供诉讼途径作为救济手段。对股东权而言，唯一的例外是股东重大事项决定权行使。为保证股东在人数众多的情况下顺利行使权利，公司法在资本民主的基础上、以表决权

[①] 为理解上的便利，此处本书没有采用公司法理上股权类型的一般划分，而是从投资人所有权向股权转换对权利需求的角度，直接对股权内容进行归纳。详见徐晓松、康德琯：《我国公司立法对国家股权的规范》，载 1992 年第 6 期。

为核心设置了股东（大）会制度。而在公司后来的发展中，借助股份处分权，股东表决权形成了投资人"所有权"在公司中行使和保护的新机制。[①] 事实证明，以股东权保护为核心的公司法结构为投资人"自由选择"其在公司中的角色提供了便利：当经济以及现代科学技术的发展使得交易距离缩短，投资人不能控制经营的情况得到缓解时，股东在继续享受有限责任保护的前提下，既可以通过表决权规则将控制公司的欲望变成现实，也可以游离于公司经营之外充当一个简单的食利者。

基于上述，本书认为，就私人股权制度而言，由于股东投资行为产生了一个新的、相对独立于股东的主体——公司法人，因此股东与公司之间关系的定位、股权内容的限定就成为公司法与传统民法衔接的关键。正如我们所看到的那样，对私人股权制度的构建而言，公司法关注的重点是股权内容的界定，与之相比，股权行使则基本遵循了传统方式。那么，当股权主体由私人变成国家时，股权制度构建的重点又将发生什么变化？

1. 国有股权来自国有资产被投资于股份公司，国有股权可以被看做国家所有权在股份公司中的转换或者表现形式，但非常关键的是，在权利行使主体不发生根本改变的条件下，即便将私人股权制度直接适用于国有股东，也很难产生改革者所期望的股东行为机制。因此，能否按照私人股权行使机制的要求，通过制度安排塑造出一个能够按照自身设置目标理性行使股权、并对自身行为承担责任的国家股东，便成为国有企业公司制改革能否成功的关键。

2. 公司是以股权为基础建立起来的经营组织，在资本民主的基础上，通过重大事项决定权的行使，股东可以实现对公司人事安排和重大财产的控制。因此，在国有资本独资和控股的公司中，在股权行使主体不变的情况下，国有股东如同私人股东那样行使股权，其结果可能是在新的产权制度环境中重现"两权合一"，实践中所谓"老板加婆婆"现象佐证了这一点。显然，这与国有企业公司制改革的目标相悖。因此，在"合格股东"的塑造过程中，对适合的股权行使机构的选择以及定位至关重要。

---

① 此处的所有权不是对股东权的定性，而是借所有权来表达公司时代投资人的股权与所有权之间的联系，即股权脱胎于所有权但又不同于所有权。

3. 由于股权主体的特殊性，国有股权主体行使权利的行为机制只能依靠制度安排形成，而在法律主体制度构建的层面，所谓"合格股东的理性行为机制"必须建立在权利、义务、责任统一的基础上，因此，对股权行使主体的监督也就成为不可避免。在这个意义上，与私人股权不同，国家股东的理性行为机制的形成不仅依靠主体行使权利的行为，而且更依赖股权监督机制的形成。这样，股权行使和监督并重，成为国有股权制度中不可或缺的内容，由此区别于私人股权制度。

综上所述，本书认为：（1）由公司特定产权结构决定的股权内容是公司运作的重要基础，为获得公司运作的机制，国有股权制度设计必须遵循公司法界定股权边界的基本规则，换言之，公司法现有股权制度中关于股权内容的规定可以适用于国有股东，因此，股权内容的界定不是国有股权制度构建的核心范畴。（2）由于权利行使主体的特殊性，能否按照私人股东的行为机制，通过股权行使制度与股权监督制度的构建，塑造出一个能够按照自身设置目标理性行使股权、并对自身行为承担责任的"合格股东"，是国有企业公司制改革能否成功的关键。在这个意义上，股权的行使和监管便成为国有股权制度的核心范畴，就其内涵而言，国有股权行使是指：依法享有股权的国家或政府机构及其授权机构行使股权的行为；国有股权的监管则是指：针对国有股权行使诸主体之间的特殊"代理关系"而建立的对相关主体行使股权行为的监督。

（二）股权主体的公共权利属性所带来的特殊"代理问题"

工业化社会中财产所有人以向公司投资的方式运用资产，产生了以公司为载体的一系列基本矛盾，即股东与公司经营者之间的矛盾、股东与公司债权人之间的矛盾以及大股东与小股东之间的矛盾。这些矛盾在不同类型的公司中具有不同的表现形式，公司股权制度就产生于协调平衡股东与经营者之间关系的过程之中。那么，国家作为股权主体对公司基本矛盾的形成与变化会产生什么影响？鉴于国有独资公司因股权结构过于特殊而不具有比较价值，普通有限责任公司也与国家投资关系不大，因此本书的以下分析以股份有限公司为样本展开。

一般而言，由于规模大、股东人数多，股份有限公司所有权与控制权分离比较彻底，公司运作中的利益冲突主要发生在股东与包含董事和高管在内的公司管理层之间——此即经济学家所言"代理问题"，与此同时，由于股权控制所呈现的特殊表现形式，即股权过于分散导致的股权控制难度变小，大股东与小股东的关系呈现紧张状态，因此在股份有限公司，尤其是上市公司中，代理问题主要出现在公司大股东、高管与小股东之间，这决定了现代公司法为平衡公司高管、控制人与小股东之间的紧张关系，必须确立保护小股东权益的立法目标。当然，所有的制度安排以及制度有效性的发挥，都建立在股东是其财产所有权人的基础之上。

当股权持有人为国家时，首先应当肯定，上述利益冲突矛盾的表现形式不会因为股权主体的改变而发生实质性变化。在这个层面上，国有股份公司内部的代理问题应当与大型股份有限公司相似。但问题是，按照国家所有权理论，全民只是企业国有资产事实上的拥有者，而国家才是国有资产法律意义上的所有者，这导致国有资产所有权与私人资产所有权在权利行使上的根本区别。因此在国有企业被改制为股份公司时，国家虽从企业的所有者变成了公司股东，但如前所述，从各国的实践看，国有股权的实际行使主体仍然是国家代议机构以及政府部门。① 于是，就国有股权而言，在全体人民与国家（政府）之间存在着一个重要的"代理关系"，由此必然产生这样的"代理问题"：如何保证国家（政府）为全体人民的利益而行使股权、并最终达到投资目的？不仅如此，在国有股权行使主体的制度构建中，抽象的国家和政府会根据需要被具体化为不同层级的国家（政府）机构。以中国目前企业国有资产出资人制度为例，在国家采用公司形式经营国有资产时，国家股东的具体形式为：股东（国家）——股东代表（国务院）——履行股东职责、享有股东权益的代表（国务院或者地方人民政府）——履行股东职责的机构（各级政府设立的国有资产监督管理机构）。尽管我们在法律上可以将这些机构统统归入法人的范畴，但从全民拥有企业到专门的国家机关或政府部门负责行使国有股权，其间确实存在着复杂而冗长的"代理关系"，由此产生相应的"代理问题"。

---

① 事实上，"国家"这一表达方式在不同的语境中存在着不同意义，在此语境下，"国家"与"政府"并非同义词。参见王浦劬等：《政治学基础》（第二版），北京大学出版社2006年版，第187—189页；张千帆：《宪法学导论》（第二版），法律出版社2008年版，第67—69页。

那么，如何认识国家作为股权主体所产生的特殊"代理关系"以及"代理问题"的性质？显而易见，从法律角度分析，这些"代理关系"和"代理问题"与经济学研究中对一般股份公司内部代理关系的描述有很大不同。本书认为，全民作为公司国有资产的实际拥有者，其人数众多、集体行动困难产生的"代理关系"和"代理问题"并不是在公司法基础上产生的问题，而是在宪法的国家所有权原则基础上产生的问题。因此，国有股权行使中产生的关系和问题不能完全用经济学上的"委托代理理论"来解释，而相关研究中用大量篇幅去阐述经济学的代理理论，试图将其用于解释国家作为股权主体所产生的特殊"代理关系"以及"代理问题"的努力是徒劳的。基于此，本书所谓"代理问题"也只是借用经济学上的表述，大致描述非所有权人支配财产所产生的关系和问题。

当然，鉴于国有企业公司制改革处于不断深入之中，如何表述并不重要，重要的是，无论学者如何解释国家作为股权主体所产生的特殊"代理关系"以及"代理问题"，从制度研究的角度，立法者却必须考虑如何保证全民的合法权益不会被层层的"代理关系"所侵害，这显然是国有股权行使与监督制度设计的最大难点。而在制度设计过程中，确定股权行使主体仅仅是第一步，更加艰难的任务，是通过主体之间权利、义务关系的设定来确定股权行使主体间的法律关系，最终通过问责制形成国有股权主体的理性权利行使机制。而无论从什么角度看，上述内容都早已远远超出了公司法股权制度的范畴。

（三）公共权利属性对国有股权行使和监管制度构建的具体影响

在分析了公共权利属性对国有股权制度构建的宏观影响之后，还应当指出其对国有股权制度构建的微观影响。本书认为，在股权行使的具体过程中，国有股权的公共权利属性将对国家股东行使重大事项决定权、股权转让权以及股利分配权的具体行为产生影响，进而在上述相关制度构建上形成国有股权与私人股权不同的特色。

1. 国有股权行使方式的公共权利属性将对国家股东重大事项决定权行使制度构建产生决定性的影响。改革实践已经证明，在国有资本占控制地位的情况下，按照公司法中的股权行使规则，在国有资产管理体制改革不到位的情况下，国有股东行使股权可能导致新的"政企合一"，这与改革目标相悖，因此，必须对国有独资公司和国有资本控股公司中国有股东重大事项决定权的行使与监管进行新的制度构建，以便既保持公司的独立性，又使国有股权益得到维护。

2. 国有股权行使方式的公共权利属性还意味着：一个良好的国有股权行使机制的形成不仅依靠股权主体的成功拟制，而且有赖于监督机制的形成。对一般公司而言，股权行使监督往往出现在控制股东行使权利的场合，但对国有股东而言，基于股权主体体系内部的特殊"代理关系"和"代理问题"，一方面，国有股权行使的监督首先要求在国有股东拟制过程中，对参与股权行使的各主体及其相互关系进行准确定位，并通过主体之间形成互相独立和制约、进而形成监督关系；另一方面，由于涉及财产的公共性，国有股权行使的监督在制度设计上必然涉及全体人民对国有资产运作的监督。上述所有的制度设计，都因其涉及国家和政府机构而超出了单纯私权行使的范围。

3. 设置目标的公共属性将对国有股转让权行使制度构建产生重大影响。就一般公司而言，股份自由转让使股东在不能参与或无力控制公司经营的情况下能够规避投资风险，同时通过股票市场机制的作用还可以形成对公司管理者的约束。但对国家股东而言，股权转让的意义不止于此。由于国有股权设置目标的公共属性，股权转让可能导致国有资本在某一领域退出或丧失控制地位，因此对股权设置公共利益目标变化的考量将成为决定国有股权转让的主要因素，相关制度构建中所涉及的权利分配和程序控制也在很大程度上超出了私权的范畴。

4. 财产来源的公共性对国有股股利分配制度产生的影响更加惊人。基于财产来源的公共性，全体人民被视为国有股权真正意义上的股东，因此，在国有股权控制的公司中，不仅全民利益层面上的公共利益成为国家股东的根本利益追求，而且全体人民有权分享国有股权的收益。因此，国有股股利分配不是纯粹的公司与股东之间关系问题，同时也是国家财政预算问题，国家股东在行使股利分配权的过程中，在权利行使主体、分红政策制定、股利分配限制等问题上将面临与私人股东完全不同的问题。

综上所述，本书得出结论：在国有企业公司制改革目标的层面，国有股权确实在国家所有权行使方式中注入了私权因素，但在关键性的制度构建过程中，由于国有股权的公共权利属性极大地影响着国家股东行使权利的行为，因而使得整个国有股权制度构建在出发点和最终结果两个方面都表现出与既有公司股权制度的不同。忽视这种影响，国有股权行使和监管制度构建就将变成脱离实际的空谈。

四、国有股权行使和监管法律制度研究的重点

行文至此，国有股权行使和监管制度研究应当解决的基本问题清楚地呈现在我们面前：（1）国有股权主体体系制度的构建。在"全体人民——国家（政府）——国家投资的企业"这样一个链条中，如何以"两权分离""政企分开"为目标，确定国家或政府的哪些机构可以作为全体人民的代表、成为法律意义上的股权主体，如何对这些机构在国有股权行使中的地位进行界定，使国有股东整体上权利行使顺畅。（2）国有股权主体的权利、义务和责任制度的构建。在法律层面上，为避免国有股权主体行使股权导致新产权框架下"政企合一"和"两权合一"，国有股权主体体系中各主体行使权利的边界应当被合理界定。与此同时，为保障国有股权主体正当行使权利，制度设计中不仅应当明确规定其应当承担的义务和责任，以形成股权主体合理行使权利的内在机制，而且还应当积极探索现行体制下国有股权的专门监督。本书认为，面对上述领域中随改革实践不断丰富的学界研究成果，欲通过"国有股权行使和监管法律制度研究"这样一个实践性极强的课题将既有研究向前推进，不仅要通过基本理论的阐述厘清分析线索，而且还应确保整个研究在实践层面的展开处于改革的最前沿。

（一）我国国有股权行使和监管及其制度建设实践

自 20 世纪 90 年代初开始，随着公司制被引入我国国有企业制度改革，国有股权行使问题就被提上改革的议事日程，但由于国有股权行使主体塑造问题涉及国有资产管理体制改革，因此大规模的改革实践应当始于 2003 年国务院国有资产监督管理委员会的设立。毫无疑问，国资监管机构的设立为分离政府作为国有资产所有权主体代表身份和社会公共事务管理者身份，实现国有资产所有权主体代表的权利与社会公共事务管理行政权力在政府层面的分离奠定了基础。以此为平台，国务院国资委立足国有企业的市场化，以公

司治理为突破口，积极探索国家（政府）股东行使权利的最佳方式。

1. 以国有独资公司为核心的国企规范董事会制度建设取得重大成就。2003年起至今，国务院颁布《企业国有资产监督管理暂行条例》《国资监管条例》，国务院国资委陆续颁布《关于国有独资公司董事会建设的指导意见（试行）》《董事会试点企业外部董事管理办法（试行）》《董事会试点企业职工董事管理办法（试行）》。以上述法规及规范性文件为指导，国资委积极推进央企董事会制度建设。①在此基础上，国资委颁布《中央企业综合绩效评价管理暂行办法》《中央企业负责人经营业绩考核暂行办法》等规范性文件，加强对央企董事、监事和高管的激励和约束。实践表明，尽管仍然需要完善，但在试点央企中，强有力的、可问责的董事会正在成为公司治理的核心，以国有独资公司为样本，一个符合"政企分开""两权分离"改革目标的国家股东与其所投资的企业之间的清晰关系呈现在世人面前。上述内容在2008年全国人大颁布的《企业国有资产法》中得到完整体现。

2. 股权分置改革从另一个侧面开启了国有股权行使方式的探索。众所周知，中国的股份公司大都由国企改制而来，初期的股权结构设计为国家股、法人股和公众股并存。而基于对国有资本控制权认识以及对该控制权丧失的担心，国有股被禁止进入二级市场流通，从而形成证券市场股权分置的格局。1998至2001年间，为解决国企改革发展的资金需求和社会保障问题，曾尝试国有股减持，但终因实施方案与市场预期存在差距，试点很快被停止。② 至2004年初，国务院发布《国务院关于推进资本市场改革开放和稳定发展的若干意见》，其后，中国证监会于2005年发布《关于上市公司股权分置改革试点有关问题的通知》，重新启动了股权分置改革。自2005年首批试点公司公

---

① 截至2013年3月，建设规范董事会试点的央企达到52家，接近央企总数的一半，其后试点被推向地方国企。白天亮：《国资委：国企改革加速转型建世界一流企业》。资料来源：人民网2013年11月8日转载《人民日报》。

② 1999年9月中共中央十五届四中全会通过的《关于国有企业改革和发展若干重大问题的决定》明确指出："选择一些信誉好、发展潜力大的国有控股上市公司，在不影响国家控股的前提下，适当减持部分国有股，所得资金由国家用于国有企业的改革和发展"。为落实中央决策，国务院于2001年6月出台《减持国有股筹集社会保障资金管理暂行办法》（以下称《减持办法》）规定：凡国家拥有股份的股份有限公司（包括在境外上市的公司）向公共投资者首次发行和增发股票时，均应按融资额的10%出售国有股，出售收入上缴全国社会保障基金。然而，由于股权分置等一系列原因，该办法施行后股票市场反应十分剧烈，沪深股指狂跌，3个月内1.7万亿市值凭空蒸发。接下来发生了中国经济立法史上的尴尬一刻，中国证监会报国务院同意后紧急宣布停止执行刚刚发布4个月的《减持办法》第5条。详见向淑青：《国有股减持的法律思考》，载《哈尔滨学院学报》2008年第9期。

布开始到 2006 年 10 月，沪深两市股改公司总市值就已经超过了 94%。2007 年《国有股东转让所持上市公司股份管理暂行办法》生效后，国有股权基本上进入全流通时代。股权分置改革的完成意味着国有股权转让可以通过二级市场进行，这对中国资本市场功能的完善以及国有上市公司治理无疑具有重要意义。但本书更看重这一改革在国有企业股权多元化方面的价值：上市流通不仅为国有股东行使股份处分权提供了优越的场所，而且随着国有股全流通，国有上市公司的股权将更加多元化，这样，随着 2011 年央企重组上市的展开，资本市场在为重组提供场所的同时，将使更多的央企通过重组上市成为股权多元化的股份公司，从而打破大型国有企业由国有独资公司一统天下的局面。2013 年 11 月中国共产党第十八届三中全会《中共中央关于全面深化改革的若干重大问题的决定》已经明确指出，国有资本、集体资本、非公有资本等交叉持股、相互融合的混合所有制经济是基本经济制度的重要实现形式，要积极发展混合所有制经济，以管资本为主加强国有资产监管，推动国有企业完善现代企业制度。因此，在股权多元化已经成为中国国有企业公司制改革重点的背景下，改革者应当考虑的问题是，在公司重大事项决定权方面，当国有资本不以独资而以控股身份出现时，国有股权行使又将出现什么问题？我们将如何进行针对性的制度建设？在这个意义上，本书认为，股权分置改革的完成以及正在进行的央企重组上市，已经将国有股权行使和监管的制度建设由国有独资公司扩展到国有资本控股公司。

3. 2007 年关于国有股股利分配问题的讨论以及国务院颁布《关于试行国有资本经营预算的意见》，更是在一个新的实践层面展现了国有股权行使的特性。众所周知，由于长期经营效益低下，1994 年"利改税"之后，国有企业不再向国家上缴利润，减轻企业负担，因此成为"利改税"的一个重要成果，人们仿佛忘记了国家作为股东还享有收益分配的权利。以致在 2005 年前后，当国有企业历经放权让利、包、租、卖、股份制以及结构调整等一系列改革、重新实现盈利时，国家是否应当分红甚至成为学界争议的一个焦点。[①] 2007

---

① 相关文献的检索和分析表明，2005 年前后国内经济学（财政学）界对国有资本经营预算政策的研究中，"分不分""分多少"成为一个争论问题，至 2008 年 2 月 24 日，天则经济研究所与百度财经主办"国企利润、产权制度与公共利益高层论坛"，与会的二十多位经济学界专家，法学界专家和社会活动家的发言对国有企业是否向国家上缴利润、预算收入是否纳入统一财政等基本政策问题表现出高度共识。（消息来源：2008 年 2 月 26 日，百度财经）。

年国务院颁布《关于试行国有资本经营预算的意见》之后至今，央企依法向国家上缴利润。自此，20 世纪 90 年代以来一直处于试点中的国有资本经营预算制度随之扩展到全国范围。① 至 2008 年，第十一届全国人大常委会第五次会议通过的《企业国有资产法》第 58 条明确规定，国家建立健全国有资本经营预算制度，对取得的国有资本收入及其支出实行预算管理。当然，从实施情况看，正如十八届三中全会《决定》所言，目前以致未来，在国有企业利润分配比例的确定、国有资本经营预算与其他预算之间关系的处理等方面，相关制度亟待完善。②

综上所述，改革实践已经表明，随着我国国有企业制度以及国有资产管理体制改革的不断深入，自 20 世纪 90 年代至今，国有股权行使与监管的实践不仅在股权行使主体制度构建方面取得了成就，而且相关制度构建已经深入到了股权具体权利行使层面。因此，如何结合中国当下的改革实际展开本书的研究，就成为本部分应当解决的问题。

（二）国有股权行使和监管法律制度研究的重点

本书认为，首先，由于国有股权在权利属性上与私人股权的本质区别，既有公司法律制度不可能为国有股权行使与监管制度的构建提供全部的制度资源，因此，本书应当在公司股权制度框架基础上，紧紧围绕国有股权的公共权利属性及其对国有股权行使与监管制度构建的影响展开研究；其次，国有股权行使与监管不仅涉及企业制度改革，而且还涉及国有资产管理体制改革，国有股权行使和监管制度只能在改革实践中建立和完善，因此，本书还应当立足当下国有股权行使与监管及其制度建设实践，不仅要结合现行体制

---

① 早在 1995 年，我国《预算法实施条例》第 20 条就明确规定，各级政府预算按照复式预算编制，分为政府公共预算、国有资产经营预算、社会保障预算和其他预算。2004 年 3 月，国务院总理温家宝在第十届全国人大第二次会议的《政府工作报告》中指出，"抓紧完善国有资产监督管理相关法规和实施办法，研究建立国有资本经营预算制度和企业经营业绩考核体系，进一步落实国有资产经营责任"。其后，随着国有企业经营效益的逐步提高，国有资本经营预算的地方性试点随之展开。在 2007 年国务院发布《国务院关于试行国有资本经营预算的意见》之前，北京、上海、江苏、安徽、吉林、广西、珠海、厦门、武汉、哈尔滨等省、市的人民政府国有资产监督管理部门就已经先行开始了国有资本经营预算的积极探索，并根据当地实际制定了一批有关国有资本经营预算的地方规范性文件。

② 详见中国共产党第十八届三中全会发布的《中共中央关于全面深化改革的若干重大问题的决定》第 6 条。

对股权行使主体框架作出具有前瞻性的制度设计，还应当结合国家股东在重大事项决定、股权转让以及股利分配等三个方面行使权利的实践进行制度建设；不仅要研究国有独资情况下的国有股权行使与监督，而且还要重点研究国有资本控股情况下的国有股权的行使与监管。

综上所述，考虑到学界既往研究中比较系统全面的部分主要以国有独资公司为样对象展开，在具体内容上大多集中于国有股权主体制度框架的顶层设计以及国家股东重大事项决定权的行使，为避免重复，同时也为使研究更加深入、更具针对性，本书应当以当前国家股东行使股权的实践为框架，以国有股权公共权利属性对国有股权行使制度构建的影响为主线，对以下问题展开深入研究：（1）股权多元化背景下国有控股股东重大事项决定权行使制度；（2）相关经济领域向民营企业开放背景下国有股份转让权行使制度；（3）国企盈利背景下国有股股利分配权行使制度。本书认为，基于以下理由，上述制度改革位居现阶段国有股权行使与监管制度实践的核心环节，其制度构建集中体现了国有股权的基本属性及其不同于私人股权的鲜明特色。以此为突破口展开研究，将使本书的研究处于国有股权行使和监管制度构建理论与实践的最前沿，最终实现将国有股权行使和监管制度的理论与实践向前推进的目标。

1. 国有控股股东重大事项决定权行使对未来政企关系调整的价值

如前所述，公司重大事项决定权行使是股东参与公司治理的直接途径，对国家股东而言，重大事项决定权行使制度意味着政企关系的调整，因此，在实现改革目标的层面，较之股利分配、股权转让等权利，股东重大事项决定权行使的意义非同一般。而按照公司法规则，重大事项决定权对国有股东的价值取决于国有股权在公司中的地位。因此在整体上，国有股权虽然与其他类型股东的股权在权利边界上没有区别，但当国家采用独资、控股方式对公司投资时，首先，与其他控制股东一样，重大事项决定权对国有股东具有特别重要的意义；它是国家股东参与公司治理、通过控制进而维护国家股东权益的最重要途径。其次，也是更为重要的，在将国有企业定义为国有资本独资和控股的前提下，股东重大事项决定权在国家（政府）与国有企业之间关系的改革中担负着历史重任。通过国有股东重大事项决定权的行使，立法者将关注：由于国家（政府）股东的介入，公司经营将受到怎样的影响？这又将在多大程度上改变公司运行的规则，并对相关法律制度构建产生影响？为降低这种影响的负面作用，国有股权行使机构应当采用什么组织形态、其行使权利的具体方式应当做出什么样的变革？所有这些问题的研究与实践结果，将直接决定改革者预定的国企股份制改革目标能够在多大程度上被实现。再次，受改革进程的限制，学界对上述问题的研究主要集中于国有独资公司，对国有资本控股公司中国有控股权行使和监管的研究则不够系统全面。而随着资本市场中股权分置改革的完成，以及央企通过A股市场重组并整体上市，国有资本控股公司无论从数量、影响力，还是从其担负的历史使命上，将越来越受到关注。[1] 而相比国有独资公司和国有资本参股公司，国有资本控股公司的法律特征更为复杂，可以说是兼具了上述两类公司的主要特点。[2] 因此，以国有资本控股公司为样本，对国有控股股权行使与监管展开系统研究，将对未来改革中政企关系的进一步调整具有重大理论和实践价值。

2. 国有股转让权行使对国企改革思路拓展的工具性意义

如果说，由于股权主体制度的特殊性，使得国有股东重大事项决定权行使制度构建在公司法层面上堪称国有企业与政府之间关系的调整和改革的关键环节，那么基于国有股权设置目标的公共属性，国有股转让权行使制度则对国有企业改革思路的拓展具有工具性的意义。

如前所述，从改革目标的角度，中国国有企业能否通过公司制改制实现"政企分开"和"两权分离"，进而获得公司制的运营机制以降低国有企业的运营成本是改革的关键。在这个意义上可以说，被用于国企改革的公司制可以承载的目标只有一个，即成为"两权分离"或者"政企分离"的法律载体。但目前为止的改革历史证明，由于国有股权与私人股权的本质不同，加之我国市场经济体制仍未建立健全，目前为止我们尚未找到有效措施来彻底解决国有股权行使中的特殊"代理问题"。因此，不仅国有企业尚未真正形成公司制的运行机制，而且私人所有权下的"监督激励"机制也很难在国有公

---

[1] 甘功仁、史树林：《公司治理法律制度研究》，北京大学出版社2007年版，第99页。

[2] 有学者甚至认为，对国有独资公司的投资行为，显然还不是以取得股权为标志的公司意义上的投资，充其量不过是传统国家所有权实现方式的变态。国有股权是在国有资产真正进入投资领域后，实现经营方式由所有权向股权转化的过程中形成的，是与国有独资公司截然不同的国有资本经营方式。参阅石少侠：《国有股权问题研究》，吉林大学出版社1998年版，第44—45页。

司中发挥作用。显然，传统的以私人权利自治、股份投资受益为前提的股份持有模式与改革者意图建立的以公共利益为导向、以政府出资为基础的国家持股模式在本质上存在着根本分歧，以致公司运作机制移植到国有公司中时发生了制度的不兼容。

面对上述问题，本书认为，改革者应当认真思考国有企业的定位问题。回顾1980年代初开始至今的国企改革历史，由于中国改革"摸石头过河"的特点，加之经济发展的局限，改革者无法、也不可能在一开始就对国有企业在中国的定位作出全方位的思考。但不能否认，当建立社会主义市场经济成为改革的大背景时，国有企业的定位就成为不可避免。在改革实践中，大量国有企业从竞争性领域的退出所引发的国有经济布局的调整和改革已经深刻的表明，国有企业的定位与一国经济体制和经济发展状况有关，国有企业在不同时期的定位决定着国有企业的体量。在这个意义上，对计划经济体制下无所不在的中国国有企业而言，改革意味着两层含义：（1）经营效益的提升，（2）国有企业的定位以及体量的控制。因此，当改革走到今天，当让所有的国企都提高经营效益变得不现实之际，我们应当反思：国有企业获取经济利益的正当性何在？继续完善公司治理能提高国有企业的经营效益吗？

上述问题的回答取决于改革者对国有企业的定位。显然，解决国有资本经营中的特殊"代理问题"要付出成本，但对该成本的衡量却不是一般意义上投入产出的概念，即：对国有企业而言，我们不是用一般意义上的产出、而是用设置目标的实现程度来衡量其成本的。因此本书认为，就改革的整体性而言，在继续提升国有企业的公司治理水平的同时，我们还必须从以下几个方面进行变革：（1）国有企业的定位应当有一个根本性的改变。正如前文所言，国有企业应当定位为公共性企业，国有企业应当在涉及经济战略类以及涉及国家安全的重要产业中保持主导性地位，而在自然垄断行业内，应当对国有企业现有的地位进行改革，可以采取国有企业逐渐退出与政府管制改革相结合的方式，引入适当的竞争机制，提高企业的经营效率。（2）国有企业的公共性价值要求其发展必须与国家经济、社会的发展相结合。因而，应当设置国有企业的进入及退出机制，以便国家根据社会经济的发展随时对国有企业进行调整，在这个意义上，"国有股权的转让"以及"国有资本的投资"都应当被视作股东行使股份处置权的形式，不可偏废。

如果上述改革可以被视为当下国有企业改革思路的拓展，那么显而易见，在这一过程中，国有股份转让权行使制度将具有重要的工具性价值，即：国有股份转让制度将在股权行使主体权、益、责统一的层面，在股份转让权行使程序控制层面为国有股权转让建立良性秩序，从而保证国有股权转让服务于公共目标，最大限度地减少国有资产流失，保证国有资产公共属性的实现。

3. 股利分配权行使对国有资产利益关系调整的重要意义

作为公司的出资人，股东的重要目的之一是通过股息红利的分配来获得公司资本的增值，因此股利分配权的行使也就成为股东权益实现的重要表现。但对国有股权而言，（1）由于国有股权的公共财产性质以及国有股权存在的公共利益目的，国有股股利分配权的行使是一种国家财政预算行为，国有股股利分配权行使和监管制度构成了国有资本经营预算制度的重要内容，是国家预算法律制度的重要组成部分。（2）在公司制背景下，国有股股利分配权行使过程不仅体现了企业与国家股东之间的利益分配关系，而且由于国有资本来源的公共财产性质，财政部门要站在国家和人民利益的高度，使国有资本收益的使用不仅惠及国有企业，而且惠及全民。因此，国有股股利分配权行使也体现了国有企业与全民之间的利益分配关系。（3）基于国家财政预算监督管理制度的功能，对国有资本收益与支出进行监管的过程，也是对国有企业经营者行为约束的过程，在这个意义上，国有股利分配权行使与国有公司治理水平的提升具有密切联系。

综上所述，应当说，较之股权的其他内容，股利分配权行使最典型地体现了国有股权与私人股权在本质属性上的不同：它不是一个单纯的股权行使问题，而是一个涉及财政预算制度改革以及经营性国有资产管理制度改革的复杂问题。因此，紧密结合中国经营性国有资产管理体制改革和财政管理体制改革的实际展开对国有股股利分配权行使制度的研究，对协调平衡国有企业与国家股东之间就企业利润分享产生的利益关系、协调平衡国家（政府）在使用国有资本经营所得的过程中产生的全民与政府之间的利益关系，提升国有企业的治理水平具有重要的理论与实践意义。

（三）结论

行文至此，本书的结论是：随着国有公司股权多元化改革的深入以及相关经济领域向民营企业开放，随着国企经济效益提高并处于盈利状态的背景下，国有控股股东重大事项决定权、国有股份转让权以及国有股股利分配权等权利的行使和监管，位居现阶段国有股权行使和监管制度实践的核心，相关制度构建集中体现了国有股权的基本属性及其不同于私人股权的鲜明特色，以此为突破口展开研究，将使本书研究处于国有股权行使和监管制度理论与实践的最前沿，进而实现本书将国有股权行使和监管制度的理论与实践向前推进的研究目标。

基于上述，本书下文将以国有控股股东重大事项决定权、国有股份转让权以及国有股股利分配权等权利的行使和监管为重点，以国有股权制度行使与监管法律制度的基本理论为分析线索，理论联系实际的展开系统研究，最大限度地增强研究的针对性，以期对正在进行的改革实践提供立法理论与实务的支持。

第二部分

国有控股股东重大事项决定权行使法律制度研究

按照《企业国有资产法》，国有资本出资的公司可以分为三类：国有独资公司、国有资本控股公司以及国有资本参股公司。无论按照哪种标准，前两类公司都可以被定义为国有企业。按照本书第一部分的研究结论，基于股权主体的特殊性，上述三类公司中国有股权的行使均需在公司法基础上对股权行使主体及其权利义务关系进行新的制度设计。但与此同时，改革实践已经证明，在国有资本占控制地位的情况下，按照公司法中的股权行使规则，在改革不到位的情况下，国有股东行使股权可能导致新的"政企合一"，这与改革目标相悖。因此，必须对国有独资公司和国有资本控股公司中国有股东重大事项决定权的行使进行新的制度构建，以便既保持企业的独立性，又使国有股权益得到维护。

从研究现状看，学界对国有独资公司股东权行使问题的研究成果较为丰富系统，而对国有资本控股公司的相关研究还有待深入。[①] 但随着资本市场中股权分置改革的完成，以及国有经济适时适量从竞争领域逐渐退出的政策指向，国有资本控股公司无论从数量、影响力，还是从其担负的历史使命上，

[①] 例如，徐晓松等：《国有独资公司治理法律制度研究》，中国政法大学出版社2010年版。在这本书中就对国有独资公司股东权行使问题进行了系统研究。而有关国有资本控股公司的系统研究则主要集中在经济学界，如张涵：《国有控股公司控制权配置研究》，经济科学出版社2008年版；魏秀丽：《股权多元化的国有控股公司治理结构特点及其构建》，载《经济与管理研究》2008年第2期；王华：《国有资本对公共项目的相对控股分析》，载《求索》，2011年第4期等。

都受到越来越多的关注,控股作为我国国有经济发展的最佳方式受到越来越多人的赞同。①而 2013 年 11 月中国共产党第十八届中央委员会第三次全体会议通过的《中共中央关于全面深化改革的若干重大问题的决定》第 6 条则更是明确指出,"国有资本、集体资本、非公有资本等交叉持股、相互融合的混合所有制经济是基本经济制度的重要实现形式,有利于国有资本放大功能、保值增值、提高竞争力,有利于各种所有制资本取长补短、相互促进、共同发展。允许更多国有经济和其他所有制经济发展成为混合所有制经济。国有资本投资项目允许非国有资本参股。允许混合所有制经济实行企业员工持股,形成资本所有者和劳动者利益共同体"②。而相比国有独资公司和国有资本参股公司,国有资本控股公司的法律特征更为复杂,可以说是兼具了上述两类公司的主要特点。③因此,对国有控股股东重大事项决定权行使和监管展开系统研究意义重大。

基于上述,本部分将围绕国有资本控股公司中国有股东重大事项决定权的行使问题,通过对企业国有控股权行使的特性及其问题的分析,重新梳理国有控股权行使的思路,提出建立以国有控股公司为核心的股权主体制度理论,并对国有控股股东重大事项决定权的行使方式提出改进措施。

需要说明,从国有股权行使和监管制度研究的角度,本书对国有资本控股公司的界定不是从公司之间的控制关系、而是从国有资本在公司股权结构中所处的地位进行的,因此,国有资本控股公司不是指其他公司具有控制地位的国有公司——"通过股份或其他方式对其他公司形成控制地位的国有公司",④而是指"国有股份在一个公司的股权结构中处于控股地位的公司",即

---

① 甘功仁、史树林:《公司治理法律制度研究》,北京大学出版社 2007 年版,第 99 页。
② 详见 2013 年 11 月中国共产党第十八届三中全会发布的《中共中央关于全面深化改革的若干重大问题的决定》第 6 条。
③ 有学者甚至认为,对国有独资公司的投资行为,显然还不是以取得股权为标志的公司意义上的投资,充其量不过是传统国家所有权实现方式的变态。国有股权是在国有资产真正进入投资领域后,实现经营方式由所有权向股权转化的过程中形成的,是与国有独资公司截然不同的国有资本经营方式。参阅石少侠:《国有股权问题研究》,吉林大学出版社 1998 年版,第 44—45 页。
④ 有研究认为,国有控股公司就是经国有资产管理部门批准设立的,政府以独资或股权多元化形式建立的旨在控制其他公司,从事产权、股权经营、生产经营以管理各个被控股公司而存在的国有公司。见郑海航、戚聿东、吴冬梅等:《国有资产管理体制与国有控股公司研究》,经济管理出版社 2010 年版,第 143 页。

《企业国有资产法》第5条所言"国有资本控股公司"。为简洁起见，下文的论证和阐述中，也可换用为"国有控股公司"。与此相应，本书以股东持股比例为标准界定"控股"，国有资本控股公司包括绝对控股和相对控股两种情况。

一、国有资本控股公司中国有控股权行使的特性

（一）国有资本控股公司在中国的生存价值

国有企业改革是从计划经济到社会主义市场经济体制最重要的改革之一，是国民经济微观主体的改造。回顾既往的改革历程，第一组改革主要操作时间是1998年到2003年，主要包括三项内容：（1）国有中小企业改革；（2）国有困难企业政策性关闭破产；（3）再就业和社会保障体系建设。第二组改革是2003年之后针对国有大企业问题，以中国共产党第十六次代表大会决定启动的国有资产管理体制改革为核心展开的改革。经过上述改革与调整，目前我国国有经济的布局和结构已经发生了根本性变化，当下以及未来一定时期内，改革仍然以国有大企业为主要对象。从实际情况看，目前国有大企业主要由功能性和竞争性两大类组成，绝大部分采取国有独资企业（公司）和国有资本控股公司的形式，而国有资本控股公司中的一大部分仍旧处于竞争性行业，其当下的改革路径是学界和政府关注的重点。

尽管存在诸多争议，但本书仍然认为，首先，在我国现实的国情条件下，竞争性国有大企业的存在与发展仍然有充分的必要性，因此简单退出的改革方式并不适合于此类企业。其次，我们应该充分认识竞争性国有大企业与功能性国有大企业的重要区别，应允许、支持民营经济进入竞争性领域，与国有股东在公平、平等的市场条件下展开充分竞争。因此，目前竞争性国有大企业改革比较现实的办法，是在国有体制下直接进行市场化改革，依托资本市场将其改制为公众公司，实现国有企业的股权多元化、市场化和国有资产的资本化。[1]

---

[1] 邵宁：《国有企业与国有资产管理体制改革》，载《中国发展观察》2010年第1期。

关于大型国企的经营方式问题,中国共产党第十六次全国代表大会提出,除极少数必须由国家独资经营的企业外,积极推行股份制,发展混合所有制经济。中国共产党第十六届三中全会通过的《中共中央关于完善社会主义市场经济体制若干问题的决定》第4条进一步明确指出:"要适应经济市场化不断发展的趋势,进一步增强公有制经济的活力,大力发展国有资本、集体资本和非公有资本等参股的混合所有制经济,实现投资主体多元化,使股份制成为公有制的主要实现形式"。从改革的实践看,数据显示,截至2013年第三季度,全国90%的国有及国有控股企业(不含金融类企业)完成了公司制股份制改革,国资委监管的中央企业及其所属子企业公司制股份制改制面达到89%。[①]截至2011年6月底,中央企业控股境内外上市公司达359家,中央企业资产总额的54.07%、净资产的68.67%、营业收入的60.4%都在上市公司。[②]另据国资委网站消息,各地通过引进战略投资者、改制上市等多种方式,加快了国有企业公司制股份制改革步伐,促进了投资主体多元化。如天津市国有企业累计改制3460户,改制面已达92%。辽宁省61户国有大型企业有55户完成改制,改制面超过90%。[③]在上述背景下,如何促使大量的国有独资公司向股权多元化的方向转化,使其从一般竞争性的领域逐步退出,平稳变身为国家产业政策的执行者与某些政府管制的替代者,是当下国企改革的一个关键。在这一过程中,随着股权分置改革的逐步完成和央企加快重组上市,以及随着国有资产管理体制改革的不断深入,国有资本控股公司将会在国有经济中扮演越来越重要的角色。具体而言,在国有企业股权多元化条件或改革趋势下,国有资本控股公司的生存价值重点体现在以下几个方面:

(1)保持公有制经济在整体国民经济范围内的主导地位。自然垄断行业各国一般都采取国有独资方式经营,但关系国民经济命脉和国家安全、基础设施和重要自然资源等国有大中型企业,其可能是功能性行业也可能是竞争性行业,在这种情况下如果一味强调"国退民进"或"国退外资进",恐怕

---

① 详见白志勇:《国企改革:瞄准市场化加速转型》,载人民网,http://news.163.com/13/1108/03/9D4K7F5S00014AED.html。访问日期:2012年3月10日。
② 左永刚:《十年开创性改革 国资保值增值成绩斐然》,载《证券日报》2012年10月25日,A01版。
③ 李荣融:《进一步推进国有经济持续稳定较快发展》,载《宏观经济研究》2009年第2期。

与当前的国情不相符合。从长远来看，对中国的长期经济发展不是好事情，对国民财富的分配也不是好事情。① 因此，在社会主义市场经济体制建设过程中，必须坚持"两个毫不动摇"，② 充分运用国有资本控股的方式进行国有股权行使与管理，既保证公有制经济的主导地位，同时又能提高市场活力，促进竞争并发展非公有制经济。

(2) 充当国资管理"三层级"模式的中间层级，成为实现"政企分开""政资分离"的有效途径。传统的国家所有权观念是将政府公共管理职能与政府国有资产管理职能集中行使，然而政治目标与经济目标的实现毕竟要遵循两种规律、行走两条路线。在普遍对国有企业进行股份制改造的基础上，许多国家往往产生一个单独的集中行使国有股权的机构或组织作为政府与企业间的缓冲地带。③ 国有控股公司就可以用来"铺设"这条"缓冲地带"，其自身可以向其他国有企业进行转投资，通过行使企业国有股权达到对其他企业的控制，从而在很大程度上对政府干预企业经营起到"隔离"效果，也缓解了政府的出资与监管压力，并且随着国有经济布局调整的深化，此种中间层级地位会更加重要。

(3) 国有控股公司可以构建规范而有效的公司法人治理结构，能在最大程度上提高国有资本的运营效率。正如有学者所言：把国有独资公司打造成国有控股的股份有限公司可以说是我国国有企业实现公司治理的最高境界，可以使国有独资公司中存在的一些公司治理弊端得以克服。④ 目前国有企业组织形式明显存在两大问题：① 仍有相当大一部分企业不是按照《公司法》注册的，企业内部没有建立起完善的法人治理机构；② 许多企业按照《公司法》注册成国有独资公司，不设股东会，传统公司股权多元化的功能已荡然无存，明显缺乏股权竞争的内部环境，缺乏公司应有的股权约束机制与激励机制。⑤ 以上两方面问题导致公司治理机制在很多情况下不能有效发挥作用，公司相

---

① 邵宁：《国有企业与国有资产管理体制改革》，载《中国发展观察》2010年第1期。
② 即指江泽民同志在中国共产党的"十六大"报告中提出的：必须毫不动摇地巩固和发展公有制经济，必须毫不动摇鼓励、支持和引导非公有制经济发展。
③ 徐晓松：《论国有资产监督管理机构在国有资本经营预算中的职责》，载《政治与法律》2009年第4期。
④ 甘功仁、史树木：《公司治理法律制度研究》，北京大学出版社2007年版，第98页。
⑤ 石少侠：《国有股权问题研究》，吉林大学出版社1998年版，第44页。

关机构、人员的权利、义务与责任配置不明确，由来带来严重的企业治理"行政化""内部人控制"和国企效率低下等问题。而在国有资本控股条件下，公司建立起规范的治理机构，国有股东代表根据《公司法》和《企业国有资产法》行使国有股权，能够在最大程度上提高国有资本的经营效率。

（4）也是非常重要的是，较之国有独资公司，国有资本控股公司能够在当前民营经济的发展中发挥更大的作用。胡锦涛同志在中国共产党第十八次全国代表大会报告中指出：深化国有企业改革，完善各类国有资产管理体制。毫不动摇鼓励、支持、引导非公有制经济发展。国务院国资委在2012年5月25日发布了《关于国有企业改制重组中积极引入民间投资的指导意见》，意见针对民间投资参与国有企业改制重组的基本原则与要求进行了概括说明，指明：积极引入民间投资参与国有企业改制重组，发展混合所有制经济，建立现代产权制度，进一步推动国有企业转换经营机制、转变发展方式。因此，国有企业还肩负帮扶、促进民营经济快速有效发展的历史使命。通过国有资本控股公司吸收民营资本加入经营治理，一方面可以充分发挥多种所有制形式的优势与长处，另一方面也可以国有资本控股公司的管理优势、政策优势带动民营经济向更宽、更深领域拓展，进而为混合所有制经济模式的健康发展提供支持。

（二）国有控股权行使的特性

就制度本身而言，国有资本控股公司的典型特性在于国有股权控制，其控制权行使既不同于国有独资公司，也区别于其他资本控股公司。对国有资本控股公司国有股权行使特性的分析，有助于我们揭示国有资本控股公司国有控股权行使中存在的问题，为国有股东重大事项决定权行使与监督的制度构建奠定法理基础。

1. 国有股权控制的特殊性：源自与国有独资公司的比较

国有资本控股公司与国有独资公司是两类不同的国家出资企业，其共同点是国有资本在公司中均具有控制地位，但由于股权结构的差异，两类企业中国有股权控制的力度、方式具有明显区别。

相比国有独资公司股东唯一性、国有股东控制权行使更加直接和简单的特点，国有控股公司中的国有股权控制的特点则在于控制关系的间接性和复杂性。首先，国有独资公司不设股东会，由国资监管机构直接履行股东会职责，不存在委派股东代表问题。而国有资本控股公司设股东会，国资监管机构或国有投资公司作为控股股东只能通过委派股东代表在股东会上提出提案、发表意见、行使表决权实现对公司的控制与影响。尽管出资人和国有股东代表是被代表人与代表人的关系，但从法律角度看毕竟是两个独立的主体，私利追求的冲动始终会对这种代表间的信赖关系构成极大的威胁，[①] 因此，在"代表成本"客观存在的条件下，国有资本控股公司中国有股东代表委派制度使得发生在出资人与国有股东代表间的法律关系成为国有股权行使制度的重要组成部分。其次，根据现行法律法规，履行出资人职责的机构可以直接任命国有独资公司的董事、监事，因此对独资公司拥有绝对的人事控制权；而对国有资本控股公司则采用建议任命手段，由履行出资人职责的机构向国有控股公司的股东会或股东大会提出董事、监事的人选。[②] 显然，国有股东代表委任制与董事、监事的建议任命制是国有控股股东行使控制权的主要方式，也是国有资本控股公司在股权控制方面与国有独资公司的区别。正是由于这种控制权行使的特殊性，导致了制度设计方面的独特问题。

（1）如何确定国有股东代表和董、监、高等人员的人选。令人遗憾的是，现行立法除了对部分人员的条件做了较为原则的规定之外[③]，并没有确定以上人选的具体标准和程序，这就为实践中国资监管机构及其授权组织确定人选的随意性提供了可能，事实上形成对企业的不当干预。有观点认为，出资人的法定代表人是当然的国有股东代表。[④] 且不论实践中出资人可能直接由国资监管机构或政府有关部门、事业单位担任的情形，即便是企业集团或国有公

[①] 石少侠：《国有股权问题研究》，吉林大学出版社1998年版，第80页。

[②] 关于这点，《国资监管条例》与《企业国有资产法》的规定稍有不同。前者第17条规定：国资监管机构依照公司章程规定，提出向国有控股的公司派出的董事、监事人选，推荐国有控股的公司的董事长、副董事长和监事会主席人选，并向其提出总经理、副总经理、总会计师人选的建议。后者第22条规定：履行出资人职责的机构依照法律、法规及企业章程的规定，向国有资本控股公司的股东会、股东大会提出董事、监事人选。

[③] 《企业国有资产法》第23条规定了董事、监事、高管应当具备的条件，但都是原则性的规定。

[④] 刘维忠、高小东：《浅议国有股东代表管理》，载《西部财会》2005年第11期。此种观点来源于原国家国有资产管理局1997颁布的《股份有限公司国有股东行使股权行为规范意见》第8条第2款的规定："国有股股东代表指国有股股东的法定代表人或国有股东委托的其他自然人"，如今该意见已被废止。

司等担任出资人，也不可能都由出资人的法定代表人来兼任所投资公司的股东代表，这必然带来身份混同和关联交易等问题。如何确定委派和建议的人选，对于国有股权控制和企业管理至关重要。

我们不妨先考察一下国外的相关做法。英国政府对国有企业行使国家股东所有权职责主要是通过财政部、贸易和工业部来实施的，主管大臣有权任命所有的董事会成员，1975年组建国有企业局后，由国有企业局委派产权代表进入企业的董事会，建立一系列报告制度，但不直接干预企业的日常经营和管理；法国也是通过多个政府部门共同实施国家股东职能，国有企业董事长由主管部长提名，由内阁会议以法令形式予以任命，对于国家部分控股的国有企业，董事长由股东大会选举产生；德国主要由财政部代表政府行使国家股东职责，财政部通过监事会掌握企业的发展状况，监事会是决策机构，由资产所有人即国家代表和雇员及工会代表组成，国家代表由财政部长推荐，大都是私营公司经理、部长级官员、银行家或大学教授。[①] 由上可以看出，国有股东代表的产生在世界范围内主要有政府任命、法令任命、推荐任命等几种途径，具体身份上可能是政府官员、企业经理、专家学者等。

本书认为，委任和建议任命的人选确定与一国的政治体制、经济体制、法律环境、国有企业实际情况及其历史经验是密切相关的。当前我国正处于经济转型期，尽管国家已经成立国资监管机构专司企业出资人职责，但在国企高管人事任命制度尚未完全面向市场的情况下，由其任意决定委派与推荐人选的过程将不可避免带有强烈的行政色彩，其目标取向与企业价值取向将出现背离。尤其是在董事、监事的建议任命中，国有出资人基于特殊的股东身份，其"建议"在实践中往往起到"命令"的效果，实际上违背了公司法"同股同权"原则。[②] 基于上述，如何利用市场化机制，将委派与建议任命纳入市场化渠道，建立市场化的聘任与考评机制，取消人选的行政级别，将委派与建议任命人选的个人目标与企业目标绑定在一起便成为改革的重要议题之一，而现行的国有资本控股公司中的董事、监事建议任命制则应予修正或

---

① 史忠良、毛树忠：《英、法、德三国国有股东行为机制改革研究》，载《江西社会科学》2007年第10期。

② 《OECD国有企业公司治理指引》中也只是建议在控股的国有企业中建立起合乎规则和透明的董事会"提名"程序而非"任命"程序，而且应在全体股东大会之前征求其他股东的意见。

废止，改由国有股东提名后经公司股东会选举产生，而公司高管则应由董事会负责聘任和解聘。

（2）如何处理委派的股东代表、建议任命的董事等人员、国有资本控股公司和国有出资人四者之间的法律关系。理论上来看，国有资本控股公司与其他三者的法律关系比较明朗，其与国有出资人、股东代表是公司与股东的关系，与建议任命的董事等人员是公司与内部管理人员的关系，难点在于界定其他三者之间的关系。有观点认为，国有出资人与所委派的股东代表、建议任命的董事等人员之间是委托代理关系[1]，本书对此持保留意见。国有股东代表是国有出资人在企业中的代表人，两者之间是代表的法律关系，而与代理有所区别。如果向企业建议任命的董事等人员被企业所认同，那么国有出资人与该董事等人员是特殊的代理关系，其特殊性体现在法律责任方面。即董事等人员如果对企业经营失利或损害企业债权人利益负有个人责任，不能仅依据代理关系全由被代理人承担责任，代理人本身也要承担相应的民事责任；如果代理人滥用代理权给国有股东的利益造成损害，也要承担相应的赔偿责任。对于委派的国有股东代表与建议任命的董事等人员之间的关系，学界与立法基本上没有关注。实践中国有股东代表由国有出资人领导或有关部门负责人兼任，或一人兼任多个股东代表职务的情况都比较普遍，加上股东代表自身能否成为建议任命的董事等人员在立法上也没有限制[2]，这就造成实践中出现大量的交叉任职现象。这一方面可能是因为对股东代表的素质能力要求较高，难以抽调出相应的专职人员；另一方面也反映出国有股东对代表人工作的重要性认识不够，仅将其看做是会议代表之类的虚职。本书认为，国有股东代表应该采取专职的形式，对同一公司原则上只委派一名国有股东代表，一名国有股东代表可在不同公司兼任，但不得超过3家，且兼职的几家公司间不能存在任何法律上或事实上的关联关系；如果国有股东代表兼任董事、监事或高管，则只可在一家公司任职，这样安排主要是避免关联交易。

（3）国有出资人如何对其委派的股东代表和建议任命的董、监、高等人

---

[1] 高小东：《应加强央企国有股东代表管理》，载《产权导刊》2005年第11期。
[2] 《中央企业负责人经营业绩考核暂行办法》第2条提到，"国有控股公司国有股东代表出任的董事长、副董事长、董事，总经理（总裁）"列入中央企业负责人考核范围，从侧面说明实践中国有股东代表兼任董事长、董事、经理的情况较为普遍。

员进行有效的控制，这在实践中问题最大。① 应当赋予国有出资人对股东代表的撤换权，但应提前书面通知公司并办理有关变更登记手续；对于建议任命的董事、监事等人员则只能由股东代表通过股东会途径行使表决权进行免职，高管人员只能由董事会进行解聘，而无权直接由国有股东决定董、监、高的去留。② 对公司经营一般事项，可由国有股东代表依法或依章程直接决定，但对公司重大事项股东代表应负有请示报告的义务，此类重大事项应严格限定在公司的分立、合并、破产、解散、增减资本、发行公司债券、上市、任免公司负责人、转让国有股权等方面。然而，国有股东代表的请示报告制度仅表明其与国有出资人间的内部代表关系，请示结果也只能由股东代表通过依法行使股权来实现，而不能将国有股东的意志强加于公司意志之上。③ 国有出资人可以依法或依约定对其委派的国有股东代表进行定期考核，健全完善激励约束与责任追究机制。《中央企业负责人经营业绩考核暂行办法》明确，企业负责人的经营业绩，实行年度考核与任期考核相结合、结果考核与过程评价相统一、考核结果与奖惩相挂钩的考核制度。制度的生命力在于执行，考核制度的生命力在于保证考核结果与有关人员的激励约束、责任追究机制相适应。然而，令人大跌眼镜的是，上述《办法》第 27 条对于激励措施由国资委另行规定，对于惩罚则列举了谈话诫勉、岗位调整、降职使用或免职（解聘）等措施。显而易见，现行制度实际上将国有股东代表看做是国家机关工作人员，按照政治程序和要求进行考核，这与企业本质根本不相符合，与贯彻落实"政企分开"的原则也相违背，应予摒弃。此外，建议任命的董、监、高等人员的考核应由公司自身组织进行，国有股东代表只应通过股权行使表达意见。

2. 国有股东的超控股东地位：与其他资本控股公司的比较

本书认为，在控股层面上，与其他资本控股公司相比，国有资本控股公司中国有股的"一股独大"与其"双重身份"结合，形成了国有控股股东"超控股东特权"，进而使国有资本控股公司治理面临严峻挑战。

首先分析国有资本控股条件下的股权结构。基于我国经济体制改革的特点，国企改革分阶段推进过程中功利主义逻辑十分明显，这决定了"独"改

"股"带有明显的路径依赖性。① 从最初的放权让利,到后来的建立现代企业制度,再到当下的股份多元化改革,明显的企业内部人分享与内部人控制是改革路径依赖下的产物,改制的路径依赖也基本上围绕内部人和政府之间的博弈而展开。在国务院发展研究中心与世界银行在2005年合作的一项调查中,张文魁发现,国有企业改制的路径依赖主要体现在以下七个方面:① 政府(特别是地方政府)有较强的推动其所属国有企业改制的意愿;② 改制动议需要获得内部人特别是管理层的同意,否则改制难以推进;③ 内部人有相当大的优先入股权;④ 内部人参与国有企业改制,通过能获得价格优惠,以及其他优惠,如延长付款期限、降低首次付款比例等;⑤ 外部人能否最终参与国有企业改制,不仅仅取决于这个外部人所出价格是否最高,在很大程度上还取决于其能否获得内部人认同,包括开出的条件能否为内部人所接受;⑥ 内部人之间的矛盾对改制过程和改制结果有很大影响;⑦ 政府的最终裁决者角色体现在国有企业改制过程中,它对于改制动议、改制方案、改制参与者的选择有最终选择权和决定权,但这种决定权缺乏明确标准,有时是随意的。② 由此可见,国有企业内部人对改制过程的主导和政府对改制方案的最终抉择是贯穿整个改制过程的两条主线,这也决定了改制完成后包括国有资本控股公司在内的国家出资公司的股权结构状态。

表2.1 改制企业第一大股东的所有制性质(%)③

	全部样本	其中:中央企业	其中:地方企业
第一大股东为国有	68.6	89.4	62.2
第一大股东为非国有	31.4	10.6	37.8
合计	100.0	100.0	100.0

在上述调查中,有950家改制企业完整地填写了第一大股东身份,表2.1的统计结果显示,有68.6%即652家企业的第一大股东仍然为国有性质的单

---

① "路径依赖"是D. North和R. Thomas在1973年提出的概念,是指制度变迁过程中,一个时期的制度选择会受制于前一时期甚至最初时期的制度安排,并影响到下一时期乃至整个未来的制度安排,因此制度演变的规律是,后一个环节对前面的环节具有依赖性。
② 张文魁:《中国国有企业产权改革与公司治理转型》,中国发展出版社2007年版,第53—55页。
③ 转引自张文魁:《中国国有企业产权改革与公司治理转型》,中国发展出版社2007年版,第67页。

位。表 2.2 则进一步显示了各类第一大股东在所有样本改制企业中的平均持股比例,除了管理层作为第一大股东对改制企业是相对控股外,其余身份的第一大股东则全部实现绝对控股。特别是政府机构作为第一大股东平均持股比例高达 70%,可以想象个别企业政府机构持股比例可能在 90% 左右,这是因为在改制前政府就是绝对控股股东甚至是唯一股东,改制后释放出来的国有股仍然太少。而非国有股份之所以平均持股比例也达 60% 以上,是因为无论主要入股者是境内民营企业还是外资企业,它们基本上都把持有绝对控制性股份作为参与国有企业改制的前提条件。

表 2.2 第一大股东在改制企业中的平均持股份额[①]

第一大股东的具体身份	在改制后企业中的平均持股份额(%)
政府机构	69.8
国有企业	63.6
国有资产经营类公司	61.9
民营企业	65.3
外资企业	60.7
管理层	34.4
职工	62.4
其他	42.0

由上述调查的统计结果可以发现,国有企业股份制改造后近 2/3 企业的第一大股东仍然是国有身份,而这些国有第一大股东的平均持股比例都在 60% 以上,并且第二、三大股东仍然可能是国有股东。更值得注意的是,在民营企业、外资企业和职工为第一大股东的改制企业中,第二大股东为国有单位的情况也占最高比例。[②] 另据早些的数据统计,截至 2001 年 4 月底,全国上市公司中第一大股东持股份额占公司总股本超过 60% 的有 89 家,占全部公司总数的 79.2%,其中持股份额占公司总股本超过 75% 的 63 家,占全部公司总数的 56.2%。而且第一大股东持股份额显著高于第二、第三股东。大股东中的国家股东和法人股东占压倒多数,第一股东为国家持股的公司占全

---

① 张文魁:《中国国有企业产权改革与公司治理转型》,中国发展出版社 2007 年版,第 69 页。
② 有关调查中改制企业的第二、三大股东信息可参阅张文魁:《中国国有企业产权改革与公司治理转型》,中国发展出版社 2007 年版,第 71—86 页。

部公司总数的65%,相当一部分法人股东也是国家控股的。① 因此一幅明显带有国有股"一股独大"特征的股权多元化的清晰图景已经呈现在我们面前,国有资本的强势存在,意味着我们不能回避不同所有制性质的股东如何共治改制企业的问题。

Shleifer 和 Vishny(1997)认为,大股东控制会产生两种效应:(1)效应是"激励效应",即相对集中的股权解决"搭便车"问题,大股东有动机、也有能力去监督公司的管理层,从而提升公司价值;(2)效应是"侵害效应"(Entrenchment Effect),当大股东的控制权缺乏公司其他利益相关者的监督和制约时,由于大股东的利益与其他利益相关者并不完全一致,大股东就有可能利用手中的权力为自己谋取控制权私人收益,而这会损害其他利益相关者的利益,并且降低公司的价值。② 因此,可以说大股东控制与公司治理的效率间存在悖论,这也致使学者们在分析"一股独大"对企业经营业绩的影响关系时可能会得出截然相反的结论。③ 必须指出,上述仅来自对私人控股股东行为的研究结论显然难以应对国有控股股东的地位和行为的分析。由于其他资本控股公司在实践中也或多或少地存在"一股独大"现象④,因此国有股"一股独大"显然不是国有资本控股公司国有股权控制的特性。本书认为,国有资本控股公司中"一股独大"的股权结构特点仅仅是表面现象,真正给企业治理带来挑战的不是股权结构本身,而是国有股东的双重身份,更确切地说,实践中"一股独大"的股权结构只是进一步放大了国有股东双重身份产生的问题。

本书认为,导致国有资本控股公司与其他资本控股公司中控股股东特殊

---

① 白群燕、段平利:《写给法律人的微观经济学》,法律出版社2004年版,第226页。

② Andrei Shleifer, Robert W. Vishny, "A Survey of Corporate Governance", NBER Working Paper, April 1996, No. W5554.

③ 有关观点可查阅许小年、王燕:《以法人机构为主体建立公司治理机制和资本市场》,载《改革》1997年第5期;余志宏等:《资本结构、契约理论和上市公司治理》,载《经济评论》2003年第3期;陈红:《公司控制权市场国内研究综述》,载《经济学动态》2005年第6期;王勇:《对国有大股东作用的一种认识——来自国有股独大企业与全流通企业的比较》,载《上海经济研究》2007年第8期。

④ 有关论述可参阅赵卫斌、王玉春:《"一股独大"与股权制衡——基于深交所中小上市公司的分析》,载《苏州大学学报(哲学社会科学版)》2008年第3期;郎澄:《民营上市公司"一股独大"现象及影响分析》,载《理论界》2008年第2期;陈李宏:《我国家庭上市"一股独大"的风险探析》,载《当代经济》2008年第11期(上)等。

地位的首要原因在于控股股份形成的原因不同,国有资本控股公司中的控股股东所持有的股份比例是历史形成的,属于传统国有企业改制成股份公司后的产物。首先,从经济学角度看,此种控股股份可以说是公司的外生变量,因为其控股地位的形成不是缘于公司经营,而是体制改革的结果。其次,国有股东具有市场经济宏观调控管理者和市场经济实际参与者双重身份,这集中反映在对国资委定位的讨论上。① 正如有学者指出,国家在仍然确定将国有资产所有权控制在政府手中的前提下,试图将所有权职能与除此之外的政府社会公共管理职能分开,并由不同的机构行使。② 而这种"亦官亦民"的身份不仅使国资委饱受非议,而且更为重要的是,它在事实使国有股东不可避免会凌驾于其他股东之上,造成国有股东"专横"。再次,国有控股股东与一般控股公司中的控股股东在通往公司控制的路途中所使用的"交通工具"是不同的,国有控股股东"专横"往往不是其滥用了股东权利,恰恰相反,国有控股股东往往不屑于行使其股东权利,而代之以运用手中的政府管制权力"合法地"对公司的经营管理横加干涉,这也是本文所要揭示的重要方面。实践中由国有股东甚至股东代表操纵董事会进而损害公司、中小股东或利益相关者合法权益的例子不在少数,如"四川长虹巨额坏账案""洞庭水殖管理层收购案""中航油新加坡公司亏损案""湘缆集团亏损案"等,下文对此有详述。

国有控股股东基于其特殊身份进行国有资本运营,并在实践中形成了"超控股股东特权",使得国有股东与公司其他股东处于更加不平等的地位,同股不同权,同股不同利,从根本上违背了公司法的精神。因此,我们绝不能单纯地为了"股改"而"股改",应该运用公司治理理念和股权行使机制来实现对国有资本的运营与监管,既保证国有资本的控股地位,又能实现国有股东与公司其他股东以及公司本身的共同发展。

---

① 将国有股东主要限定在国资监管机构上,并不是否认国有股东在实践也可由其他部门、组织担任,但在整体上可认为国资监管机构即国资委是全部国有股东的缩影或代表,其对企业经营性国有资产进行宏观管理,其他身份的国有股东在进行股权行使时可认为是在具体贯彻执行国资监管机构作为履行出资人职责机构的意志,理论上可认为该种意志在不同的国有出资人中间具有传导性。

② 徐晓松、范世乾:《论国资委与国有独资公司董事会的关系》,载《月旦财经法杂志》2006年第6期。

二、国有资本控股公司中国有控股权行使存在的问题

国有资本控股与国有独资公司及其他资本控股公司的比较分析，清楚地揭示国有控股股东对公司控制的特性以及国有控股股东的特殊地位。这两方面特殊性在实践中导致国有资本控股条件下的国有股权行使面临诸多挑战。然而遗憾的是，政府国资监管部门以及其他国有股东甚至公司自身都没有充分认识到这两方面特性对于国有股权行使产生的影响，监管机构和国有股东把国有资本控股公司视同为国有独资公司的情况还比较普遍，控制过紧或过松也时有发生，加上公司治理结构的不完善，公司自身面对控股股东时也往往显得力不从心，导致国有股权行使过程中出现了一系列问题。以下本书从实证角度展开分析。

（一）国有股权"过度控制"——以四川长虹坏账案和隧道效应为例

1. 四川长虹巨额坏账案

四川长虹电器股份有限公司是一家国有股份占控股地位的上市公司，曾经作为四川上市公司的佼佼者、国有企业上市的样板，以及上海证交所的龙头股，一度成为备受追捧的"蓝筹股"。然而，2000年前后公司经营状况严重下滑，2001年末出现巨额坏账，2004年12月出现36.81亿元的巨亏。[①] 公司前任董事长倪某某当年身兼数职，不仅担任公司董事长、党委书记和CEO，同时也是公司最大国有股东四川长虹电子集团有限公司的董事长。其结果导致公司股东大会对于企业行为的控制力减弱，公司被控股股东及其企业代表所控制，增大了企业领导人擅权独揽的可能性。2001年8月，中国证监会《关于在上市公司建立独立董事制度的指导意见》发布后，在长达3年的时间里，四川长虹电子集团有限公司没有设立独立董事，无视监管规定，这为其后来从事违法国际贸易行为埋下了隐患。截至2004年年底，四川长虹委托理财的对象包括申银万国2亿元、长城证券1.5亿元、南方证券2亿元和汉唐

[①] 数据来源：《四川长虹电器股份有限公司2004年年度报告》，第3节。

证券 2 亿元，总额高达 7.5 亿元。对来之不易的企业利润，在国有股东代表的操纵下，公司不仅没有及时回报股东，而且大量从事风险度较高的委托理财投资，严重违反其《公司章程》第 147 条的规定①，这是一种典型的漠视公司中小股东利益的行为。而面对公司海外市场的开拓，四川长虹仍然走的是低价竞争的老路子，尤其是寻找合作者的不谨慎，使四川长虹公司选择了与美国 Apex 公司这家声名好坏难以分清的企业来下注。仅 2002 年，四川长虹公司通过 Apex 公司向美国市场出口彩电高达 320 万台，连同 DVD 销售额超过 7 亿美元。对于四川长虹公司与美国 Apex 公司之间如此巨额的国际贸易，竟然无法在当年的年报上找到董事会或股东大会、监事会任何决议或者文字描述说明。在"一股独大"的股权结构下，倪某某作为公司总经理，同时充任国有大股东出资人的主要代表者（董事长），其行为处于公司董事会、监事会的制衡与监督之外，中小股东更是无法通过正常途径表达意愿。2004 年 4 月，美国商务部公布了对中国彩电反倾销案的终裁结果，四川长虹的倾销幅度为 24.48%，受此影响，截至 2004 年年底，公司应收 Apex 公司账款余额为 4.68 亿美元，但根据对 Apex 公司现有资产的估算，可能收回的资金仅有 1.5 亿美元，致使产生高达 3.1 亿美元的巨额坏账。②

2. 控股股东的"隧道效应"

如果说四川长虹巨额坏账案是国有股东代表利用其控股地位损害国有资产所有人、公司和中小股东利益的话，那么实践中还有一种相对隐蔽也更为常见的手段来达到这一非法目的，那就是"隧道效应"（Tunneling）。隧道效应本来是一个物理学领域的概念，是由微观粒子波动性所确定的量子效应。后来被公司法学者 Johnson 等人用来形容公司控股股东侵害中小股东利益的表现，在狭义上是指控股股东利用金字塔式的股权结构，将底层公司的资金通过证券回购、资产转移、利用转移定价进行内部交易等方式转移到控股股东

---

① 《四川长虹电器股份有限公司章程》1999 年 8 月版本。
② 王建平：《上市公司风险的结构控制研究——以法律控制为核心》，法律出版社 2007 年版，第 246 页。

手中，从而使底层公司小股东利益受到侵害的行为。① 其实质在于控股股东利用中小股东无法分享的公司控制权，通过侵害中小股东利益来获取私利。很明显，在国有资产监管存在法律漏洞的情况下，国有资本控股公司不可避免会发生隧道效应现象。隧道效应的产生来源于两方面原因：（1）缺乏对中小股东利益形成有效保护的法律制度环境；（2）特定的股权结构，在股权相对集中、存在掌握控制权大股东的情况下，就产生了大股东利用其独占的现金流控制权来追求与全体股东利益相矛盾的个体目的与条件。股改前2001—2003年间，全国每年都有57%以上的上市公司发生控股股东及其关联方资金占用，占用余额从966亿元升至2097亿元。在2004年"禁占令"发布后，全国仍有70%的上市公司控股股东及关联方占用奖金余额837亿元，当年发生额1348亿元，为大股东违规担保424亿元。2005年底，全国仍有416家公司资金被占用，涉及金额482亿元。股改前，上市公司通过证券市场融资总额不过10,000亿元，大股东占款实际规模却多年保持在1000亿元左右，意味着近1/10的募集资金通过大股东的隧道"流失"了。② 而所有这些，绝大部分发生国有资本控股的上市公司中。股改后尽管控股股东支付对价，持股比例有所下降，但由于国资管理部门明确要求国有控股股东必须保持股改后"国有股最低持股比例"，各控股股东大多做出了超过3年限售期的持股承诺，因此股改本身并未引发控股股东持股份额下降或控制力减弱。③

当然，股权分置改革完成后，全流通股权市场逐渐形成，对于控股股东"隧道效应"会起到一定的遏制效果。然而，可以预见的是，在相当长一段时间内，国有资本控股的上市公司股权相对集中、国有控股股东的股权结构特征依然存在，客观上仍将形成"强势大股东、弱势小股东""积极大股东、消极小股东"的格局。尽管控股股东也开始像中小股东那样关心二级市场公司股票价格走势，两者从"利益分置"转向"利益共同体"，但大、小股东之间的利益冲突仍将存在，这些都为国有控股股东的隧道效应提供了条件。

---

① Simon Johnson, Rafael La Porta, Florencio Lopez de Silanes, Andrei Shleifer. "Tunneling", Harvard Institute of Economic Research Paper, 2000, No. 1887.
② 李增泉等：《"掏空"与所有权安排——来自我国上市公司大股东资金占用的经验证据》，载《会计研究》2004年第12期。
③ 孔兵：《全流通市场"隧道效应""信息披露操纵"行为与监管对策》，载《当代社会科学》2007年第5期。

实践中，控股股东利用隧道效应侵害公司及中小股东利益的案件屡见不鲜，如东海农工商公司和上海万隆房地产公司占用"东海股份"12.3亿资金从事房地产开发案、"济南轻骑"披露上市公司募集的16亿元资金被控股股东占用案等，此处限于篇幅不再详述。

（二）国有股权"失控"——以中航油事件和洞庭水殖MBO案为例

1. 中航油事件

中国航油（新加坡）股份有限公司是由中国航空油料集团公司控股的海外上市公司，因其成功进行海外收购曾被称为"买来的石油帝国"，曾被评为2004年新加坡最具透明度的上市公司，一度被认为是中国国有企业走向世界的明星企业。但因其从事石油投机行为造成5.54亿美元的巨额亏损，2004年11月30日向新加坡高等法院申请破产保护。公司总裁陈久霖也因隐瞒公司巨额亏损，且涉入内线交易等罪被判4年零3个月。[①] 消息一出，舆论哗然。"中航油事件"成为国资委成立以来遇到的影响最大的央企事件。

为什么会发生"中航油事件"？各界评论铺天盖地。本书认为，其中最重要的原因在于，公司控股股东以及国资监管机构对公司人事权的控制出现偏差，表面上给人以严格控制之感，实际上失控的发生在所难免。

2. 洞庭水殖MBO案

"中航油事件"中的国有股权失控是国有股东所不愿看到的，然而，实践中还有国有股东放任甚至故意失去控制权的情况。如在"洞庭水殖MBO案"中，本来在政企分开的制度下，作为政府部门的国资监管部门既无能力也无动力去管理或监管国有上市公司，因为，国有资产的利税和其他增值均需上交国库（或地方财政），国资局及其管理层对其管理的国有资产（包括上市公司）不具有现金流量索取权，其与国有资产委托人的利益也不一致，也就不可能像对待自己的财产那样努力地经营和监管国有资产。于是，作为第一大股东的国资局的目标就仅是使上市公司的国有资产保值增值。如果它的目标函数得到满足，那么国资局将上市公司的控制权让出，做一个搭便车者，让公司内部管理层或其他股东控制和经营好国有上市公司，便是一种理性的

[①] 徐莉：《从中航油事件看国有企业内部控制》，载《冶金财会》2008年第3期。

选择。事实证明，该案中正是由"洞庭水殖"的第二大股东——泓鑫公司实际控制上市公司。当然，在本案 MBO 过程中，常德市国资局作为第一大股东以每股 5.72 元的价格将持有的上市公司 1590.6 万股国家股（占总股本 21.79%）转让 1245.8 万股给泓鑫公司。在股权转让中，国资局拿到 7163 万元"真金白银"，以上市前每股净资产 1.59 元计算，国有资产实现增值 6585 万元，净增值 2.6 倍。[①] 因此，通过捆绑上市，常德市国资局在搭便车的过程中实现国有资产的增值目标，这是国有股东作为第一大股东的情况下，听任第二大股东通过控制权占用上市公司资金、发生关联交易行为的原因所在。所以，国有股东对于国有股权失控的现象也很有可能发生。

（三）小结

如果将国有股权行使视同为企业国有资产管理，其在实践中存在的问题远远不止于以上几种情形，其他如关联交易、管理层收购等，实践中也给国有企业治理带来许多挑战。[②] 然而，纵观现实中的国有企业治理失败的案例，其表现与原因最终无一例外地都可从以上几个案例中找到影子或答案。总结以上案例，可以发现，在国有资本控股公司的实际运营过程中，国有控股股东行使国有重大事项决定权，往往是"过控"与"失控"并存。前者常常表现为国有股东的"专断"，即国有股东滥用其控股地位，公司董事会、监事会等制衡机构功能无法有效发挥作用，终将损害其他股东、债权人以及公司本身的利益。正如《OECD 公司治理原则》所述，"当法律制度允许且市场接受时，控股股东作为所有者并没有采取法定方式把控制权从所有权中分离出来，而运用的控制水平又与风险水平不对称时，潜在的滥用情况就会显现出来"。后者则常常表现为公司国有股东代表或公司管理层、内部人取得了公司实际控制权，发生国有股东代表以及公司管理层、内部人共谋侵害公司、股东及债权人利益的情形，而国有股东与公司对此却无能为力。但有一点可以肯定，无论是国有股权"过控"还是"失控"，最后"受伤"的似乎总有国有股东

[①] 曾庆生：《政府治理与公司治理：基于洞庭水殖捆绑上市与 MBO 的案例研究》，载《管理世界》2004 年第 3 期。

[②] 相关案例可参阅徐晓松等：《国有企业治理法律问题研究》，中国政法大学出版社 2006 年版，第 22—39 页。

一方。而且,"过控"与"失控"两者相生相伴,"过控"是表象,"失控"是实质,看似矛盾的双方能够并存于国有股权行使过程中,或许是国有企业区别于其他企业的重要特征。

三、国有资本控股公司中国有控股权行使的思路①

一方面,公司中的国有股权比重较高,有利于发挥国有股东在收集信息和对代理人的监督优势,克服广大中小股东在监督企业经理人员方面的激励与成本障碍,并减少股权分散情况下众多中小股东的"搭便车"行为,从而能够提高企业治理效率,保证国有资本收益。另一方面,由于国有股权"一股独大",为建立有效的股东会、董事会、监事会制衡机制,以及选择合格的经理人员并实施有效的激励约束措施,带来不小的难度。从而降低公司治理效率,这样形成了二律悖反。② 这两种结论都是可以证明的,但两者又有矛盾。据此,有人认为,以国有股为主导的公司化不能解决国有企业的弊端,国有企业的出路就是逐渐民营化。但本书对国有资本控股公司在当下中国的生存价值的分析已经表明,这一思路不是正确的改革方向。因此,认真面对并努力解决国有股东"过控"与"失控"仍然是当下改革的重要任务。

那么,应当如何解决国有资本控股公司中国有股东"过控"与"失控"的问题?本书认为,国有股东"过控"与"失控"之所以能够并存,其根源仍然在于国有股权的公共权利行使特性以及由此产生的特殊"代理问题"。正是由于对这种代理问题的特殊性的认识以及相关法律调整的欠缺,造成了国有股权在所有国有公司行使中的共同问题。也正是在这个意义上,本书反复重申:塑造一个能够理性行使股权的合格股东是所有国有资产投资公司中国有股权制度构建的关键,此举事关国有企业股份制改革的成败。基于此,本书将从国有股权行使中"委托代理"关系的特殊性及其法律定位的分析出发,

---

① 该标题下之(一)(二)参见张培尧著《论国有股权行使产生的法律关系的属性》,载《四川大学学报(哲学社会科学版)》第 39 卷第 5 期,2012 年 9 月。

② 二律背反,又称二律悖反(antinomies),是 18 世纪德国古典哲学家康德提出的哲学基本概念。指双方各自依据普遍承认的原则建立起来的、公认为正确的两个命题之间的矛盾冲突。康德认为,由于人类理性认识的辩证性力图超越自己的经验界限去认识物自体,误把宇宙理念当做认识对象,用说明现象的东西去说明它,这就必然产生二律背反。

探寻国有资本控股公司中国有控股权行使制度构建的思路。

(一) 国有股权行使中"委托代理"关系的特殊性

基于国有股权行使制度的公司治理价值，国有股权的"过控"与"失控"问题在本质上仍然是公司治理问题在国有资本控股公司中的表现形式，而问题产生的根源则在于国有股权主体及其权利行使的公共属性以及由此产生的特殊"代理问题"。

在国有企业被改制为公司的情况下，国家（政府）应当如何行使股东权？在改革30年后今天，这一问题的答案在实践中已经被演绎并归纳成一整套在委托代理关系统领下的国有资产管理各个主体间的权利、义务安排。考察《企业国有资产法》可以发现，与国有股权相关联的主体有全民、国家、国务院及地方政府、各级国资监管机构、经批准或授权能够投资经营国有资产的国有企业或国有公司（即学界所指的国有资产投资运营机构）、国家出资企业等。所有的主体依次可以被简单概括为国家、政府、监管机构或投资运营主体、国有企业经营者等三个层级。据此，与国有股权行使相关的"委托代理关系"相应为：在以上主体之间，相邻的两个层级分别基于委托代理关系而存续，从而形成一个"代理链条"，除了特殊的两端主体（即初始委托人和最终代理人）之外，每个中间人均扮演着上一级代理人和下一级委托人的双重角色。① 如果将上述关系归纳为委托代理关系，那么问题是显而易见的：首先，这种委托代理关系与西方市场经济中的委托代理理论所描述的委托代理关系是同一概念吗？其次，经济学意义上的委托代理关系与法学意义上的委托代理关系又相一致吗？

委托代理是西方经济学中解释委托人和代理人之间的"代理关系"的重要经济理论。现代公司委托代理论主张，企业所有者作为委托人选择有经营才能的经理人员来代理他们经营管理企业，以实现资本收益最大化，从而在两者之间形成委托代理关系。经济学理论告诉我们，企业委托代理的合约是建立在自由选择和产权明晰的基础之上的，委托人因为直接拥有剩余索取权而具有监督代理人行为的可能性与积极性，并依据企业剩余控制权，委托人

---

① 详请参阅张培尧：《国有资产管理委托代理论思考》，载《政法论丛》2009年第3期。

可以通过"投票"等方式重新选择代理人。在经济学领域可以用"未来效用模型"给予证明,此模型可以被表述如下:

目标函数:$\mathrm{Max} EU(\phi e)$

约束条件:s.t. $EV(\phi e) \geq VO$

激励一致性约束条件:$\mathrm{Max} EV(\phi e) = \int V[\phi(X).e] r(x;e) \mathrm{d}x$

在这一模型中,目标函数 EU 为委托人的未来效用函数,U 为委托人的效用,一般指股东财富或企业市场价值。ϕ 代表委托人支付给代理人的报酬,它是经营成果 X 的函数,e 代表代理人的努力水平。约束条件 EV 是代理人的未来效用函数,V 为代理人的效用,是代理人财富和努力水平的函数。代理人的努力水平被看做是代理人的一项支出,与代理人的效用负相关,VO 是代理人的保留效用,是一种机会成本。激励约束中 $r(x;e)$ 表示代理人努力既定的条件下可观测经营成果的概率密度。此模型的目标在于实现委托人未来效用的最大化,即只要存在一套合理恰当的制度安排,对代理人行为进行有效的监督和约束,就可以使代理人在追求个人效用的同时实现委托人未来预期效用的帕累托最优。①

由此可见,"委托—代理"关系的实质是委托人不得不对代理人的行为后果承担风险,而这又来自信息的不对称和契约的不完备,其目的是分析非对称信息下的激励问题。为改变"政企不分"带来的政府社会公共管理职能与国有资产管理职能混合以及国有企业所有权与经营权混合,以及由此造成的国有企业经营管理主体缺乏激励的状态,中国政府开始向国有企业放权,国有资产经营管理主体的构成及其相互关系也开始发生变革,在国家所有权不变的情况下,国家急需找到一种合适的理论来解释这种变革的合理性,而经济学的委托代理理论恰好适应了这种需求,对实现国有企业"两权"分离改革提供理论正当性的解释。有学者甚至提出,国有企业所有权的权能天然就是靠委托代理来实现的。②

---

① 帕累托最优(Pareto Optimality),也称为帕累托效率,是以意大利经济学家维弗雷多·帕雷托的名字命名的,他在关于经济效率和收入分配的研究中最早使用了这个概念。帕累托最优是指资源分配的一种状态,在不使任何人境况变坏的情况下,不可能再使某些人的处境变好。

② 韩慧峰、周海波:《国有企业委托代理关系特殊性的分析》,载《商场现代化》2005 年 10 月(上)总第 445 期。

然而，产生于西方市场经济背景的委托代理理论能够解释以国家所有权为基础的国有资产经营管理关系吗？正如经济学家所指出的那样：作为一个整体的全体公民尽管是企业国有资产的初始委托人，却不能被当做初始委托人，因为它并不具有谈判、订立契约的行为能力。即便假定作为整体的全体公民只是个人的加总，全体公民的权利、收益、成本都可以定义为各个个人的权利、收益、成本的加总，只是个人不能转让他们的份额，也与现实中的存在的公有经济有着重大的差异。因此，当我们用代理理论来研究现实中的国有企业的产权关系时，无论是作为一个整体的全体公民，还是其中的个人，都不具备代理理论中的委托人所必备的行为能力。由于法律上的所有者不具备作为委托人的行为能力，它和直接代表它行使所有权的主体之间就不可能形成真正的委托代理关系。当进一步的委托代理关系在经济上成为必要时，它的直接代表就只能执行初始委托人的职能。从这个意义上说，如果把法律上的所有者与事实上的所有者之间的关系理解为一种信托托管关系，将有利于进一步的分析。基于上述，本书认为，对国有资产经营管理而言，经济学上的委托代理理论的意义主要在于：任何资产的经营，只要所有权人不能直接为之，必然带来经营者的监督和激励问题。这是委托代理理论与国有资产经营管理体制改革在思路上契合点，仅此而已。而正是由于国有股权制度的引入并没有改变国有资产的最终归属，我们切不可真以为这一理论可以概括和解释国有股权行使中的经济关系，进而推论只要在国家与企业之间建立委托代理关系就可以提高国有资产经营效益。

再来分析经济学上委托代理关系与法学意义上委托代理关系的不同。显而易见，经济学上的委托代理理论虽然可以在一定程度上解释法律意义上委托代理关系产生的原因，但却不是一个严格意义上的法律概念。事实上，无论是《公司法》还是《企业国有资产法》都没有关于企业所有者或股东与企业经营者之间法律关系的表述，也没有将国有股权行使中产生的经济关系界定为委托代理法律关系，有关代理的法律定义只存在于民事法律之中，是一个私法范畴的概念，其与"国有股权行使委托代理"关系之间的差异十分明显：（1）国有股权行使中部分主体间的法律关系明显不是民事代理关系，如在国家与政府的关系上，无论是从法理上还是从政治理论上分析都是十分明确的代表关系，与民事代理相去甚远；（2）民法上的代理要求代理人须以本人的名义且依据本人的意思表示进行法律行为，而国有股权行使各主体基本是以自己的名义、依据自己的意思表示进行法律行为，很难想象前述不同层级的代理人层层向自己的本人请示、汇报，并且每一级都以上一级的名义进行法律行为；(3) 按照法律规定，代理人的行为后果由本人承担，即代理人只要遵守其与本人之间的代理合约，他就只顾行为不问结果。这与国有股权行使的实际情况不相符合，国有企业独立的法人地位决定了其在运营国有企业过程中，必然承担相应的法律责任。基于上述，本书同意一些学者的观点，经济学上的所谓委托代理非传统民法中的委托代理[1]；国有资产监管机构与被授权的国有资产运营机构之间的法律关系不宜定性为委托代理关系。[2]

基于上述，即便从其与国有资产管理体制改革的契合点出发，借用经济学上的委托代理来描述国有股权行使过程中产生的经济关系，也可以肯定，对此"委托代理关系"的法律调整并不必然产生民事代理关系建立的后果。那么，究竟应当如何对国有股权行使诸主体之间的法律关系进行定位？本书的观点是：基于主体的特殊性所带来的国有股权行使关系的复杂性，我们应当抛弃试图用一种理论来概括这种关系的想法，转而针对不同主体在国有股权行使中所处的不同环节及其在国有股权行使目标实现中的不同作用，分别对其进行法律分析并准确定位，这是国有股权行使和监督制度构建的基本前提。

(二) 国有股权行使诸主体间法律关系的定位

本书认为，国有股权行使中至少存在以下几种不同性质的法律关系：

1. 全民（国家）与政府、政府与国资监管机构、国资监管机构（包括接受国资监管机构授权的国资运营主体）与国有股东代表之间是被代表人与代表人的关系。在法律层面上，《企业国有资产法》第 4 条规定：国务院和地方人民政府依照法律、行政法规的规定，分别代表国家对国家出资企业履行出资人职责；第 11 条规定：国务院国有资产监督管理机构和地方人民政府按照国务院的规定设立的国有资产监督管理机构，根据本级人民政府的授权，代

---

[1] 徐晓松：《公司法与国有企业改革研究》，法律出版社 2000 年版，第 250 页。
[2] 代表性观点有：徐士英等：《国有资产授权经营公司与政府部门关系初探》，载《华东政法学院学报》2001 年第 2 期；赵旭东：《国有资产授权经营法律结构分析》，载《中国法学》2005 年第 4 期。

表本级人民政府对国家出资企业履行出资人职责。由上可见,法律对上述主体间代表关系的定性是确定无疑的。而从理论上看,政府机关本身是国家机关的重要组成部分,而国资监管机构作为政府的直属特设机构,更是政府的组成部分。但在委托代理理论中,委托人和代理人是两个独立的主体,其理论确立的依据正是基于两者在专业、能力等方面的差异,代理人不应是委托人的组成部分。同时,根据委托代理理论,代理人的重要义务是在委托人授权的范围内从事法律行为,而反观国家与政府之间、政府与国资监管部门之间,并不存在明确的代理权限。而具体到国有资本控股公司内部,国资监管机构及其授权的国资运营主体一般是通过委派股东代表的方式行使国有股权,股东代表的行为即被视为国有股东的行为,两者关系属于主体系统内部的代表关系当属无疑。当然,尽管可以被定位为代表关系,但由于此代表关系存在于全民、国家、政府之间,因此与企业制度中的代表关系有根本不同,在国有控股权行使中,不同层级的代表关系权利义务的来源以及责任承担、作为最终被代表人的全民在什么层面上享有对国有股权行使的权利等等,无论是公司法还是行政法都没有现成的制度可以借用。

2. 国资监管机构与国资运营主体之间是信托委托人与信托受托人的关系,即信托法律关系。已有学者分别从宏观和微观两个层面讨论存在于政府、国资运营主体和信托投资公司之间的国有股权信托制度[①],但囿于传统信托制度的双重所有权等理念与我国主流法学观点存在冲突[②],国有股权信托目前还主要停留在理论研究层面,实践中还没有大规模采此理论设计国有股权行使制度。[③]但《企业国有资产法》和《国资监管条例》均规定了国务院及其国资

[①] 有关论述可参阅席月民:《国有资产信托法研究》,中国法制出版社2008年版;刘丹冰:《论国有资产信托及法律调整》,载《中国法学》2002年第5期;杨会新:《国有股权信托若干问题》,载《国家检察官学院学报》2005年第5期;赤旭等:《用信托制度架构政府与国有控股公司间的关系》,载《金融理论与实践》2005年第1期。

[②] 有学者就从立法传统与现行法两个角度,否定了公司与董事之间的法律关系。参见石少侠主编:《国有股权问题研究》,吉林大学出版社1998年版,第66页。

[③] 实践中利用信托原理进行国有资产管理已经出现,如2003年6月中国华融资产管理公司与中信信托投资有限公司举行了隆重的财产信托合同签字仪式,他们合作推出的不良资产处置优先受益权信托项目,是信托在我国被首次用来处理国有商业银行不良资产。在该信托产品中,华融公司将涉及全国22个省市256户债务企业的132.5亿元全权资产组成一个资产包作为信托财产,委托给中信信托,期限3年,华融公司取得信托受益权。

监管机构可以对所出资企业中具备条件的国有独资企业和国有独资公司进行国有资产授权经营，对由他们全资、控股、参股企业中的国家投资形成的国有股权依法经营、管理和监督。而从理论上讲，授权经营的法律涵义只能理解为国资监管机构作为信托委托人基于对符合条件的国资运营主体的信任，将本应由其自身所有行使的国有产权信托给国资投资运营主体按照信托人意愿进行管理和处分，在此过程中，国有股份的所有权必须发生转移，进而形成独立的信托财产。经济学理论已经证明，企业是一种不完备的契约组合（Incomplete Contract）[1]，当不同类型的财产所有者作为参与人组成企业时，每个参与人在什么情况下干什么、得到什么并没有完全明确的说明，这是企业剩余索取权与剩余控制权适用的空间。在信托法律关系被肯定的前提下，国资运营主体作为受信托人，实际享有国有资产法律上的所有权，只有这样才能真正赋予受信托人以剩余索取权与剩余控制权。此外，投资到企业的国有资产作为非人力资本与其所有者的可分离性意味着国有资产具有"抵押"功能，可能被其他成员作为"人质"，这就会在很大程度上提高信托人对受信托人监督的积极性，降低"道德风险"与"逆向选择"的发生概率，从而实现主体间责、权、利的配置均衡。基于上述，本书认为将国资监管机构与国资运营主体之间的关系解释为国有股权的信托关系确有合理性，按照这一思路去设计主体之间的权利义务关系具有相当的可行性。

3. 对于国资运营主体与国家出资企业之间的法律关系，当前理论界和实务界的认识是基本一致的，即两者之间是平等法人之间的投资关系，简单说就是股东和公司的关系，而不是旧体制下的上下级关系。根据以上分析，国资运营主体作为国资监管机构的受信托人，享有国家出资企业中的国有股份的所有权，采取委派股东代表的方式进入到国家出资企业，通过行使国有股权的方式实现信托目的。在这一层次上尽管法律关系比较明确，但现行立法和实践依然存在不足之处。首先，由于国资监管机构基于授权经营而对国资

---

[1] 一个完备的契约指的是这样一种契约，这种契约准确地描述了与交易有关的所有未来可能出现的状态，以及每种状况下契约各方的权利和责任。比如说，煤矿企业与发电厂之间的长期供货合同要规定什么时间、什么地点供货，煤炭的质量标准、价格，当生产成本变化时价格如何调整，货款支付方式，以及不能履约时的赔偿办法。对比之下，如果一个契约不能准确地描述与交易有关的所有未来可能出现的状态以及每种状态下契约各方的权利与责任，这个契约就是不完备的。简单地说，不完备契约就是一个留有"漏洞"的契约。由于有"漏洞"，不完备契约常常不具有法律上的可执行性。

运营主体行政干预比较明显，加上国资运营主体的法人治理机构并不完善，因此授权往往并不充分或者根本无法实现，这样在事实上可能仍然是由国资监管机构行使对于国家出资企业的国有股权，国资运营主体根本无法发挥"隔离带"作用。其次，国有股"一股独大"现象在国家出资企业股权结构中普遍存在，尽管"一股独大"对于公司治理效率究竟利弊几何学界还存有争议，但实践中大量案例表明"一股独大"导致的国有股东"蛮横"致使非国有股东利益受损，而且容易产生"内部人控制"，形成国有股权过度控制表象掩盖下的国有股权"失控"。所以，如何完善国资运营主体的国有股权行使主体制度、尽量避免上述问题的出现就成为本书要解决的重点问题。

4. 国家出资企业和以董事、经理人为首的企业经营者之间是特殊的代理法律关系。之所以界定为"特殊"，是因为它不仅与我国民法规范中的代理存在差异，而且也与传统公司法中的准信托关系存在一定差异。在国有企业尤其是国有资本控股公司中，股权结构存在"一股独大"和股权行使行政化两大缺陷，造成企业"内部人控制"问题严重，由此导致的国有股权利益损失需要企业经营者作为代理人向国家出资企业承担民事赔偿责任，而不能简单根据代理关系得出法律责任完全由被代理人承担的结论。同时，如果是代理人滥用代理权给国有企业的债权人造成利益损失，国家出资企业与其代理人要对该损失承担连带责任。因此，对诸如中航油案中造成 5.5 亿美元损失的直接责任人，就绝非适用"双开""责令辞职"，以及刑事处罚就了事[①]，重要的是要求责任人或通过责任保险方式对国家出资企业继而对国有股东的利益损失进行赔偿。一言以蔽之，国家出资企业与企业经营者之间代理关系的"特殊性"主要表现在经营者所要承担的法律责任方面，如果被侵害权利是国有股权，则要承担"信托责任"；如果受害权利是非国有股权，则要承担"控股责任"。

(三) 国有控股权行使制度构建的基本思路

综上所述，国有股权行使过程涉及的各个主体之间的法律关系不是纯粹

---

① 《关于中航油案及国资委对相关责任人的处理》，参阅 http://www.china.com.cn/economic/txt/2007-02/08/content_ 7781554.htm，访问日期：2007 年 2 月 8 日。

的私权关系,而是包括代表、信托与特殊代理等法律关系在内的复合关系体系。这不仅已经被改革实践所证明,而且这种复合关系从一个侧面表明,由于国有股权主体以及权利行使方式的特殊性,公司法上主体权利义务关系规则的适用将发生了某些适应性的变异。毫无疑问,按照公司法规则确定国有股权行使中各相关主体的权利、义务和责任关系的过程确实是一个法律改革的过程。在这个意义上可以说,对国有股权行使诸主体之间的法律关系进行准确定位奠定了国有股权行使制度的基础,是国有股权行使的共性。当然,由于国有股权在不同公司中的不同状况,决定了国有股权行使在不同类型公司中的个性,相应地也对制度构建思路提出了不同的要求。就国有资本控股公司而言,本书认为,应当结合其中国有控股权的特点,在对国有控股权行使中诸主体之间法律关系的定位的基础上展开相关制度构建,形成国有控股股东理性行使权利的机制,最大限度地杜绝国有控股权"过控"和"失控"。具体而言:

1. 基于国有股权的控制地位,履行出资人职责的主体制度应当更加市场化。在国有独资公司中,由于股权主体的唯一性,只能由国资监管机构及国家授权投资的机构或部门直接行使股权。为尽量避免由此产生的新的政企合一,有学者在相关研究中建议通过公司董事会制度建设,形成一个可以问责的"强董事会",在此基础上,授权国有独资董事会行使国有资产出资人的部分权利,使国资监管机构保持"弱股东"状态。[①] 应当说,这是在必须由国家独资经营时为保持企业独立性的不得已选择。但国有资本控股公司的不同在于,国家出资人在此类公司中只具有控股地位,因此,这给阻隔国家公权力直接介入企业经营设置了法律屏障——在这样的公司中,控股股东与其他股东一样,也应当遵守公司法的基本运作规则,立法者不必将其设计为"弱股东"。当然,同样是基于国有股权的控制地位,国有控股权仍然会在国有资本控股公司中具有"超控"地位,但此时立法者可以选择更加市场化的方式,对国有股权行使主体制度体系中权利义务关系的设定,甚至可以采用更加灵活的股权行使方式,削弱国有控股股东基于旧体制对公司的直接行政控制和

[①] 相关论述详见徐晓松等:《国有独资公司治理法律制度研究》,中国政法大学出版社 2010 年版,第 22—48 页。

影响，避免国有资本控股公司成为变相的国有独资公司。

2. 循着上述思路，通过对国有股权行使中诸主体之间法律关系的准确定位，在制度设计上实现国有股权行使诸主体权利、义务和责任的统一。在私人股权基础上产生的公司运作机制，其精髓在于为解决公司基本矛盾、保持公司正常运转，通过对各主体间权利、义务关系的配置，达到主体间关系的平衡。就国有资本控股公司而言，尽管国有股东已经不具有全资控股地位，但在多元化的公司中仍然存在两个随时可能不平衡的关系：（1）在国有股权行使主体体系内部，由于履行出资人职责的机构通过委派股东代表行使出资人职责，这无疑增加了股权行使环节，拉长了股权行使主体的链条，将增加"代理成本"，因此与国有独资公司相比，国有资本控股公司中股权行使主体体系内部关系更加容易出现不平衡；（2）国有控股股东与其他股东之间，由于国有股东的"超控"地位，其关系也容易紧张出现紧张状态。基于上述，在国有资本控股公司中国有控股权行使的制度设计中，如何按照公司法的运行规则使国有股权行使诸主体权利、义务和责任相统一，是国有股东行使股权行为在此类公司得以合理化的重要环节，因为这不仅可以防止国有股权的"失控"，而且可以防止国有股权的"过控"。

3. 为彻底避免国有资本控股公司中国有股权主体的"超控"，防止国有资本控股公司成为变相的国有独资公司，国有控股权的行使方式应当更加灵活。在这方面，可以借鉴其他国家和地区的成功经验，按照国家对不同类型的国有资本控股公司的控制需求，在保持国有股控制力的前提下，采用诸如的"黄金股"、"特别股"等不同的股权行使方式。

按照上述思路，本书将在下文对国有资本控股公司国有股东重大事项决定权的行使进行制度构建，为国有企业体制改革提供立法方面的建议。

四、国有控股权行使主体制度的构建

根据前文所述，本书认为，由于股权主体的特殊性，国有控股股东重大事项决定权行使制度设计的目标是：制度设计的结果必须使国有控股股东在具备维护自身利益的冲动的同时，又避免因国有股权主体的特性而形成对公司的过度控制，因此，国有股权行使主体制度体系以及各主体权利、义务、责任制度设计成为整个主体制度构建的核心。本书建议，应当建立以国有控股公司为核心的国有股权行使主体制度体系（本书将在下文说明"国有控股公司"与"国有资本控股公司"的区别），实现股权主体的商业化、专业化和私法化。

为避免以下分析产生概念混乱，这里应当说明"国有股权主体"与"国有股权行使主体"的关系。在私人股权的层面，除个别情况——例如股权委托行使，"股权主体"就是"股权行使主体"。而在国有股权的层面，从本书第一部分的分析可以看出，首先，国家（政府）作为国有股权主体本身是法律拟制的结果；其次，由于国家（政府）的抽象性，国有股权行使必须通过一系列代表、信托以及特殊代理关系进行，这一过程又产生了一系列主体，即："国有股权行使主体"。鉴于"股权行使"在国有股权制度中的重要地位，考虑到股权主体的特殊性，在广义上可以将"国有股权行使主体"包含在"国有股权主体"之中，但这并不意味着这两个概念可以在任何场合互换。因此，准确起见，本文统一使用"国有股权行使主体"或"国有控股权行使主体"。

（一）国有股权行使主体的限定因素

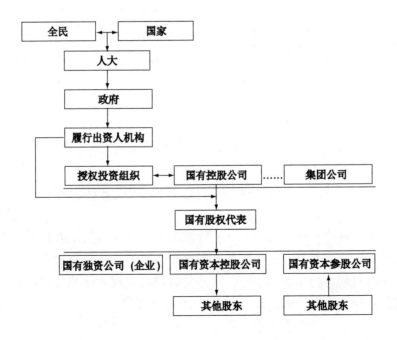

如上图所示，与其他类型的公司相比，国有资本控股公司中的国有股东具有立体和多元的结构特点，这一方面源于国有资产自身的所有权主体泛化，另一方面是因为股权多元化的改革趋势使然。而在整个主体制度构建中，基于国有股权主体及其行使权利的特殊性而产生的国有股东虚置问题最为引人关注。随着国务院国资委的成立，特别是《企业国有资产法》的出台，这一问题正在逐渐淡出了人们的视野。但国资委的成立是否意味着国有股权主体虚置问题得到解决？答案不容乐观。因此，本书认为，在国有资本控股公司国有股权主体制度构建中，要重点解决的问题仍然是国有股权主体缺位或不适格的问题。为此，本书先行分析此类公司中国有控股权行使主体的限定因素。

1. 确定国有股权行使主体的首要因素是国有股东身份的商业化、专业化和私法化。具体而言，商业化是指国有股东要以"企业家"而非"政治家"的身份去行使国有资本控股公司的国有股权，遵守市场竞争规则，遇到问题尽量通过市场方式来解决，而不是通过行政命令；专业化是指国有股东尤其是其派驻企业的股权代表一定要具备经营企业的真实才能和专业水平，这就要求应以市场标准去判断、选择国有股东代表，而不应将政绩考核放在首位；私法化是指主要通过私法救济途径和手段为国有股东行使股权提供支持，赋予国有股东及其代表充分的市场自主权和独立地位，重视激励机制和约束机制建设，责任追究也主要采取民事赔偿等私法救济方式。

2. 尽量缩减国有股东的层级和范围，严格国有股东自身的治理结构，减少不必要的委托代理链条。现行的做法是，能够委派股东代表进驻公司的国有股东有许多种组织形式，可以是政府国资监管机构或其他政府部门，可以是国有资产经营管理公司或国有控股公司，可以是集团公司或经授权的社会团体等其他组织，由此导致实践中出现多头管理的混乱局面。[①] 与多头管理相伴生的问题是委托代理链条过长，各级国有股东之间的激励约束机制跟不上，代理成本巨大。这种国有股权运作的多部门、多环节、不规范并缺少有效的

[①] 传统的国有资产管理体制对国有资产实行归口分级管理，管理主体多元化，即产权归财产部管，投资立项权归国家计委管，日常运营归经贸委管，劳动与工资归社会保障部门管，经营者的人事任免权归组织部、大企业工委管，因此被形象地喻为"五龙治水"。这些都是国有资产产权管理的主体，各自行使国有资产所有权职能。新的国有资产管理体制对此已经有所改观，但改革遗留的痕迹仍然明显。

激励约束机制,带来了以下问题:(1)决策慢,(2)行政干预多,(3)信息失真,(4)约束淡化①,从而造成国有股权运作的效率低下。本书认为,理想的状态是通过立法赋予特定组织以国有股东的资格和地位,令其具备规范的内部治理结构,使其行使国有股权专门化、集中化,这样有利于提高股权行使效率,并便于对其行使情况进行评价与监督。

　　3. 国有股权行使主体必须享有并实际关心对公司的剩余索取权和剩余控制权,同时还需承担剩余风险。现代企业理论的一个核心观点是,企业是一系列契约(合同)的有机组合(Nexus of Contracts)。同样是提供给企业资本的要素所有者,股东与债权人的区别是债权人仅领取固定的合同收入(利息)且一般情况下无权控制企业,而股东则是剩余索取者并享有对企业的控制权。公司产权理论认为,私有产权制度是公司治理有效性的前提,而私有产权要求股东享有对于公司的剩余索取权和控制权。② 因此,如果国有股权行使主体不实际享有或并不关心对公司的剩余索取权和控制权,或者不需为其行使股权行为承担剩余风险时,股东控制权就成为一种"廉价投票权"(Cheap Voting Right),后果是一些并不具有企业家才能但偏好于"控制"的人可以通过贿赂讨好拥有最终控制权的人来取得经营者位置,导致"劣币驱逐良币"与"逆向选择",这无疑会将公司治理拖入低效甚至破产的深渊。

　　除以上限定因素外,针对国有资本控股公司,还有一个值得强调的条件或许是其控股比例或控股标准问题。伯利(Berle)和米恩斯(Means)早就指出,伴随着经济力量的集中,股权会变得越来越分散,它已经发展到了相当的深度,而且还在迅速深化,这一发展看来是不可避免的。③ 因此,原来通过直接规定控股比例的立法恐怕已经落伍了,这不仅因为现代公司的股权有分散的趋势,更由于我国股票市场全流通后国有股份也可以上市交易,事实上国有股东的控股比例可能随时处于变动之中。尤其在相对控股情形下,此

---

①　赵晶、汪燕:《上市公司国有股权运作的问题与对策》,载《经济体制改革》2002年第6期。
②　芝加哥大学金融学教授法马(Eugene F. Fama)和哈佛大学教授詹森(Jensen)认为,剩余索取者(股东)同时也是剩余风险承担者,剩余风险承担与决策经营的分离导致了决策经营与决策控制的分离。当决策经营者不是主要的剩余索取者,因而也不承担主要的剩余风险损失时,决策经营者就有可能偏离剩余索取者的利益,产生代理问题。
③　[美]阿道夫·A. 伯利、加德纳·C. 米恩斯:《现代公司与私有财产》,甘华鸣等译,商务印书馆2007年版,第56页。

种变动甚至是不为外人所察觉的。那么，如何来保证国有股东的控股地位？本书以为，对于一般竞争性行业，应该遵循市场化的调整与选择机制，如果国有股东不能在竞争中胜出，那就让其在竞争中退出。而对于关系国计民生或关键性行业，仍有必要采取适当的控股方式保持国有股权的控制地位。因此，国有股东应当做好占领市场和退出市场的双重准备。

（二）国有资产管理体制改革及其启示

提到国有股权行使主体，不得不提到国有资产管理体制改革。广义上看，国有资产管理体制改革是国企改革发展到一定阶段的产物，国家"十二五"规划前期研究中，国有资产管理体制改革被列为今后国有企业改革的重点。中国共产党的"十六大"创造性地提出国家统一所有、政府分级履行出资人职责的产权框架模式，无疑极大地推动了国有资产管理体制改革的实践。从历史上来看，新中国成立以来，基本上可以将国有资产管理体制分成两个阶段，前一阶段（1949—1987年）可以称为政府经营式管理体制，后一阶段（1988年至今）可以称为出资人监管式管理体制，而后一阶段基本上是按照政企关系、政资关系、资企关系这一改革顺序进行的。在政企关系改革期间，没有明确区分政府作为社会经济管理者和国有资产所有者的双重身份，改革重点是政府与企业之间的行政性分权，通过"放权让利"等手段赋予企业经营自主权。在政资和资企关系改革期间，已经开始从宏观层面探讨政府的国有资产所有者职能应与社会公共管理职能相分离，地方陆续涌现出"上海模式"①"深圳模式"②"武汉模式"③等国资管理体制。但在这期间国资管理体

---

① 1993年上海国资委和办公室成立，标志着上海市国有资产管理体制改革实质性启动，特点是：（1）形成了国有资产管理委员会——资产运营机构——企业的三级机构体系；（2）处于核心位置的授权经营公司形成了保证"政企分开"与"政资分开"的隔离带，而且大大增强了国有资本对社会资本的调控能力；（3）打破了专业局的行业垄断，对国有资产进行了跨行业的整合和重组。

② 1994年深圳开始国有资产管理体制改革，1996年三家实际国有资产经营公司正式建立新型管理模式。其特点是：（1）构建了"国资委——国资经营公司——国企"三层次模式；（2）国有资产经营公司的构建和运作是核心环节。它由国资委授权，对相应国有资产享有资产收益、重大决策、选择经营者权利，但没有任何行政管理职能，一般不直接从事生产经营活动。

③ 1999年武汉成立国有资产管理委员会，并组建了经营公司，授权其持有市属24家股份制企业的国有股。自1997年以来，调整组建了武汉国有资产经营公司、市机电国有控股公司等国资营运机构。特点是：（1）实行三级管理模式；（2）实现"三个职能"分开，即政府作为社会管理者的职能、政府对国企的行政管理职能和出资的运营职能分别与作为国有资产所有者的职能、国有资产的运作职能、企业具体的生产经营职能相分开。

制也一度陷入混乱，1998年国资局并入财政部随后被撤销，国有资产的出资人所有权由不同的政府部门行使，形成所谓的"五龙治水"局面，国有企业出资人缺位、内部人控制、运营效率低下等问题日益显现。2003年4月国务院国资委成立，第一次在中央政府层面做到了政府的公共管理职能与国有资产出资人职能的分离，国资委国有股东权与公司法人财产权实现相互独立。据此，《国资监管条例》（2003）、中国共产党第十六届三中全会通过的《中共中央关于完善社会主义市场经济体制若干问题的决定》（2003）《企业国有资产法》（2008）等重要立法或党的文件已经明确了国资监管体制的基本框架。

有学者将改革后的国有资产管理体制概括为三个"三"架构，第一个"三"是三级国资委的出资人制度，第二个"三"是三结合式管理，第三个"三"是三层架构体制。所谓三级出资人制度就是把过去抽象的国家所有变为"国家统一所有"，由中央政府和地方政府"分别代表国家"行使出资人职责，形成权、责、利明确的中央、省级和地方三级国有资产管理体制；所谓三结合式管理就是指管人、管事和管资产相结合，在这种管理方式下对国有资产保值增值考核，经营、管理人员的考核，人员的聘任和激励约束机制等都是统一的；所谓三层架构体制就是"国资委——国有资产投资运营主体——国家出资企业"这一国有资产管理组织模式，在国资委和国家出资企业之间构建起一座桥梁，即符合资本经济运行和价值形态管理的国有资产投资运营主体①，形成第二层次，从一般的产权形态进入股权形态。② 显而易见，国有资产管理体制最大的亮点在于在国资委和国家出资企业之间架起一座桥梁，正是这座桥梁承担了将国有股东实体化的重任。这让本书想起了《OECD国有企业公司治理指引》向所有成员国提出的建议："国家应通过一个集中化

---

① 根据国资委网站的消息，民间热炒的"中投二号"（中国国新控股有限责任公司）已于2010年12月22日在京成立，首期注册资本金45亿元。根据《国务院关于组建中国国新控股有限责任公司有关问题的批复》，结合中央企业改革发展的实际情况，国新公司定位为：配合国资委优化中央企业布局结构、专门从事国有资产经营与管理企业化操作平台，其主要任务是在中央企业范围内从事企业重组和资产整合，持有进入国新公司的中央企业的国有产权并履行出资人职责。参阅《中国国新控股有限责任公司12月22日在京挂牌》，载http：//vod.sasac.gov.cn/play.jspa? indexid = 678&streamid = 427，2010年12月23日发布，访问日期：2013年3月12日。

② 郑海航、戚聿东、吴冬梅等：《国有资产管理体制与国有控股公司研究》，经济管理出版社2010年版，第4页。

的所有权实体或有效的协调主体来行使所有权职能，使国家所有权与政府监管职能严格分开，以更好地确保国家所有权能够以一种专业化和问责的方式进行。"然而，现有体制下国资委仍然是政府组成部门，尽管立法赋予其专司出资人职责，但由于其在人事、组织机构、行为规则等方面依然受制于政府，所以由其担任原始国有股东可能不如公司化的商业主体更为有效。毕竟，依照《公司法》《企业国有资产法》和《证券法》等法律规范注册成立运营的商事主体，无论是从专业化角度还是方便问责角度，比国资委更有资格胜任国有股东。或者，换一种思路，将国资委改造成为一个"特殊商业目的法人"，其本身作为一个"航母级"的资本运营中心而存在，建立自己的资本运营中心治理结构。① 这样一来，国资委作为"航母级"的国有资本运营中心与国家出资企业之间就是控股母公司与子公司的关系，通过市场化的股权控制体系取代目前存在于各个主体间的行政授权或委托代理关系。

（三）建立以国有控股公司为核心的国有控股权主体制度

根据前文关于国有股东确定条件的分析以及国有资产管理体制改革带来的启示，本书主张在我国应当建立起以国有控股公司为核心的国有控股权主体制度。

1. 从演变历史的角度看国有控股公司在国有控股权行使中的地位

为避免概念的混淆，需要重申控股公司、国有控股公司、国有资本控股公司等概念之间的关系。首先，关于控股公司（Holding Company），各国学者与立法观点并不相同。② 但从中仍然可以归纳出控股公司的两大特征：(1) 控

---

① 李曙光：《论〈企业国有资产法〉中的"五人"定位》，载《政治与法律》2009 年第 4 期。
② 例如，美国学者 Robert W. Hamilton 将控股公司定义为"持有其他公司大多数股票的公司，而控股公司除持有股份外，并不经营其他业务"，英国学者 Garnsey 认为控股公司是以持有其他公司股权，控制其他公司营运活动为主要功能而存在的公司组织，日本学者森田松太郎对控股公司下的定义是："所谓控股公司，即是控制着其他公司的股份，对其经营施加影响的公司。控制着半数以上股票的公司叫母公司，其股份被其他公司控制的公司叫子公司，控股公司问题可以说就是母子公司问题。"我国学者提出，"控股公司就是通过持有另一公司多数表决权的股份，从而实现对其实际控制，以便于实现总体资本价值最大化的公司"。（详见〔日〕森田松太郎：《控股公司》，高巍译，中信出版社 2001 年版，第 3 页；张多中：《国有控股公司控制体系研究》，中国经济出版社 2006 年版，第 12 页。）立法方面，1935 年美国《公用事业控股法》规定：控股公司是指通过拥有被控股公司大部分有表决权的股票，以控制这些公司为直接目的而建立的公司。控股公司一般可以指任何一个事实上控制被称为子公司的其他公司的公司。1956 年德国《股份法》规定：一个控制公司与一个或数个从属公司在控股公司统一管辖下形成联合，即形成控股公司。

股公司拥有其他公司的全部或大部分有表决权的股票；（2）控股公司对被控股公司的生产经营活动具有控制权。因此，控股公司是指通过股份或者其他方式对其他公司形成控制地位的公司。其次，由控股公司的含义可以得出，当处于控制地位的公司的全部或多数股份属于国家所有时，就形成所谓的国有控股公司。至于国有资本控股公司，正如本部分开篇所言，其中的控股，不是指两个公司之间的控制与被控制关系，而仅指"国有股份在一个公司的股权结构中处于控股地位"，因此，不同于"国有控股公司"，"国有资本控股公司"不是对其他公司具有控制地位的公司。

在实践中，国外的国有控股公司多数是根据特定的法律设立，公司的经营目标、经营范围、经营行为、与外部股东和政府相关部门的关系等都有法可依。而我国的国有控股公司基本上是通过政府行政命令设立的，如"中投一号""中投二号"便是中央层面的国有控股公司，是国有控股公司的典型代表。《公司法》与《企业国有资产法》并没有对国有控股公司进行单独界定，该概念最早见于1993年中国共产党第十四届三中全会通过的《关于建立社会主义市场经济体制若干问题的意见》，该《意见》指出，"按照现代企业制度的要求，现有全国性行业总公司要逐步改组为国有控股公司"。但真正对国有控股公司进行细致描述的是原国家国有资产管理局发布的《关于组建国有控股公司中加强国有资产管理的指导意见》，该《意见》认为：国有控股公司是国家授权对一部分国有资产具体行使资产受益、重大决策、选择管理者出资者权利的特殊企业法人。在组建国有控股公司时，一定要把握其"特殊企业法人"的性质，即控股公司只行使出资者的职能，而不行使行政和行业管理职能，防止出现变相的"翻牌公司"。该《意见》将国有控股公司分为两种类型：一种是纯粹型控股公司，它不直接从事生产经营活动，而是通过全部或部分拥有其他公司或企业的股份或股权，而对其他公司或企业实行控制。另一种是混合型控股公司，它主要通过股份持有控制子公司，又直接进行一部分生产经营活动。这种控股公司投入全资子公司、控股子公司、参股子公司的资本总额，必须超过注册资本金的50%以上，用于直接生产经营的资本总额只能小于公司注册资本金的50%。在对子公司的关系上，它行使的是出资者权利，而在直接生产经营活动中，它还享有法人财产权。在授权一些企业集团的核心公司作为国有控股公司时，为了保持生产经营的稳定，可以设立混合型控股公司。但要通过制定章程，防止母子公司之间发生不规范的竞争。

在当时的历史条件下，设立国有控股公司的出发点是为了配合政府机构改革和企业改造、改组、改制，这可以从其组建的途径得到验证。[①] 这一时期的国有控股公司具有以下几个特点：（1）要求所有的国有控股公司必须是国家独资设立；（2）凡是国有控股公司持有的股份，一律界定为国家股；（3）确定政府的国有资产管理部门是国有控股公司的管理机关，两者是授权与被授权关系；（4）国有控股公司的设立通过政府批准程序而不依《公司法》；（5）国有控股公司不设股东会，由董事会行使和承担控股公司的权利和义务，仍按照原有干部管理权限决定董事会任免，也可由国有资产管理部门出面任免。应该说，国有控股公司的组建在一定程度上促进了当时政府机构的改革，为国有企业的改造、改组与改制提供了组织形式，为实现"政企分开、政资分开"开辟了思路、创造了条件。然而，以上特点也说明，国有控股公司从审批设立到人事安排受政府管制较多，并没有足够的市场主体地位，实践中许多国有控股公司在事实上沦为政府机构的"翻牌公司"就说明了这点。[②] 所以，要想真正实现国有控股公司作为政府和企业之间的"隔离带"功能，必须将其纳入宏观层面的国有资产管理体制改革框架中来，修订《公司法》《企业国有资产法》等法律，使国有控股公司从设立到运行都有明确的法律依据，并按照以上关于国有股权行使主体的确立条件对其进行改造，使之符合国有企业改革要求。在这一过程中，必须进一步明确以下几个问题：

（1）国有控股公司的组织形式。当前的立法与实践只承认以国有独资公司为存在形式的国有控股公司，但本书认为，未来也可以在国有控股公司中

[①] 原国家国有资产管理局在《关于组建国有控股公司中加强国有资产管理的指导意见》里指出，一般组建的途径有以下几条：（1）将政府中具备条件的一些专业经济部门和行业性总公司剥离、改组为国有控股公司；（2）将现有投资公司、资产经营公司改为国有控股公司；（3）将一些具备条件的企业集团通过授权控股经营，使集团公司成为国有控股公司。

[②] 以北京住总集团为例，该集团前身是1983年成立的北京住宅建设总公司，成立时该公司是一局级的行政性公司，组建目的是帮助市政府管理土建、安装等公司。目前，住总集团是北京市政府100%控股的国有控股公司，集团下属控股、参股子公司10家，全资子公司7家，集体企业1家。住总集团与北京市政府之间是一种行政隶属关系，仍然具有很强的政府干预色彩，市政府要求住总集团建筑需达到一定规模，并下达多种保持"形象"的指标。住总集团主要领导（包括董事会全体成员）均由市政府组织部任命，因此集团公司董事长等主要领导更倾向于对政府负责，而不是对企业负责。总之，在政府与企业集团关系层面上，主要问题是行政干预太多，对企业领导层选拔、考核标准未能"市场化"，这些都严重制约了住总集团的发展。

发展股权多元化。前国资委主任李荣融指出：要继续加大公司制股份制改革力度，通过重组上市、合资合作、相互参股等多种途径，加快推进国有企业，特别是母公司层面的公司制股份制改革，促进投资主体多元化。① 然而，考虑到国有控股公司的国有股东地位及其重大历史使命，应该只限于绝对控股而不包括相对控股。在这种情形下，国有控股公司事实上与国有资本控股公司就存在相通性。

（2）国有控股公司的经营范围。主流观点一般将国有控股公司分为纯粹型与混合型两种，目前这两种形式在我国实践中都存在，本书主张可以根据其投资领域的特点来确定范围，如果是投资关系国家安全的重点行业，应当采用纯粹型；如果投资于一般竞争性行业，更适合采用混合型。但在混合型情况下，应当避免母、子公司之间非正常的关联交易行为。

（3）国有控股公司的治理结构。如果国有控股公司是一个国有独资公司，那就应该按照《公司法》有关国有独资公司的规定进行治理结构安排，即公司不设股东会，而由国资委代行股东会职权，公司的治理重心应该放在董事会，形成"弱股东、强董事会"的治理模式，董事会中的非职工成员及董事长和副董事长等由国资委委派和更换，依据法律授权董事会也可代行部分股东会职责；监事会成员也来源于两方面：① 国资委外派监事；② 公司选举产生职工监事；但对于公司经理层，不应当由国资委直接任命，而应由董事会在职业经理人市场中选聘，在这一点上在可借鉴西方国家成功的 CEO 模式来构建国有控股公司的经理制度。② 而如果国有独资公司在股权多元化后变成了国有资本控股公司，那么除控股职能外，其治理结构恰好是本书正在研究的内容。

2. 国有控股公司对国有资本控股公司的股权控制关系

本书认为，基于以下理由，对国有资本控股公司而言，由国有控股公司履行国有资本出资人职能是一种最佳选择。（1）这是由国有资本控股公司的地位与功能所决定的。与国有独资公司不同，大部分国有资本控股公司并非自然垄断型或是完全功能型的国家出资企业，这就注定了其中的政府管制要

---

① 李荣融：《2010 年国资监管的几大重点工作》，载《国有资产管理》2010 年第 2 期。
② 关于国有独资公司治理结构，详见徐晓松等：《国有独资公司治理法律制度研究》，中国政法大学出版社 2010 年版。

弱于国有独资公司。尽管国有资本控股公司也承担一部分宏观经济调控功能，但公司经营宗旨更偏向企业利益，所以再由国资委或其他政府部门履行国有资本出资人职能并不符合公司经营目标。（2）作为在国有资本控股公司中履行国有资本出资人职能的主体，国有控股公司区别于国资监管机构以及国有独资企业（公司）的最大特点在于其主体的商业化、专业化与私法化，商业化与专业化意味着其更容易从企业经营与管理的角度而非政府管制的角度去履行国有资本出资人职能，私法化则意味着国有控股公司与国有资本控股公司之间是出资人（股东）与公司的关系，两者的法律地位完全平等，双方的权利、义务与法律责任可以适用公司法的规定。

由《公司法》对股权内容和类型的规定可以看出，拥有股权实际就是拥有了对公司的控制权，股权关系的实质就是控制关系。① 按照我国《宪法》和《企业国有资产法》规定的企业国有资本管理体制，当国有资本控股公司中国有资本出资人的职能由国有控股公司来履行时，其可以被看做是国有资本控股公司的控股股东，通过行使国有股权的方式实现对国有资本控股公司的有效控制，控制力的高低，取决于国有股份的类型和数量。值得注意的是，国有股权既在国有控股公司中存在，又在国有资本控股公司中存在。国有控股公司中的国有股权来源于国资监管机构掌握的国有股份，而国有资本控股公司的国有股权因国有股份产生于两种途径而有两种来源：（1）国有控股公司以其法人资产投资而来的股权，或者其他政府部门和国有单位投资于国有资本控股公司而形成的股权，这部分股权可称为国有法人股权；（2）国资监管机构将其直接行使的国有资本控股公司的出资人职责，通过授权交由国有控股公司行使，国资监管机构只保留相应的收益权，其他出资人权能由国有控股公司拥有并行使。因此，基于股权控制的传导性功能②，来自国资监管机

---

① 张多中：《国有控股公司控制体系研究》，中国经济出版社2006年版，第177页。
② "金字塔式的控股结构"模型能够很好地证明股权控制具有传导性功能。按照 La Porta（1998）的界定，以20%的控制权界限为标准，所谓金字塔式的持股结构，需满足以下条件：（1）该公司存在控股股东；（2）在该公司及其控股股东间的控制链上至少有一个非完全控制的公司。如果控股股东 A 到目标公司 B 之间有四级控股链条，那么 A 在公司甲中拥有 S1 的股权份额，公司甲又在公司乙中拥有 S2 的股权份额，依次类推，经过四级持股，公司丙在上市公司 B 中拥有 S4 的股权，假设 $Si \geq 50\%$（$i=1, 2, 3, 4$），则处于金字塔顶端的大股东 A 对这4家公司都拥有合法的控制权，形成金字塔式的控股结构。参阅 Rafael La Porta, Flowrencio Lopez de silanes, Andrei Shleifer, Robert W. Vishny. "Law and Finance", 1996, NEER Working Paper No. W5661.

构作为授权主体的控制力可以轻而易举地传导至国有资本控股公司，这在很大程度上将削弱国有控股公司作为国有资本控股公司控股股东的商业化、专业化与私法化功能。加上实践中国资监管机构如果仅是基于"授权"协议、而不是利用股权控制机制（因为不擅长也不习惯）实现对国有控股公司的管理，这样仅通过双方协议就可随意对国有控股公司的出资人权利行使进行限制。果真如此，由国有控股公司作为国有资本控股公司国有资本出资人的制度改革目标就会落空。为避免出现上述结果，本书主张在国资监管机构和国有控股公司中间引入国有资产信托计划。即在当前条件下，国资委作为政府代表，在国有资产信托计划中充当委托人角色，将国有资产所有权信托给受信托人（即国有控股公司），由受信托人按照信托协议所规定的信托目的经营管理国有资产，以此作为国有股权行使的重要控制方式。

处理好国有控股公司与国资监管机构之间的关系，国有控股公司与国有资本控股公司之间的股权控制模式构建问题就解决了大半。依照前文的结论，国有控股公司与国有资本控股公司之间应是出资人（股东）与公司的关系，作为控股股权的行使人，国有控股公司主要通过委派或推荐国有股权代表的方式进入国有资本控股公司的董事会、监事会或担任公司高管行使职权，通过"管人"渠道实现"管事、管资产"。本书主张，在此层次上要完全以公司治理思路指导国有控股公司及其股东代表的国有股权行使行为与内容，国资监管机构对国有控股公司的政府管制思维要在公司内部消化，而不能通过股权控制的"传导效应"形成对国有资本控股公司的经营管理的不当干预。

（四）国有股东代表制度的建立健全

按照《企业国有资产法》的规定，各级国资监管机构、其他部门或机构根据本级人民政府的授权对国家出资企业履行出资人职责。因此按照现行体制，履行国有资产出资人职责的主体是"机构"，这就意味着出资人职责的实际履行必须要借助自然人的行为才能得以实现。根据《公司法》《企业国有资产法》以及其他相关法规，在国有独资公司中，这些自然人是由各级国资监管机构直接任免的董事、监事、经理以及其他高管；而在国有资本控股公司中，这些自然人则是股东代表。因此，基于国有资本控股公司的人事控制特性，在国有资本控股公司国有控股权行使主体制度体系中，股东代表不太引人注意但却十分关键。① 而其中最值得关注的是，股东代表与其委派机构（依法履行国有资本出资人职责的机构）之间是存在"代表成本"的，从某种程度上可以说，国有股权在国有资本控股公司中的"过控"与"失控"并存的状态主要缘于这种"代表成本"，这已经从上文提到的"四川长虹巨额亏损案"和"中航油事件"得到验证。因此，国有股东代表问题其实是国有股权行使主体制度中的又一个"委托代理"问题，属于国有资本控股公司治理模式中的国有股东治理与公司内部治理的交叉部分。

那么，如何在现有基础上完善国有股东代表制度，最大限度地避免国有资本控股公司中国有控股权的"过控"与"失控"？本书认为，应当在股东代表权利和义务统一的基础上，以选任及法律责任为重点，解决股东代表的资格、身份、薪酬、考核与责任等问题，对股东代表如何在国有资本控股公司中具体行使国有股权，委派机构不应过多干涉，应主要由股东代表根据市场经营规则去判断、决策。

1. 国有股东代表的权利与义务

本书认为，基于委派单位与股东代表之间的代表关系，国有股东代表的权利范围应当是委派单位所享有的出资人权利，因此，在国有资本控股公司治理模式下，股东代表的权利内容与一般公司股东的权利内容从类别上看应该没有区别。② 但从理性行使权利的角度，我们应当重点关注国有股东代表的义务。

尽管是代表关系，但委派单位及其代表的义务是不同的：对委派单位而言，其义务的权利主体主要是国有资产所有人，但对国有股东代表而言，首先，其义务的权利主体是委派机构和国有资产所有人，因为作为履行出资人职责的机构在公司中行使股权的代表，股东代表应当履行委派机构所承担的公司法上股东的义务，而若将国有股东行使股权视为一个整体，那么股东代表作为国有资本在国有控股公司中行使权利的最终代表，其义务的权利主体

---

① 如无特别说明，本文中的股东代表专指国有股东代表。因为《公司法》与国资立法中的股东代表具有不同的含义，《公司法》中的股东代表是指在公司监事会人员构成中，应有全体股东的代表存在；而《企业国有资产法》中的股东代表是指国有股东委派到国家出资企业中去的代表。前者能代表全体股东，后者只代表国有股东自己。

② 当然，如果国有股采用"黄金股"或"优先股"等特别股形式，则另当别论。

还应包括国有资产所有权人;其次,作为行使国有控股权的最终代表人,国有股东义务的权利主体还应包括国有资本控股公司、其中的非国有股东以及公司债权人等利益相关者。基于前文有关国有资本控股公司国有股权各主体间法律关系的分析结论,本书认为,国有股东代表对国有资产所有人的义务,属于受托人对委托人所要承担的信托义务;国有股东代表对国有资本控股公司、公司非国有股东及公司债权人等利益相关者的义务,则属于《公司法》意义上的控股股东义务,本书将其简称为控股义务。此外,当国有股东代表被选任为国有资本控股公司董事或经理情况下,还要在上述信托义务与控股义务之上再行承担《公司法》第148、149条规定的对公司的忠实与勤勉义务,而国有股东代表对委派机构应当承担请示报告义务。

  国有股东代表对国有资产所有人的信托义务是指在国有资产信托机理作用下,国有股东及其代表基于国有资产所有人的信任,按照信托目的要求为受益人即全体国民的利益服务,保证企业国有资产获取资本收益,并承担相应的宏观经济调控目标。信托义务的实质是受托人对受益人的义务,其履行义务的方式是信托之核心。一般说来,信托义务主要包括遵守信托协议的义务,保护信托财产的义务,公平对待受益人的义务(在受益人为多人的场合),记录和提供账簿的义务,亲自管理的义务,分别管理的义务等。

  对国有股东代表对国有资本控股公司、公司非国有股东及公司债权人等利益相关者的控股义务,一个需要讨论的前提是,股东是否需要对公司承担义务?如果需要,承担的是什么义务?从传统公司法理论来看,股东不必如同公司董、监、高等人员那样向公司承担受信义务(Fiduciary Duties)[1],然而,随着公司的发展,国内外立法实践均涉及了股东这方面的义务。如德国法认为:股东在行使其权利时,必须顾及公司的利益,绝不能因行使其权利而损害公司的利益。[2] 我国《公司法》第20条规定:"公司股东应当遵守法律、行政法规和公司章程,依法行使股东权利,不得滥用股东权利损害公司

---

[1] 在谈到公司高管对公司或股东所承担的义务时,国外文献中往往使用的是 fiduciary duties 这一术语,国内文献常常将其翻译为"诚信义务""信义义务"和"受信义务"等,本书更倾向于"受信义务"这种表达方式,即是"接受公司或股东的信任而产生的义务"的意思。

[2] 〔德〕罗伯特·霍恩等:《德国民商法》,楚健译,中国大百科全书出版社1996年版,第282页。

或者其他股东的利益",这可以视为在一般意义上对公司所有股东规定的受信义务。而从实践角度看,上述规定应当说主要是针对控股股东而言,因为只有控股股东才具备这种侵权能力与侵权可能。结合我国《公司法》的相关规定,联系前文所举案例,国有资本控股公司国有股东代表的控股义务概括起来就是,不得滥用其控股地位和关联关系,损害公司、非国有股东和公司债权人等利益相关者的权益。①

而当国有股东代表被选任为国有资本控股公司的董事、经理等公司高管的情况下,依照《公司法》第148、149条之规定,其对公司负有忠实义务和勤勉义务,这与其他公司的董事、经理的义务并无区别。在国有资本控股公司的经营过程中,国有股东代表承担忠实义务的主要表现包括禁止为欺诈行为、攫取公司机会和限制关联交易等方面,当然也包括对国有股东的忠诚。从我国《公司法》规定看,包括不得利用职权收受贿赂或者其他非法收入,不得侵占公司财产;不得挪用公司资金;不得将公司资金以其个人名义或者以其他个人名义开立账户储存;不得违反公司章程规定,未经股东(大)会或董事会同意,将公司资金借贷给他人或者以公司财产为他人提供担保;不得违反公司章程规定或者未经股东(大)会同意,与本公司订立合同进行交易;不得未经股东(大)会同意,利用职务便利为自己或他人谋取属于公司的商业机会,自营或为他人经营与其所任职公司同类的业务;不得接受他人与公司交易的佣金据为己有;不得擅自披露公司商业秘密等。而对于注意义务,主要是指股东代表在处理公司事务时,应尽如一个谨慎的人对其经营自己的事项时所给予同等注意的谨慎义务,从公司的最大利益出发来考虑问题、做出决策。实践中,国有企业治理的难点之一在于股东代表并不是在处理自己所有的财产,然而通过信托机制,国有股东受让国有股权,已经在最大程度上保证股东代表能够像处理自己的财产那样对待国有股权,从而使得承担注意义务成为可能。在国有资本控股公司具体经营过程中,要求股东代表行使股权时应出于善意,避免自身利益与公司利益产生冲突,如果冲突不可避免要以公司利益为优先考虑对象。同时采取规范且对公司有利的方式行使股

---

① 根据《最高人民法院关于适用〈中华人民共和国公司法〉若干问题的规定(二)》的有关内容,公司控股股东在特定情况下也可能需要向公司债权人承担赔偿责任。但受主题所限,本文中SCHC国有控股股东的义务与责任不包含这一情形。

权，参加公司股东（大）会或出席董事会，做出决策或执行决策时要对全体股东负责而不是仅对国有股东负责。当公司遭遇恶意并购，或者公司财产遭遇非法侵害时，能够积极主动地维护公司利益和国有股东利益。

最后，国有股东代表被委派到国有资本控股公司行使国有控股权过程中，需要就特别事项向国有股东履行请示报告义务。概括来说，股东代表参加国有资本控股公司召开的股东（大）会会议，应当按照委派机构的指示提出提案、发表意见、行使表决权，并将其履行职责的情况和结果及时报告委派机构。尤其在涉及企业重大决策时，股东代表必须事先以书面形式向委派机构报告，如国有资本控股公司合并、分立、改制、上市、增减资、发行债券，进行重大投资，为他人提供大额担保，转让重大资产，进行大额捐赠，分配利润及解散、申请破产，以及其他涉及国有股重大权益事项的决策等。如果股东代表没有按照委派机构的指示履行职责，造成国有资产损失，依法承担赔偿责任，并给予相应处分。

2. 国有股东代表制度的完善

本书认为，在股东代表权利和义务统一的基础上，国有股东代表制度的完善应当以选任及法律责任为重点，解决股东代表的资格、身份、薪酬、考核与责任等问题。

（1）股东代表的资格。《企业国有资产法》没有对国有股东代表的资格作出专门规定，但对国资监管机构任命或建议任命的董事、监事、高级管理人员统一进行了资格规定：① 有良好的品行；② 有符合职位要求的专业知识和工作能力；③ 有能够正常履行职责的身体条件；④ 是法律、行政法规规定的其他条件。然而，该规定失之过于简陋，比如究竟什么样的品行才算是"良好"，符合职位要求的专业知识和工作能力到底如何衡量？这些问题不解决，上述规定基本上不具备可操作性，实践中在人事任命上出现"随意性"和"长官意志"也就不足为奇。本书建议，构建国有资产经营管理专家库系统和确立职业经理人市场选聘机制，股东代表原则上只应从专家库或职业经理人市场选聘。能够进入专家库系统的只能是德才兼备之人，除需要有较高的道德品质与职业素养外，更为重要的是对其企业经营管理才能要有明确的评价指标和量化标准。比如委派到国家出资企业的股东代表至少应有八年以上企业管理经验，没有任何违法犯罪纪录（包括境内、外），从未对企业经营决策重大失误、吊销营业执照、企业重大经济损失及破产清算等后果承担个人责任等。

（2）股东代表的身份。国有股东代表的身份问题主要回答：代表究竟是具有行政级别的国家工作人员还是企业家或者纯粹的职业经理人？公开报道显示，广州市委、市政府已经在 2009 年出台了《关于推动国有企业改革与发展的意见》，《意见》指出，体制机制改革仍是国有企业改革的重中之重，广州市将实行国有企业领导人员分级管理，取消国有企业的行政级别和可视作的行政级别。同时，实现企业经营班子逐步职业化，并试行由外部董事担任董事长。① 本书认为，广州市在国企领导身份问题上开了一个好头。2010 年 6 月初国家颁布的《国家中长期人才发展规划纲要》称，要克服人才管理中存在的行政化、"官本位"倾向，取消科研院所、学校、医院等事业单位实际存在的行政级别和行政化管理模式。但对于国有企业及领导人员的行政级别问题却含糊其辞，只是说要"完善国有企业领导人员管理体制，健全符合现代企业制度要求的企业人事制度"，"完善国有资产出资人代表派出制和选举制"②，至于如何完善没有下文。可以说，国有企业的行政级别是政府统治经济体制的印迹，是阻碍国有企业人事制度发展的一道藩篱，应当予以早日废除。不仅要明令取消国有企业及其领导人员的行政级别，还要从根本上祛除国有股东代表的行政任命机制，只有这样才能符合企业人事制度特点，才能让包括股东代表在内的国企领导人员真正成为"企业家"而不是"政治家"。③

（3）股东代表的薪酬。股东代表薪酬制度是一个系统工程，它与代表的权利义务内容、激励约束机制、考核制度与责任追究都紧密相关。如果股东代表同时担任国有资本控股公司的董事、监事或高管人员，其薪酬可能来源于两方面：① 国有资本控股公司基于股东代表的表现，主要由公司董事会来确定的薪酬标准与支付办法；② 委派机构基于股东代表的表现，按照事先确

---

① 《广州新任命国企领导取消行政级别》，载 http://www.gov.cn/gzdt/2009-06/01/content_1328899.htm，2009 年 6 月 1 日发布。

② 《人才规划纲要颁布，取消学校、医院等行政级别》，载 http://www.edu.cn/zong_he_news_465/20100607/t20100607_482765.shtml，2010 年 6 月 7 日发布。

③ 有学者建议，推行股东代表资格认证制度和专任制度，本书深表赞同。参阅高小东：《应加强央企国有股东代表管理》，载《产权导刊》2005 年第 11 期。

定的标准和根据动态考核结果确定的标准向股东代表支付薪酬。应当说，这两者可以并行不悖。当然，如果将来建立了完善的专家库系统和职业经理人市场，那么企业高管薪酬会形成一个"市场价格"①，人才的自由流动也会形成对这一"市场价格"的间接支持，届时代表薪酬就可以真正由市场来决定。

（4）股东代表的考核。国有资本控股公司中的国有股东代表考核主要由委派机构进行，如果股东代表兼任董、监、高等职务，公司内部也要组织相应考核。根据国务院国资委发布的《中央企业负责人经营业绩考核暂行办法》规定，国有资本控股公司由国有股东代表出任的董事长、副董事长、董事，总经理（总裁），列入国资委党委管理的副总经理（副总裁）、总会计师等人员为考核对象。经营业绩实行年度考核与任期考核相结合、结果考核与过程评价相统一、考核结果与奖惩相挂钩的考核制度，采取由国资委主任或者其授权代表与企业负责人签订经营业绩责任书的方式进行，并具体规定了有关计算标准与方法。本书认为，该《办法》至少存在以下问题：① 考核对象没有涵盖全部股东代表，如股东代表没有担任企业高管，或任职高管没有列入考核对象的情形；② 仅仅通过签订经营业绩责任书的方式进行考核恐怕还远远不够，毕竟业绩不是靠文字来表述的；③ 根据考核结果得出的奖惩措施规定过于笼统和僵化②，难以起到应有的激励与约束效果。

（5）股东代表的责任。法律责任是法律制度体系的重要组成部分，前文所列举的国有股权"过控"与"失控"案例，本书认为责任机制不健全是关键因素。因此，如何构建国有股权行使过程中的"问责机制"十分重要。对此，《企业国有资产法》《国资监管条例》以及《中央企业资产损失责任追究暂行办法》等一系列法律、法规和规章已经有所关注，但上述法律规章在大多数情况下基于股东代表的行政身份，往往"以行代民""以刑代民"，即企业经营决策出现重大失误或者违反法律法规，导致国有股权利益或公司、非国有股东利益受损时，要么由国资监管机构或政府人事组织部门实施行政处

---

① 比如现在优秀职业运动员在世界范围内各大俱乐部之间的"转会价格"，艺人、明星的"出场费"等，都可视为专业人才"市场定价"的表现。

② 比如《中央企业负责人经营业绩考核暂行办法》第27条规定：对于利润总额低于上一年的企业，无论其考核结果处于哪个级别，其绩效薪金倍数应当低于上一年。类似的规定显得过于僵化，毕竟合理的商业经营风险是客观存在的，不可能存在100%盈利的企业，更没有哪一个企业高管的任何决策都能100%让企业获利。

分（如谈话警告、降级降职、调离岗位、免职等），要么触犯刑律交由司法机关追究刑事责任。在责任追究过程中，往往忽略了民事赔偿责任，如果是非国有股东利益受损，往往怨声载道或者自认倒霉；如果是国有资产受到损失，则往往是在国有股东内部"消化"，所谓国有资产流失由此产生。本书认为，生活中经常付诸报端的某某国企高管"一夜暴富"或某某高管年薪以"千万"计的现象，与国有股权利益受损时无从问责的现象，形成了鲜明对比。我们在强调国企效率低下是缘于激励不够，应该努力健全激励机制的同时，是否应该考虑一下约束机制的建设与实施问题，是否应该让激励机制与约束机制地位相匹配。而约束机制不应只停留在国资委考核评价，以及公司内部监督机制等方面，更有效的是以责任制度为突破口，构建科学合理的责任追究机制。

（五）与国有控股权行使主体制度相关的重要配套改革

毫无疑问，国有资本控股公司中国有股权行使主体制度改革是一个系统工程，因此，本书的上述制度构建设想还需要其他重要配套改革的支持，就目前而言，这些措施至少包括：国有企业用人制度的改革以及现行国有资产管理体制的进一步改革。

1. 完善国有股东用人机制

在国有企业改革中，认为只要建立现代化的股份制与公司治理结构，把企业财产经营权改为"法人财产权"，国有企业的一切难题便迎刃而解，这其实是国企改革的"误区"之一。中国共产党的第十六次代表大会在如何深化国有资产管理体制改革时强调："建立中央政府和地方政府分别代表国家履行出资人职责，享有所有者权益，权利、义务和责任相统一，管资产和管人、管事相结合的国有资产管理体制"。而就国有企业而言，无论是"管资产"还是"管事"都只能通过"管人"来实现。在这个意义上，建立以国有控股公司为核心的国有股权行使主体制度，强化国有股东代表的权利、义务和责任的统一，必然要求改革和完善现有国有股东用人机制。

（1）积极推行职业经理人制度。从本源考察，职业经理人是舶来品，源自于西方。在西方古典企业时代，企业的法律形态主要是业主制、合伙制，企业的所有权和控制权合一，不存在经理人问题。进入16世纪之后，出于原始积累需要，西方各国陆续推行重商政策，股份公司逐步确立，其本质特征可以概括为所有权和控制权的分离，职业经理人开始出现。所以，职业经理人的形成是企业制度发展到一定阶段的产物，主要为解决企业规模不断扩大条件下资本占有与经营才能不对称的矛盾。

国有企业股份制改革发展到今天，企业发展已经表现出对职业经理人的强烈需求态势，这可从国务院国资委全球招聘央企职业经理人窥见一斑。[①] 但当前国有企业职业经理人制度建设现状仍然不容乐观。（1）市场配置力度较小。尽管国有企业中组织任命的比例已经下降到58%，但传统的"行政委任制"仍占主导地位，而且通过市场配置的职业经理人往往担任副职，不能有效发挥作用。（2）整体文化素质不高。根据2007年中企联公布的数据，有22%的国企职业经理人是专科学历，而同期外资企业中职业经理人具有硕士以上学历的比例约为国企的两倍。（3）难以融入国企传统体制，其职业价值也未得到充分认可。典型案例当属双鹤药业董事会"强行罢免"总经理杨某某事件，杨曾在德国汉高、费森尤斯等著名外企任职，有15年外企总经理从业经历，但却因为与董事长卫某某之间的矛盾不幸遭遇职场"滑铁卢"。传统的"官本位"思想以及国企内部的体制矛盾使得职业经理人常常出现"水土不服"现象，国企对职业经理人缺乏应有的信任。

在国有股权主体和国有资本控股公司内部推行职业经理人制度，是国有股权行使主体商业化、专业化和私法化的要求，同时也是公司治理理念在企业用人机制方面的体现。本书认为，完善国有企业职业经理人制度需从选聘、激励约束、考核三方面着手：① 选聘环节的关键是要真正面向市场。本书认为，在积极培育职业经理人市场的基础上[②]，可将国有控股公司和国有资本控股公司经理人的选聘与职业经理人市场制度充分结合起来，由公司董事会从全国乃至全球职业经理人市场上选聘公司经理人员，国有资产监管机构不得随意干预。② 就激励约束而言。一方面，应当在国企内部全面推行年薪制，

---

① 《国资委全球招聘七年激进 央企的职业经理人之路》，载 http：//finance. jrj. com. cn/2010/09/3015408266460-11. shtml，2010 年 9 月 30 日发布，访问日期：2013 年 3 月 12 日。

② 在这方面值得关注的是，2010 年 1 月 26 日，"全国职业经理人考试测评标准化技术委员会成立大会暨第六届职业经理人年会"在人民大会堂召开，全国职业经理人考试测评标准化技术委员会的成立，有力推进我国职业经理人制度建设。

同时大胆探索股票期权计划等激励方式，把短期激励和长期激励结合起来，引导职业经理人关注公司的长远利益和目标。另一方面，从公司内部和外部两个方面对职业经理人经营管理行为进行双重监督。在公司内部主要是通过公司章程和董事会、监事会进行，健全企业规章制度和内部组织机构，加强职业经理人和董事、监事在公司经营发展战略上的制衡与协调。其中，最为关键的是如何实现董事会与经理层职权的合理划分与配置。根据董事会对公司战略介入程度由低到高排序，Demb 和 Neubauer 将董事会分为"看守型""受托型""指挥型"三种。①本书认为，国有控股公司的董事会与经理层宜采取"看守型"模式，适当扩大经理的职权范围，如赋予其部分经营决策权；而董事会主要保留对于经理的最终控制权，包括决策认可和审批权以及聘用、解聘等权力②，从而在国有企业内部充分实现所有权与经营权相分离。在公司外部主要是通过职业经理人市场以及资本市场实现对企业经理人的约束，经营不善即面临"下课"危险，如果承担直接责任还应记入其个人诚信档案。③ 关于考核。国有股东职业经理人考核主要应由公司董事会负责，应严格贯彻年度考核与任期考核相结合、结果考核与过程评价相统一、考核结果与奖惩相挂钩的考核制度。

（2）健全国有资产经营管理专家库系统。专家库是专业化较强的行业领域经常采取的人事选拔和聘任系统，比如招投标领域的评标专家库等。在国有资产管理人才选拔方面，国外有些国家已经建立了类似专家库系统。如新加坡著名的淡马锡控股公司建立了专家咨询制度，并从中聘请独立董事；芬兰在 2001 年建立了国有企业董事会成员备选人才库，以使更多拥有丰富的商业经营管理经验的人才为国有企业服务。在我国，近几年不少地方国资监管部门陆续建立了相应领域的专家库制度。如 2007 年浙江省国有资产管理协会发布了"关于征集浙江省国有资产监督管理专家库专家的通知"，经审核后将符合条件的人员录入浙江省国有资产监督管理专家库。根据实际需要，专家库中的专家将参加全省国资和国企系统决策咨询、规划论证及成果评估和验

---

① Demb and Neubauer, The Corporate Board: Confronting the paradoxes. New York: Oxford University Press, 1992, pp. 27—28.

② 参阅徐晓松等：《国有独资公司治理法律制度研究》，中国政法大学出版社 2010 年版，第 218—224 页。

收等工作，并对国资监管和国企改革发展提出意见建议等。① 另外，许多省级国资监管部门纷纷建立了国有资产评估项目评审专家库，如《广东省省属企业国有资产评估管理实施办法》规定，对于通过公开招标选聘评估机构的国有资产项目，必须征求国有资产评估项目咨询专家库的意见，从专家库随机抽取3—7名专家组成专家咨询会②；《广西壮族自治区企业重大国有资产评估项目评审专家库管理办法》规定，全区各级国有资产监督管理机构负责组建专家库，专家库专家不应少于30人，专家享有接受国资监管机构委托，依法对资产评估项目进行评审的权利，充分发表个人意见，不受任何单位和个人的干预。③

由各地实践来看，当前国有资产经营管理领域的专家库建设主要集中在国有资产项目评审、评估、咨询等领域，尽管从广义上讲这也属于国有资产管理用人机制的组成部分，但毕竟涉及领域较窄，专家库发挥作用的范围有所限制。更重要的是，类似专家库仅是为国资监管机构、国家出资企业提供外部咨询与建议征集，并没有实际参与国资经营管理与决策。本书的观点是，可以考虑建立为国资经营提供全方位、全过程服务的专家库系统。例如，可以建立以国有股东独立董事和外部监事为任职条件的专家库，条件成熟时，也可从库中选取相关人员进入国有资本控股公司担任股东代表。通过这种途径完善国有股东用人机制，至少有以下好处：① 进入专家库系统的专家需经本人申请，有关部门审核批准等程序确定，应具有相关领域较高水平的专业技术职称，很大程度上能够保证其经营管理才能；② 实践中国有控股公司的独立董事和外部监事大多采取兼职方式，通过专家库随机选取有关专家，能够满足兼职需要，而且可以将其在本职工作中积累的经验运用于国有企业监督管理实践；③ 专家库中的专家"能上能下"，其开放性特点可为国有企业实践不断提供新鲜血液，避免政府机关行政任命的"长官意志"和"随意性"；④ 通过专家库这种市场化用人机制可以有效避免行政任命下国企高管

---

① 浙江省国资委：《关于征集浙江省国有资产监督管理专家库专家的通知》，载http：//gzw.zj.gov.cn/art/2007/8/13/art_ 47_ 5. html，2007年8月13日发布，访问日期：2013年3月12日。

② 《广东国资委设专家库把关国有资产评估》，载http：//news. 163. com/06/1222/01/32TMG7QU0001124J. html，2006年12月22日发布，访问日期：2013年3月12日。

③ 参阅桂国资《关于印发〈广西壮族自治区企业重大国有资产评估项目评审专家库管理办法的通知〉》。

的"公务员身份",专家按劳取酬,对市场、企业负责,而不是对行政领导负责,是"企业家"而不是"政治家";⑤通过专家库系统方式选拔任命国有企业经营管理人员,符合《企业国有资产法》《国资监管条例》所确定的社会参与监督原则,某种程序上可提高国有资产经营效率,避免国有资产不当流失。

2. 进一步改革国有资产管理体制的思考

众所周知,从形成原因和经济性质看,国有资产包括两个部分。(1)与其他发达市场经济国家具有可比性的非经营性国有资产,这部分国有资产的经营目标不是为了盈利,而是为社会成员提供公共产品和公共服务,实现政府管理国家经济活动的职能,因此与政府的经济调节功能紧密相连。在发达市场经济国家,国有资产一般都属此类,其监管机构一般设在政府之下。(2)竞争性行业或战略性行业中的经营性国有资产,从世界范围来看,这类国有资产所处行业主要是由私人投资,由私人来提供产品和服务的。在我国,由于历史原因已经由国家进行了大量的投资,而在市场经济体制确定后,大部分行业已经允许私人进入,但从整体上看,私人投资在相当长的一段时期内还无力接下国有资产的"大盘"。

基于上述,首先应当肯定,就经营目标和管理体制而言,经营竞争性国有资产的与非竞争性国有资产应当有所区别,应当走两条路线。就我国而言,本书认为实现这一目标的道路有两种选择:(1)对如今设在国务院的国资委进行改造,明确其"特殊企业法人"的法律地位[①],由其担任国有企业股东,并对竞争性与非竞争性国有资产进行分类管理;(2)在全国人大下面设立一个专门委员会——企业国有资产委员会,由其对竞争性国有资产进行单独管理,非竞争性国有资产可暂由政府管理。相比之下,本书更倾向于第二种意见。当然,要一步实现这个设想是很困难的,而且从人大现设的专业委员会运作情况来看,定位于一个非常设机构,许多委员是兼职,所以由其来管理庞大的企业国有资产也不太现实。作为一种过渡性措施,本书认为至少应当明确国资委对人大或其企业国有资产委员会负责的机构改革思路,而不是《企业国有资产法》第15条规定的,国资委仅仅对本级人民政府负责,接受

---

① 李曙光:"论《企业国有资产法》中的'五人'定位",载《政治与法律》2009年第4期。

本级人民政府的监督和考核。因为这在法理上有些说不通：一方面，企业国有资产的初始委托人应是全体国民，可由人大来进行代表，如果由政府代表然后再由政府向人大负责，等于是增加了"代理成本"；另一方面，我们立法已经明确国资监管机构专司履行出资人职责，即明确了国资委的股东地位，但实际上又把国资委作为政府的一个特设机构，仍然按照行政机关的规格进行编制与管理，这与计划经济时代政府管企业的格局有何本质区别？国资委的定位一天不解决，"老板加婆婆"的恶名就一天不会消失。①

综上，本书提出的在国有资本控股公司国有股权行使中建立以国有控股公司为核心的国有股权行使主体的制度，其股权控制的力量应根源于国家所有权主体而不是政府机构。针对目前的实际情况，可暂由国资委扮演国有控股公司的角色，但必须让国资委的股东地位名副其实，即要符合商业化、专业化和私法化的主体条件。对此，本书赞成有些学者对未来国有资产管理体制机构设置的构想，即建立以人大为中心的国有资产管理体制，即：在全国人民代表大会下面设立一个与国务院平行的"国家国有资产管理委员会"，负责管理国有资产的经营分配及其他相关业务。② 本书建议，可以在人大下设专

---

① 最早国有资产管理机构都是直接作为政府的一个组成部门而存在的，甚至国有企业本身就是政府附属，与政府之间是行政隶属关系。1988 年 10 月国家组建国有资产管理局，标志着宏观层面国有资产管理体制改革初创阶段的开始，但当时国务院尚未考虑建立一个管理权利集中统一的机构，而是把出资人权利分散给国有资产管理局、财政部、大型企业工作委员会、经贸委、计委、中级部、主管部局等部门，形成所谓"九龙治水""五龙治水"局面。在 1998 年的机构调整中，国有资产管理局被归并到财政部，1993 年起地方陆续撤销国有资产管理局，成立国有资产管理委员会。中央层面，1999 年 12 月党中央成立中央企业工委，负责国有重要骨干企业的管理工作。2001 年 2 月原国家经贸委下属 9 个国家局被撤销，为新的国资管理体制扫除了"部门所有"障碍。国资局撤销后，中央层面的国有资产的出资者所有权还是由不同的政府部门行使：由作为社会经济管理部门的财政部兼司国有资本金基础管理职能，由同样作为社会经济管理部门的经贸委行使对国有企业的监管职能，由原人事部和大型企业工委负责国企业主要经营者的任免与考核，由国务院派出稽查特派员，负责对国有企业的财务检查和监督。2002 年中国共产党的"十六大"报告指出"要在中央政府和省、市两级政府设立国有资产管理机构"，2003 年 4 月，国务院国资委成立，国资委第一任主任由李荣融担任。我国国有资产管理体制的历史演变路径表明，国有资产管理机构设置经历了一个曲折而复杂的过程，尽管改革的大方向是明确的，但每一次机构设置改革似乎对政府行政权力总有些"依依不舍"，今天的国资委仍然没有脱掉"政府部门"这顶"帽子"，如此机构设置又能够坚持多长时间呢？

② 宁向东：《国有资产管理与公司治理》，企业管理出版社 2003 年版，第 12 页。

门委员会——企业国有资产委员会①，然后通过信托授权的方式将国有股权交由国资监管机构或国有控股公司经营。理由是：（1）国有股权作为国家所有权的表现方式，其权利主体为全体国民是毋庸置疑的，而全国与地方各级人大作为国民的法定代表，由其担任国有股权的授权方是最为适格的；（2）鉴于股东须对其出资享有真正的剩余控制权和剩余索取权，所以无论由谁充任实际的国有出资人，都需要享有对出资的法律上的所有权，即信托意义上的"名义上的所有权"（在西方也称为普通法上的所有权）；（3）为避免实际的国有出资人对国有股份基于法律上的所有权而独占享受国有股权收益，有必要明确国有股权的实质所有权人，即人大及其企业国有资产委员会，并将其确定为最终受益人，同时在信托合约中确定国有股权收益的分配机制，而通过信托的受益人制度可以有效解决这一问题。所以，以人大企业国有资产委员会作为信托的委托人，以国资委和国有控股公司担任信托的受托人，以社会公共利益主体即全体国民作为信托的受益人，遵循这一信托计划设立国有股权行使所涉上述主体间的法律关系最为合理。

五、国有控股权行使方式的改进

到目前为止，国有资本控股公司国有股权还主要是通过国有股东向企业委派股东代表即"派人"的方式行使。尽管派人的方式最能够也最容易实现控制，但国有资本控股公司公司治理实践却证实该种方式却也最容易导致国有股东专权，是国有股权过度控制表象掩盖下国有股权失控的重要原因，也是国有资本控股公司公司治理的主要障碍。因此，在对国有控股权行使主体制度进行重构的基础上，本书提出：在改进国有控股权运用观念和方式的基

---

① 针对国有资产管理设立专门委员会的做法，在世界上多个国家都有体现。如法国在2003年年底设立了国家参与委员会（APE）和经济社会投资委员会（CIES），作为专门对国有资产实施监管的机构，其主要职责包括：（1）向国有企业董事会派出股权代表，该股权代表为董事会的召集人；（2）对国有企业进行专项检查；（3）对财政部派驻到国有企业的人员如何行使职责进行培训；（4）国有资产重大战略决策性方案的起草制定，如对国有企业的投资或私有化、国有企业的兼并收购；（5）对国有企业发行债券、投资权益以及股权转让收益进行管理；（6）促进国有企业建立公正、透明的会计制度；（7）对国有企业投资规划项目的审批等。而德国联邦议院设有预算委员会，该委员会下设账目委员会对国有企业有很大的监督权力，除可以直接审查全资国有企业的账目外，还可以通过政府主管部门提交的文件来间接掌握国家参与制企业的状况，并针对国有企业的问题向议院提交报告。

础上，通过设立"黄金股""优先股"等特别股形式及信托方式，进一步改进国有控股权行使的方式和内容，以最大限度地减少国有股权控制带来的负面作用。

（一）设立"特别股"拓宽国有控股权行使途径

通常而言，控股权是特定股东的股东权按照一定规则达到控股地位后对公司形成一种"控制"状态，包括公司经营决策、人事变动、合并重组等重大事务的决定权，其实质是一种基于特定条件的身份权，是股东利用自己的某种优势地位以自己的意思支配和利用公司财产的权力，是实现控制权的方式和重要保证。[①] 目前，国资监管机构或国有控股公司对运用控股权的运用主要还是依赖国有资本控股公司，主要实现途径是：通过控股权控制股东会，进而实现对董事会席位和董事长职位的控制，取得总经理和公司主要经营管理人员的提名推荐权，这样也就控制了公司事务决策权与执行权。此种控股权运用观念和方式也集中反映在有关法律法规和国资委出台的规章中。[②]

然而，本书在前文论证国有股东的超控股东地位时已经提出，国有资本控股公司治理问题的根源并非国有控股权在比例上的"一股独大"，而是履行出资人职责的机构的双重身份：基于出资人的"老板"身份和基于行政管理的"婆婆"身份。尽管立法已经明确，国资监管机构不行使政府的社会公共管理职能，但不能否认，尽管只行使股东权，但由于国资委作为政府机构的身份，其权利行使方式上仍然是行政的。以致改革到今天，我们发现，如果行使出资人职责的机构真的按照公司法行使股东权，那么将使国有资本控股公司的国有控股股东具有"超控"地位，进而使国有资本控股公司成为变相的国有独资公司。如何避免上述情况的发生？本书认为，在建立以国有控股公司为核心的股权行使主体的同时，还应当通过拓展新的股权类型和行使方式形成对于国有控股权的限制。基本构想是，对国家仅出于公益目标而控股的国有资本控股公司，可以通过引入"特别股"适当限制国有股东在企业一

[①] 张涵：《国有控股公司控制权配置研究》，经济科学出版社2008年版，第49页。
[②] 如《企业国有资产法》第53条、《国资监管条例》第23条及《关于企业国有产权转让有关事项的通知》等规章规定，企业国有股权转让致使国家不再拥有控股地位的，应报本级人民政府批准；国民经济关键行业、领域内转让国有股权的，转让后仍应保持国有绝对控股地位。

般经营事项上的表决权,只是在特别事项上(公司章程列明)恢复正常表决权或赋予国有股东一票否决权。而对于处在一般竞争性领域的国有资本控股公司,可以通过将国有股权委托给信托公司的方式,由信托公司作为持股人实际行使国有股权,取得的股权收益是国有资产委托人和受益人所有。

1. 黄金股

黄金股简称"金股"(Golden Share),又被称为特权优先股或特权偿还股。作为一种股权创新,它起源于20世纪70年代后期在英国开始的公有经济私有化改革。当时的英国经过近30年的国有化,国有企业在能源、运输、钢铁、宇航、邮电、造船等诸多产业占据了强势统治地位,这些都是关系国计民生的支柱性产业,为避免对改革后的企业失去控制,英国政府在这些关系国家安全和重要行业的企业中创造性地设计了"金股"制度。如在英国电信公司民营化过程中,通过设订《英国电信法》的"金股"条款,规定英国政府掌握1英镑的金股,而其他股份全部私有化,但政府作为金股持有人,拥有否认其他股东决议的权力。[①] 通过金股制度,英国政府在许多行业领域逐步退出了国有企业的治理,实现了股权多元化,建立了清晰了产权制度和公司治理结构;同时还保持了政府对企业的影响力和控制力。[②]

20世纪90年代,法国、俄罗斯、匈牙利、荷兰等国家在本国国企改革中也采取了这一做法。例如,法国在1986年就以法律形式引入金股安排,金股的特殊权力包括:任何个人或集团在改制公司资本和表决权中所占的比重超过一定比例,需要经济部的批准,否则超过部分将丧失表决权,并必须在3个月内售出;政府有权指派1—2名代表参加管理委员会和审计委员会,政府代表没有表决权,但有权否决违背国家利益的资产处置决策。最初金股的有效期是5年,修改后的法律不再规定有效期,政府可以自行决定将其转化为普通股。而俄罗斯在国有大中型企业股份化过程中,对具有重要意义的企业除实行国家控股外,还对部分股份公司采取持有金股的方式,金股否决权集中于以下几个方面:(1)股东大会作出有关公司解散或重整的决议;(2)股

---

① Nadia Gaydarska, Stephan Ranmmeloo. "The Legality of the 'golden share' under EC Law", Maastricht Faculty of Law Working Paper. Vol. 5. No. 9. 2009.

② 王欣辉:《金股制度研究》,湖南大学2010届硕士学位论文,全国优秀硕士学位论文全文数据库。

东大会决议对公司章程进行修改；（3）公司合并或兼并其他公司以及转让、抵押、出租或以其他方式转移公司财产。根据俄联邦国家国有财产管理委员会的统计，1993—1996 年，国有企业通过改造建立的股份公司中国家设立金股的公司占 60%。①

我国学界关于金股制度讨论集中在国有商业银行改制过程中，② 但由于我国《企业国有资产法》将金融企业国有资产监管排除在外，因此这些研究对本课题意义不大。值得关注的是在部分公共事业改革过程中，我国地方上已在个别行业出现国有企业改制中采用金股的现象。例如哈尔滨中庆燃气有限公司在 1994 年进行股份制改改制时就采取了"在国有绝对控股企业中设置金股"的模式，先引进大庆油田天然气公司，由市国资委转让持有哈燃公司 51% 的股份，由大庆天然气公司控股哈燃公司，然后再拿出 48% 的股份对外转让，以实现市政府国有股权的全部退出，只留下 1% 股份设置为政府金股，由市国资委代表政府持有，对安全稳定供气、社会公共利益和职工利益等事项实行一票否决权。在处置剩余 48% 国有股份时，市政府采取招投标方式面向社会公开转让。③ 此外，江西省萍乡钢铁有限责任公司整体产权转让中也采用了政府"金股"模式，政府作为金股股东既不干预企业生产经营，也不参与分红，不承担企业生产经营中发生的任何民事责任，但如果新企业股东或董事会违背转让条款或侵犯职工合法权益，国有金股可行使一票否决权。④

由金股制度的国内外实践可以总结出，金股的特殊性表现在五个方面：（1）金股的持有主体通常是政府，不是非政府机构、企业或个人；（2）金股的权益主要体现为否决权，而不是受益权或其他表决权；（3）金股通常只有

---

① 周宗安、高晓辉：《国有商业银行股权结构中设置"金股"的探索》，载《金融理论与实践》2006 年第 4 期。

② 相关论述可参阅丁志杰：《国有银行改革中设置金股的国际经验及其启示》，载《金融与经济》2004 年第 6 期；郭武平：《"金股"：国有银行吸引战略投资者的有效途径——兼论国有银行股权设计》，载《金融研究》2004 年第 8 期；周昆平：《股份制商业银行设立金股的意义》，载《经济研究参考》2006 年第 47 期；周宗安、高晓辉：《国有商业银行股权结构中设置"金股"的探索》，载《金融理论与实践》2006 年第 4 期；王修华：《引入"金股"制度是城市商业银行产权制度改革的有效办法》，载《经济研究参考》2007 年第 36 期。

③ 常玉春、徐松之：《利用金股模式推进公共事业改革》，载《上海国资》2008 年第 11 期。

④ 任胜利、袁瑞堂：《"国有金股"为国企整体产权转让奠定基础》，载《产权导刊》2005 年第 1 期。

象征性的一股,而且没有实际经济价值,正因为如此又称为金股机制;(4)金股通常由政府与其他股东个案商定,无统一的法律定义或安排;(5)金股存在通常有一个时限,到期后可转换为其他类别的股份。由这些特性可以看出,设立金股的初衷是保证政府对改革后的国有企业保留最终控制权,它既不同于优先股也不同于普通股,金股持有者只享有事后否决权,所以就减少了政府对改制企业日常决策与经营管理的事前干预,赋予企业最大限度的决策自主权。

  基于上述,本书认为金股制度在我国国有资本控股公司国有股权行使中可以大有作为,它可以有效减少国资监管机构或国有控股公司对国有资本控股公司日常经营决策的不当干预,在保持合理控制力的同时为国有资本控股公司实现股权多元化,特别是引进战略机构投资者准备条件。另外,由于金股股东通常享有一票否决权而不参与企业的实际经营,所以特别适合于控股目的较为单一和明确的国有资本控股公司在国有股权转让过程中适用。值得注意的是,实践中金股通常与其他类别股份混合使用,如前述哈燃公司引进大庆油田天然气公司作为国有法人股持股51%对公司进行控股,政府只保留1%的金股,这样其他48%的股份就可以对外公平竞价转让,吸引更多更高效的战略机构投资者参与公司治理,这就是"50%以上普通股+金股"的绝对控股模式。沿着这种思路推理下去,就会得出"50%以下普通股+金股"的相对控股模式,以及"优先股+金股"纯粹"金股"等不同控股模式。所以,国有股东完全可以根据不同行业、企业发展的不同阶段,针对具体的国有资本控股公司的不同的目标定位,选择合理的控股模式,以便更好地提高股权行使效率。

  行文至此,通过金股方式行使国有股权,是推动国有资本向关系国民经济命脉和国家安全的重要行业和关键领域集中,优化国有经济布局和结构,推进国有企业的改革与发展,提高国有经济的整体素质的有效途径。然而,金股制度也并非是完美无缺的,一个显而易见的事实上是它违背了公司法中"同股同权"基本原则,而且这种特权如果被政府国资监管机构滥用同样会干预企业的正常经营秩序。所以,在采用金股方式行使国有股权的过程中,务必把握原则,明确金股权利的行使主体及其权利、义务内容,平衡好国有股东与公司、非国有股东之间的利益关系。而且,由于金股制度通常适用于国有股转让，因此在转让协议中务必明确金股数量及其适用条件。

2. 优先股

优先股是一种相对于普通股而言的具有某种特别权利的股份，从国外的实践来看，西方主要证券交易场所均有优先股交易记录。2005年在美国纽约证券交易所交易的优先股有378种，同期普通股为2628种，优先股占交易总量的12.6%，而且优先股的收益率普遍高于同档次的普通股和公司债券。[①] 2008年金融危机爆发后，优先股成为美国公司筹集资金、政府挽救企业的重要方式。[②] 作为一种历史悠久的股权发行与行使手段，国外优先股的发行者一般是现金流稳定的金融机构、公共事业公司等。从我国现行法律看，目前为止尚未对优先股作出直接规定。在实践中，早期曾有几家国有资本控股公司发行过一段时间的优先股，如一汽金杯、天目药业等，但这些公司在后来的股改中，陆续把优先股改成了普通股。而目前在沪、深两市公开上市的国有资本控股公司中已经没有一家上市公司发行优先股。所以，国有资本控股公司优先股实践案例基本付之阙如。

那么，以优先股方式行使国有股权的意义究竟何在？就一般而言，优先股的长处在于不参与公司经营管理、放弃行使表决权的情况下获取股权投资的基本收益。而优先股股东之所以同意放弃参与公司经营管理权及相关权利，原因在于优先股可以取得对公司盈余和剩余财产的优先分配权，这种"特权"甚至能让优先股股东直接领取固定比例的股息，所以其投资风险大大小于普通股。因此可以肯定，优先股至少可以在确保实现国有股权利益保值增值的同时，尽量避免国资监管机构等政府行政部门对企业经营的不当干预，减少不必要的"外部人控制"。当然，风险与收益成正比关系，通过行使优先股权，国有股东的资本风险减少，但收益相对来讲也会有所降低。然而，考虑到大部分的国有资本控股公司往往还承担着一定的社会责任及至政策责任，重点行业、领域仍应由国有股权占据主导地位，这就需要国有股东保留其表决权及公司经营管理权，至少保留一部分表决权。所以，优先股方式尽管可

---

① 数据根据纽约证券交易所网站公布的相关数据整理，载 http://www.nyse.com/marketinfo/1022221393893.html，2006年4月22日发布，访问时间：2013年3月20日。

② 许艳芳、陈洲宇：《美国优先股实践及引入我国的现实意义》，载《财务与会计》2009年第12期。

以很好的规避不当的"外部人控制",但也并不适宜在所有的国有资本控股公司中使用,较为实际的做法是根据企业实际经营情况和管理情况来确定优先股的数量或比例,从而既实现弱化"外部人控制"的目标,又使得国有股东在国有企业治理中不完全丧失话语权。

基于上述,本书认为在整体上肯定优先股被运用于国有资本控股公司的意义时,具体制度构建应重点考虑以下几方面因素:

(1)优先股的适用对象及适用比例。在适用对象上本书主张以处在竞争性行业领域的国有资本控股公司为主。对于涉及国家安全和关系国民经济命脉的重点和关键性行业而言,通常是国家独资情形,在此情况下引入优先股没有必要,也没有实际意义。但是国有股东作为发行人既想通过股权进行融资,又不想稀释其股权,发行优先股就是不错的选择。而且对于国有资本控股公司而言,由于其多元化的股权结构,为避免国有股东基于政府管制因素而给企业带来不必要的干预,通过采用优先权(或优先权+金股)方式既能够保证国有股东在重大决策问题上的发言权,同时又能给企业引进战略投资者改善股权结构,保证公司治理效率。对于意欲逐步退出企业的国有股东来讲,通过优先权方式行使股权是一种非常恰当的国有股减持手段。[①] 至于优先股的适用比例问题。很显然,如果公司优先股所占总股本比例过大,那么普通股股东在决策时就可能置巨额股本利益于不顾,从事高风险投资。因此,国外立法通常以公司股本总额为参照对象,规定优先股的比例上限,如法国规定这一比例不得超过3/4,意大利规定不得超过1/2。[②] 所以,在国有资本控股公司设置优先股时,应充分评估优先股比例带给国有股东的影响,在确需控股的情况下,原则上应保证有表决权股可以对公司重大决策有足够的影响力。[③] 或者,通过设置"金股+优先股"的复合模式,联合金股的"一股否决"优势,既保持公司合理的股权结构,同时又不至于形成国有股权"失控"的局面。

---

① 冯小波、王浣尘:《略谈优先股在国有股减持中的应用》,载《经济与管理研究》2001年第6期。

② 吕桂芬:《我国国有产权改革中优先股运用的研究》,华东师范大学2005届硕士学位论文,来源:中国优秀硕士学位论文全文数据库。

③ 有学者建议该比例不得超过公司股本总额的1/3。参阅王欣新、魏现州:《在我国公司法中设置优先股制度初探》,载《法律适用》2010年第10期。

(2) 优先股的参与表决权和流通。① 可以通过公司章程等途径明确在特定情形下,优先股在特定情形下可以突破其自身权能限制享受表决权,主要包括:公司发行新的优先股;公司合并、分立、解散、清算、破产等重大事项表决;公司连续两年未全额支付优先股的股息;发生关联交易严重侵害国有股权利益等。② 如果将来优先股能够广泛运用于国有资本控股公司国有股权行使过程中,可以考虑在我国证券市场开辟专区进行优先股权的交易和流通,而不一定非要经过转换为普通股才可以流通,这样既可以满足国有股东的变现需要,同时也为广大投资者提供新的投资手段和平台。

(3) 优先股的参与分配权与股利能否累积等问题。参与优先股是指优先股股东取得固定股息后,如果公司仍有利润并向普通股股东进行分配,优先股股东还可与普通股股东共同分享公司剩余利润的分配,而非参与优先股则无权参与分配;累积优先股则指公司当年利润不足以支付约定的优先股股息时,可以由下一年利润加以补足,累积支付,而非累积优先股则不再补足。本书认为,在对国有资本控股公司国有股进行优先股设计时,建议设立成累积但不参与的优先股,即国有资本只获取固定的股利,不参与剩余利润的分配,同时在企业困难时期还可以累积到后年度发放。这样有利于减轻企业负担,同时保证国有资本收益不受损失,也符合限制国有控股权的设计初衷。

综上所述,作为一种在世界范围内较为流行的投资工具①,优先股可以较好地解决国有股东对国有资本控股公司过多行政干预的问题,将部分国有股转换为优先股,一方面国有股东可得到较稳定合理的股权收益,另一方面通过公司章程等方式,约定在必要的时候,国有股东仍可行使其所有者权利。这样的股权安排,使国有股东以外的其他股东有机会发挥对企业经营的监督作用,防止国有股"一股独大"带来的弊端,避免控股股东借用国有股份的廉价投票权而产生的道德风险,同时不改变国有股的所有制性质,对于完善国有资本控股公司的治理是十分有益的。

---

① See Pierre-Henri Conac. "The New French Preferred Shares: Moving Towards a More Liberal Approach", European Company and Financial Law Review, Vol. 2, No. 4, 2005; William N. Goetzmann, Matthew I. Spiegel, Andrey Unhov. "Modeling and Measuring Russian Corporate Governance: The Case of Russian Preferred and Common Shares", NBER Working Paper No. w9469.

（二）国有股权的信托行使方式

尽管信托理念与信托制度似乎在我国并没有得到足够的重视，但信托本源及发展特点与国有资产运营的契合性，使得近年来一些学者先后提出通过信托方式行使国有股权的观点。[①] 但本书仍然认为，对国有股权信托行使方式的研究，来自实践的分析仍然是第一位的。

1. 来自实证角度的考察

（1）上海磁悬浮交通项目股权信托计划。不知是历史的巧合，还是权利属性使然，我国首次通过信托方式行使的股权属性正是国有股权。2002年9月8日，上海国际集团有限公司[②]（简称上海国际）将其拥有的上海磁悬浮交通发展有限公司（简称项目公司）2亿元的股权委托给上海国际信托投资有限公司（简称上海国投）管理和处置，设立股权信托。上海国际集团有限公司以该股权为支持，将信托受益权分割转让给投资者，具体操作由上海国投将其中1.88亿元股权信托的受益权分割成成千上万份转让给投资者并办理受益权转让手续，其余0.12亿元的信托受益收仍然为上海国际所保留，区别在于1.88亿元股权的信托受益权是优先受益权，有权从信托财产中优先取得信托利益。根据有关法律文件，此信托计划期满后上海国际承诺以历史成本价受让此部分股权，也就是说，投资者投资的1.88亿元股权的信托受益权得到了2亿元股权的资产支持。值得注意的是，本次股权信托产品首次引入了优先受益权和劣后受益权的概念。该信托产品预计年收益率为3.8%，到期后投资者可一次收回信托利益，如果项目回报达不到预期的年收益率3.8%，劣后受益权的所有者，也就是上海国际必须先保证优先受益权的所有者，也就是信托产品的购买者优先获得收益。但如果该项目的回报高于预期收益，则多余的收益归上海国际所有。所以，有了劣后受益权为优先受益权做保证，信托受益人3.8%的年收益率基本不会发生波动，投资风险大大降低。

[①] 代表性论述可参阅：席月民：《国有资产信托法研究》，中国法制出版社2008年版；杨会新：《国有股权信托若干问题》，载《国家检察官学院学报》2005年第5期；李凤霞、秦勇：《国有资产授权经营信托法制主体设计及其理论基础》，载《改革与战略》2007年第12期等。

[②] 上海国际集团有限公司于2000年4月20日注册成立，公司注册资本现为105.6亿元人民币。集团公司经上海市人民政府授权，开展以金融为主、非金融为辅的投资、资本运作和资产管理业务。载http://baike.baidu.com/view/3345744.htm，访问日期：2011年1月25日。

由上可见，上海磁悬浮交通项目股权信托产品的委托人是上海国际集团有限公司，信托财产是委托人所拥有的 2 亿元磁悬浮交通项目股权。因而，该信托产品是股权信托的一个典型实例。① 在该案例中，上海国投作为信托的受托人，按 2 亿元股权 0.9% 的年费率向信托的委托人——上海国际集团有限公司收取信托报酬。信托期间，以下各项财产也将归入信托财产：① 由股权产生的股利、利润；② 项目公司进行增资时，在上海国际集团有限公司同意增资并追加相应资金的情况下，因增资而取得的增资额；③ 项目公司以资本公积金等转赠出资时，上海国投因持有股权而分配到的剩余财产；④ 因转让信托财产所获得的价款；⑤ 其他因上海国投管理、运用、处分信托财产而形成的财产。广大投资者与上海国投签订《磁悬浮交通项目股权信托受益权转让合同》，支付价款受让了该信托的优先受益权，因而成为该信托计划的优先受益人，优先享有该股权信托的收益。所以，投资者的资金并不直接用于工程项目的运作，而是用于受让项目公司股权的信托受益权。信托期满后，上海国际集团有限公司承诺以历史成本价收回股权，投资者取得股权信托的信托收益。

由上海磁悬浮交通项目股权信托受益权投资计划可以看出，上海国际作为国有控股公司，其将国有股权直接信托给上海国投（国有资本控股公司，即信托公司）管理和行使，再由信托公司将其股权受益权转让给投资者，而不是直接把国有股权转让。通过此种信托方式行使国有股权，不仅国有股的性质没有改变，而且避免了国有控股公司对国有资本控股公司经营的不当干预，并吸引社会闲散资金投入到公共事业建设中来，真可谓是"一举多得"。当然，该种信托方式行使国有股权在当时主要是基于融资考虑，虽然投资者没有直接将资金投向交通项目本身，但通过购买股权信托受益权的方式间接支持了城市轨道交通建设事业的发展，这与城市轨道交通项目投资大、周期长、收效慢的特点是分不开的。然而，城市轨道交通建设本身就是利国利民的社会公共事业，所以从这种意义上讲，正是通过国有股权的信托行使实现了国有财富的有效运转和经营，与本文主旨是完全相符的。

与此种国有控股公司直接将其国有股权信托给信托公司不同，实践还有

---

① 陈丹丹：《股权信托：一种创新的信托产品》，载《华东科技》2003 年第 2 期。

两种股权信托方式也已经出现而且颇受欢迎，一种是职工持股信托，另一种是表决权信托。简单地说，职工持股信托是受托人为企业职工代为持股，提高股权管理效率而研发的一种信托产品。企业职工作为委托人可以直接将股权委托给受托人，或者是将信托资金交付给受托人，受托人再以自己的名义将资金投资于企业股权。受托人在信托管理期间，按合同规定收取手续费，职工账户所有收益归受益人。而表决权信托（Voting Trust）是指股东根据表决权信托协议将其股份（含表决权）的法定所有权转让给一个或几个受托人，从而成为股份的"利益所有人"所成立的信托。[①] 通过表决权信托，股权中所包含的受益权和控制权实现了分离，从而有利于享有受益权的股东与获得公司经营管理控制权的受托人的功利最大化，其实质也是通过信托方式行使公司股权。

（2）引入信托制度改革国有资产授权经营制度。国有资产授权经营是指国资监管机构对其履行出资人职责的具备条件的国有独资企业（公司），依法进行国有资产的授权经营，被授权的国有独资公司，其董事会行使股东会的部分职权；被授权的国有独资企业，则对全资、控股、参股企业中国家投资形成的国有资产依法进行经营、管理和监督。[②] 除此之外，原国家国有资产管理局在 1996 年发布过《关于企业集团国有资产授权经营的指导意见》，该《意见》对于企业集团国有资产授权经营制度进行了较为具体的规范，至今企业集团实践也主要是依据该《意见》实行国有产权的经营与管理。应当承认，通过国有资产授权经营机制，国有资产管理逐步形成"三层级"运营模式，同时改变当时国有企业分散经营、竞争力弱的局面。但随着国有企业改革的不断深化和社会经济转型的加速发展，国有资产授权经营所要解决的历史遗留问题已经不复存在，授权经营的委托代理本质逐渐显露出与市场经济不相符合的一面：由于发生在国资委与公司之间的授权经营协议其法律性质并不明确，国资监管机构借助授权对企业不当干预、被授权主体经营不善情况下法律责任追究不力等，从而在强化国资监管机构对企业的直接行政控制的同时，造成了授权情况下国有股权的"失控"。

[①] 覃有土、陈雪萍：《表决权信托：控制权优化配置机制》，载《法商研究》2005 年第 4 期。
[②] 详见《公司法》第 67 条、《国资监管条例》第 28 条等规定。

应当肯定,使国资监管机构对国有控股公司(包括国有独资公司和国有资本控股公司)的控制变得间接从而符合中国国企公司制改革的需求,这是国有资产授权经营制度被继续保留的理由,因此,有学者在肯定授权经营制度合理性的同时,针对其存在的问题提出以信托制度来构建国资监管机构与授权经营公司之间的授权关系①,或直接将授权经营制度的核心法律关系解释为信托法律关系。② 本书基本认同此种思路,但认为其结论并不彻底。首先,尽管从广义上讲,信托也是基于委托人的授权产生,但在现行的法律框架下,授权经营制度与信托制度仍然是两种不同的制度安排,用信托关系去解释授权经营存在逻辑上的错位,此种法律解释方法也很难令人信服;其次,既然肯定授权经营的信托本质,为何不直接用信托制度去构建国资监管机构与国有控股公司之间的权利义务安排?再次,如果将信托架构限定在政府国资监管机构与国资运营主体之间,根据我国《信托法》相关规定,信托委托人享有对于信托受托人和受益人进行广泛制约的权力,如监督知情权、建议权、撤销处分权、变更权等。而现行体制决定国资监管机构仍然属政府部门,其享有一系列行政权力,特别是行政立法权,极易造成对信托受托人有效管理的破坏,同时也可能对信托受益人权利的有效保障造成侵蚀。③

基于上述,我们面临的问题是:如何实现信托制度与国有资产授权经营制度的对接?这一制度改革与国有股权的信托行使具有怎样的关系?

2. 国有股权信托行使的制度基础及其优势:基于历史角度的考察

鉴于实践中已经发生国有股权的信托行使案例以及以信托制度改造国有资产授权经营制度的实际需求,人们不免要问:信托方式对于国有股权行使究竟有何优势?其制度基础何在?众所周知,我国当初引入信托制度时,已经对信托进行了本土化操作,其与本源上的信托有所区别,如对于信托财产双重所有权的改良等。但要回答上述问题,本书认为还需要从信托的本源入手,通过考察信托的制度沿革,揭示信托相较于其他市场方式的优点与特色,

---

① 徐士英等:《国有资产授权经营公司与政府部门关系初探》,载《华东政法学院学报》2001年第2期。

② 赵旭东等:《国有资产授权经营法律结构分析》,载《中国法学》2005年第4期。

③ 李凤霞、秦勇:《国有资产授权经营信托法制主体设计及其理论基础》,载《改革与战略》2007年第12期。

以及信托与国有股权行使之间是否存在契合点，再来论证国有股权信托行使方式的合理性和制度安排。

（1）信托的起源及其制度变迁。论及信托起源，理论界大致存在两种学说：大陆法说和英美法说。① 前者以 Spence、Story 等学者的早期学说为代表，认为信托最早起源于罗马法的信托遗赠（Fidei commissum）制度，国内部分学者也持此种观点②。所谓信托遗赠，是指被继承人要求受托人（即继承人），在被继承人死亡后，将所取得的遗产转移或给付特定的第三人。受托人只不过居于导管的地位，全部遗产实际上由信托遗赠的受赠人即第三人继承。但现今大多认为信托遗赠只是一种立遗嘱的技术，尚难据此断定罗马法业已确立信托制度③，大陆法系说因此逐渐为人们所抛弃。后者认为信托起源于中世纪的英国，该国的 Use（用益权）被普遍认为是现代信托制度的嚆矢。

13 世纪时的英国正处于封建社会，封建领主主要通过对土地的牢固控制加强自己的统治，但随着教会势力的发展壮大，不少农民成为教徒，他们不断向教会捐赠自己的土地，从而使得封建领主与教会之间的矛盾渐渐加深。为保护封建领主的利益，亨利三世国王专门制定了一部《没收法》（Statute of Mortmain），规定禁止向教会捐赠土地。④ 但该法未能从根本上动摇教会和教徒之间的关系，教徒对宗教的虔诚和狂热使他们始终无法放弃将土地捐赠给教会的心愿。相反，为达此目的，教徒们创造性运用 Use 制度，他们不把土地直接捐赠给教会，而是将其土地以转让为名移交给他人，要求受让人为教会的利益而管理土地，并将土地产生的收益全部交付给教会。这种方法十分精妙，也被农民用来规避当时的封建赋税。然而，在 Use 问世后的两百年里，尽管英国民间广为使用，但当时的普通法只承认土地所有者将其土地转让给

---

① 还有一种观点认为信托制度起源于古日耳曼法中的 Salman（受托人）或 Treuhand 制度，即人们可以在生前或死后为了某种目的将财产转移给 Salman 或 Treuhand，且 Salman 或 Treuhand 被公众认定为应接受责任的约束和责任的强制执行。伊斯兰教中的 Wakf 制度也是一说，即委托人将其财产的所有权转移给神祇，而指定受托人为公益或特定的利益以管理财产的法律行为。

② 参阅江平、米健：《罗马法基础》（修订本第二版），中国政法大学出版社 2004 年版，第 428 页。他们认为："现代信托制度渊源于罗马法，而罗马法的信托又源于继承"。同样的观点见周枏：《罗马法原论》（下册），商务印书馆 1994 年版，第 572 页。

③ 〔日〕砂田卓士、新井正男：《英美法讲义》，日本青林书院新社 1976 年版，第 277 页。转引自赖源河、王志诚：《现代信托法论》，中国政法大学出版社 2002 年版，第 2 页。

④ 何宝玉：《英国信托法原理与判例》，法律出版社 2001 年版，第 14 页。

受托人的合法性，承认受托人因此而取得该土地的所有权，却并不承认土地所有者在转让土地给受托人时所指定的受益人对受托人所享有的请求给付因其管理该土地所产生的收益的权利，受到损害的受益人在普通法院得不到任何救济。经过相当长时期的演进，自 15 世纪中叶开始，衡平法院（Court of Chancery）基于良心、公平、正义、衡平等原则，对于受让人违背忠实诚信的行为，判决受让人必须履行让与人对其所为的指示，以保护受益人的权益，由此形成了信托制度最为重要的特色：信托财产的双重所有权，即受托人对信托财产享有普通法上的、名义上的所有权，并因此享有信托财产的管理权，但他有义务（应当且只能）为受益人的利益而行使该所有权，而受益人则对信托财产享有衡平法上的、实质上的所有权，并因此而享有信托财产的收益权。① 自此，衡平法院通过大法官的判例确认了受益人与受托人之间的法律关系，也就确认了受益人享有受益权并提供衡平法保护，衡平法院也因此被誉为"信托之母"，Use 制度成为在英国处分财产的一种合法方式，并且陆续被应用到处分其他不动产和动产。

到了 16 世纪 20 年代，基于 Use 导致的财产转移在英国民间已经十分常见。② 然而 1535 年，国王亨利八世为打击用益权以重新恢复其收入，不顾国会的反对，强行颁布著名的《用益法典》（Statute of Uses）。该法典规定普通法上的所有权（legal title），在用益权设定时，即由受益人享有，亦即将受益人衡平法上的权利，转变为普通法上的权利，接受普通法院管辖。同时，法典大大缩减了用益权的适用范围，使得传统的用益权制度面临全面瓦解的命运。但幸运的是，当时普通法院对法典采取了严格的文义解释，并规定以下四种情形可例外不适用《用益法典》：① 土地誊本保有权（copyhold of land）或土地租借权（leasehold of land）；② 课予土地的名义所有人（受托人）负有出租土地或其他管理处分财产的积极义务，此即所谓的积极信托（active trust）；③ 动产的用益权；④ 双重用益权（use upon use）的设定。亦即设定一次用益权后，再设定第二次的用益权时，第二次用益权不受法典约束。后来，双重用益权制度逐渐被称为信托（Trust），英国衡平法院亦在 1643 年

---

① 钟瑞栋、陈向聪编：《信托法》，厦门大学出版社 2003 年版，第 46 页。
② 张淳：《信托法原论》，南京大学出版社 1994 年版，第 5 页。

Sambach V. Dalston 一案中，于判决中正式使用 Trust 一词。① 可以说，从"用益（Use）"到"信托（Trust）"是《用益法典》施行的结果，其后，英国信托法律架构逐渐形成，相继颁布有关信托的相关法典，如 1925 年《受托人法》（Trustee Act）及 1961 年的《受托人投资法》（Trustee Investment Act）等。至此可以证明，信托制度的滥觞，应是英国的用益权制度，毋庸置疑。②

信托制度在英国奠基后，即在西方各国相继兴起，尤其是英国曾凭借武力将世界上许多地区变为自己的殖民地，如新西兰、印度、澳大利亚等，信托在这些国家逐渐流行起来，而且不断扩大其利用范围。美国法制与英国可谓一脉相承，所以信托传入美国的时间较早，但与英国长期施行民事信托不同，美国几乎从一开始便将信托运用于商业领域，早在 1792 年便成立了第一家信托公司从事信托业务，后来银行也成立了专门的信托部兼营信托业务，接着保险公司也开始涉足信托业。如今在美国，信托观念已经深入人心，甚至有些地区，有以信托方式取代设立公司方式来经营企业的趋势。③

属于大陆法系国家和地区引进信托制度相对较晚，约始于 20 世纪初的日本，1900 年制订的《日本兴业银行法》中首次使用"信托"这一术语。彼时正值日本近代产业资本的兴盛期，急需引进欧美国家先进的各种技术和制度，其中就包括信托法律制度。所以，从一开始信托就是作为一种金融工具移植到日本的，有学者据此认为日本只存在商事信托而不存在民事信托。除日本外，第二次世界大战后信托在韩国也获得了长足发展，1961 年韩国制定了《信托法》和《信托业法》，其内容基本沿袭了日本信托法的相关规定，其后

---

① 许耀东：《信托制度之研究——兼论"我国"信托事业之回顾与前瞻》，台湾文化大学法律研究所1984年硕士论文，第21页。

② 史尚宽编：《信托法论》，台湾商务印书馆1972年版，第1页。

③ 其中以美国马萨诸塞州为典型代表，其源头最早可追溯到英国1720年《泡沫法案》（the Bubble Act），该法案限制未经国王或议会特许组建公司，所以投资者不得不以另一种形式来实现公司制度的同等功能。而美国公司立法的不合理限制也迫使投资者以信托方式规避公司法制的适用，并最终发展形成别具特色的马萨诸塞信托。简单地说，马萨诸塞信托就是以信托契约方式而成立的非公司企业经营组织，它以经营商业并获取和分配利益为目的，受托人出资以取得受托人所发行的受益凭证，受托人就信托财产处分并分配利益予受益人，受益人对马萨诸塞信托所产生的债务仅承担有限责任。同时，马萨诸塞信托的存续期间依信托契约而定，并不因受托人或受益人死亡、破产或者某一受益人赎回出资而受到影响。美国最高法院将马萨诸塞信托界定为："一种财产安排，根据信托文件的规定将财产移转给受托人，受托人将财产上的受益权分为若干份额，并以可转让的受益凭证的方式发行，受托人必须为受益凭证持有人的利益而占有和管理财产。"See Hecht v. Malley, 265 U.S. 144, 146 (1924).

1969 年又制定了《证券投资信托业法》，韩国信托业也因此飞速发展。除此之外，我国台湾地区的信托业也比较发达，1995 年通过"信托法"，2000 年又制定了"信托业法"，而且建立了与信托经营相配套的税制规范。

我国对信托法的继受肇始于 19 世纪末 20 世纪初，1919 年聚兴诚银行上海分行设立信托部，从事信托业务，可以说是中国现代信托业的发端。[①] 1921 年 8 月 21 日，上海通易信托公司成立，信托公司开始登上中国历史的舞台。[②] 新中国成立后，1949 年 11 月 1 日成立了中国人民银行上海市分行信托部，1979 年 10 月中国国际信托投资公司宣告成立，直属国务院领导，办理国际信托投资和金融业务，自此以后我国信托业迅速发展，到 1988 年信托投资公司的数量达到 1000 多家。[③] 然而，在接下来的一段时期里，信托业一方面迅速膨胀和扩张，但另一方面监管工作没有同步跟上，致使对正常的金融秩序产生负面影响，乱集资、乱拆借、乱贷款"三乱"现象严重，于是国家先后五次对信托业进行全面整顿，到 2000 年仅存的 239 家信托公司最终被批准重新登记营业的只有 60 家左右。[④] 2001 年 4 月 28 日，《信托法》正式通过，2007 年 3 月中国银监会制定了新的《信托公司管理办法》和《信托公司集合资金计划管理办法》，信托业进入到有法可依、有序发展的阶段。

综上，很少有一种法律制度能像信托那样在世界范围内产生如此广泛而又深远的影响，能够为那么多国家和地区的法律体系所借鉴并接受。毫不夸张地说，信托以其精妙的原理结构和灵活的制度安排征服了全世界的投资者，难怪英国法律史学家梅特兰称信托制度是英美法对于世界法律制度的最大贡献。[⑤] 本书在查阅信托历史沿革文献时还发现，信托被人们广泛推崇除去其制度设计巧妙的因素外，更重要的是因为信托制度具有相当的开放性和包容性

---

① 周小明：《信托制度比较法研究》，法律出版社 1996 年版，第 178 页。
② 钟瑞栋、陈向聪编：《信托法》，厦门大学出版社 2003 年版，第 36 页。
③ 赵明：《我国信托制度的建立与西部大开发》，载朱少平、葛毅主编：《中国信托法起草资料汇编》，中国检察出版社 2002 年版，第 206 页。
④ 陈荆：《中国信托业发展趋势分析》，载《辽宁工程技术大学学报（社会科学版）》2010 年第 5 期。
⑤ 梅特兰曾经说过："衡平法的最大的也是最重要的贡献便在于发明了信托制度并发展完善了它"。That is "Of all the exploits of Equity the largest and the most important is the invention and development of the trust". See F. W. Maitland, Equity and the Forms of Action, Cambridge University Press, Cambridge, 1910, p. 23.，转引自夏扬：《洋商挂名道契与近代信托制度的实践》，载《比较法研究》2006 年第 6 期。

特征，尤其是从民事信托向商事信托的演变，可谓是彻底改变了世界金融资本市场的格局。而信托制度走出英国走向世界的那一天，也正是民事信托向商事信托演变的开端。如今商事信托由于其资产规模巨大而且横跨货币、资本、产业三大市场，而且作为一种组织形式在很多商事领域与公司、合伙等企业形成了强有力的竞争关系，已经成为现代国家的四大金融支柱之一，在世界范围内，采取信托架构的基金占据了主导地位。①

（2）国有股权信托行使的优势分析。通过考察信托制度的起源及其发展历程，可以发现信托经历了从民事信托到商事信托的演变，两者的主要区别在于信托受托人的行为性质不同。传统的民事信托主要是个人信托，通常设立信托的目的是为了进行财产的无偿赠与，或者是规避赋税之类；而商事信托的设立目的是为了从事商事交易，受托人一般是专门经营信托业务的商业机构（包括银行和证券公司等从事信托业务的金融机构）。对于移植信托制度的国家而言，真正的兴趣似乎主要在于商事信托，我国也不例外。② 很显然，本文所指的国有股权信托行使是指商事信托。然而，不管商事信托发展到何种程度，其根本原理仍然建立传统民事信托基础之上。本书认为，当前商事信托的制度核心主要包括三部分：① 独立的信托财产；② 灵活的治理规则；③ 严格的信托责任。这三点是信托区别于委托代理、合同以及公司制度的关键，也是国有股权通过信托方式行使的优势所在。

第一，英国法上的传统民事信托是建立在信托财产的"双重所有权"基础之上的，委托人享有名义上的所有权，受益人享有实质上的所有权，而这是信托财产地位独立的前提条件。由于我国沿袭大陆法系的所有权学说，不承认双重所有权，因此信托财产在交付信托后所有权是否发生转移在立法上并不明确，③ 学界对此也莫衷一是。本书认为，在国有股权通过信托方式行使的场合，在国有股份的权利归属上，应当借鉴英国法上的"双重所有权"理

---

① 施天涛、周勤：《商事信托：制度特性、功能实现与立法调整》，载《清华大学》2008年第2期。

② 根据我国《信托法》第3条规定，信托在我国被分为民事信托、营业信托和公益信托，其中营业信托即指商事信托或称商业信托，是实践中存在的主要信托类型。

③ 我国《信托法》第2条使用"委托给"字样规避了信托财产所有权的归属问题，但从该法第10条规定的信托财产登记制度，第54条规定的信托终止后财产归属原则等，似可推论出信托财产所有权在交付信托后发生转移。

论，承认国有股东（国有控股公司）在名义上享有国有股份的法律所有权，而全体国民在实质上享有国有股份的根本所有权，两者是委托人与受益人的关系。以此为基础，信托不仅与委托人未设立信托的其他财产相区别，更是与受托人的固有财产相区别，在委托人或受托人支付不能或破产时，受益人仍然能够就信托财产保持其受益权，可以据此对抗委托人和受托人的普通债权人①，这一功能被人们总结为破产隔离机制，能够在最大程度上保障受益人利益。更重要的是，国有股权作为信托财产的独立地位，遵循了"所有权和利益相分离"的信托理念，保证国有资产所有者的"授权到位"，能有效防止国资监管机构对受资公司的不当干预，避免出现"所有者缺位"和"老板加婆婆"等问题。

第二，信托制度灵活的治理规则也使进一步提升国有股权的行使效率成为可能。一方面，信托的受托人作为市场私法主体，其不像传统国资运营机构及其经营管理者欠缺实在国有股权的内在利益驱动，为了给自身争取较好的报酬，为了在信托市场的竞争中取得竞争优势不被市场所淘汰，受托人通常具备专业的战略投资经验和完善的风险预警与控制机制，行使企业股权更加具有效率。另一方面，可以通过将国有股权分散给不同的受托人方式，有效解决国企改制中令人头痛的"一股独大"问题，轻松实现股权多元化。信托的宗旨是受托人接受信托遵循信托目的以自己的名义管理和处分信托财产，为受益人利益最大化而努力，而经过股权分散后的不同受托人相互间是竞争关系，为避免被委托人或受益人"解除信托"，必然想方设法提高股权行使效率，更能够避免国有股"一股独大"结构下产生的中小股东利益受损等问题。此外，由前文上海磁悬浮交通项目股权信托方案还可以看出，通过国有股权信托方式，国有股份还可以实现流通或转让，其实质是受益权或受益证券的流通或转让，也是实现国有经济整体布局调整的有效途径。

第三，信托中严格的受托人义务和责任制度也是国有股权信托行使方式的重大优势。前文已述，在国有资产管理委托代理论或传统国有资产授权经营体制下，国有股权的实际行使主体只是作为国有资产所有者的代理人，根

---

① 1985年《关于信托的法律适用及其承认的公约》中规定：承认信托存在就承认"受托人的个人债权人对信托财产没有追索权""受托人无力清偿债务或者破产时，信托财产不构成其清算财产或者破产财产"。我国《信托法》也有类似规定。

据代理规则，代理人的行为结果由被代理人承担，所以国有控股公司和国有资本控股公司及其经营管理人员"干好了，是自己的；干不好，是国家的"。导致在行使国有股权过程中，缺乏企业管理应有的风险意识与责任意识；即使出现国有股权利益受损或其他国有资产流失情形，也可以"高枕无忧"。而在股权信托行使情况下，受托人承担了严格的受托责任，为此各国《信托法》无一例外地将受托人义务作为立法的核心内容进行规范，只要受托人违反信托义务，就将面临严厉的责任处罚。更关键的是，基于受托人的市场私法主体地位，该种信托责任的内容以民事赔偿责任为主，而不是当前国有企业领导主要是以追究行政责任和刑事责任为主。这样不仅能有效震慑国有股权行使不当行为的发生，而且能在最大程度上挽回国有股权的利益损失，这也为本书第五部分关于国有股权行使责任制度的构建奠定基础。

综上所述，国有股权信托行使方式的基本架构是：随着国有资产管理体制改革的深入发展，有必要通过立法在全国和地方人大下设企业国有资产委员会，并明确其对企业国有资产的最初信托人地位，那么人大企业国有资产委员会与国有控股公司（国有股东代表）之间即是信托关系，其中人大企业国有资产委员会是信托人，国有控股公司是受信托人，国民是受益人。人民代表大会基于对国有控股公司的信任（Trust），将企业国有资产即国有股权转移给其经营管理，所获利益是为了国民。而在国有资产三层级管理架构下，国有股权的信托行使方式还可以发生在国有控股公司与国有资本控股公司之间，即国有控股公司作为信托人，国有资本控股公司作为受信托人，而受益人同样还是国民。

上述制度安排，一方面从宏观上明确了人大及其企业国有资产委员会、国资监管机构、国资运营主体、政府财政部门、国家出资企业等国有资产经营管理所涉及主体间的信托法律关系，进而能明晰主体间的权利、义务及法律责任配置。避免了现行授权经营体制下，授权性质不明及责任无法追究等情况的发生。另一方面，从微观层面看，恰好解决了国有资产授权经营中存在的以下问题。① 信托计划中信托财产即国有股权的独立地位，能够充分保证信托委托人对受托人的"授权到位"。一旦信托合约成立，信托财产的法律所有权即从委托人处转移至受托人处，除非出现信托合约中受托人故意损害委托人或受益人利益的情形，委托人不应无故干预受托人的经营方针和策略。

② 信托契约所体现出来的"双重所有权"本源理念，可以从法理层面保障信托委托人、受益人对于信托财产的最终控制权，不必担心国有股份所有权转移带来的国有资产流失问题。③ 在国有控股公司突破国有独资企业和国有独资公司两种企业形式限制的前提下，根据不同地区、不同行业、不同的市场竞争格局选择不同的企业形式作为受托人。如对于完全竞争性行业领域，应有条件地引入民间资本、外国资本控控股，以满足充分的商业化、专业化和私法化主体条件。④ 信托受益人制度可以从实体和程序两个层面有效解决国有股权分红及国有资本经营预算等相关问题，保证国家对国有股权的所有者权益，同时赋予国资运营主体充足的经营动力。客观地说，由人大及其企业国有资产委员会担任受益人主要是基于"谁所有谁受益"的一般法理考虑，而且人大应作为最终受益人而存在。最终受益人并不直接表现为信托受托人向其上缴国有股权红利，而应体现为信托监察人或信托管理人地位，① 即当其他任何一方信托当事人违反信托义务时，最终受益人有权收回信托财产并追究违约当事人的法律责任。而政府财政部门作为信托受益人主要是基于实践层面的具体运作，可谓是"直接受益人"，然后通过政府公共预算（国有资本经营预算）将国有股权收益施惠于全社会。⑤ 通过信托机制构建国有股权主体制度，能为国有股权行使中民事责任的引入提供有利环境，改观目前授权经营体制下被授权主体以承担行政责任和刑事责任为主、不承担民事责任的局面。在授权经营环境下，国资运营主体及其经营管理人员通常比照事业单位和国家工作人员进行管理，出现问题往往忽视民事责任承担。而在信托机制作用下，国资运营主体及其经营管理人员要遵守信托合同，出现违反信托合同的情形依据《信托法》和《合同法》追究责任，排除来自行政机关的干预。因此，在国资运营主体经营不善导致国有股权收益减损情况下，其应当按照信托合同承担信托责任，责任形式主要为民事财产赔偿责任。特别在股权多元化条件下，国资运营主体的高管会有很大的经营压力。

3. 国有股权信托行使方式的架构：以受托人制度为重点

国有股权信托一旦设立，信托财产的所有权便要移转于受托人。根据信

---

① 信托管理人是指在受托人更迭的时候，至新受托人选任为止代替退任的受托人临时管理信托财产的机构，是一种临时性救急措施。信托财产管理人中是单纯的管理人，其无权管理使用、处分信托财产。大陆法系的日、韩信托法专门设立信托管理人制，以加强对信托受益人的保护。

托一般原理，受托人是接受委托人的委托，依信托目的为受益人的利益对信托财产进行管理或者处分的主体，处于掌握、管理和处分信托财产的核心地位。因此，在国有股权信托行使制度的构建中，受托人制度是最为核心的制度安排。其具体内容主要包括受托人的选任与变更、受托人的权利义务、受托人的责任等。因本书第五部分将对国有股权行使法律责任进行专门讨论，所以此处重点分析受托人的选任与变更、受托人的权利义务。

（1）受托人的选任。选任制度的核心是选任条件与选任程序。对于前者，本书认为国有股权信托受托人必须具备两个特定条件：① 较高的诚信纪录和财产管理能力；② 市场私法主体身份。尽管我国《信托法》并未将受信托人限于信托公司，而是规定具有完成民事行为能力的自然人与法人均可作为受托人，但对于国有股权信托而言，信托公司较之其他主体具有明显的优势。根据我国《信托投资公司管理办法》规定，设立信托投资公司必须具备以下六个条件：① 有符合《公司法》和中国银监会规定的公司章程；② 具备银监会规定的入股资格的股东；③ 注册资本不得低于3亿元，且在公司设立时一次缴清；④ 有具备银监会规定任职资格的高级管理人员和与其业务相适应的信托从业人员；⑤ 有健全的组织机构、信托业务操作规则和风险控制制度；⑥ 有符合要求的营业场所、安全防范措施和与业务有关的其他设施。除此之外，信托业具有较完善的监管体制，包括银监会监管和自律监管，而且拥有一批专业理财人员和丰富的理财经验，所有这些都更有利于实现国有股权的保值增值。因此，现阶段将国有控股公司（尤其是纯粹型国有控股公司）限定在信托公司有其合理性。但从目前的实践看，我国从事信托业务的公司基本上都是国有公司，或国有独资，或国有控股，将国有股权信托给这些公司经营，会不会又出现行政干预的"叠床架屋"现象？应该说这种担心并非多余。但相对来说，商事信托的私法运作趋势已经不可逆，将来采取诸如引入私人资本或外资，进行彻底的股份制改造等手段，在国有独资或国有控股的信托公司中引入非国有资本，并且修改公司章程，使其引入的非国有资本达到能限制国有资本的行政性行为的程度，显然比在所有的国有企业引入私人资本要容易得多。[①] 所以，我国应大力鼓励、发展私有性质或非国有资本控

[①] 丁国民、漆丹：《国有股权的信托行使》，载《中南大学学报（社会科学版）》2004年第6期。

股的从事信托业务的公司，加上信托市场的充分竞争，进一步实现解决国有股权行使主体缺位和排除行政干预的目标。

关于选任程序，有学者建议采取公开招标的方式选择受托人①，本书对于此种通过竞争机制确定受托人的方式表示肯定。然而，如果所有的国有股权行使都要通过招投标方式确定信托的受托人，显然又是不太现实的。较为可行的安排是，一般情况下，由信托的委托人组成专家小组通过书面审查受托候选人提交的资料，主要包括候选人营业执照、法人章程、财务会计报告、企业年度报告、交易记录等能够切实反映和证明候选人资信状况和财产管理能力的资料，必要时采取现场答辩等方式最终无记名投票确定受托人及其受托份额。而在意欲通过股权信托行使实现国有股份流通或转让的情形下，建议采取公开招投标方式确定受托人，受托人可以国有股的受益权利作为受益证券申请上市流通或转让。需要指出，如果未经法定程序选任受托人，则属于可撤销的信托；而如果能够证实未经法定程序选任受托人的行为侵害了国家或社会公共利益，则属于无效的信托。

（2）受托人的变更。各国信托法一般规定，受托人的变更主要包括两种情形：一种是由于受托人自身原因而引起的职责终止，如被依法撤销、被宣告破产、依法解散或辞任等；另一种是因受托人不履行受托义务或有影响其执行信托职责的其他事由，不利于实现信托目的或给委托人、受益人造成严重损害的，委托人或受益人可以终止受托人的职责。然而，受托人职责终止并不意味着信托本身也随之终止，新受托人上任后信托关系仍将继续存在，英美法为此还设立了"信托法不需要受托人"的衡平规则，② 信托关系的"稳定性"特点也因此得名。所以，信托不因初始委托人的欠缺而影响其成立，依法成立的信托也不因受托人的变更而影响其存续。③ 根据《信托公司管理办法》第40条规定，受托人职责依法终止的，新受托人依照信托文件的约定选任；信托文件未规定的，由委托人选任；委托人不能选任的，由受益

---

① 顾功耘等：《国有经济法论》，北京大学出版社2006年版，第172页。
② 钟瑞栋、陈向聪编：《信托法》，厦门大学出版社2004年版，第164页。
③ 我国《信托法》第52条规定："信托不因委托人或者受托人的死亡、丧失民事行为能力、依法解散、被依法撤销或者被宣告破产而终止，也不因受托人的辞任而终止。但本法或信托文件另有规定的除外。"

人选任。在国有股权信托行使场合，原则上应在信托文件中明确受托人变更后的选任规则，在新受托人未产生前，可由委托人指定临时受托人。值得注意的是，如果受托人为多人，即分散信托的情况下，如果其中一人或多人信托职责终止，原则上也要按信托文件重新选任受托人，在新受托人产生之前，可由委托人在其他受托人中间指定临时受托人。

（3）受托人的权利与义务。虽然权利义务是受托人制度的重要内容，但在国有股权信托行使场合，受托人的权利义务不应与其他信托类型存有明显差别。因为，之所以主张通过信托方式改进国有股权行使方式，正是看中信托作为一种财产经营形式的市场有效性，以及传统信托信托法赋予受托人明确而严格的权利与义务。根据信托原理及我国《信托法》规定，受托人享有以下权利：① 获得报酬权。国有股权信托属于商事信托，受托人原则上有权依据信托文件约定和法律规定收取适当报酬。② 费用偿还请求权。受托人在处理信托事务中往往需要支付一定费用，如税金、管理费、维修费等；有时也会非因本人过失而遭受损失或对第三人负有债务，在此情况下受托人有权从信托财产中扣除相关费用或对信托财产优先受偿。③ 财产留置权和补偿请求权。受托人在信托终止后行使请求给付报酬或从依法从信托财产获得补偿时，可以留置信托财产或对信托财产的权利归属人提出请求。除以上主要的实体权利外，受托人还享有信托终止、申请辞任、强制执行异议和起诉等程序性权利。

与权利相比，受托人的义务显得更为重要，因为义务能否得到全面履行是信托目的实现的关键，各国信托法对此均予以精心设计。一般来说，受托人有六大基本义务：① 注意义务。也称谨慎管理人的义务或善良管理人的义务，即受托人要像管理自己的财产那样管理信托财产。② 亲自管理的义务。即受托人原则上不得将信托事务委托他人代为处理。③ 分别管理的义务。指受托人应将信托财产和自有财产分别管理，将不同信托的信托财产分别管理。④ 保存管理记录并提交报告的义务。受托人应当完整保存自己处理信托事务的有关记录，包括财产目录和收支账目等，据此向委托人和受益人提交财产管理报告并依法保密。⑤ 忠实义务。该义务要求受托人不得利用其地位从信托中谋取私利，不得进行自己交易，也不得使第三人从信托财产中获取不当利益，尽量避免将自己利益与委托人或受托人利益陷入相冲突的境地。⑥ 向受益人交付受益权的义务。该义务是信托关系的目的所在，要求受托人按照信托文件向受益人交付信托执行后的收益。值得注意的是，国有股权信托从根本上带有公益信托特点，这是由其受益人的公共属性所决定的，所以受托人还需要履行公益信托受托人的特定义务，比如未经批准不得无故辞任，财产管理报告和年度报告需要经信托监察人认可后予以公布，应当更加积极履行企业社会责任等。

  以上分别从实践案例、历史沿革和规范分析等角度，详尽论证了信托制度对于改进国有股权行使方式的必要性与合理性，并以受托人制度为例进行了具体设计。本书的结论是，在国有企业产权制度改革、股权结构完善、淡化企业政府管制以及促进经理人员激励约束机制建设等方面，通过信托方式行使国有资本控股中国有股权相比委派股东代表通过公司制行使方式具有明显的改进功效，国资监管部门应当支持、鼓励发展国有股权的信托行使方式，条件成熟时修订有关法律法规确立规范化的国有股权信托行使制度体系。当然，并非所有类型的国有资本控股公司都适合通过信托方式行使国有股权，原则上处于市场完全竞争行业、领域的国有资本控股公司才适合，对于承担突出社会公共职能的国有资本控股公司可以暂缓实施。

第三部分

国有股转让权行使法律制度研究

  基于现代公司法人制度对股东自由退股制度的实际否认,股份自由转让作为一项替代手段成为股东权的重要内容,它不仅使股东在不能参与或无力控制公司的情况下能够通过退出公司规避投资风险,而且随着股票市场的发展,在极大地促进了公司的股份融资的同时,形成了约束公司管理者的重要手段——用脚投票。但对国有股权而言,股份转让的意义不仅于此。(1) 2013年11月中国共产党第十八届三中全会《关于全面深化改革的若干重大问题的决定》明确指出,要积极发展混合所有制经济,准确界定不同国有企业功能,国有资本加大对公益性企业的投入,在提供公共服务方面作出更大贡献;国有资本继续控股经营的自然垄断行业,实行以政企分开、政资分开、特许经营、政府监管为主要内容的改革,根据不同行业特点实行网运分开、放开竞争性业务,推进公共资源配置市场化。[①] 因此,站在国有企业改革的立场上,在推动混合所有制经济发展、推动国有企业改革方面,国有股份的转让为多种所有制主体提供了一个参与国企经营管理、分享改革成果、优化市场结构的良好契机,这将为我国经济体制的进一步改革、为统一开放、竞争有序的市场体系的建立打下良好的基础。[②] (2) 从法律角度看,由于股份转让将导致

---

  ① 详见2013年11月中国共产党第十八届三中全会发布的《中共中央关于全面深化改革的若干重大问题的决定》第7条。
  ② 《中国共产党第十八届三中全会公报》提出,要完善产权保护制度,积极发展混合所有制经济,推动国有企业完善现代企业制度,支持非公有制经济健康发展。这为进一步深化国有企业改革、促进多元主体参与市场竞争奠定了制度基础。

国有资产在某一领域退出或失去控制，国有股权设置公共目标的具体内容将因此发生变化；由于国有股权来源于国有资产，国有股份转让的过程和结果将对包括全民在内的所有利益相关者产生重要影响，其所涉及的多种复杂利益关系将导致公司法中股东重大事项决定权规则在一定程度上的失效。在这个层面上，国有股份转让不是一个私权处分问题，改革者将面临制度创新。

就上述问题，目前国内学界关注的主要问题是国有股权法律属性以及职能①、公用事业的民营化②、国有股权转让的价值及方式③、国有企业改制等问题。④ 也有学者对国有股权转让的程序进行了描述。⑤ 应当肯定，由于具有较强的针对性较，上述研究成果对解决国有股份转让实践中存在的问题具有重要意义，也为本书的进一步研究奠定了基础。但存在的问题是，无论从理论还是从实践的角度，学界研究都显得不够系统深入，尚未对国有股份转让实践所面临的重大问题——不仅保证国有资产不流失，而且保证国有股份转让的公平有序——在研究上取得更大进展。

---

① 就国有股权的法律属性进行论述的代表性作品参见肖海军、朱建云：《国有股权的法律属性与法律关系》，载《邵阳高等专科学校学报》2002年3月号；燕春：《国有股权的公权本质与私法行使》，载《安徽农业大学学报（社会科学版）》，2008年1月号。就国有股权职能进行探讨的代表性论著为王研：《国有股权的职能及其法律调整》，载《法学》2002年第3期。

② 这方面的论著可见史际春、肖竹：《公用事业民营化及其相关法律问题研究》，载《北京大学学报（哲学社会科学版）》2004年7月号；《反公用事业垄断若干问题研究———以电信业和电力业的改革为例》，载《法商研究》2005年第3期；史际春、姚海放：《国有制革新的理论与实践》，载《法学论坛》2005年第1期。

③ 但是学者对这一问题的论述并不深刻，代表性论著参见邓红平、张柏林、柏光明：《论国有股权的转让问题》，载《公会论坛》2011年5月号；张英：《企业国有产权转让监管法律制度研究》，西南政法大学博士论文，2006年；余松林：《城市公用事业民营化法制问题研究：理论与现实、路径与任务、政府责任》，载《成都行政学院学报》2009年第5期；王杰、李宏：《国有股权转让协议效力的法律分析》，载《内蒙古民族大学学报（社会科学版）》2005年8月号。

④ 包括国有资产转让对价的缺失及其带来的国有资产流失问题，也涉及了转让过程中的政府定位和程序性缺陷等。参见冒月岭：《试论国企改制中政府职能作用》，载《经济师》2008年第8期；姚洋、支兆华：《政府角色定位与企业改制的成败》，载《经济研究》2000年第1期；邓峰：《国有资产的定性及其转让对价》，载《法律科学（西北政法学院学报）》2006年第1期；李曙光：《论〈企业国有资产法〉中的"五人"定位》，载《政治与法律》2009年第4期。

⑤ 这些成果主要集中在现有转让制度的分析和完善方面，主要是对产权交易方式、交易合同、产权界定方式等问题进行了分析。例如蒋言斌：《国有产权交易法律问题研究》，中南大学博士学位论文，2008年；晋入勤：《企业国有产权交易法律制度创新论》，华东政法大学博士学位论文，2010年；余能斌、李国庆：《国有企业产权法律性质辨析》，载《中国法学》1994年第5期；郑曙光：《产权交易法》，中国检察出版社2005年版；常修泽等：《产权交易：理论与运作》，经济日报出版社2005年版；符绍强：《国有产权交易博弈分析》，经济科学出版社2007年版；王冀宁、黄澜：《中国国有产权交易的演化与变迁》，经济管理出版社2009年版。

制度构建的实际需求以及既有研究的不足奠定了本部分研究的理论意义和实践价值，同时也确定了本部分研究的重点和基本框架。本书认为，基于国有股权的特殊性，国有股转让权行使制度的研究应当围绕其与私人股权转让制度的不同，重点研究以下问题：首先，国有股份转让的基础是什么？其次，国有股份转让过程涉及了什么样的利益冲突？再次，在上述基础上如何构建国有股转让权行使制度？本书的基本观点是：（1）基于国有股权设置目标的公共属性，在当下国有公司股权多元化改革以及相关经济领域向民营企业开放的背景下，国有股转让权行使制度将在股权行使主体权利、义务和责任统一的层面，在股份转让权行使程序控制方面保障国有股权转让的有序和公平。（2）在对国有股转让的基础及其所承载的利益冲突关系进行系统分析的基础上，提出，公共利益的变化是国有股转让权行使的现实基础，而国有股转让中对包括全民在内的所有利益相关者产生重大影响，必然对相关法律规则的协调平衡功能提出独特要求。（3）针对我国现行国有产权转让规则存在的主要问题，应当通过正当程序的设计构建对政府及国资监管机构国有股转让决策权的制约和监督机制，建议将重大国有股转让的审批权交给人大，同时结合行业特点，对受让方、转让场所以及转让方式的选择等进行监管，并通过完善现行《转让办法》，加强未来制度与现行规定的衔接。

应当说明本部分使用的关键概念。（1）"国有企业改制"与"国有股权转让"。本书认为，在国家拥有100%股权的企业中引入非国有资本，包括出售存量国有股权和新增非国有股权，使国有企业变为含有非国有股的股份制企业或变为不含有任何国有股的非国有企业，都可以被称为"国有企业改制"。在20世纪末国有企业向其他投资者出售股份的讨论中，由于学者往往对"所有权""股权""产权"等概念互换使用，导致现有规则对这些概念也未进行细致区分。本书认为，从控制权转移角度看，作为国有企业改革措施的"改制"，其实质就是国家将其拥有的权益向其他投资者转让，企业产权结构也随之发生变化。在这个意义上，"国有企业改制"也可称"国有企业产权改革"；而从公司法角度看，当国家持有企业股权时，国家转让其拥有的企业权益的行为也就是"国有股权转让"。因此，本书认为上述概念的实质是一致的，均表明国家转让了其在企业中的部分权益。（2）关于"国有股转让权行使"与"国有股权转让"。正如本书第一部分所论，对于国有股权而言，权利行使是其核心范畴,主要体现出由于股权主体的特殊性所产生的一系列问题,因此,"国有股权转让"虽然也涉及大体相同的问题,但由于在字面上没有明显体现国有股权制度的特殊性,因此,本部分的标题使用了"国有股转让权行使"一词。

最后还要指出,发生在西方以及前社会主义国家的大规模私有化,近年来成为国内学者关注一个热点①,相关研究可以为我国提供必要的借鉴和参考。但本书强调,本书的研究对象和目标与私有化之间存在着根本区别。(1)国有股转让涉及的是国家作为股东,对其拥有的股权的处置问题,而私有化研究则更多强调意识形态角度的所有制变化。(2)虽然都涉及国有股转让程序问题,但本文的研究目的在于立足国有股权行使、对其中的国有股转让权行使制度进行理论与实践的探讨,并对目前的相关制度完善提出建议。基于上述,尽管都涉及相关问题,但本部分研究的并不是私有化问题。

一、国有股权的可转让性:转让权行使的基础

基于国有股权设置目标的公共性,国家(政府)股权投资的根本原因是公共利益,与此相应,国有股权转让的根本原因也应当是其设置目标的变化。问题是,如何理解这种变化?本书认为,如果我们将国有股权设置的公共目标定位于实现国家产业政策以及替代某些政府管制②,那么显而易见,国有股权的公共利益目标会由于不同时期经济发展的影响而在具体内涵上处于不确定状态,因此,本文所谓国有股权设置目标的变化,是指构成国有股权设置公共目标的具体内涵的变化。在这个意义上,本书认为,国有股转让权行使制度研究的起点应当是对当下国有股权转让可能性的评估。尽管在改革之初,经济学家们即开始小心翼翼地探讨国家对国有企业所拥有的权益是否可以在一定范围内进行转让③,但由于时代的局限,这些观点中有些囿于所有制与所

---

① 国内一些学者对私有化问题进行了反思,例如金雁、秦晖著:《经济转轨与社会公正》,河南人民出版社2002年版;张春霖:《以捷克为例看大众私有化以后的公司治理问题及投资基金的作用》,载《改革》1999年第4期;林光彬:《私有化的局限性》,经济科学出版社2008年版。

② 详见本书第一部分对国有股权公共权利属性的论述。

③ 代表性作品参见唐丰义、金碚、高海燕:《理顺产权:改革和发展的关键》,载《改革》1990年第5期,以及刘世锦:《中国国有企业的性质与改进逻辑》,载《经济研究》1995年第4期。

有权的争论而无法深入到问题的核心，有些则没能针对国有企业转型为公司之后的问题展开。本书认为，在当下的中国，国家基于不同的目标在不同行业内分别持有了不同规模的国有股权，因此，在分析国有股权是否具有转让的可行性时，必须深入到具体行业，紧紧围绕不同行业的性质以及国家在该行业持有股权的目的展开，不能一概而论。

虽然国有企业在各国形成的历史背景各不相同，但如果从产业的层次去比较分析国有企业的分布特征，仍然可以从中看出一些共性。经济学家的研究表明，除了社会主义计划经济国家的国有企业在产业进入时没有选择性外，其他国家的国有企业在产业进入时存在着以下规律[1]：（1）自然垄断性的基础设施行业是国有企业重点分布的产业，在20世纪70年代之前，几乎所有国家的自然垄断性基础行业都部分或全部实行了国有化，包括电力、煤气、电信、邮政、铁路、航空等[2]。（2）国有企业会有选择地进入具有战略意义的部分行业，如钢铁、化工等行业对国家的工业化发展有着极为重要的意义，因而在部分国家中，国有企业也曾经大量进入上述领域。（3）出于国家安全的考虑，部分国家的国防产业以及涉及国家经济安全的行业也由国有企业经营。在我国，由于历史原因，国有企业曾经广泛分布于各个行业内，改革至今，国有企业在部分竞争性行业中仍有分布，这与大多数国家国有企业的分布模式有明显差别，但随着改革的进程，国有企业逐渐形成公益型国企与竞争性国企两大类型，分类推进改革的思想也在国家相关文件中得到明确体现[3]。基于以下理由，本书认为，可以结合国有企业在各行业分布的实际情况大致将

---

[1] 世界银行曾经于1995年对世界各国国有企业的产业分布进行过考察，陆军荣则对2005年左右世界国有企业的分布特点及其可能的决定性因素。参见 World Bank, Private Sector Development in Low-Income Countries, Washington, DC: World Bank, 1995, p. 97. 陆军荣：《国有企业的产业特质：国际经验与治理启示》，经济科学出版社2008年版，第34—45页。

[2] 陆军荣：《国有企业的产业特质：国际经验与治理启示》，经济科学出版社2008年版，第45页。

[3] 在2015年8月24日发布的《中共中央和国务院关于深化国有企业改革的指导意见》明确指出：根据国有资本的战略定位和发展目标，结合不同国有企业在经济社会发展中的作用、现状和发展需要，将国有企业分为商业类和公益类。通过界定功能、划分类别，实行分类改革、分类发展、分类监管、分类定责、分类考核，提高改革的针对性、监管的有效性、考核评价的科学性，推动国有企业同市场经济深入融合，促进国有企业经济效益和社会效益有机统一。按照"谁出资谁分类"的原则，由履行出资人职责的机构负责制定所出资企业的功能界定和分类方案，报本级政府批准。各地区可结合实际，划分并动态调整本地区国有企业功能类别。

其分为四类，即：① 涉及经济战略类的国有企业；② 涉及国家安全重要产业的国有企业；③ 自然垄断行业内的国有企业；④ 竞争性行业内的国有企业，在此基础上逐一对不同行业中国有股权设置目标的公共性以及发展变化展开研究，可以揭示特定行业中国有股权是否具备转让的条件，并论证当下我国国有股权转让的可能性，为后文国有股转让权行使制度的构建奠定基础。

（1）在政府作为社会公共福利提供者的前提下，有些职能可以由市场提供①，但市场介入的范围存在根本性的差异。如在涉及国家安全的产业中，市场的介入程度在世界各国都比较低，②而在竞争行业内，由于不涉及政府职能的实现，因而世界各国都较少在这一领域内设置国有股权。可见，市场对公共产品的提供能力在一定程度上可以替代政府的经营行为，因而经营主体的市场介入能力应当是对不同产业进行区分的重要依据。

（2）政府设置国有股权也有其特殊目标。如在涉及经济战略的领域内，各国政府在政策选择上明显不同，发展中国家政府往往倾向于对部分重点行业进行扶持，如汽车工业、钢铁工业等。事实上，这些扶持政策在经济起步的阶段收到了良好的效果。但值得关注的是，这些所谓的经济战略应当是随着经济发展的不同阶段而有所改变的，如在南美就曾经出现过在经济发展的不同阶段对某些产业进行的"国有化"及"私有化"现象。因此本书认为，经济战略与其他行业的区分是基于特定产业政策的需求，这种产业政策决定了在特定时期某一类企业是否应当属于国家重点关注的领域，因而这一领域的范围是在不断变化的。

（3）关于自然垄断行业，尤其是公共服务设施行业，由于其主要目的是一定范围内社会福利的实现，同时这一行业中往往存在着社会、经济双重目标，因此对如何处理这两者之间的关系各国有不同做法。于是，在这一领域内的国有股权虽然也具有较强的公共性，但由于经营中要处理垄断地位与公共利益之间的关系，导致其国有股权运作与其他行业中国有股权出现明显不同。另外，近年来的研究成果表明，自然垄断行业又被划分为网络型运营的

---

① 参见〔美〕唐纳德·凯特尔：《权力共享：公共治理与私人市场》，孙迎春译，北京大学出版社2009年版。

② 这一点，美国是个例外。美国通过政府与私人企业的伙伴关系，对航空、军用品生产等问题进行了细致的界定，上述产品的提供都是由私人来提供的。

业务和依附网络运行的业务,而后者往往被认为是不具备自然垄断特性的。而且,随着技术的发展以及需求边界的扩张导致部分行业的自然垄断属性不断降低。上述分析表明,这一行业的边界也不是固定的。

(一) 国家安全行业中国有股权的设置目标及其转让的可能性

所谓"国家安全",传统上只涉及了国家的军事安全。近年来这一概念被不断扩展,与国家领土主权相关联的许多领域都被认为是国家安全的范畴。在这个意义上,该行业属于公共产品范畴,应由政府提供。从事这类产业生产的企业通常与一般市场上的企业具有明显不同,这一领域的产品通常具有强烈的专用性,从而形成了买方垄断市场。[①] 同时,由于国家安全领域涉及的产业,尤其在军工生产领域,往往具有难以稳定盈利的特点,因此风险较大。另外,上述企业由于要满足国家安全的需求,必然涉及全球竞争以及对本土安全的战略防御,国产化以及由此而来的高科技化趋势也越来越明显。基于上述,不是所有的私人资本都愿意且能够进入上述领域,政府有责任组织这一领域的产品生产。从世界各国的情况看,除了日、德以及美国外,大多数国家的国家安全行业的生产都由政府直接控制,由公共部门主导这一行业的发展。在这一模式下,政府既是组织者,也是实施者和最终用户,政府往往基于所有权将国家安全的目标内化为企业的设置目的,无需额外出台管制措施,国家即可实现对企业的直接控制。

但随着全球军费支出的下降以及国防产业的全球化发展,国有军工企业不得不发生经营方向的转型[②],同时技术进步也使国家安全产业与民用产业之间的界限越来越模糊,这类行业与相关行业之间存在更多的相互联系与继承关系。在此条件下,仍然以封闭的产业组织形式来进行某一具体企业的生产和运作,无疑是一种极大的资源浪费,同时也有可能因为未能及时吸收其他产业中先进成果而使本该快速发展的企业科技运用效率大打折扣。基于此,

---

[①] 同时,有学者指出,在该行业还存在由政府定义产品的问题,表明政府的行为对这一行业的发展起到了非常重要的作用。参见〔美〕唐纳德·凯特尔:《权力共享:公共治理与私人市场》,孙迎春译,北京大学出版社2009年版。

[②] 陆军荣:《国有企业的产业特质:国际经验与治理启示》,经济科学出版社2008年版,第100页。

20世纪90年代后，各国越来越多地开始重新规划战略产业的行业布局问题，也开始小心谨慎地推行国防产业的民营化措施。由于涉及国家安全问题，这一领域的民营化必然是缓慢而又谨慎的。由于行业特性，许多国家的私人资本甚至没有能力立刻承担起国防产业领域研发以及生产的重任，民营化的机制也就必然是一个循序渐进、长期积累的过程。因此，各国这一行业的民营化都是有限的。如2001年俄罗斯政府批准的《2001—2006年俄罗斯国防工业改革与发展规划》就提出，军工企业可以进行股份制改革，但是国家持有的公司股份不得少于51%①；法国则通过"黄金股"来保留政府足够的影响力。即便是采取了私人运营模式的美国国防产业，也有充足的措施保障必要的国家安全。②

就我国而言，资料表明，当前我国国防产业虽有一定发展，但整体素质并不算高。（1）据学者统计，截止2005年，在各军工集团公司已改制企业中，国有独资企业占到60%以上，国有独资加国有控股企业则占到近90%。从已上市公司看，截止到2003年，我国1312家上市公司总资产53，620.5亿元，净利润总额1266.23亿元，国防科技工业33家上市公司总资产69.62亿元，净利润总额7.73亿元，分别仅占已上市公司的1.3%和0.6%，国防科技工业上市公司不仅数量少，而且运行质量不高。单一所有制结构限制了资本的流动和重组，企业也因缺乏竞争而效率不高。③（2）军工企业组织结构不合理，"国防科技工业从原材料采购、加工到装配，大都强调产业内配套协作，社会化协作程度低，这种游离于国民经济其他行业之外的板块结构，使得军工企业难以把握市场提供的更多产品和企业发展的机会，更为重要的是限制了军工技术、人才集中等比较优势在更广泛领域发挥及军工优质资产在更大

---

① смотр.《Перспективы отечественной промышленной политики и реформа ОПК》，载 http://www.proatom.ru/modules.php?name=News&file=article&sid=355，访问时期：2011年11月20日。

② 美国政府的安全规制理念与政策主要体现在以下三个方面：（1）强调本土生产，尤其在武器采购方面几乎完全依靠自足，以此保证本国可以控制主要军工产品尤其是核心部件的研发生产，同时可以保证战时紧急动员能力；（2）防止外资并购，并专门成立美国外国投资委员会（CFIUS, Committee on Foreign Investment in the United States），对涉及外国人投资的产业进行专门审查，评估和检测外国投资对美国的影响；（3）限制技术出口，通过《出口管理法案》（EAA, Export Administration Act）和美国商务部依据法案制定的《出口管理条例》（EAR, Export Administration Regulations）进行限制。

③ 何琼：《深化体制改革，促进国防科技工业和谐发展》，载《中国国防经济观察》2005年第8期，第27页。

范围内重组。"① (3) 军工产业结构与经济增长方式也不够合理。由于军工企业长期以来各自为政，不能有效组织起各方面有利因素发展自身，同时也由于军工产业自身高度综合性的特点，使得目前在军工产业内虽然形成了支柱产业及相关周边产业的发展格局，但实际上支柱产业在其中所占比重并不大，长期以来粗放式经营的结果是企业的发展更多依靠外延式扩张，导致企业实际上缺乏依赖技术、人才进步的动力。"统计数据表明，1999 年到 2004 年，国防科技工业投资年均增长高于 10%，而 2004 年国防科技工业民品 R&D 支出占其产值比重仅为 1.5%，与全国 500 强工业企业相比，有很大差距。"②

综上所述，我国军事工业目前的发展水平不尽如人意的关键因素在于经营效率过于低下，因此，提高国家安全领域企业的经营效率势在必行。考察其他国家的做法，为了提高本国相关领域企业的经营效率，除美国外世界大部分国家对国防产业进行了比较谨慎的制度改革。如俄罗斯、印度、以色列等国都提出在保证国家对该产业的绝对主导地位的同时，积极引入民间资本进入国防产业，以提高该产业的科技研发展动力以及经营效率，在实践中，从 2003 年起，世界私营军工企业的总销售收入每年都呈快速上升的趋势③，这也与此前大量国有企业低下的经营效率形成了鲜明反差。可见，私人资本的进入对于提高该领域的经营效率起到了重要作用。从我国的实际情况看，改革开放后军民结合的发展思路对我国国防产业的发展也发挥了积极的作用。④ 国内外经验表明，在保证主要产品的供给以及紧急时期的生产动员能力满足保证国家安全需要，保持国有经济对这一领域的控制地位的前提下，可以尝试通过适当放开国有股权转让、引入民间资本提高此类企业的经营效率以及科技创新能力。

---

① 何琼：《深化体制改革，促进国防科技工业和谐发展》，载《中国国防经济观察》2005 年第 8 期，第 28 页。
② 同上。
③ 参见 P. W. Singer, The Dogs of War go Corporate, London News Review, Mar. 19, 2004.
④ 2007 年 3 月，中国国防科工委出台《关于非公有制经济参与国防科技工业建设的指导意见》指出：要逐步扩大非公有资本对国防科技工业投资的领域，形成规范、有序的开放性国防科技工业发展格局；允许非公有资本对军品科研生产项目和基础设施进行投资；鼓励和引导非公有制企业参与军品科研生产任务的竞争和项目合作。

(二) 经济战略行业中国有股权的设置目标及其转让的可能性

目前对"战略行业"并无统一判断标准[1]，一般而言，这一行业能够反映国家经济发展战略需要，能够支持现期经济运行和未来经济增长，能够代表未来经济发展方向和技术进步方向。[2] 在文献分析基础上，本书认为，此类企业通常包括自然资源的开采与经营[3]、与国民生活直接相关的可以作为经济增长中的主导部门的行业，如汽车制造、化工、机械制造、矿产冶炼、高科技产业等。可见，这类企业通常处于竞争性领域，同时对国家经济发展起到重要作用，各国政府均对这些产业设置不同政策，以实现不同的经济目标。在这一过程中，国有企业作为重要的产业政策措施在战略行业的发展中起着重要作用。这种作用往往体现为产业发展中的先行投资效应，[4] 同时，也体现在作为国家产业保护政策的实施者、服务于幼稚工业和新兴产业的迅速发展方面。[5] 另外，在发展中国家还存在将国有企业作为技术研发以及技术外溢初始平台的现象。[6]

应当指出，首先，尽管国有企业被认为是促进战略性行业产业发展的工具，但总体而言，基于产业政策的易变性，国有企业在上述行业中某一领域存在的合理性并不总是充分的，而在一个经济发展成熟的社会，在产业发展

---

[1] 发展经济学从主导经济发展的产业部门入手对这一领域进行了解读，详见赵邦宏主编：《发展经济学》，北京大学出版社2009年版；也有学者从国家安全和国际竞争力角度进行分析，例如英国学者约翰·比斯认为，从1960年至今，英国产业政策的核心是基于国际竞争、创新能力与技术而展开的。其认为国家竞争力与国家战略之间有着直接的联系。参见 John Beath, UK Industrial Policy: Old Tunes on New Instruments?, Oxford Review of Economic Policy, Vol. 18, issue 2, pp. 221—239.

[2] 王燕梅：《我国制造业的对外开放与国家经济安全》，载《中国工业经济》2004年第12期。

[3] 在我国，自然资源的开采和经营资格被严格限制，在一些领域只能由国有企业进行开采和经营。

[4] 由于在市场形成之前投资者往往会推迟投资，在不存在国有企业示范作用的条件下，往往会出现投资抑制，因此，由国有企业承担更多的市场开拓成本，承担更大的市场风险就有其合理性。

[5] 在国家经济较为脆弱、私人资本十分弱小的时期，国家往往倾向于实施产业保护措施，为迅速实现产业增长的目的，出口导向战略和进口替代战略被大量使用。有经验显示，这一时期政府往往设立大量的国有企业，通过对国有企业直接补助、免交红利等形式支持企业发展，甚至可以在企业亏损的情况下通过补贴等方式维持企业经营，促进产业发展。

[6] 陆军荣：《国有企业的产业特质：国际经验与治理启示》，经济科学出版社2008年版，第131页。

规范的状态下，国有企业作为产业发展的工具所能起到的作用大大缩小了；①其次，尽管战略行业往往具有极强的政策性以及发展的阶段性，因而常常表现出较强的政府主导型特征，但这种政府主导型的产业发展模式需要政府对产业发展有充分的判断力，而一旦政府对产业的发展趋势或者投资判断失误，就会严重影响产业发展以及对相关行业造成严重影响。此外，政府主导型产业的发展方式极易导致政府过多地通过对国有企业的投资实现对行业的操纵，而国有企业固有的经营效率不高等因素始终存在。基于上述理由，近年来这一行业也广泛采用了民营化经营方式。由于不同国家对战略产业的认识有所不同，具体产业的特质也有所不同，本书试以资源类产业为例，对其民营化的理论及其在全球范围内的状况进行论述。

    资源类行业是一个涵盖范围相当广泛的概念，如石油、钢铁、稀有金属等都属于这一范畴，其中民营化方式最典型的行业是石油行业。由于石油资源在全世界分布不平衡，加之各国经济发展对石油需求的方式不同，各国对石油行业民营化的态度也有所不同。在20世纪80年代后私有化过程中，西方国家对石油产业包括原油开采进行民营化运作的并不在少数。②而阿根廷、玻利维亚、俄罗斯等国家曾经在20世纪90年代中期短暂地实行过石油产业的民营化，但这些国家在进入21世纪后又纷纷对该行业进行"国有化"改革。③显然，对石油等重要资源是否采取国有化经营措施的问题，在发达国家与发展中国家中存在着明显的差别。总体而言，发展中国家对石油行业重新国有化的重要原因是为了保证国家的能源安全，而即便是对石油产业采取了民营化经营方式的国家，也需要有足够的措施保障自身的能源安全。可以说，能源安全是决定该行业是否可以采取民营化经营方式的基本前提。

    从现有资料看，一方面，我国的石油行业仍处于国企垄断经营的状态，

---

    ① 参见〔日〕青木昌彦、金滢基、奥野正宽主编：《政府在东亚经济发展中的作用》，张春霖、银温泉、刘东译，中国经济出版社1998年版，第114—137页。

    ② 如自20世纪80年代末开始，英国BP石油公司、法国ELF石油公司、意大利ENI石油公司、加拿大PETRO-CANADA石油公司、西班牙Repsol石油公司都相继进行了私有化。

    ③ 如玻利维亚国有石油公司YPFB的大部分资产被剥离给柏克德石化（Hydrocarbons Superintendent）公司、壳牌和西班牙Prisma能源控股的Transredes公司。而2006年5月1日，玻利维亚又颁布了最高法令，宣布在石油天然气领域实行国有化政策，要求目前在玻利维亚的外国能源企业在2006年5月28日之前与该国国营石油矿业重新签订合同，放弃外国公司在石油生产设施中的控股权。

国内主要油气资源掌握在中石油、中石化、中海油三大集团手中，下游炼油、成品油销售、石化等行业的进入门槛较高。① 这种垄断局面保证了国内石油供应的战略需求，也很少出现重复建设和过度竞争问题。但也存在一系列问题，如垄断利润的分配与分布严重不均，垄断利润的存在掩盖了国企的高成本与低效率，同时国有公司通过对原油与炼化的控制进一步实现了对石油零售产业链的控制。虽然近些年来我国也逐渐开始放松对石油行业的准入限制，2005年颁布的《国务院关于鼓励支持和引导个体私营等非公有制经济发展的若干意见》明确规定了民营资本可以进入石油行业，同时对石油垄断收入开始计征收益金，但目前石油行业的垄断仍然是民众关注的焦点问题。另一方面，资料也显示，石油行业的垄断局面正在被逐渐打破。部分地区根据石油产业链上游勘探开发的高风险高回报特点，通过引入民营资本与国有企业合作，实现了对国有企业开采能力不足的补充，从而提高石油产量。②

基于上述，本书认为，在这一领域内实施有限度的民营化措施，对我国的能源发展具有重要作用。至于民营化的具体方式，既可以是股权转让也可以是其他方式。鉴于当前国有资源企业在经营效率方面的不足，本书认为，可以通过向有资质的非国企进行股权转让的方式引入其他股东，通过企业内部治理的方式实现经营效率的提升。同时本书认为，在石油产业链中，上、中、下游产业对国家战略行业意义各不相同，因此上游石油资源应当重点由国家控制，中游石油化工产业和下游零售产业可以放开竞争，同时在保证国家能源安全的前提下对行业加强政府管制，保证行业准入和运营的有序性。

此外，钢铁、汽车、造船等产业往往也被认为属于经济战略行业。这些

---

① 这种进入门槛主要体现为较高的资金、技术壁垒和规模、环保等政策壁垒。
② 这一趋势以"吉林模式"和"新疆模式"为代表。"吉林模式"是指民营企业与中石油合作，大的石油公司负责勘探开发含油气盆地的主体部位，控制大油气田和绝大多数资源，相对零散的小油气田、低渗低产难动用的储量可以采取招标的方式寻找开发者，这样，民营企业便可以同国有大型企业合作，形成合理的资源开发配置格局。参见张弥：《放开石油领域，引入民营资本》，载《理论视野》2008年第6期。"新疆模式"的代表性案例为依奇克里克油矿的运作，该油矿是塔里木盆地的第一个油田，由于新疆地质构造相当复杂，即使是按照目前的开采水平和工艺，一口油井在经过前后三次采油后一般也只能采出全部储量的50%—60%，综合考虑各种不利因素，1998年，中石油公司决定撤出依奇克里克油矿，转而重点开采投资风险较小，收益较高的优质油井。2002年，金禾公司与我国政府签订了10年期限的合约，成为该矿的实际管理者。合约规定其采出油后按规定返销给出租方，原则上不允许倒卖。由于油层较浅，每口井的投资在100万元左右，金禾公司聚集了100多位私人小井主，在近300口废弃油井打井，目前共开采了近100口油井，每年出油4万吨左右。

行业在发展初期往往都由国家直接控制，近些年来随着上述产业的逐渐发展成熟以及民营资本的成长，这些行业中也出现了民营化的趋势。在我国，上述行业中国有资本比重较大，有学者统计，全国钢铁产量前十位的企业均为国有控股企业。① 从长远发展趋势看，这些产业对我国经济发展起到的推动作用会逐渐减弱，因而选择合适的时机进行这一行业内的国有股权转让也具有可行性。

综上，本书认为，有关国家经济战略产业内国有股权转让的依据是国家相应产业政策的实现程度，对资源性行业而言，还涉及国家对资源的保护和国家资源安全问题。当然，打破行业垄断局面以及增加行业内资金投入也是重要原因。

（三）自然垄断行业中国有股权的设置目标及其转让的可能性

由于部分产业具有单个企业的成本弱增性，依照经济学的理论，在这些行业中存在自然垄断的可能性。但在现实中，我们很难根据成本弱增性的实证分析来判断哪些领域属于自然垄断行业。因此在实际操作中，部分国家就在立法中明确界定"自然垄断"的概念。如俄罗斯立法规定"自然垄断是由于某些产品的特殊技术特征，在缺少竞争的情况下可以更好地满足市场的需要，但是这些自然垄断产品又不能为其他消费产品所替代，因此，在特定市场上，面临市场需求变化时，这些产品的价格相对其他产品更不容易变化。"② 一般而言，自然垄断行业具有网络型、公用事业型、基础设施型，投资规模性、沉淀性、专用性等特征③，由于在自然垄断行业中始终存在着经营效率以及社会公平之间的冲突，因此政府管制被大量施加于这一领域，与此同时，在自然垄断行业中设置国有企业也是一种可选择的替代性手段。

由国有企业对该行业进行垄断经营通常有如下一些理由：（1）国有企业

---

① 陆军荣：《国有企业的产业特质：国际经验与治理启示》，经济科学出版社 2008 年版，第 183 页。
② смотр. 《РОССИЙСКАЯ ФЕДЕРАЦИЯ ФЕДЕРАЛЬНЫЙ ЗАКОН О ЕСТЕСТВЕННЫХ МОНОПОЛИЯХ》，载 http: //www.consultant.ru/online/base/? req = doc; base = LAW; n = 122787，访问日期：2012 年 1 月 13 日。
③ 王俊豪，肖兴志，唐要家：《中国垄断性产业管制机构的设立与运行机制》，商务印书馆 2008 年版，第 7—11 页。

与政府之间存在天然的联系,因而被用来充当政府公共产品供给的手段;①(2)这些领域与国民生活密切相关,是国家的基础性产业,国有化的经营策略一方面可以避免私人资本由于规模不足以支持产业发展需求而难以进入,另一方面企业化的运作模式也可以提高企业的经营及管理效率,实现企业的独立责任机制;(3)国有企业作为公共所有权的表现形式,可以较为理想地实现公共利益的最大化。例如约翰·维克斯认为:"公有制为政府提供了一些附加的政策工具,以此来修正由于商品市场和代理人市场失灵所造成的社会报酬与私人报酬之间的偏差。"② 总而言之,对自然垄断行业实行国有化经营是由于国企的组织形式与治理机制正好符合自然垄断产业发展与管理的需要,在某些时候,国有企业甚至是自然垄断行业内企业形式的较优选择。③

但应当指出,从产业演进角度,自然垄断行业是一个动态概念,其垄断性取决于技术经济特征以及市场需求的条件。因此,随着技术进步、市场容量增长和金融创新的出现,某些原来具有自然垄断性的部门或环节会发生变化,自然垄断行业的垄断性会趋于弱化。现有知识表明,供给技术的变化弱化了传统上部分行业的自然垄断性并强化了可竞争性。由于自然垄断行业所具有的规模经济以及成本弱增性、范围经济、专用性以及网络性等特征实质上都与生产和提供有关产品与服务的成本和技术水平有关,当生产和提供这些产品与服务的成本降低或技术进步之后,自然垄断行业的边际成本和平均成本曲线也会发生变化,投入要素的价格也会受到影响。而随着社会经济的不断进步,需求变化与市场扩张也会导致自然垄断的边界不断缩小。同时学者们也指出,并非自然垄断行业中的所有业务都具有自然垄断的特性。由于自然垄断性得以存在的一个重要原因是自然垄断行业的网络经济特征,因此自然垄断行业中的自然垄断性业务也主要集中在那些网络性操作业务领域,如电力、城市暖气、煤气和自来水供应产业中的线路、管道等服务。而过去被认为整个属于自然垄断行业中的部分内容,如电力行业中的发电和售电领

---

① 〔英〕约翰·维克斯、乔治·亚罗:《私有化的经济学分析》,廉晓红、矫静等译,重庆出版社2006年版,第30—32页。
② 同上书,第43页。
③ 这一方面美国是例外,其采取的是政府管制制度。参见〔美〕小贾尔斯·伯吉斯:《管制和反垄断经济学》,冯金华译,上海财经大学出版社2003年版。

域就因为不具有上述特征而不应该被认为具有自然垄断性质。

　　自然垄断边界的变化将导致政府管制边界发生重大变化。因此，当技术和市场发生变化导致一个产业不再是自然垄断行业时，放松或者取消政府管制就成为必然。20 世纪 70 年代以来，美国、英国、日本等发达国家对电信等自然垄断行业实施了放松管制政策。而基于以下原因，民营化成为放松管制的一种措施。(1) 由于自然垄断产业可竞争性的增强，导致国有企业作为自然垄断行业的所有权治理方式失去了存在的必要性，民营化成为自然垄断行业放松管制的一种表现形式。(2) 由于私人资本规模的发育以及融资制度的创新，民间资本有足够资本实力或者风险承受能力去参与自然垄断型基础设施项目的投资。(3) 基于对自然垄断行业公共所有权与竞争不相容的表象，学者认为自然垄断行业与国有企业之间并没有必然联系。不可否认，随着时间的发展，自然垄断行业私有化经营的局限性已明显表现出来。罗马俱乐部在肯定私有化带来积极作用的同时，也对世界上失败或是成败参半的私有化案例进行了分析，其中在涉及自然垄断行业的私有化问题时，认为在这些行业中往往会出现"竞争不充分与私营垄断""摘樱桃措施以及穷人边缘化""横向补贴""公共产品供应不足"等问题。①

　　结合我国的实际情况，由于国有经济构成了社会主义经济制度的基础，因而自然垄断行业的民营化措施就不能想当然地照搬国外。由前所述，自然垄断行业内部被细化为具有网络性特征的行业以及附着于网络性行业并为之提供服务的行业，因此必须将二者区别对待。有学者指出，前者应当被认为是"仍具有合理性的自然垄断领域"，后者则是"合理性消失的自然垄断领域"。对仍具有合理性的自然垄断行业，国有经济的存在是政府克服市场失灵的一种制度安排，具有超越私人垄断特权、提供普遍服务、避免由于私人资本的逐利性导致对公共福利的减损，因此不能退出。而在合理性消失的自然垄断行业中，由于国有资本在这一领域已经进行了大规模的先期投入，同时为了保证这一行业与前述行业能够有效配合高效运作，国有资本也不能轻言

---

① 参见〔德〕魏伯乐、〔美〕奥兰·杨、〔瑞士〕马塞厄斯·芬格主编：《私有化的局限》，王小卫、周缨译，上海三联书店、上海人民出版社 2006 年版，第 531—532 页。

从这一领域退出。① 本书认为,上述分析不无道理,但持上述论点的学者显然忽视了这样一个现实:自然垄断行业发展的终极目的应当是增进社会整体福利,而非为保证国有企业在这一行业中的独占地位。因此本书认为,自然垄断行业中存在着有利于民营化发展的趋势,同时也要保证社会福利的整体增进,二者之间并不存在必然冲突。在此基础上,结合对政府管制理论的研究,本书认为,目前我国的自然垄断行业改革趋势应当是政府管制体制的改革与国有企业产权改革同时并举。

以电力产业为例,虽然我们已经可以清晰地看到这一产业中政府管制的不断演化以及民营资本的不断进入,但政府对国有垄断电力企业的监管仍然存在体制缺陷,多头监管的问题十分突出②,其他自然垄断行业也存在类似问题。③ 因此本书认为,应当以增进社会公共福利为目标,改进政府对电力产业的管制方式,同时进一步放开对民营资本的准入限制,强制性地打破现有体制下垄断企业的垄断势力,保证民营资本得以进入并经营,以此保证行业整体运营效率的提高,避免社会资源的浪费。

另外,对自然垄断行业的改革也存在多种可选择的措施。如有学者提出对自然垄断行业的改革存在以下几种措施:接入管制、所有权分离、联合所有制、经营权分离、形成若干互利部分等。④ 本书认为,在目前我国的自然垄断行业中,由于存在行业内部的利益,监管者与被监管企业存在一定程度上的利益一致性,使得对国企进行简单的拆分不过是改变了垄断主体的势力划分,并不能彻底解决该行业内存在的效率较低问题。⑤ 因此,无论采取何种改

---

① 谢地编:《自然垄断行业国有经济调整与政府规制改革互动论》,经济科学出版社2007年版,第22—24页。

② 具体而言,电力投资和电价控制权在发改委,电力环保监管职能在环保总局,绝大部分国有电力企业绩效管理职能在中央或地方国资委,电力安全和电力市场监管权在电监会。显然,多头监管的现象十分严重。

③ 徐邦友:《自负的制度:政府管制的政治学研究》,学林出版社2008年版,第292页。

④ 参见王俊豪:《自然垄断产业市场结构重组的目标、模式与政策实践》,载《中国工业经济》2004年第1期。

⑤ 这一点从中国电信与中国网通的南北划分中已经可以清楚地看到,据报道,电信和网通公司曾经签署不竞争协议,停止在对方区域停止发展新政企客户,停止在非主导区域的所有项目投资,停止在对方领域发展新的公众用户,相关报道参见腾讯网,载 http://tech.qq.com/zt/2007/dxwt/,访问日期:2012年1月18日。

革措施,都必须改变某一利益集团垄断某一行业的状况。① 其中一个重要的措施是将目前还不受利益集团影响的非国有资本引入这一行业,同时使国有因素从这一行业中逐渐退出。通过这一方式可以较为有效地使产权主体多元化,推动利益主体日趋多元,最终实现该行业运营效率的提升。当然,由于自然垄断行业与居民的生活密切相关,其规模也非常庞大,应当避免大规模的国有股权转让导致国家经济以及公共福利受到严重冲击。因此本书建议可以对其采取逐步退出的方式,如可对企业进行拆分,分离其竞争性业务与非竞争性业务,先由非国有资本受让竞争性业务,待时机成熟后再将非竞争性业务转让等。

(四) 完全竞争行业中国有股权的设置目标及其转让的可能性

对完全竞争行业,经济学界通常主张完全市场化运行,无需国有资本进入。本书也认为,基于私人资本的逐利性与市场规则的吻合,完全竞争领域更加适合私人资本的运营。因此,竞争性行业内国有企业的存在与国家经济体制有关。就我国而言,早期的国有企业源于计划经济体制下的经济发展模式,新中国成立后,为实现以赶超西方发达国家为目标的"重工业优先发展战略",在一个落后的农业国通过国家力量强制实行工业化,我国实行计划经济体制,因此,在微观上建立以完成计划任务为目标的国有企业就成为必然。② 在这一背景下,我国建立起了数量巨大的国有企业。

随着计划经济的问题以及经济体制改革,国有企业在完全竞争领域存在的正当性成为一个有争议的问题。反对国有企业从竞争性行业内退出的学者认为,如果放任国有企业从竞争性行业内全盘退出,那么就难以保证公有制在竞争性行业内的主导地位,也难以保证按劳分配制度在分配领域的主导地位。学者还认为,国有企业从竞争性行业内全盘退出将会使国有企业失去在竞争中发展壮大的机会,对于国有企业的发展具有不良影响,等等。③ 而主张国有企业从竞争性领域退出的学者主要从产权与效率的关系角度分析国有企

---

① 有关利益集团的论述,参见王海杰:《我国自然垄断产业产权制度改革:超越简单的私有化逻辑》,载《生产力研究》2008年第3期,第102页。

② 何帆:《传统计划体制的起源、演进和衰落》,载景维民主编:《从计划到市场的过度——转型经济学前沿专题》,南开大学出版社2003年版,第2—3页。

③ 林炎志:《应慎重对待"国有企业退出竞争性行业"问题》,载《中州学刊》1998年第4期,第4—6页。

业的低效性,同时也有学者认为国有企业设立的目的是满足公共福利的需求,而非在竞争性产业中与民争利。还有学者指出,竞争性行业中国有企业的存在扭曲了市场的竞争秩序,国有企业利用与政府之间的天然联系破坏市场秩序,破坏了市场经济的良性发展。[①] 由此可以看出,反对国有企业从竞争性领域退出的观点更多地强调国有企业在公有制与社会主义基本经济制度中所起到的重要作用,而支持者则更多地强调国有企业在竞争性行业发展的负面因素。那么,衡量国有企业在这一行业内存废的关键因素究竟是什么?

本书认为,首先,完全竞争性行业内的企业运行应当以市场规则为基础。由于国有企业本身的运作机制与市场运行机制存在矛盾,因此从国有企业在市场经济中定位的角度,除非以经济落后的农业国快速实现工业化为目标,国有企业并不适宜在完全竞争性行业内使用,否则会对该行业其他主体的进入和发展产生一定的抑制作用。而实践和研究也已经清楚地表明,国有企业在竞争性行业中的表现并未显示出其相对于非国有企业的更大优势,在许多行业的竞争中甚至处于不利地位。[②] 也正是基于上述原因,竞争性行业成为我

---

① 参见天则经济研究所:《国有企业的性质、表现与改革》,北京天则经济研究所 2011 年,第 72—85 页。

② 据统计,在竞争性行业中,中国企业 500 强的经营效率远低于民营企业 500 强,销售利润率为 2.97%,低于民企 500 强的 4.07%;前者资产利润率仅为 2.75%,后者约为其 2.2 倍。另外从人均指标上来看,中国企业 500 强与民企 500 强在人均营业收入基本一致,但是人均利润率仅为后者的 72%,因此在竞争性产业中,民企 500 强的绩效水平要好于中国企业 500 强,具有一定的经营优势。民企 500 强的平均资产周转率最高,为 145.53%,资产经营效率较好;世界企业 500 强平均资产周转率最低,为 24.71%;中国企业 500 强平均资产周转率略高于世界 500 强,为 33.65%。说明民企 500 强在资产利用效率上明显于中国企业 500 强。当然另一方面也显示民营企业在资产扩张方面的困境。在中国企业 500 强中,国有及国有控股企业资产周转率这两年基本保持平稳,集体企业的周转率下降比较明显,从 2005 年的 43.38%降到 2006 年的 27.90%。中国企业 500 强中资产周转率最高的是外商投资企业,其次是私营企业。在显示资产盈利能力的指标上看,民企 500 强的平均资产利润率最高,达到 5.87%;世界企业 500 强与中国企业 500 强的资产利润率比较接近,分别为 1.79% 和 1.82%。在劳动生产率方面,人均收入和人均利润是考察企业劳动生产率的重要指标。2006 年中国企业 500 强的人均营业收入和人均利润分别为 74.38 万元、3.36 万元,而民企 500 强的人均营业收入和人均利润分别为 76.70 万元、3.09 万元,两者水平非常接近。从连续几年的劳动生产率指标来看,2002—2006 年民企 500 强人均营业收入的绝对值均大于中国企业 500 强。但从近年增长率来看,中国企业 500 强的劳动效率提高速度却相对快于民企 500 强。在 2003—2006 年 4 年间,民企 500 强在营业收入、利润总额和资产总额的年平均增长率都明显高于中国企业 500 强。民企 500 强营收总额 4 年间年均增长率为 40.07%,资产总额年均增长率为 30.53%,利润总额年均增长率为 32.09%;而中国企业 500 强同期的营收总额年均增长率为 25.97%,资产总额年均增长率为 18.07%,利润总额年均增长率为 25.75%。参见:"竞争性行业民企效率胜一筹——中国企业 500 强 VS 民企 500 强",来源:价值中国网站,参见:http://www.chinavalue.net/media/article.aspx? articleid=17782,访问日期:2011 年 7 月 12 日。

国国有企业体制改革中最早引入非国有因素的领域，也是非国有经济发展最为迅速与充分的领域。其次，那些至今仍存在于竞争性领域的国有企业，由于其内部的监督制约机制以及激励机制与私人资本运行机制相差甚远，企业的资本及资源的来源也与非国有企业迥然不同，尤其是其天然拥有的与政府之间的密切联系，使得国有企业在竞争中更易获得政府的支持。所有这些都严重影响了竞争环境，使得国企与私企的竞争处于不对等状态，公平竞争往往难以实现。近年来的一些情况也表明，国企在竞争性行业的发展严重挤占非国企的生存空间。

综上，本书认为，由于非国有资本在经营效率、资本运作效率等方面相对国有资本都有着更大的优势，因此完全竞争行业内的非国有因素是社会主义市场经济的重要组成部分，对我国市场经济的完善有着重要的意义。为了保障非国有企业的有效发展，同时有利于非国有企业有效进入，竞争性行业内的国有企业可以通过逐渐转型为拥有多元化出资主体的企业，使国家可以通过获得投资收益满足在部分涉及公共利益的领域对资金的需求，同时，逐渐减少国有资本在这一行业中的比例直至完全退出，使得国有企业完全成为为公共利益而非为盈利而设置的主体。

（五）结论

综上所述，基于公共利益目标，国有企业在上述不同行业的存在既有合理性，也存在退出的可能性，换言之，国有股权在不同行业的进入和退出都只能基于公共利益。因此，认真研究具体行业的实际情况，根据社会经济的发展所导致的公共利益内涵的变化，在部分行业内尝试国有股权的公平、有序退出，是摆在改革者面前的任务。基于此，本书进一步认为，改革者应当将关注的重点置于国有股转让权行使和监督的制度设计。在这一过程中，制度设计者首先面临的问题是：由于国有股权的公共权利属性，国家股东行使股份转让权所涉及的利益关系主体不仅仅是股权转让交易双方当事人，而且还有国有企业职工，甚至是全体国民。毫无疑问，诸多利益关系主体之间纵横交错的复杂利益关系将对国有股转让权行使制度构建产生直接和重要的影响。

二、国有股转让权行使过程中的利益关系分析

本书认为，国有股权转让的特殊性在于这一过程和结果将对包括全民在内的所有利益相关者产生直接和重要的影响，因此其中必然涉及多种利益关系，而这些利益关系所表现出来复杂性将导致公司法中股东重大事项决定权一般规则在一定程度上的失效，改革者必须针对其中的问题进行专门的制度构建。因此，本书下文将以国有企业民营化改制为样本①，分析国有股权转让过程中的各方利益诉求，包括政府的利益诉求、企业经营者谋取自身利益的需求、职工在改制中的需求以及股权转让对全民利益实现的影响。在此基础上，本书提出，可以通过转让规则的变化强制赋予部分主体决策与监督的权利，并以强制性规范限制强势主体行为的方式实现国有股权转让过程中利益分配的相对平衡。

(一) 国有股权转让所涉各方利益及其冲突关系分析

1. 政府的利益及可能产生的冲突关系

从经济学家对政府推动民营化改制动机的各种解释中可以肯定②，政府推动国有企业民营化可能存在多种因素。本书认为，政府推动国有企业民营化改革的基本动因无疑是为了解决政府作为企业的所有者和执政者的双重身份所导致的行为方式的冲突，这种身份上的重叠导致政府不得不对企业的经营

---

① 国有企业民营化改制是我国进行国有企业产权改革的重要尝试，其中涉及了大量的国有企业产权转让的现象，尤其是早期的改制经历更是为《转让办法》的出台提供了大量的现实依据。而在这一过程中，政府、企业经营者、企业职工以及全民的利益冲突表现地尤为突出，因而本书认为对这一阶段的国有股权转让的分析有利于我们把握国有股权转让过程中的利益冲突。

② 例如，有学者指出政府推动民营化改制的动机主要在于提高企业的经营效率或增加财政收入（参见王红领、李稻葵、雷鼎鸣：《政府为什么会放弃国有企业的产权》，载《经济研究》2001年第8期；胡一帆、宋敏、张俊喜：《中国国有企业民营化绩效研究》，载《经济研究》2006年第7期）；也有学者认为政府行为中财政动机与经济动机并存，但是通过对改制企业的研究证明，政府追求财政收入最大化的动机是民营化的主要原因（参见夏立军、陈信元：《市场化进程、国企改革策略与公司治理结构的内生决定》，载《经济研究》2007年第7期；韩朝华、戴慕珍：《中国民营化的财政动因》，载《经济研究》2008年第2期）；另有学者指出，政府推动民营化改制的过程中，政治动机占据主导性因素，认为政府从国有企业中退出是为进一步的体制改革所做的准备（参见杨记军、逯东、杨丹：《国有企业的政府控制权转让研究》，载《经济研究》2010年第2期）。

实际承担起责任。在计划经济时期，企业的经营行为还可与政府控制保持一致，但是在市场经济条件下，政府继续维持对企业的控制与建立现代企业制度、政府职能转变的要求是背道而驰的，因此，政府从企业中退出，将企业推向市场是建立并完善市场经济的重要举措。同时，执政者的身份与企业所有者的身份交织在一起，使得政策的制定与执行不可避免地与企业经营的效率结合起来，一方面会对政策的制定和执行产生影响，如何避免政策的制定和执行过度偏向政府经营企业就成了必须解决的问题；另一方面，企业的经营也必须考虑政府的需求，如何避免执政者的政治利益诉求干扰企业的正常运作，并尽可能减少这一过程中对企业经营者产生的影响也成为影响企业经营的重要问题。但政府对是否退出或是否民营化的选择却建立在权衡政府在企业的实际收益和成本之间关系的基础上，即：当预期收益小于成本时，换言之，企业预期亏损风险较大时，政府往往会采取退出的姿态，积极鼓励和支持企业进行民营化。由此可见，民营化并不是政府对国有企业的优先选择，而是在无法扩大收益或弥补损失时的无奈之举。

当然，即便对无利可图的国有企业，政府退出也不像私人退出一般简单，保持稳定和就业是其作为执政者必须重点考虑的因素。国有企业在产权改革后在提高经营效率的同时也会向社会释放冗员，从国企脱离的劳动力将被新兴产业所吸纳。但问题是，这种部门之间的就业转移不是连续进行的，"其中的阻滞常常源于私有部门本身发展所需的时滞、失业人员与劳动力的低技能以及就业吸纳机制的不健全等因素的影响。"[1] 因此，在国有企业改制过程中失业率往往会大幅度提高，尤其是隐性失业率。阿根亚和布兰查德等人的研究表明[2]，失业率上升导致社会保障负担以财政负担的形式作用于政府，进而这种压力将以税收负担的形式作用于私有部门，这将导致国有企业的产权改革受到来自就业转移阻滞带来的双重约束。一方面，政府必须保留一部分国有企业，以控制显性失业率的上升，因此，国有企业民营化的进程往往受到政府行政力量出于非经济因素的考虑而施加的控制；另一方面，民营部门与

---

[1] 严若森：《中国经济转轨中的国有企业重构》，人民出版社2008年版，第88页。
[2] Aghion, Philippe, and Olivier J. Blanchard: On the Speed of Transition in Central Europe. Analytics of Transition, 1994, (15).

改制成功后的国有企业的发展将受到较高的税收负担约束。[①] 就我国的实际情况看，尽管非国有经济的整体发展与国有企业产权改革的深化密不可分，但非国有经济的现有成长水平显然尚不足以吸纳来自大规模国有企业改制带来的数量巨大的劳动力转移以及由此引发的其他附带效应。因此，在国有企业产权改革中，政府往往通过由企业原有的利益相关者对企业产权的重新调整和生产要素的重组，激发出潜在企业能量，使企业不至于破产而导致大范围的失业，达到既可以退出国有产权又力求保证企业员工就业或部分就业的双重目标，而在企业职工集体参与能力较低的情况下，企业经营者接管企业往往成了实现上述目标的较好选择。由上可见，在退出企业的过程中，政府往往以企业的利益相关者为基础进行某种自发性的产权关系调整，而其中各方主体的利益抉择和互动机制形成了当下国有企业产权改革的成果。

与此同时，国有企业产权改革的过程也被各界广为诟病。在国有企业改制的过程中，政府往往承担了掌握了改制方案的决定权和改制方案的实施权以及对企业经营者的监督权。在掌握了多项关键性权力的同时，政府行为又缺乏必要的约束，既有的案例表明，国有企业改制的过程也往往是腐败问题的高发地带[②]，而改制进程中的政府（或其负责人）在不断地激励中会不断增强寻租的动力，且这一过程对其而言由于缺乏必要的约束而风险较小，从而导致国企改制过程中的腐败问题演化为了一个制约国有企业进一步改革的复杂难题。

由上述分析可以看出，虽然政府推动国有企业的产权变动可以在一定程度上解决政府的所有者目标与执政者身份之间的冲突，但无论是从政府据以做出决策的根据，还是从政府退出企业的时机选择，我们都可以看出，政府在推动国有企业改制的过程中存在着利益的取舍。虽然这种利益权衡的主要依据是解决其社会管理过程中面临的财政困境以及国企退出带来的沉重就业包袱，但毋庸置疑，政府可以通过退出国有企业来实现特定利益，如通过国

---

① 参见祝志勇、吴垠、刘燕：《国有企业民营化改制的理论和实践约束》，载《财经问题研究》2005年3月号，第54页。

② 有学者的研究也表明，缺乏必要控制的政府官员有动力与企业经营者合谋，采用低估资产价值、降低转让价格等方式为其谋取利益。参见江曙霞、罗杰、黄君慈：《产权软约束、官商合谋与寻租性腐败——国有企业产权改革过程中的腐败机理分析》，载智库网网址：http://doc.mbalib.com/view/7766b08ca1ea19acbef27362e78ce099.html，访问日期：2013年11月7日。

企的减少实现财政支出的节约，或实现更多的税收收益，甚至在国企转让过程中通过寻租获取收益，等等，进而为政府官员提供更多的政治或经济资源。因此，在政府官员存在着利益推动的前提下，实施由政府主导的国有企业改制极有可能带来一定程度上的利益冲突，表现为政府及其官员自身利益与社会对国有企业改制实际需求之间的冲突。在这种利益冲突实际存在的情况下，由政府推动国有企业改制就可能存在不公平现象，即政府及其官员将其利益置于社会利益之前。① 基于上述，本书的结论是：在存在利益冲突的情况下，政府做出的国有企业改制决策应当受到监督和制约。

2. 经营者的利益及可能产生的冲突关系

事实上，自改革进入20世纪90年代后期，国有企业已经不再向国家上缴所得税后的利润，内部人基本可以自主决定利润如何使用，在资产处置、联营兼并等方面，企业的自主程度也很高。因此，这一时期的国有企业具有了前所未有的商业独立性，但这种独立经营的状态带来了内部人控制的局面。如一些研究所描述，在这一阶段，国有企业往往出现内部人分享经营利益的状态，由于企业产权的变革会带来经营者收益的变化，导致企业改制的动议需要获得管理者的同意，否则这一进程将难以推进。在此过程中，经营者会面临是否参与企业产权收购的选择。在经营者与职工联合参与企业改制的情况下，他们往往会享受到相当大的入股权以及一定程度的价格优惠，如延长付款期限、降低首次付款比例等②，部分地区的政府甚至还鼓励企业经营者和员工对企业股份进行收购。③ 而只有在内部人没有意愿或没有能力购买的情况下，外部投资者才有机会参与企业股权的收购。基于上述，本书认为需要分别就经营者做出不同选择的动因进行分析。

（1）经营者选择收购企业股权的情形。由于改革之后国有企业逐渐成为自负盈亏的独立市场主体，因此企业的生存以及盈利与否就成为经营者十分关心的问题，在这一过程中产生了企业利益最大化与经营者利益最大化的冲

---

① 中国社会科学院经济研究所微观室：《20世纪90年代中国公有企业的民营化演变》，社会科学文献出版社2005年版，第173—181页。
② 张文魁：《中国国有企业产权改革与公司治理转型》，中国发展出版社2007年版，第42—43页、第53页、第54页。
③ 刘小玄：《转轨过程中的民营化》，社会科学文献出版社2005年版，第134—136页。

突，并往往决定着企业经营者所采取的经营方式及其推动企业制度变革的动力。有学者认为，面对产权改革，比较股权转让前后的利益变化是经营者决策的一个重要依据，如果股权转让可以带来更大的利益，那么经营者将会积极推动这一进程，反之，则会成为阻碍股权转让的强大力量。① 现实中的情况是，经营者往往愿意与职工一起参与股权收购，并占据控股地位或通过制度安排拥有企业控制权。② 可见，许多经营者认为参与收购企业股权会给自身带来更多的经济利益。沿着这一思路，本书试从企业发展带来的经济利益以及个人经济目标的实现两个方面来解释经营者收购企业股份的深层动力。

在推动企业经营发展的过程中，经营者的经济利益与企业利润正相关：企业利润越高，经营者的各种效用或者附加利益也就越高。国有企业在脱离主管部门的直接控制之后，往往面临着对经营者个体能力的高度依赖，③ 因此企业利润成为经营者推动企业发展的前提。在这种模式之下，经营者的个体素质对国有企业民营化改制的过程至关重要。因为在民营化之后，"其将面临更多的风险，需要付出更大的努力，但是很可能得不偿失，无法产生相应的更多收益。"④ 而经济学家的分析也显示，部分企业在产权关系发生变革后，其经营效率出现了显著的提升⑤，大大提高了经营者个人可以获得的利益。这表明对部分企业经营者而言，产权变革可以增加个人经济利益，这无疑是推动其完成企业变革的重要原因。当然，对改制后企业经营状况的分析也表明，并不是所有企业都可以被成功改制为一个盈利单位，这就涉及经营者的判断问题。虽然并非所有经营者在改制目标设计中都对自身能力及经营前景充满信心，但仍有部分经营者愿意接受产权变革，显然，另有其他原因支持其实施国有股权收购。本书认为，其中很重要的因素是经营者个人利益目标的实

---

① 刘小玄：《转轨过程中的民营化》，社会科学文献出版社 2005 年版，第 55 页。
② 值得关注的是，2004 年后这种情况少了很多，其原因是过去给予企业内部人的购买优惠被废止，使得经营者和职工难以有足够的能力实现对占据控制地位的股份进行收购。
③ 参见章榕：《一个严肃的话题：搞好国有企业不能没有企业家》，载《吉林财税》1995 年第 7 期；以及龚敏、周旭：《国有企业改革中的企业家基本职能》，载《武汉大学学报（哲学社会科学版）》1995 年第 3 期。
④ 刘小玄：《转轨过程中的民营化》，社会科学文献出版社 2005 年版，第 55—56 页。
⑤ 其中有些企业是通过裁员来实现的经济效益提升，这无疑对劳动者的利益造成了损害。刘小玄、郑京海的研究认为产权因素对于企业效率的提升起到了重要作用，参见刘小玄、郑京海：《国有企业效率的决定因素：1985—1994》，载《经济研究》1998 年第 1 期。

现。在这个层面上首先应当关注的是,经营者可以合法地制定有利于自己的薪酬政策。

长期以来,对企业经营者的薪酬管制得到了严格的执行,主要的管制手段是将经营者个人收入与企业职工工资水平挂钩。① 这种管制内生于国有资产管理体制和政府的行政干预,即:面对众多的国有企业,作为所有者的国有资产管理部门天然处于信息的劣势,很难低成本地观察到国有企业的经营业绩并准确评价其经营绩效②,在国家股东不能随意退出企业的情况下,只能对企业经营者采取统一的薪酬管理。因此,当国有股退出企业或不占控制地位时,薪酬管制便失去了存在的基础,经营者就可以通过控制实现个人薪酬的调整,使其更加有利于个人利益的实现。此外,由于改制后经营者可以实现对企业的全面控制,通过企业对管理者持续的利益输送也同样可以实现经营者个体的利益需求。经济学家对上市公司的研究成果表明,在部分国有改制企业中,存在着严重的民营控股股东掏空公司的现象③,这表明,企业对经营者的利益输送实际存在,并且成为经营者收购国有企业的现实驱动力。

(2) 经营者放弃收购企业股权或未形成对企业控制的情形。在国有企业产权改革中,经营者往往会与职工联合收购企业股份。但在一些特大企业中,或在其他内部人无力购买企业主要股份时,经营者也会放弃收购或选择有限参与收购。当然,即便是外部人收购国有股权,收购是否成功也不完全取决于其出价是否最高,在很大程度上还要取决于是否能获得内部人的认同。在企业改制过程中,由于政府往往倾向于避免过大的社会风险,因此经营者往往会和职工一起向政府施压,一方面获得入股企业的权利,另一方面则希望

---

① 1986年,国务院发布的《国务院关于深化企业改革增强企业活力的若干规定》规定:"凡全面完成任期年度责任目标的,经营者个人收入可以高出职工平均收入的1—3倍,做出突出贡献的,还可以再高一些"。1988年国务院发布的《全民所有制工业企业承包经营责任制暂行条例》和1992年劳动部、国务院经济贸易办公室发布的《关于改进完善全民所有制企业经营者收入分配办法的意见》进一步具体规定,全面完成任期内承包经营合同年度指标的;经营者年收入可高于本企业职工年人均收入,一般不超过1倍;达到省内同行业先进水平或超过本企业历史最好水平的,可高于1—2倍;居全国同行业领先地位的,可高于2—3倍。这些文件至今仍是当前确定大多数国有企业经营者收入的主要政策依据。

② 同时,由于国有企业承担的目标多元性,使得经营者行为与企业目标实现之间的关系变得更为模糊,本书认为这也是难以对企业经营者进行有效评价的重要原因。

③ 参见涂国前,刘峰:《制衡股东性质与制衡效果——来自中国民营化上市公司的经验证据》,载《管理世界》2010年第11期,第132—142页。

向外部人转让的最终方案能够尽可能维护内部人的利益，而政府往往也会在一定程度上对此予以支持。在上述过程中，经营者也会利用信息优势及其对职工的影响对外部人施压，获得在管理层留任、薪酬、持股等方面的承诺。基于上述，经营者经常可以获得较为满意的结果，甚至也会有限获取企业的股份。学者的调查表明，即便在外部投资者持有大多数股份的情况下，企业的法定代表人和财务负责人在大部分情况下没有被更换①，这表明，外部投资者为获取必要的投资回报所必须依赖的企业资源实际上大部分仍然被掌握在企业原有的经营者手中。

值得注意的是，在2004年后，由于出台了一系列规则限制国有股权转让中对内部人的特殊优惠，导致内部人收购国有股权的意愿和能力大幅下降，在此之后大量国有股权受让方是外部人。但由于企业经营者拥有的对企业信息、经营管理，以及人力资源方面的实际控制能力，其仍然可以有效地保证自身利益不受太大损失。这也表明，无论在何种类型的国有企业中，无论是否能够成为收购方，企业的经营者总是拥有足够的能力保证自身利益的实现。

（3）利益冲突分析。由上所述，一方面，无论是否成为国有股权的收购方，企业经营者自我利益的目标都能够得以实现，因此，尽管经营者与职工在改制过程中都被视为"内部人"，但由于两者资源占有上的明显不同，利益取向也相去甚远，两者之间的利益冲突是显而易见的。从不公正的人力资源定价模式②以及企业转让过程中的利益分配都可以看出，经营者的利益获得是建立在对劳动者利益的减损基础之上。在现实中，一些职工会因改制而失去工作，管理层却会留任并获得高薪。而当职工与经营者为此发生矛盾时，经营者可以利用优势地位避免自身利益损失，职工显然缺乏这种能力。这种严重的利益分配不均所导致的对劳动者的补偿问题，成为制约改革进一步深入

---

① "国研世行"的调查报告表明，企业改制后更换法定代表人、财务负责人的比例分别为37.9%和31.6%，可见大多数的经营者仍然被保留下来。参见张文魁：《中国国有企业产权改革与公司治理转型》，中国发展出版社2007年版，第57页。

② 当前人力资本定价机制的设计有利于管理层而不利于劳动作业层，因为其人力资本的定价机制设计的基本逻辑在于"激励"而非"补偿"，而现有的制度中，"激励"的对象往往是管理层。参见严若森：《中国经济转轨中的国有企业重构》，人民出版社2008年版，第85页。

的障碍。①

另一方面，经营者与政府共享改革利益的现实状态也表明，改革并没有更多地带来全民福利的增加。虽然有部分学者的研究表明改革后企业的效率有了明显提高②，但也有数据显示，这种经营效率的提升并没有实际上提高职工的福利，也没有对社会整体福利的增加起到更大作用，而是被企业的控制者占有③，这显然与国企产权改革的初衷相背离。在实践中，对效益不高企业的改制在客观上减轻了政府的包袱，增加了财政收入，但过低的转让对价往往不能完全弥补转让过程中的国有资产流失，这也表明全民利益实际上并没有得到充分的补偿。本书认为，在改制过程中经营者追求的往往是个人的利益，而缺乏对公共利益的关注，这显然构成了产权改革中国有企业经营者与全社会之间的利益冲突关系。

3. 职工的利益及可能产生的冲突关系

作为国有企业的重要组成部分，劳动者身份始终是职工在国企中生存的重要支撑，因此国有股权转让对其利益影响重大。众所周知，与其他性质的企业职工相比，国企职工往往会获得一些隐性的"福利"，如相对闲暇的工作时间、住房保障、失业风险相对较小等等，而所有这些在改制之后可能会完全失去，这实际上相当于职工福利的下降。因此，在国有股权转让过程中可以获得何种补偿就成为职工是否接受改制的重要因素。在经营效益较好的企业，员工失业的风险较小，改制后可能带来更高经营效率也会使员工的收益获得提升，因而改制方案几乎不会存在太大的阻碍；而在发展前景不佳、需要大量解雇员工的企业中，当被解雇者预期失业风险更大、失业时间更长时，

---

① 经济学的研究成果认为，企业的债务重组和职工安置是改制过程中面临的两项最艰巨的任务，具体论述参见中国社会科学院经济研究所微观室：《20世纪90年代中国公有企业的民营化演变》，社会科学文献出版社2005年版，第42—49页。

② 对这一问题的反对看法，参见林毅夫、蔡昉、李周：《经营权侵犯所有权问题的症结并不在于产权不明晰》，载《财政》1995年第9期；左大培：《不许再买——揭穿企业"改制"的神话》，中国财政经济出版社2006年版；以及刘贻清，张勤德主编：《"郎旋风"实录——关于国有资产流失的大讨论》，中国财政经济出版社2005年版。

③ 汤谷良，戴璐的研究显示，在国有股东难以对民营股东形成制约的情况下，有可能出现民营股东掏空企业的情况，显然这种掏空公司的现象只可能带来股东利益的增加而不可能造成企业价值的上升。具体论证参见汤谷良、戴璐：《国有上市公司部分民营化的经济后果——基于"武昌鱼"的案例分析》，载《会计研究》2006年第9期。

改制方案往往会受到极大阻碍。

基于给予职工合理经济补偿对减少改制阻力的重大意义，职工持股方案受到广泛关注。在一些企业中，职工持股的目的在于增强职工在改制后企业中的地位，避免企业被管理人员全面控制，并让职工分享企业发展成果；而在另一些企业中，职工持股则是为了解决企业中出现的资金危机。当然，无论哪种原因，职工持股方案都被认为可以使职工与企业结为利益共同体，提高职工劳动积极性，进而提高企业经营效率。但现有研究显示，普通职工持股并不对经营效率的提高产生直接的作用。[①] 此外，实践中一些职工持股并不能很好地体现其制度价值，例如，有些企业强制推行职工持股计划，强令职工认购股份，并以此作为保留其职位的条件；通常职工持股比例通常都远低于管理层，即便组成持股会，也无法实际上对公司形成控制；改制后企业对员工的分红总是遥不可及，职工难以通过持股分享企业的经营成果；有些企业的管理者低价收购员工持有的股份，从而形成对公司的绝对控制，使得职工持股所应当具有的公司治理意义也难以保证。基于上述，本书认为，职工持股的制度价值并没有学者想象的那么大，在实践中，这一制度的意义主要表现在为国有股退出提供一种途径。

从我国的实践经验看，应当肯定职工持股在推进国企改制、减少改制阻力方面具有较大作用，但其中的不足又让人难以信任这一制度。本书认为，问题的关键仍然在于国有股权转让中职工应当通过何种方式有效保证自己的基本利益。显而易见，相对于经营者而言，职工在国企改制中面临着更大的就业、工资、社会保障等方面的压力。在缺乏集体行动能力以及经营者居于强势地位的情况下，维持其基本的工作和生活条件成为其主要诉求和参与商谈的底线。在国有企业改制过程中，在职工不能有效参与转让方案制定、只能被动接受谈判结果的情况下，国有股权转让实际上被看做出让方和受让方的合同行为，此时，为维护自己的权益，职工往往会与企业经营者、甚至股权出让合同的受让方产生利益冲突。

基于上述，本书认为，有必要积极推动职工对国有股权转让过程的集体

[①] 黄桂田、张悦：《国有公司职工持股绩效的实证分析——基于1302家公司的样本数》，载《经济科学》2009年第4期，第86—94页。

参与，以制约经营者的恣意行为，避免对职工权益的损害。当然，还应当关注的另一种情况是部分企业中存在职工集体对全民利益的损害。在改制的过程中，来自职工的监督拥有较强的力量，经营者过分迎合职工的利益而藐视国家股东和其他利益相关者的利益，"与职工合谋以不公允的低价或作弊方法来购买国有股"。① 此即改革过程中存在于部分企业的严重内部人控制。此时，无论是股权的低价转让还是以其他方式进行的内部人控制，最终的利益受损者是全民。

4. 全民的利益及可能产生的冲突关系

尽管在国家所有权制度以及目前的国有资产管理体制下，国有股权转让并不直接涉及全民利益，但由于国有股权的公权属性，全民显然是国有股转让权行使过程中不容忽视的重要利益相关者。那么，国有股权转让将对全民利益产生哪些影响并产生相应的利益冲突关系？本书首先指出，在将国有企业定位于实现公共利益工具的前提下，资产保值增值不能作为国有企业生存的根本目标或唯一目标。因此本书认为，在思考国有股权转让对全民利益的影响时，也应当关注公共性目标的实现，这一目标的实现不仅体现为转让不符合公共性定位的国有企业的股权，同时也要求我们不能简单地以资产的增值或贬值来衡量国有股权转让过程中的全民利益的增进或减损，而应当着重考察国有股权转让对全民利益的影响。

如前所述，国有股权在不同行业的进入和退出都只能基于公共利益的需要，因此在行业层面的分析是考察国有股权转让对全民利益影响的首要途径。概而言之，在涉及国家经济发展以及国家安全的行业内，国有企业存在的价值是以相对较低的成本提供公共产品，在这一意义上，国有企业应当被视为公共利益实现的重要方式。在实践中，我国该领域国有股权转让的可行性尚在探讨之中。本书认为，若能通过适当的国有股权转让实现企业股权的多元化，并且通过公司治理水平的提高以及行业竞争度的提升实现企业经营效率的提高，对公共利益的实现是有意义的。而对于自然垄断行业内的国有股权转让，本书认为，由于这一行业与居民生活密切相关，仍然应当以公共利益需求作为其是否可以转让的标准。本书认为，适当的、经过充分论证以及经

---

① 张文魁：《中国国有企业产权改革与公司治理转型》，中国发展出版社2007年版，第47页。

过民众充足意见表达后所做出的股权转让决定，可以在一定程度上实现竞争，刺激自然垄断行业的企业提供更好地公共服务，从而促进公共利益的实现。相对而言，竞争性行业内国有股权的转让则呈现出了理论与实践的冲突。[①] 本书认为，国有股权从竞争性行业内的退出，一方面可以保护非国有资本在这一行业的发展，并保证国民经济发展的健康发展；另一方面可以转让收入补偿社会福利，如以收益补充社会保障基金等来保障全民利益的实现。但从转让实践看，这一行业中国有股权转让却造成了明显的全民利益损失。这种损失一方面表现为转让价格明显低于企业的实际价值，导致国有资产流失，另一方面则表现为转让收益并未得到合理安排。虽然目前国有股权转让收入已经纳入国有资本经营预算管理，但从整个预算的编制与执行情况来看，我们尚难以通过简单的公告得知转让收益被如何使用。可见，在竞争性行业中进行的国有股权转让难以使人确信，股权的转让有效实现了全民福利的增进。

基于上述分析，在理论上，符合现实公共利益变化需求的国有股权转让将有利于市场效益的提升，但是从现有案例看，国有股权转让过程中全民利益受到损害的现象却屡见不鲜。由此可见，在国有股权转让过程中，代表人民行使转让权的主体——国有股权行使主体——能否依法履行职责，通过公平、有序的规则，最大限度地减少转让过程中损害公共利益、甚至背离公共利益目标的现象，是全民最为关心的问题。毫无疑问，当国有股权转让出现上述情形而又缺乏相应的制度解决机制时，全民会产生维护自己利益的诉求，进而形成与国有股权行使主体之间的利益冲突。此外，基于个人、集体、全民之间利益的不同，在国有企业改制过程中还会出现企业经营者、职工以及被改制企业为维护自身利益而损害全民利益的问题。

（二）各方利益关系考察的立法政策意义

1. 各方利益平衡是国有股权转让制度构建的核心

综上所述，国有股权转让过程中确实涉及包括国有股东在内的诸多利益相关者，其中确实存在着利益冲突。这些利益冲突源于各方对转让过程控制

[①] 值得关注的是，在自然垄断行业内进行的国有股权转让也出现了类似的现象，本书认为这也造成了全民利益的损失，这种现象表明，在民众缺乏表达意见诉求的前提下，政府的擅自决定会在很大程度上造成全民利益的损害。

力的不对等，而这种控制力的差异又源于渐进式改革赋予政府的权力以及企业经营者占据的信息以及管理上的优势。在上述意义上，各方利益关系考察的立法政策意义在于，它清楚地揭示出，只考虑转让对价实现的转让规则在国有股权转让的利益冲突形成中的具有负面作用，换言之，一个不能合理分配各方权利义务的转让规则不可能实现转让中利益关系平衡的目的，也不能最终实现国有股权转让的公共利益目标。因此，一个完善的国有股转让权行使制度，必须突破只考虑转让双方利益的局限，在公共利益层面上以诸主体利益平衡为核心调整股权转让所涉及的一系列冲突关系。

上述结论对国有股转让权行使制度的构建具有重要意义。有学者认为，企业国有产权转让监管法在处理效益与公平的关系上，应当按照"效益优先，兼顾公平"的原则做出选择。[①] 但本文对国有股权转让中各方利益关系的考察证明，尽管效益是导致国有股权转让诸多因素中最重要的因素，但面对股权转让过程中诸多复杂的利益冲突，面对政府在国有股权转让过程中的强势地位以及企业经营者实际上对企业的支配地位，最应当受到关注、也最应当解决是转让的公平性问题。这决定了国有股权转让法律制度的构建必须确立和贯彻公平原则，只有这样，才能保证各主体都有平等表达意志的机会和途径，才能通过对决策主体的行为施加必要的监督和制约，实现转让中所涉各方利益的协调平衡，进而保障国有股权转让公共利益目标的最终实现。

具体而言：（1）应当保证国有股权转让的全过程有法可依。应当对产权转让的决策和交易过程进行完善的立法，保证在产权交易中各个阶段的每一主体的利益都可以得到切实保障。为此应当在规则中制定和完善各主体的参与机制，通过各方的有效参与实现决策的公平。（2）应当对决策主体的行为以及交易过程中交易当事人的权利进行监督。鉴于政府在国有股权转让决策

---

① 张英认为，在经济活动领域，尤其是在非公共产品供应的竞争性领域，效益始终是被放在首位的。国家转让企业国有产权的目标就是为了资源更优化地配置，使经济总量最大化提升，因此其追求经济效益最大化的目的十分明显。参见张英：《企业国有产权转让监管法律制度研究》，西南政法大学博士论文，2006年，第86页。

中的重要地位，必须在决策过程中限制政府出于自身利益进行的转让决策[①]，同时在转让过程中还应当对交易当事人的行为进行约束。在目前国资监管机构行使出资人职权，即政府部门作为产权出售方的体制下，有必要对国有股权交易的决策权、执行权以及监督权进行区分并合理配置。而在转让的决策过程中，应当注重对全民和职工利益的保护，并对转让收益进行合理分配。在交易的过程中，应当实现上述主体对交易实际执行者行为的监督和约束，应当由全民的代表以及职工代表共同对上述交易进行监督，以保证交易过程的公平性。

2. 国有股权转让规则对各方利益平衡的意义

美国学者奈特指出，在人具备足够理性的情况下，行为人之间不对等力量的改变以及制度的变革都会对最终的行为产生足够的影响。[②] 而在当前各方力量对比难以根本改变的情况下，制度变革就成为改变现有利益格局的重要方式，因为国家制定法律的正当性往往反映在法律服务于有关各方的利益，特别是经济利益的正式模式之中。[③] 在上述意义上，本书认为利益关系分析的意义还在于为改革者以法律制度的方式平衡各方利益开辟道路。[④]

如前所述，由于利益冲突关系的客观存在，国有股权转让过程中各方权利的界定事关转让能否公平有序地进行，事关国有股权转让公共利益目标的实现。但在既有案例中，（1）国有股权转让过程中的各方关系始终没能有一个规范性的界定，这导致政府在转让过程中权力过度扩张，例如，政府为实现特定的行政目标任意决定企业的转让，根据个人利益的需求选择转让对象等，从而破坏了国有股权转让的公平性；（2）目前国有股权转让中存在诸多

[①] 例如在实践中，政府可以为了缓解财政压力或者增加财政收入等目的决定企业产权的转让，而无需科学的论证，这导致了大量的国有企业转让是盲目且缺乏科学依据的。如部分地方政府为了缓解财政压力，采取了"靓女先嫁"的策略，即将经营效率高的企业先出售，以此获得当前的转让收入。此后，这种方式引起了反思，也有地区将经营效率较低的企业打包进行出售，还有地区将经营效率较好和较差的企业搭配出售。可见，这些企业的转让都是以经营效率为依据，以获得政府收入或减轻财政压力为目标，对企业是否可以转让或者转让的科学性缺乏必要的论证。而在交易的过程中，又大量出现协议转让的情况，交易价格完全取决于企业买受者与政府谈判的结果，而往往不考虑其他主体的利益。

[②] 〔美〕杰克·奈特：《制度与社会冲突》，周伟林译，上海人民出版社2009年版，第190页。

[③] 〔德〕马克思·韦伯：《经济与社会》（第二卷），阎克文译，上海人民出版社2010年版，第806页。

[④] 制度往往被分为正式制度和非正式制度，其中非正式制度往往指的是习惯、风俗等，本书认为这些非正式规则对于国有股权转让制度的完善难以起到太大的作用。

不规则现象,例如,国有股份转让之前出让方就与相对方进行协调磋商,在确定受让方后才进场交易,这一做法明显与国有股权转让要求的公开性相冲突,也明显违背了股权转让公平公开的原则,破坏了国有股权转让的公共目标;(3)现有案例还表明,国有股权转让中,当各方利益发生冲突时,全民利益和企业职工利益往往难以得到有效保护;此外,在交易的过程中,许多主体被排斥在受让的范围之外,丧失了购买的资格。所有这些,无疑是与国有股权转让的公平性原则相冲突的。本书认为,上述现象揭示了一个基本的事实——目前缺乏一个可以满足各方利益诉求并且符合公平性要求的国有股权转让规则。

首先,公司法虽然确立了股权转让的一般性规则,但显而易见,对于受到公共属性影响的国有股权转让而言,公司法中股权转让规则既不能解决转让决策权的分配、国有资产保护、职工安置等基本问题,也不能实现国有股权转让过程所意图实现的各方利益平衡的基本理念,甚至不能为国有股权的转让提供必要的程序机制。因此,本书认为,公司法中的股权转让制度难以满足国有股权转让的现实需求。其次,现行《转让办法》对转让规则的规定存在较大的不足,各方利益难以在这一规则的框架下得以实现,从而导致严重的利益冲突。同时,现有股权转让规则也不区分国有企业所在的行业,统一适用相同的转让程序,本书认为这种做法对国有企业的宏观布局和产业调整明显不利。因此,本书认为,现有的转让规则也不能作为国有股权转让的依据。再次,虽然合同法作为调整一般性交易的规则,为国有股权的转让提供了大量可资借鉴的制度,但这一规则仅仅考虑到了当事人的意思自治和自由选择[1],而忽略了在这一过程中的国家利益和社会公共利益,因此,对国有股权转让中必然存在的国家对交易过程的必要干预、各方利益主体对转让决策的参与权分配等问题的解决,作为典型私法的合同法规则显然不能承担起上述重要职责。

基于上述,在既有体制下,具有针对性的、完善的法律规则的制定对国有股权转让是至关重要的;它将通过对各方权利义务的合理配置实现各方利

---

[1] 关于《合同法》中意思自治、主体自由选择等内容,我们可以在许多民法学者的论著中找到深入的研究。

益关系的平衡，既保证国家对交易过程的干预和控制的同时也实现各主体的有效参与，从而使国有股权转让过程公平和有序，实现国有股权转让的公共利益目标。为此，必须制定专门规则，实现对国有股份转让权行使全过程的有效规制。

三、对现行国有资产（产权）转让规则的反思

前文分析表明，在将国有企业定位为"公共利益的实现者"的基本前提下，国有股转让权的行使应当与公共利益相符。在这一过程中，所涉各主体利益关系的协调平衡至关重要，因此相关制度设计必须重点关注以下问题：首先，公共利益目标的需求，即由于国有股权在不同行业内具有不同的设置目的，因此股权转让制度设计应当考虑设置对转让的审查程序，保证股权转让确实基于公共利益的需要；其次，转让规则的制定应当尽可能满足各利益相关者的诉求，这要求在转让权行使过程中为其设置相应的参与渠道；最后，国有股权转让必须尽可能避免国有资产流失，因此，应当对股权转让权的行使主体——政府、企业经营者以及相关中介服务机构——的行为进行约束。基于上述，下文首先应当回答：现有规则是否可以实现上述目标？

在改革历史的层面，国有股权转让的概念与20世纪末中国国有企业产权改革中的国有产权转让密切相关。为对当时的国有产权转让进行规制，2003国资委颁布了《转让办法》。在2008年的《企业国有资产法》中，"企业国有产权"的概念被"企业国有资产"替换。根据《转让办法》第2条的规定，"企业国有产权"是指国家对企业以各种形式投入形成的权益、国有及国有控股企业各种投资所形成的应享有的权益，以及依法认定为国家所有的其他权益；而按照《企业国有资产法》第2条的规定，"企业国有资产"是指国家对企业各种形式的出资所形成的权益。考虑到上述法律法规出台的不同时间和历史背景，应当肯定"国有产权"与"国有资产"并无本质不同，都涵盖了"国有股权"，因此，下文分析以上述法律法规为基础展开。

本书认为，如果将上述法律法规视为一个转让规则整体，那么不难看出，《企业国有资产法》仅从决策权分配、转让基本原则、关联交易等方面对国有

股权转让作出了原则性规定；而基于其出台的历史背景，《转让办法》对转让规则的具体规定则没有考虑国有股权转让的特殊性，仅将其视为双方当事人合意的产物。为避免当事人串通侵害国有资产，《转让办法》强调对交易过程中当事人行为的细致约束，并因此赋予国资委大量的管制性权力，但由此产生的问题是：只关注交易细节的转让规则尽管可以在一定程度上避免转让对价过低带来的国有资产流失，但却忽略了国有股权转让过程中的利益平衡问题。由于路径依赖，政府以及国企经营者在股权转让过程中拥有过度强势而又缺乏必要制约的权力，而全民作为国有股权的最终所有者、职工作为企业的利益相关者，却无法对股权的转让行使必要的决策和监督权，最终可能导致更大范围的公共利益的损害。

(一) 改制背景下的国有产权转让

进入20世纪90年代以后，由于我国非公经济的快速发展及进一步的对外开放，国企的亏损面明显扩大。由于相当一部分国企处于长期亏损或微利状态，越来越多的官方人士和经济学家认为，"搞活"所有的国有企业既不可能也无必要，所以应当放弃"搞活"每一个国有企业的思路，转向"搞活"整个国有经济。这意味着一些财务状态不好或者规模不大的国有企业将实行非国有化。自中国共产党的第十五次全国代表大会（1997年）提出从战略上调整国有经济布局之后，一些非国有化措施逐渐被接受。此后，中国国有企业改革的主流方式从放权让利转变为改制。

作为中国国企改革实践中出现的一个专门词汇，经济学家认为，国企改制（转制）包括以下两方面内容：（1）在国家拥有100%股权的企业中引入非国有资本，包括出售存量国有产权和新增非国有资本，使纯国有企业变为含有非国有股的股份制企业或不含有任何国有股的非国有企业，这也被称为所有权置换、产权置换或股权置换；（2）在进行所有权置换的同时，尽可能地改变职工的身份。将职工长期以来事实上享有的在本企业终身就业、养老及其他福利待遇的身份，改为按照企业需要和市场行情确定的合约化就业、纳入社会保障体系享受养老和福利待遇的身份。这也被称为身份置换或身份转换。① 此即著名的"双重置换"。毫无疑问,这是中国国企改革的一个创举。事实上,在1997年之前一些地方就出现了出售小型国企和集体企业的情况,受让方多是本企业职工以及管理层,这在中国被称为"股份合作制"及管理层收购(MBO)。尽管当时转让价格相对较低,但被官方和职工所接受。② 1997年之后,国有小企业纷纷改制甚至整体出售。1999年中国共产党第十五届四中全会又把放开搞活的范围扩展到中型国有企业。2003年中国共产党第十六届三中全会提出大力发展混合所有制经济,股份制成为公有制的主要实现形式,促进了改制向国有中型企业和大型企业的扩展。此时,国有股权的受让方不但包括本企业职工和管理层,也包括越来越多的境内民营企业和境外企业。据估计,至2004年末,全国80%以上中小型国有企业实行了改制。官方数据显示,1997年底,全国国有企业总数为26.2万家,至2003年年底下降到了14.7万家,2004年年底进一步下降到13.8万家。③ 这7年间消失的12.4万家企业有一部分是破产、关闭或者合并兼并了,但也有相当一部分是被改制为非国有企业。到2003年底,全国2903家国有及国有控股大型骨干企业中的1464家已经改制为股权多元化的公司制企业。④ 至此,以"双重置换"为主要内容的改制成为中国国有企业改革的重要模式。在实践中,尽管职工身份的置换往往难以得到彻底的贯彻,但国有股权的转让往往可以顺利实施,具体表现为:

(1)改革目标具有局限性。在国企改革进程中,改革目标的局限性始终是一个明显的特征。长时间以来,中国国企改革都是以解决迫在眉睫的问题为出发点,在深入、系统的思路设计仍需要努力。在有些阶段,改革仅注重解决当时最紧迫的实际问题,而对根除国有企业的深层次问题的思考还有欠缺。这使得国企的产权改革更注重改革当时的实际效果,更看重企业能否做大做强,使得企业产权的改革方案往往与企业后续发展规划捆绑在一起。

---

① 张文魁:《中国国有企业产权改革与公司治理转型》,中国发展出版社2007年版,第8页。
② 虽然可能涉及价格较低的问题,但是在当时的情况下,这也是一种摆脱包袱的方式,在部分情况下也是政府为了与企业脱钩所付出的条件。
③ 李荣融:《积极推进国有资产管理体制和国有企业改革》,来源:大连国资网,网址:http://www.gzw.dl.gov.cn/article/2005/0115/article_4165.html,最后访问日期:2012年2月5日。
④ 参见《国有企业改革》,载中国网,网址:http://www.china.com.cn/chinese/EC-c/1231865.htm,访问日期:2013年11月9日。

（2）改革的政府主导性。中国国企产权改革的特殊性由政府主导。主要体现在以下几个方面：① 政府在严重的财政压力下开始寻求国企改革的新途径，进而导致大规模国企产权改革。② 政府主导改革的渐进性。中国经济改革的一个重要特征即其渐进性，国有股权的转让进程同样符合这一特征。从早期小型企业转让逐步发展为中型、大型国有企业的股份转让，无疑也是渐进性的明显表现。③ 政府作为制度的供给者，在不断的实践中提出并完善股权转让的规则。在产权改革的早期，实际上并无规范性的文件对国有企业产权转让进行明确规定，各地政府依照本地实际情况对转让进行具体规定。在改革的后期，直到2003年国资委颁布了《转让办法》，才第一次对改革进程做出了权威性的制度建设。从上述分析可以看到，政府在国有企业产权改革过程中起到了事实上的推动者作用。

（二）现行国有资产（产权）转让规则存在的问题[①]

本书认为，中国改革进程中极强的路径依赖导致政府延续了部分计划经济时代的管制性权力，"摸着石头过河"的渐进式改革方式也在经济发展方面赋予了政府极强的权力，加之国企产权改革、国有资产管理体制改革的目标都集中于解决存量国有资产经营效益低下的问题，上述多种因素不仅共同催生了我国现行国有资产（产权）转让规则，而且导致转让规则的先天不足。通过对现实与文本的分析，结合国有资产（产权）转让的实际状态，本书认为，在国有股权转让制度的构建中，以下问题值得认真思考。

1. 转让标的性质不明确

如前所述，就转让标的而言，根据《转让办法》和《企业国有资产法》，现行国有产权转让法律规范中至少存在着"企业国有产权"与"企业国有资产"两种表述。而从整部《企业国有资产法》的规定来看，在国有公司中，由于出资人职责的内涵与公司股东权一致，因此出资人基于"企业国有资产"所享有的权益显然不局限于经济性权利，同时也包括了对企业经营管理等方面的权利。在这个意义上，尽管"企业国有产权"和"企业国有资产"在实

[①] 按照现有《转让办法》以及《企业国有资产法》的规定，"国有资产（产权）"的概念涵盖了"国有股权"，因此，下文分析中本书统一使用中"国有资产（产权）"的概念，以便与现行规定保持一致。

际操作中没有本质区别,但在内涵上却存在差异。

从对"企业国有产权"的界定来看,《转让办法》对这一概念的解释显然更强调其所能带来的收益。① 结合《转让办法》中的相关规定可知,交易中种种程序性的制度设计都体现了转让方更加关注货币价值实现的目标,而在转让的决策过程中,这一概念又出现了偏重股东权利的属性。事实上,纵观整部《转让办法》我们都可以看到这种分裂的趋势。在涉及金钱、对价等问题时,规则制定者都会倾向采取"产权"这种内涵模糊不清的概念,以避免某一类资产或权利未经标准程序转让而造成国有资产流失②;而在涉及转让的决策等程序时,则将其作为股权处理,将决定权收归股东所有,以避免企业管理者的擅自决定。③ 这种分裂带来的问题是,转让标的是资产还是股权?进一步的追问是,企业对其资产的转让是否需要遵循评估、进场等一系列规则。

根据"企业国有产权"的定义以及其中包含的"权益"的观点,由于企业中存在各种形式的国家投资,而企业资产则是投资的表现形式,无论企业转让任何资产都不可避免地涉及作为投资者的国家的权益,因此应当遵循法定的转让程序。而依照股权的定义,出资人对企业出资后便丧失了对出资财产的所有权,因而企业转让财产的行为仅仅是经营行为,是否需要出资人批准要视转让财产是否涉及公司重大事项而定。可见,"企业国有产权"概念的厘清对于交易程序的选择以及交易效力的确定都有着极为重要的意义。④ 而在实践中,由于交易双方对标的性质的认识存在偏差而对转让程序的选择存在

---

① 本书认为,这一解释大约受到了"所有者权益"概念的影响,"所有者权益"是会计学中的概念,指的是所有者在企业资产中享有的经济利益,其金额等于资产减去负债之后的余额,参见《企业会计准则》,网址:http://www.chinaacc.com/new/63/64/77/2006/2/yi6595185071422600226738-0.htm,最后访问日期:2011 年 9 月 23 日。

② 邓峰认为,在转让过程中涉及的所谓"企业国有产权"的本质是物权。参见邓峰:《国有资产定性及其转让对价》,载《法律科学(西北政法学院学报)》2006 年第 1 期,第 116 页。

③ 如清产核资、资产评估等过程中,明显可以看出"企业国有产权"的内涵似乎更接近于具体的资产,而在股份转让的决策程序中,"企业国有产权"更加接近于股东的权利。

④ 现有的研究成果也表明,经济学界也倾向于将"产权"与资产进行区分,而不是如现有规则一般模糊处理,可见,现有的规则仍然需要进一步明确这一概念的内涵。参见 Daniel H. Cole and Peter Z. Grossman, "The Meaning of Property Rights: Law vs. Economics?", 来源:http://www.iulaw.indy.indiana.edu/instructors/cole/web%20page/Meaning%20of%20Property%20Rights.pdf,最后访问日期:2011 年 9 月 23 日。

争议，进而产生了大量的有关转让效力认定的案件。此类案件往往出于国有资产保护的目的而明显呈现出对转让方有利的结果，① 这对受让方的权利保护显然是不利的。②

2. 转让过程的利益失衡

由于国有企业以及国有股权被认为是具有多元化利益相关者的制度设计，因而在国有股权转让过程中需要考虑到各方利益主体的诉求，但在目前的转让制度模式下，各主体的利益诉求实现程度却不相同。

（1）现有制度模式下劳动者和出资人收益共享模式存在着严重的缺陷。③ 利益共享机制的倡导者希望通过利益共享实现各利益主体或利益相关者利益均衡的目标，其逻辑起点是劳动与资本在企业内部可以平等协商。无疑，这一理论承认企业是一系列平等主体之间的契约关系。但这一理论在实践中遇到的真正困难在于，在企业内部劳动力产权所有者与资本产权所有者始终处于地位严重悬殊的状态下，劳动者往往处于绝对的弱势地位，这就决定了其难以与资本所有者进行平等谈判。因此，所谓"劳资共享"模式极易被扭曲为物质资本产权人与企业管理层联手对劳动者进行利益剥夺。已有的企业改制案例已经无数次地表现出，改制过程中受到损害最大的往往是职工，而企业的经营者却可以从中获取极大的个人收益。在很多情况下，改制的结果是企业的经营者成为了企业的所有者，劳动者不得不在一个较低的地位与其协商，以此获取一个远不可能是均衡状态的利益分配格局。显然，这种局面是所谓"利益共享"理论不能解释的，也不符合国企改制的初衷，而企业管理

---

① 如上海市中级人民法院的法官就认为，企业国有产权（国有股权）的转让是兼具公法和私法性质的法律行为，在法律适用上应当公私法并重，不能单独强调契约自由，同时其还认为依据公共利益保护的原则对未进场交易的转让行为确认无效是有其依据的，而实务界的学者则对这一问题持相反看法，认为只要转让不造成国有资产的损失就应当认定转让行为有效。具体论述参见阮忠良、俞巍、朱颖琦：《国有法人股转让未进场交易的法律后果》，载《法学》2009年第12期；周祺：《论国有产权转让的无效》，载《法制与社会》2010年9月（中）。

② 实践中大量出现的情况是在合同生效后，由于客观情况的变化，出让方认为转让行为未经评估、进场交易等程序而主张合同无效，而这种主张往往都会得到法院的支持，实际上转让的标的往往只是企业的部分资产，但是由于其中含有部分国有股份，导致法院会积极适用《转让办法》的规定。

③ 经济学家为了绕开"劳动雇佣资本"以及"资本雇佣劳动"问题的争论，提出了利益共享机制理论，该理论认为关于劳动力产权（员工）、管理者或企业家人力资本产权（管理者或企业家）与物质资本产权的制度安排分割了企业剩余索取权，"利益共享"是制度均衡的唯一解，而股份合作制是其实现形式。具体论述，参见叶正茂、洪远朋：《共享利益与股份合作制的产权界定》，载《学术月刊》2002年第4期，第69—75页。

者通过改制占有属于全民的企业与财产，显然也与利益共享的思路背道而驰。

(2) 基于国有企业定位于多方共享收益的模式，劳动者的人力资本与物质资本理应获得同等对待，因此对劳动者的人力资本定价机制就变得十分重要。国内许多学者都曾试图对劳动力产权的定价机制给出一个确定的解释，以便"一劳永逸地解决有关'简单劳动'主体与'复杂劳动'主体或劳动作业层与管理层的人力资本价格水平与价格差异的问题"。① 但遗憾的是，现有研究成果存在明显的偏见，即人力资本定价机制的设计有利于管理层而不利于劳动者，因为其基本逻辑是"激励"而非"补偿"，而在现有制度中，"激励"的对象往往是管理层。② 因此，无论定价机制设计如何巧妙，如果权益的分配首先由管理者享用，同时又对其缺少必要的制约，那么很难保证所谓"利益共享"不会变成管理层的"利益独享"。从现有企业改制补偿方案中我们可以看到类似的状况，职工往往被买断工龄而失去工作，只获得了按年计算的并不多的补偿金③，而管理者却摇身一变成为企业的所有者，掌握了企业的大多数资源。显然，这样的补偿机制对于劳动者而言是极为不公平的。

除上述之外，还应当指出，在国有资产（产权）转让过程中，全民作为重要的利益相关者其利益往往被忽视。现有研究和实践都显示，在经营者控制企业的模式下，全民应得的福利被企业的控制者与受让方侵占。虽然经济学家指出，产权改制后企业往往会出现经营效率的提升，这会在一定程度上增加了政府的财政收入④，但是在政府拥有独立利益追求的情况下，这种财政

---

① 严若森：《中国经济转轨中的国有企业重构》，人民出版社 2008 年版，第 85 页。
② 同上书，第 85 页。
③ 原劳动部 1994 年颁布的《违反和解除劳动合同的经济补偿办法》第 5 条规定，经劳动合同当事人协商一致，由用人单位解除劳动合同的，用人单位应根据劳动者在本单位工作年限，每满 1 年发给相当于 1 个月工资的经济补偿金，最多不超过 12 个月。工作时间不满一年的按 1 年的标准发给经济补偿金。
④ 这一点已经被经济学家的研究成果所证实，认为在产权结构发生变化之后，企业的经营效率会出现一定的提升，在此基础上，部分经济学家论证了国有企业产权变动的正当性。但是，也有学者认为，企业经营效率的变化与产权结构的变化关系不大，经营方式的改变同样可以带来企业效率的提升。但是，争论双方也都承认，明确的产权关系以及清晰的控制权分配机制可以在一定程度上提高企业的经营效率，增强企业获利。有关企业产权转让提升企业经营效率的论述，参见中国社会科学院经济研究所微观室：《20 世纪 90 年代中国公有企业的民营化演变》，社会科学文献出版社 2005 年版；有关否认上述观点的论证，参见左大培：《不许再买——揭穿企业"改制"的神话》，中国财政经济出版社 2006 年版。

收入的增加未必可以实现全民福利的提升。在现有转让案例中，在缺乏监督的情况下，监管机构的负责人可以利用职权谋取私利，政府推动股权转让也是为了减轻地方的财政压力，企业的受让方只想以尽可能低的价格获得企业所有权。在这一前提下，国有资产（产权）的转让过程在多大程度上可以实现全民利益的诉求是一个极大的疑问。一个基本的事实是，在国有股权转让收入纳入国有资本经营预算后，有关制度明确规定在必要时可以将其转增社保基金①，但数据仍然表明，股权转让中的大部分收入仍在国有企业内部循环。②

3. 重大国有股权转让决策权的归属存在缺陷

作为国民经济发展的重要支柱以及社会主义市场经济体制的重要组成部分，国有企业运行及管理的重大事项往往是公众以及政府关注的焦点。在现行制度体系之下，基于股东对企业控制的理论，行使出资人职责的机构以及各级政府依法对国有股权转让享有决策权。但存在的问题是，在改革前后，国有企业都不仅被视为政府获取经济收益的工具，同时也被赋予了重要的战略性目标。因此，即便抛开改制当时政府的自身利益——例如政府为改善财政收入而推动国有企业产权改革，国有企业资产（产权）转让涉及的也不仅仅是政府与企业适当分离的问题。考虑到其承担的重要社会责任以及转让可能带来国家从原有控制领域退出的后果，本书认为应当对国有企业资产（产权）转让的决策程序进行规制。具体而言至少包含以下问题：

（1）我国国有企业的独特地位决定了涉及此类企业的重大决策应当由专门机构来行使。一方面，在改革的过程中，学者们一致认为国有企业与非国有企业的职能应当有所区别。③ 国有企业应当在私人企业不应经营或无力进入的领域承担起责任，而这些领域往往涉及国家的经济安全、国家机密、国防

---

① 《国务院关于试行国有资本经营预算的意见》中指出："具体支出范围依据国家宏观经济政策以及不同时期国有企业改革和发展的任务，统筹安排确定。必要时，可部分用于社会保障等项支出"。

② 根据财政部的资料显示，中央国有资本经营预算支出 2008—2009 年达 1553.3 亿元，经国务院批准，主要用于国有经济和产业结构调整、中央企业灾后恢复生产重建、中央企业重大技术创新、节能减排、境外矿产资源权益投资以及改革重组补助支出等。可见，其主要支出的途径仍然是满足国有企业的需求。参见：《国有资本经营预算编制情况》，载财政部网站，网址：http://www.mof.gov.cn/zhengwuxinxi/caizhengshuju/201005/t20100511_291391.html，访问日期：2011 年 12 月 3 日。

③ 代表性论著见白永秀、严汉平《试论国有企业定位与国企改革实质》，载《经济学家》2004 年第 3 期；陆军荣《国有企业的产业特质：国际经验及治理启示》，经济科学出版社 2008 年版。

建设等重要问题，因而这些领域国有企业的重大决策应当由专门机构行使。另一方面，我国至今仍然在竞争性行业以及自然垄断行业内保留了相当多的国有企业，这些企业由于具有极强的专业性（如电信领域的企业），或者与当地居民生活密切相关（如城市供水供电等行业），或者涉及大量的就业安置问题，使得涉及这些企业的国有股权转让的决策必须受到重点关注。由此可见，由专门机构对国有企业股权转让事项进行专门决策符合我国当前的实际情况。

（2）考虑到国有股权转让可能导致国有资本控制地位的丧失，国有股权转让决策与企业其他重大事项决策存在较大区别，这导致国有股权转让的决策权分配和行使应当有专门的程序保障。根据《企业国有资产法》第53条的规定，现有规则将国有股权转让的决定权赋予了履行出资人职责的机构和政府。具体而言，一般的股权转让由出资人决定，全部股权转让或转让后导致国有资本丧失控制权的，由同级政府决定。这表明，立法者已经开始认识到国有股处分权与股权其他权能行使的差异，因此将决策权进行合理配置，试图通过分权实现制约。但现有规则未能解决好转让决策权的归属及其监督问题。本书认为，基于国有企业的性质以及定位，国有股权处分不仅涉及"政企分开"，而且关系到国家安全和国计民生，涉及全民的利益。在这个意义上，现有规则的重大缺陷在于，作为国有资产最终所有者的全民完全被排除在重大国有股权处分的过程之外。① 本书认为，以下两个理由可以证明由政府独享重大国有股权转让的决策权不具有合理性。

第一，由行政部门享有重大国有股权转让的决策权不符合改革目标的要求。但由行政机关独享重大国有股权转让的决策权的现行规定，在表面上看是在同级政府与国资监管机构之间建立了国有股权转让决策的分享机制，在一定程度上对国资监管机构形成约束，但实际上却使按照权力属性对其归属进行划分的改革意图并没有得到贯彻。这导致在重大国有股权转让决策过程

---

① 根据现有制度，全民的代议机构——人大对国有股权的转让并无实际的权力。由政府代表全民行使国有企业的重大事项决策权始于《全民所有制工业企业转换经营机制条例》，在该条例的第41条第1款规定：企业财产属于全民所有，即国家所有，国务院代表国家行使企业财产的所有权。但是这一规定并未得到有效论证，此后的诸多规范对这一规定进行了沿袭，如《企业国有资产法》第3条即规定，国有资产属于国家所有即全民所有。国务院代表国家行使国有资产所有权。本书认为，在未经论证的情况下以行政机关代替全民的代议机构行使国有企业重大事项的决定权与人民主权原则以及民主原则相违背。

中如何协调政府的出资人职能与行政职能成为一个问题。既往实践也表明，行政机关在进行企业股权转让的决策中，确实会基于行政性目标的实现做出转让的决定。①

第二，从国有资产属性的角度来看，全民作为国有资产的最终拥有者以及国企利润的最终享有者，当国有股权转让涉及国家或全民重大利益时，即便在国家代表人民作为国有财产所有权主体的制度下，应当分享股权转让的决策权。由于重大国有股权的转让不仅涉及国有经济结构的调整，而且将使国有资本失去在原有领域的控制地位，并由此将对公共利益产生重要影响。因此，为保证重大国有股权转让符合公共利益目标的要求，一方面，有必要由全民的代表机构对事关国家和全民利益的重大国有股权转让行为做出最终决定并对政府在转让中的行为进行监督；另一方面，为避免政府在决策过程中为实现自身利益而侵害全民利益，有必要对行政机关的权力加以限制。② 经济学研究也表明，"当企业名义利润率为零，但实际利润还存在时，主管部门和经营者则有其寻租的机会。由于政府同时还有执政者的就业目标，它不是单纯只考虑作为所有者的利益目标，所以它处于某种可退或可不退的矛盾状态。这时，有关的寻租利益和职工就业目标往往成为政府退出的重要阻力。"③ 这导致国企改制有可能成为少数人侵吞国有资产、损害全民利益的手段。在此过程中，政府及其决策者获得了转让的收入以及寻租带来的收益④，而全民的重大利益则受到损害。

---

① 在许多地方曾经发生的转让过程中，国有企业被区分为可以盈利的和不能盈利的，前者被多加关注，而后者则被当做"包袱"，成为解决"政企关系"中首先处理的环节。学者的研究也表明，政府在国有企业进行转让的过程中存在出于政绩的考虑而主动推动企业转让的情况。参见刘小玄：《转轨过程中的民营化》，社会科学文献出版社2005年版。

② 也有学者从预算等角度论述国有资本经营过程中的约束和控制问题，认为设立国有资本经营预算制度可以有效地制约政府对企业的过多控制。参见刘剑文、郭维真：《论我国财政转型与国有资本经营预算制度的建立》，载《财贸研究》2007年第2期。

③ 刘小玄：《国有企业民营化的均衡模型》，载《经济研究》2003年第9期，第23页。

④ 学者的研究表明，在国有企业改制和转让的过程中，存在着较为严重的寻租现象，企业的经营者也存在着严重的机会主义倾向，导致了国有资产的大规模流失，参见刘小玄：《转轨过程中的民营化》，社会科学文献出版社2005年版；陈信元、叶鹏飞、陈冬华：《机会主义资产重组与刚性管制》，载《经济研究》2003年第5期；韩云：《企业改制中的非制度因素与企业伦理》，载《苏州科技学院学报（社会科学版）》2004年11月号。

4. 行政干预对交易过程的扭曲

由于国有企业治理存在缺陷，国有资产（产权）交易中存在国有资产流失的风险，因此，出于有效获得转让对价的目标，监管部门不得不深度介入具体交易过程，不断地对交易进行干预。但纵览整个监管实施情况，这一过程中至少存在以下问题：

（1）强制进入产权交易市场进行交易的问题。规则的制定者认为，产权交易市场中的交易相对公开透明，并且可以通过竞价方式寻求到较优的转让价格。但由于拟交易的产权在市场挂牌时间只有 20 天，① 对于意向受让方而言这个时间显然太短，难以保证交易的公平性，因此，为了保证交易双方最终达成一致，交易双方在产权转让前会进行先期谈判，或者签订拟转让协议，约定意向受让方调查完毕之后再进入产权交易市场挂牌，此时意向受让方必须进场购买。这种协议的存在使得进场交易的竞争性就大打折扣，甚至难以真正形成竞争。

（2）强制规定交易方式存在的问题。按照《转让办法》的规定，企业国有产权的交易通过协议、拍卖、招标方式进行，并必须采用标准化条款，这使当事人可以自由约定的范围大大缩小。然而，如前所述，由于挂牌时间过短，当事人往往事先进行接触以保证交易的顺利完成，这使强制采取的交易方式可以被回避。不仅如此，由于上述三种交易方式也并非无懈可击，② 其不但与已有规则存在冲突③，还限制了转让制度创新的动力。

（3）企业国有产权转让过程中的审批程序也存在着问题。按照规定，企业国有产权转让的交易必须得到国资监管部门的批准，但存在的问题是，由

---

① 参见《转让办法》第 14 条。
② 相关论述参见许建国：《企业国有产权转让方式的选择与对策》，载《厦门科技》2006 年第 1 期。
③ 如《转让办法》第 4 条规定，"企业国有产权转让应当在依法设立的产权交易机构中公开进行，不受地区、行业、出资或隶属关系的限制"。第 8 条又提出，国有资产监督管理机构有权"选择确定从事企业国有产权交易活动的产权交易机构"，这就使得产权交易机构在企业国有资产转让中居于非常重要的地位，实践中产权交易机构一般都会被转让方指定为招标代理机构。但是《招投标法》第 12 条则规定，"任何单位和个人不得以任何方式为招标人指定招标代理机构"，显然《转让办法》的规则与《招投标法》的基本方式存在着根本上的区别。此外，二者规定的交易程序也有较大不同。另外，以拍卖方式进行的国有产权转让也与《拍卖法》存在一定的冲突，可见《转让办法》中规定的交易程序与现有规则之间存在明显的冲突。

于"企业国有产权"的概念并未被厘清,"重大国有产权"的标准也不太明确,因此可能导致产权转让的审批程序本身存在较大的不确定性。这为国有产权转让中的寻租埋下了伏笔。

(4) 应当指出国资监管机构在国有资产(产权)转让过程中的角色冲突所导致的政府干预强化问题。在我国国有资产监管体制构建以及确立的过程中,国资监管机构的定位是一个老生常谈的问题。① 但即便抛开理论争论,我们也会发现,在经济体制转轨时期,"政府特设机构"的定位以及庞大的国有资产规模使得国资监管机构在行使企业国有资产出资人的职责时更加倾向于通过颁布部门规章的方式赋予自己更有效、广泛的管理职权,考虑到这些规章中往往除了设置经营者责任外还为国资监管机构保留了相应的处罚权②,这导致行使出资人职责的过程成为了政府监管强化的过程。具体到国有资产(产权)转让中,国资监管机构不但行使出资人职责,同时还被赋权行使某些监管职责。③ 这是"政府特设机构"行使"股东权"的必然结果,还是经济体制转型中的特殊现象?尽管很难有明确答案,但可以肯定在现行国有资产监管体制下,国资监管机构身份的模糊使其在国有产权交易中产生了明显的角色冲突,在强化政府行政干预的同时,产生了以下问题:① 在产权交易过程中,国资监管机构作为交易的一方主体面临着"自己监管自己"的局面;② 产权转让过程应当是交易双方平等交易的过程,但由于国资监管机构身份

---

① 目前对国资委地位的争议主要为以下两个方面,一是对国资监管机构的设置方式存在较大争议,有学者认为,国资管理机构是政府的专业部门,也有学者认为,国有资产管理机构应设立在人大,还有学者认为,国有资产管理机构应放在中央和地方政府,而由人大负责监管。相关论述参见国务院体改办课题组:《产权制度与国有资产管理体制改革》,载《经济学动态》2003年第1期;远航:《我国国有资产管理体制的模式选择》,载《经济学家》2003年第2期。二是对国资委的定位也存在争议,如有学者认为国资委应当作为国资监管人,也有学者认为国资委的定位应当为出资人,对上述内容的论述参见,晋入秦:《应重新定位国资委并更新其职权》,载《法学》2008年第6期;以及李曙光:《论〈企业国有资产法〉中的"五人"定位》,载《政治与法律》2009年第4期。

② 也包括处罚建议权,如《转让办法》第33条规定:"社会中介机构在企业国有产权转让的审计、评估和法律服务中违规执业的,由国有资产监督管理机构将有关情况通报其行业主管机关,建议给予相应处罚;情节严重的,可要求企业不得再委托其进行企业国有产权转让的相关业务。"

③ 如《转让办法》第8条规定,国有资产监督管理机构对企业国有产权转让履行一系列监管职责,其中部分内容如决定企业国有产权转让事项、选择交易机构等问题应属于股东权的行使,而如"负责企业国有产权转让信息的收集、汇总、分析和上报工作""负责企业国有产权交易情况的监督检查工作"则应当属于对转让的监管,在该规定第五章"法律责任"中,对未合理妥善安置职工的行为的诉讼权也明显不属于股东权的行使,而应当被视作对交易过程的监管。

的模糊，使得交易的公平性遭到破坏；③ 由于国资监管机构定位不清晰，使得相关责任追究机制难以实现。

5. 转让对价存在的问题

（1）转让定价模式存在的问题。在国有资产（产权）转让活动中，转让价格始终是一个高度敏感的问题，也是交易各方关注的焦点。它不仅关系到产权转让能否成功，而且是判断国有资产是否流失、转让方与受让方之间资源分配是否合理等一系列问题的依据。但相对于其重要性而言，现有的定价规则却并不完善。① 一方面，定价方式过于单一。② 目前我国国有资产（产权）转让价格大多以净资产值作为定价依据，这是一个以历史成本为主要计量基础的静态概念，③ 基本不考虑未来因素。这种不区分资产优劣、不考虑转让比例大小，一律以企业净资产作为定价依据的方式显然不够科学。另一方面，在产权转让过程中，企业的可转让资产除体现为财务报表中的物质资产外，企业内部的人力资源④、管理系统等都是一个企业与其他企业相区别的重要标志。这些资产的存在也使得企业的价值要高于其资产评估得出的账面价值。但在以净资产为基础的定价方式中，这些价值都无法在定价过程中得以体现。⑤ 上述问题的存在使我们不得不关注下列问题：

第一，企业国有资产（产权）的转让价格是否应当与资产评估价格保持一致？虽然《转让办法》中明确要求产权的转让价格不能显著低于资产评估

---

① 《股份有限公司国有股股东行使股权行为规范意见》的第17条规定，"转让股份的价格必须依据公司的每股净资产值。净资产收益率、实际投资价值（投资回报率）、近期市场价格以及合理的市盈率等因素来确定，但不得低于每股净资产值。"这也是目前较为明确地对股份转让价格确定方式的规定，但是也明显缺乏可操作性。同时，这一规定适用的对象往往是上市公司，对非上市公司股权转让行为缺少针对性。

② 潘琰等：《国有股权转让研究——财务与会计视角》，科学出版社2007年版，第4页。

③ 净资产在量上等于企业在某一特定时间上的资产值减去负债值，显然这一概念只能反映当前的资产状况。有关净资产法在企业国有产权转让过程中的应用及其评价，参见潘琰等：《国有股权转让研究——财务与会计视角》，科学出版社2007年版；以及徐爱农，申红：《对国有股权转让中净资产定价原则的探讨》，载《技术经济与管理研究》2003年第6期。

④ 现有研究表明，在企业经营过程中，人力资本对企业的影响远不止于它对产出的作用，它对企业的整个制度安排都带来了深刻的影响。有关人力资源价值计量与人力资本定价的论述，参见孙琳：《人力资源价值计量与人力资本定价》，载《内蒙古科技与经济》2003年第6期。

⑤ 另外，经济学的研究成果表明，大股东的控制权对于企业价值的增加或者减少也起到了重要的作用，公司的价值与控制权之间有直接关系。而以净资产为基础的定价方式显然不能对控制权对企业价值的影响加以体现。有关控制权溢价的研究，参见叶勇，黄雷：《终极控制股东、控制权溢价和公司治理研究》，载《管理科学》，2004年10月号。

价格，但由于评估机构并不考虑交易过程中出现的具体情况，这就使得评估报告实际上并不完全体现当事人双方的具体情况。同时，资产评估是在模拟市场环境的情况下做出的[①]，所以，资产评估值并非完全符合客观实际。而产权实际的转让价格主要与交易双方对企业未来的盈利能力或收益预期相关，是交易双方预期能够满足自身利益的实际交易价格。可见，资产评估价格与实际的交易价格之间存在较大差异，以一种几乎完全不考虑交易双方具体情况的价格作为转让价格的原则性依据显然不科学。

第二，转让价格是否与受让方无关？由于受让方的经营管理能力及持续盈利能力还将影响到产权转让企业的未来收益，从而影响到出让方的未来利益。在这个意义上，若出让方可以通过未来收益来弥补现实转让中的损失，那么其总体收益仍然要大于其所付出的成本。因此，出于国有资产增值的目的，一个优质的、有经营能力的投资者的引入所能带来的后续资产增值也比高价转让后造成企业后续经营困难更符合转让方的实际需求。但这一因素在现有转让规则中并未得到体现。[②]

第三，转让是否应当有一个绝对合理的价格标准？产权转让价格合理与否，并不像数学计算的结果一样存在严格的判断标准。从企业资产评估值取得的过程以及交易双方的实际情况就可以判断，转让价格是否合理不仅取决于出让方是否获得了最高的价金，而且与企业未来状况息息相关。因此，单纯追求转让价格的最大化是一种不科学的目标设定。如果说从关注企业未来发展的角度应适当考察受让方的基本情况，那么资产（产权）转让价格就不是任何情况下都可以用一个明确、固定的价格加以衡量的。

（2）转让对价不足导致国有资产流失。研究表明，基于其公共属性，侵害国有财产几乎不存在道德风险。这也是国有企业改制过程中国有资产流失问题始终受到社会关注的原因。一系列典型案例的分析表明，在已经考虑了由转让标的性质的不确定以及转让定价模式问题带来的转让价格问题的情况

[①] 具体而言，评估结果的得出还受到假设条件的限制。包括：评估的假设基础、评估价值类型、评估时间因素（评估基准日）、评估技术手段、评估方法体系的完备性、评估机构和评估人员的水平等，参见潘琰等：《国有股权转让研究——财务与会计视角》，科学出版社2007年版，第12页。

[②] 在《转让办法》中虽然也提出了采用招投标的方式，但是由于《转让办法》以及《招投标实施办法》中都未对受让方的经营能力提出要求，而《转让办法》中更是重点关注受让方的实际支付能力。具体规定参见《转让办法》第15条。

下,在已发生的国有资产(产权)转让中仍然存在明显过低的定价。如在科龙电器国有股权转让过程中格林柯尔的出价就明显低于市场价格①;在美的公司的管理层收购中,转让价格也显著低于企业资产的价格②;在 TCL 案中,所谓的"经营协议"完全排除了地方政府对企业增加投入以换取分红的权利。③ 虽然在这些案例中,定价过低被解释为政府的特殊目的,如减轻政府负担、增强企业竞争力、增加财政收入等等,但仍不能掩盖国有企业被低价转让的事实。

不仅如此,在转让过程中各地政府对原国企领导购买企业往往还提供了各种优惠,如"交现金就可以在价格上优惠 50%"等。④ 但事实上,这种购买方式只能针对企业净资产购买,不能适用于对企业的整体收购,因为如前所述,由于企业的价格不仅包括净资产,人力资本、各种负债、预期的经营收益都可能会对企业的转让定价产生影响,因此单纯以净资产作为企业产权的转让价格并不合理。而在已经发生的企业改制案例中,由于大多数企业的经营状况不好,资产负债率极高,导致企业的净资产不能完全代表企业的实际情况。显然,以这种方式将企业进行整体转让必然会造成国有资产的流失。

还应当指出,由于国企改制过程中产权转让往往不透明,许多案例表明

---

① 2001 年 10 月,格林柯尔公司以每股 1.70 元的价格受让科龙电器公司 20.64% 的股份,成为第一大股东。可是,2001 年中期,科龙电器的每股净资产为 4.17 元,调整后的价格也达到每股 3.93 元,明显转让价格较净资产大幅度缩水。这一明显低于净资产价格进行的收购也引发了巨大的争议,对国有资产是否流失的争论至今仍在进行。参见潘琰等:《国有股权转让研究——财务与会计视角》,科学出版社 2007 年版,第 55 页。

② 美的公司进行的管理层收购共分为两次,第一次发生于 2000 年 4 月,转让价格为每股 2.95 元,第二次发生于 2000 年 12 月,转让价格为每股 3.00 元。而根据美的电器 1999 年和 2000 年的年报显示,其每股净资产值分别为 3.81 元与 4.07 元,很明显,美托投资的两次股权收购单价都低于美的电器的每股净资产。参见潘琰等:《国有股权转让研究——财务与会计视角》,科学出版社 2007 年版。

③ 1997 年,惠州市政府在 TCL 率先授权经营试点,并与 TCL 集团总裁李东生签署了为期五年的授权经营协议,协议规定,TCL 截止到 1996 年的 3 亿元资产完全划归惠州市政府所有,此后每年的净资产回报率不得低于 10%;如果增长 10%—25%,管理层可以获得其中的 15%;增长 25%—40%,管理层可以获得其中的 30%;增长 40% 以上,管理层可以获得其中的 45%;超出的部分以增发股份的形式作为奖励奖给管理层。在这一过程中,几乎完全排除了政府通过企业的经营获取进一步增加投入的可能性,从这个角度来看,TCL 的改制相当于变相地剥夺了政府的分红权。参见:《TCL 七年改制完功,产权解结指新路》,载新浪网,网址:http://tech.sina.com.cn/it/t/2004-02-05/1652288554.shtml,最后访问日期:2011 年 7 月 25 日。

④ 左大培:《不许再买——揭穿企业"改制"的神话》,中国财政经济出版社 2006 年版,第 14 页。

改制采取了协议转让的方式,不存在公开竞价,这就导致收购人有机会与转让方勾结,寻求较低的受让价格。《转让办法》颁布后,虽然规定企业国有产权交易应当以招投标或拍卖作为转让的主要形式,但现实中仍然大量存在协议转让的情况。学者指出,地方政府会以命令方式推动协议转让,而企业经营者也会为个人利益寻求以这种不透明的方式进行交易,从而谋取个人利益。① 在上述情况下,国有资产(产权)的交易定价就会在交易主体追求个体利益的情况下发生扭曲,而在企业经营者与政府部门或主管机关负责人勾结的情况下,协议转让中定价不透明的因素就可以成为双方牟利的工具,最终资产(产权)的实际转让价格往往会大大低于企业的实际价值,导致国有资产流失。

6. 转让收益的使用欠妥

毫无疑问,企业国有资产(产权)的公共属性要求转让收益必须以有效的、符合其公共利益定位的方式使用,因此,其使用过程中必须被有效监管。而《转让办法》第23条及29条仅规定转让企业国有产权取得的净收益按照国家有关规定处理,企业国有产权转让方案中应当载明"企业国有产权转让收益处置方案",对企业国有产权转让收益究竟如何处理并无明确规定。

根据2007年《国务院关于试行国有资本经营预算的意见》(以下简称《国资预算意见》)第3条的规定,国有资本经营预算的五项来源中包括"企业国有产权(含国有股份)转让收入",《企业国有资产法》对此也有相应规定。这表明,在当前的国有资产管理体制下,企业国有产权转让收入应当依法分别纳入中央和地方的国有资本经营预算,以国家预算的方式统一支出。根据财政部公布的国有资本经营预算的收入和支出情况,2008年和2009年国有资本经营预算的主要支出项目是对国有企业资本金的补充以及对国有企业改制的支出,其中未明确显示企业国有产权转让所得的支出情况;2010年国有资本经营预算收入为440亿元,其中国有产权转让收入项目是空白,② 而在公示的支出情况中,"补充全国社会保障基金支出"为127.1亿元,官方的解释是,这一项目的出现是由于在公共财政预算中反映的国有股减持收入补充

---

① 任胜利:《国有产权转让为何多以协议转让成交》,载《产权导刊》2005年12月号。
② 载财政部网站,http://yss.mof.gov.cn/2010zhongyangyusuan/201003/t20100325_280080.html,访问日期:2011年8月9日。

全国社会保障基金支出划转中央国有资本经营预算所致。① 而从2011年起，"补充全国社会保障基金支出"项目的支出有了明显地减少，数据显示，近三年来的预算支出明显地偏向于支持国有企业发展和产业结构调整和升级，2012—2014年财政部对支出预算的说明也支持了这一观点。② 由此产生的问题是：现有企业国有产权转让收入的使用方式是否合理？进一步的问题是：这一收益究竟应当如何处理？

目前的国有资本经营预算支出并不区分支出项目的来源，包括股权在内的企业国有资产转让所得与国有企业上缴的利润被统一计算，掩盖了两者事实上存在的重要差异，这势必增加对国有资产经营以及国有股权转让监督的难度。因此本书认为，国有股权转让收入应当专款专用。但《转让办法》以及《国资预算意见》并未对企业国有产权转让过程中的资金使用问题进行专门规定。《转让办法》中仅仅要求根据"有关规定处理"；《国资预算意见》中则按统收统支的规则处理。这表明，目前企业国有资产（产权）转让收益的使用问题并未得到很好的解决。

从国外情况看，资料显示，私有化过程中国有股权转让收入往往被单独计算并单独使用。如德国国有股权转让收益被优先用于支持地方经济发展以及成立专门科研基金；在法国，"2002至2007年，法国出售企业国家股份收入的51.7%将用于偿还国债，32.1%用于国家对国有企业的战略投资，16.2%用于国家其他方面的补贴和资助。"③

就我国目前的实际情况而言，国有企业改制过程中存在的重要问题是员工的安置与补偿。通过国有资本经营预算进行补偿固然符合企业国有资产的基本属性，但其中的"上缴—下拨"过程增加了成本的损耗，同时资金使用过程中的审批程序还增加了时滞，对急需资金的领域造成延误。④ 基于此，国

---

① 来源：中国网，参见：http://news.china.com.cn/txt/2011-07/22/content_23048883.htm，最后访问日期：2011年8月9日。
② 2012年、2013年、2014年《中央国有资本经营预算收支情况的说明》，上述数据来源参见财政部官方网站。
③ 参见《法国国有企业私有化收入用于消散国债和增加科研》，载商务部网站，http://www.mofcom.gov.cn/aarticle/i/jyjl/m/200611/20061103623503.html，访问日期：2012年3月1日。
④ 何国华：《国有独资企业利润分配与上缴法律制度研究》，中国政法大学博士学位论文，2009年，第50—51页。

有资产（产权）转让收入分配体制中已经出现了有益的尝试。例如，2004年国资委颁发的《关于企业国有产权转让有关问题的通知》规定，"对转让标的企业涉及的职工安置方案，应当按照国家有关政策规定明确提出企业职工的劳动关系分类处理方式和有关补偿标准，经该企业职工代表大会讨论通过，并获企业所在地劳动保障行政部门审核同意"。"除国家另有规定外，不得采取转让前将有关费用从净资产中抵扣的方法进行企业国有产权转让。"而在实践中，"各地结合自己的实际情况制定了一些变通的政策，如通过对改制净资产打折的办法预留职工经济补偿金费用，或按改制基准日企业在职职工人数的一定比例和金额预提职工经济补偿费用，从国有净资产出让款中抵扣"①。可见，在职工补偿方面，已经存在简洁、高效的资金使用模式。相较而言，这种模式更能及时地解决企业产权转让过程中出现的紧急需要资金的情况，而且可以实现专款专用，相对统收统支的方式具有更高的效率。

（三）结论

上文分析清楚地表明：对存在诸多利益冲突的国有资产（产权）转让过程的规制而言，现有转让规则事实上只是确认了目前转让过程中各方的地位，而未能出于公平考虑对各方利益进行协调。在政府职能短期内不可能发生彻底转变、政府仍处于强势地位的情况下，在国企经营者由于历史原因仍拥有较为明显的信息和管理资源优势、职工缺乏必要的集体行动能力、全民缺乏必要的利益表达途径的情况下，本书认为，有效的交易规则的出台将会对包括国有股权在内的国有资产（产权）股权转让的结果产生重要影响。具体而言，改革者可以通过强制性规则的适用保证各主体对国有资产（产权）转让过程的有效参与，以此保障转让决策的合理性，通过权利的合理分配实现相关主体对转让过程的监督，并对转让中的一系列基本制度进行完善，从而最终实现利益的协调。

基于上述，也基于《公司法》《转让办法》以及《合同法》都不能全面、系统地对国有股权交易的过程进行有效规制，因此，针对现行法律法规的问题，国有股转让权行使制度的构建应当成为本书研究的重点。

---

① 《关于企业改制中职工补偿金处置的探索》，载中顾法律网，http://news.9ask.cn/gsbg/sjpg/201003/380409.html，访问日期：2011年8月9日。

四、国有股转让权行使法律制度的重构

行文至此，一个清晰的分析结论呈现出来：（1）基于公共利益的变化，处于不同行业的国有资本具有退出的可能性，这奠定了国有股转让权行使的现实基础；（2）与私人股权转让不同，国有股权转让的特殊性在于其对包括全民在内的所有利益相关者具有重要影响，将产生比私人股权转让更加复杂的利益关系，进而对法律规则的协调平衡功能提出了独特的要求；（3）中国现行国有产权转让规则存在的主要问题是：作为国有资产最终拥有者的全民以及作为重要利益相关者的企业职工，基于各自权利行使的特性而在整个股权转让过程中处于弱势地位，而政府股东以及企业经营者则由于权利不受约束处于相对强势的地位，因此，现有法律规则的实施结果与国有股权转让过程中利益关系协调平衡的基本要求相去甚远。

基于上述，本书认为，转让决策权的合理配置和制约是国有股转让权行使制度重构的核心。具体而言，应当通过正当程序的构建对政府和国资监管机构国有股转让决策权的制约和监督机制，建议将重大的国有股权转让审批权交给人大，并由人大以专门立法的方式对重大国有股权转让进行规制，同时结合行业特点，对受让方、转让场所以及转让方式的选择等进行监管，并通过完善现行《转让办法》，加强未来制度与现行规定的衔接。

（一）构建正当程序以制约政府决策权

前文的分析已经表明，作为具有自身利益取向的主体，政府股东在行使国有股转让权时会出于追求自身利益而积极推动或阻碍转让的进程。在20世纪末的国有产权转让中，曾经出现过两种思维模式之争——"靓女先嫁"抑或"丑女先嫁"？表面上看，持不同观点的双方似乎在讨论"什么样的国企更适合作为转让标的"，但反映出来的本质问题却是"出售哪一类国企更符合政府的利益？"因此，虽然在理论上政府应当是全民利益的代理人，在现实中政府也是国有股权的实际行使主体，但诸如增加财政收入、"甩包袱"等却常常成为政府转让国有股权的目的。而在已有的转让案例中我们也常常发现，财政收入的增加并未直接体现为公共利益的实现，甚至

某些国有股权转让在暗箱操作下还存在着"国有资产流失"等恶意损害全民利益的情况。

基于上述，本书提出，应当通过正当程序的构建，对政府（包括国资监管机构）在重大国有股权转让中的决策权进行制约。本书建议：将重大国有股权转让审批权交给人大，并由人大以专门立法的方式进行规制，以便在实现国有股权转让决策公众参与的同时，对政府股东行使国有股转让权的行为形成必要的监督，最终保证国有股权转让的有序和公平。

1. 正当程序在国有股转让决策权行使中的重要意义

关于国有股转让的决策权，如前所述，《企业国有资产法》仅按照公司法中股东行使公司重大事项决定权的原则，规定由履行出资人职责的机构和同级政府行使，而在《转让办法》中也原则性地规定了国资监管机构"决定或者批准所出资企业国有产权转让事项，研究、审议重大产权转让事项并报本级人民政府批准"。① 这再清楚不过地表明了中国国有股权转让决策过程对政府的依赖。

国有股权来源于国有资产对公司的直接投资，资产来源的公共属性决定了国有股权转让与公共利益息息相关，尤其是资产规模较大的公司，其国有股权转让将对全民利益产生重大影响。因此从人民主权的角度，全民应当参与转让行为的决策。但由于"全民"这一主体具有抽象性的特征，并且作为一个集合概念，我们很难设计出一套制度保证其中每一个主体都能够直接对这一过程施加影响，这决定了"全民"这一主体在行使权利的时候必然要具备特定的外观特征，以彰显其权利行使过程的合法性。在现代国家中，议会作为公民的代议机构无可置疑地拥有最高权威和公民正当行使重大事项决策权的外观特征，我国各级人民代表大会具有上述特点。但存在的问题是，对中国这样一个拥有几乎是世界上数量最庞大的国有资产的大国而言，由人大直接对国有股权转让进行决策不仅存在高昂的成本，而且可能出现人大对国有企业的不当干预。那么，是否可以用另一种思路——程序控制——来实现全民对国有股权转让过程的控制或参与？因为理论研究已经表明，在公共决策层面上，程序制度也提供了一种可以辨识的外观，以特定程序的经过表明

---

① 参见《企业国有资产法》第11条、第15条以及《转让办法》第8条第2款。

权利的有效行使；同时程序还具备一定的内在价值，即以程序的经过表明结果的正当性，即：正当程序的价值在于可以通过对话、协调的方式实现观点的协调，从而达成公共性的目的要求①；并且可以保证各个主体以理性选择的方式达成公认的意见，并保证结果的普遍服从。② 本书认为，在上述意义上，构建符合理性的正当程序符合国有股权转让各方利益协调平衡的需求。具体而言：

一方面，正当程序的构建过程要求各方利益主体都平等地参与规则的制定，并自由地提出意见。③ 现有国有资产（产权）转让规则存在的最主要问题是，重要的利益相关者无法对涉及其利益的转让决策表达意见。在国有股权转让的过程中，全民作为最重要的利益相关者几乎被排除在特别重大转让

---

① 哈贝马斯认为，解决法制正统性问题的方式，也要着重于调整价值纠纷解决的程序问题，即"让一切当事人、关系人参加讨论，通过交涉形成合意，做出决定的过程和程序。"他还提出，"合法的决定并不代表所有人的意愿，而是所有人讨论的结果"。依照哈贝马斯的观点，传统哲学上的实践理性应当被"交往理性"所取代，而其"交往理性"理论中最核心的观点即是其"主体间性"，以此来反映主体之间交往的有效性。在此基础上，哈贝马斯认为，"法律的合法性最终就依赖于一种交往的安排：作为合理商谈的参与者，法律同伴必须有可能考察一种有争议的规范是否得到，或有无可能得到所有可能相关者的同意"。哈贝马斯还认为正当的程序可以在各个主体之间存在利益纠纷的情况下实现冲突的解决，他指出，"在后形而上学时期，法律合法性的原有基础已经瓦解，法律的合法性来源于论证商谈，"即合理性的立法程序本身。"规则的合法性的程度取决于对他们的规范有效性主张的可兑现性，归根结底，取决于它们是否通过一个合理的立法程序而形成——或至少，是否曾经是有可能在实用的、伦理的和道德的角度加以辩护"。可见，如果人们可以就有关的问题进行对话、讨论，并在此基础上形成公共意志，这种公共意志就有可能形成法律。而这种过程则是民主的立法程序，"包括法案在立法议会的提出、辩论、修改、投票表决等程序，"在这种情况下制定出来的规则，体现出了主体之间的交往理性，也就具备了合法性。参见孙桂林：《哈贝马斯的法律商谈理论及其中国化的意义》，载《法学杂志》2010 年第 3 期；〔德〕哈贝马斯著：《在事实与规范之间——关于法律和民主法治国的商谈理论》，童世骏译，三联书店 2003 年版；张斌峰：《从事实的世界到规范的世界——评哈贝马斯"普遍语用学"对言语有效性范畴的超越与拓展》，载《自然辩证法通讯》2002 年第 4 期。

② D. E. 艾普特认为，一个有效的选择机制的建立是现代化建立的重要标志。在这种选择机制的建构中，程序发挥着重要的作用。一方面，在抽象的观念和具体的现实中存在着巨大的差异，而程序的存在保证了当事人在存在较大争议之时通过理性的商谈实现共识；另一方面，有效的程序提供了可供选择但是又存在有效约束的商谈机制，这种机制排除了身份、地位的差异，其核心的内容是商谈的议题和相关的事实以及规则，"程序规定的内容在很大程度上是一种角色规范，是消除角色紧张（role strain）、保证分工执行顺利实现的条件设定"。参见季卫东：《程序比较论》，载《比较法研究》1993 年第 1 期。

③ 充分的无强制性也是程序得以建立的重要前提，应当在对话、讨论的过程中排除任何形式的强制，只应当认可更好的理由和论据。从这个角度来看，程序的设计应当也是一种完全中立的机制，要摒弃一切非中立性的动机。而且，在满足上述要求的前提下，将可以允许各个利益主体从不同的角度提出自己的意见，并且在利益多元、意见多样的情况下通过对话、协商实现观点的协调。参见孙桂林：《哈贝马斯的法律商谈理论及其中国化的意义》，载《法学杂志》2010 年第 3 期；以及〔德〕哈贝马斯：《在事实与规范之间——关于法律和民主法治国的商谈理论》，童世骏译，三联书店 2003 年版。

的决策程序之外，甚至没能获得监督这一过程的权利。而企业员工作为另一重要利益相关者，只能原则性地通过职工（代表）大会对转让意见进行审议，而这种审议在现实中并不具有实际意义，难以对转让的决策产生实际影响。依照主体之间的交往活动决定规则正当性的理论来看，在缺乏重要利益相关者参与的情况下形成的转让规则显然难以称得上具备充足正当性的。因此，国有股转让权行使制度的构建应当充分考虑到利益相关者参与规则制定的需求，在此基础上，形成多方参与的机制，并且制定相应的配套规则，保证各方参与的可能性。如信息披露制度的完善，职工代表大会制度对转让具体方案制定的参与权，职工代表大会对特别重大转让的决策权都可以在一定程度上保证各方主体有机会对这一过程发表意见，这无疑对国有股权转让欲达到的公共利益的增进具有重要意义。

另一方面，程序的设置也应当是可以保证普遍遵从的。这包含两层意思，(1) 一个可以受到普遍遵守的程序首先是各方主体经过互动、通过协调而成的结果，这表明各主体的利益已经得到了充分的表达，并经过了有效沟通，每个主体的意见都受到了平等对待并在此基础上形成了基本的共识，这也符合规则正当性成立的原理。(2) 一个得到普遍遵守的规则也应当是一个具有较强可操作性的规则。在现有国有股权转让的规则体系中存在着大量缺乏可操作性规则，如决策主体与监督主体明显重叠，国有股权转让过程中强制性适用的招标、拍卖等程序在现实中往往难以真正发挥作用等。上述不合理因素表现出了政府扩大自身权力的意愿，以及限制当事人行动的意图。这种"厚此薄彼"的规则在执行的过程中明显欠缺公平。而由于上述规则对当事人行为干预过多，形成了极高的交易成本，导致当事人往往积极采取措施规避管制。因此，本书认为应当设计一种具有较强操作性的规则，从而有效地降低交易成本，保证当事人对规则的遵从。

2. 构建正当程序的具体立法建议

(1) 加强人民代表大会对政府重大国有股权转让决策权的监督。鉴于不受约束的政府权利（力）可能产生的问题，现行以人民代表大会为基本形式的代议制度由于可以较好地实现全民参与和集中决策之间的平衡，本书认为，总体上可以规定，重大国有股权转让应当经人大批准。而基于人民代表大会议事具有鲜明的程序性特征，即通过特定的程序彰显权力行使的正当性，由人大审查批准重大国有股权转让的决策事实上具备了程序控制的特点。作为配套，还应当解决现行体制中国资监管机构"自我监管"的问题。本书认为，可以从现有制度中发掘必要的资源实现对其行为的监督，将监督权交给人民代表大会常委会行使，可以借鉴《各级人民代表大会常务委员会监督法》的规则，由人民代表大会常委会通过特定的方式以及程序实现对国资委的监督。最后，还应当对企业经营者制定转让方案的行为进行监督。现行规则将这一监督权交给了国资监管机构（股东），本书认为，从现代公司治理角度，企业职工应当分享监督权。

（2）以专门立法对特别重大的国有股权转让实行规制。从国外国有股权转让的经验来看，对特别重大的国有股权转让往往以专门立法进行规制。例如，俄罗斯私有化过程中所涉及的国有股权转让都经历了专门的立法活动，《俄罗斯联邦所有制法》专门界定"私有化"一词[①]、1997年颁布《俄罗斯联邦国有资产私有化和市政资产私有化原则法》[②]、2001年颁布《俄罗斯联邦国有资产和市政资产私有化法》等。[③] 上述法律对俄罗斯私有化进程中所涉国有股权转让的权限分配、具体执行措施等都进行了细致规定。显然，这对重要国有股权转让的有序、公平起到了极为重要的作用。西德的做法与俄罗斯类似，由于政府行为必须符合一般法律的规定，加之对数额巨大的公共财产进行处置并不是政府可以单独决定的，而必须由联邦议会颁布法律予以规范。"法律的内容包括私有化的目的、范围、程序和出卖企业私有化收入的使用途径。"[④] 联邦财政部只能作为法律的执行机构，将拟私有化的企业及私有化方案提交议会审议。在这一规则的作用下，一些大企业国有股权转让前，

---

① 其基本内涵为："将国家所有或者市级政府所有的企业、财产组合、房产、设施和其他财产转让，变为公民或法人所有。"

② смотр.《ФЕДЕРАЛЬНЫЙ ЗАКОН О ПРИВАТИЗАЦИИ ГОСУДАРСТВЕННОГО ИМУЩЕСТВА И ОБ ОСНОВАХ ПРИВАТИЗАЦИИ МУНИЦИПАЛЬНОГОИМУЩЕСТВА В РОССИЙСКОЙ ФЕДЕРАЦИИ》，载 http://www.consultant.ru/online/base/? req=doc；base=LAW；n=28103，访问日期：2011年7月28日。

③ смотр.《ФЕДЕРАЛЬНЫЙ ЗАКОН О ПРИВАТИЗАЦИИ ГОСУДАРСТВЕННОГО И МУНИЦИПА ЛЬНОГО ИМУЩЕСТВА》，载 http://www.consultant.ru/online/base/? req=doc；base=LAW；n=116281，访问日期：2011年7月28日。

④ 朱秋霞：《德国国有企业私有化的原则、方法及对我国的启示》，载《开放导报》2005年4月号，第50—51页。

为保证转让的规范性，议会专门为其制定了相应的法律。如众所周知的《大众公司法》(Volkswagen-Gesetz)(1960)就对该公司国有股权转让的具体方式作出了明确、细致的规定。英国为了保证其私有化结果的公正，也采取了类似的措施。"无论是在方案设计、具体操作过程、国有企业股票的定价和发行方法以及私有化的过程中的审计，都有一系列的法律程序和完整细致的计划。这些环环相扣的步骤，为私有化减少了众多的批评之声。"[①]

综上，本书认为，以专门立法方式对重大国有股权转让的决策以及实施全过程进行规制，有助于实现转让决策过程中的全民参与，避免政府在转让决策过程中的独断行为导致利益分配不公现象，使得各方可以更加容易接受股权转让的后果，最大限度地减少重大国有股权转让引发的不稳定因素。本书建议，中国在进行国有企业布局调整的过程中首先应当加强立法，以法律的方式对重大国有股权转让进行规制。具体而言：

第一，应当根据行业不同，结合国有股权转让的数量以及转让产生的影响来确定纳入专门立法调整的重大国有股权转让的范围。具体可大致分为两种情况：① 涉及国家经济战略行业、国家安全行业以及自然垄断行业中较为重要的企业、资产规模和员工数量特别大的竞争性企业。由于上述企业具有极强的公共性，对国家安全以及居民生活、公共利益的实现有着极为重要的影响，因此本书认为，当国有股权转让导致国有资本在该企业退出或者丧失控制地位时，应在详细论证的基础上，通过专门立法对国有股权转让方式和比例等作出规定。其中，属于央企的应由全国人大制定专门法律，也可以经人大授权由全国人大常委会制定专门法律；属于地方所有的国企则应当由省级或获得特别许可的市级人大制定专门的地方性法规予以规定，也可以经授权后由本级人大常委会制定专门法规，并且需要将该法规提交全国人大常委会审查备案。② 竞争性行业内的企业。此类企业数量较多，而且其设立目的在于经济目的的实现，因此并不直接涉及公共利益。本书认为，此类企业的国有股权转让可以由全国人大常委会就某一行业进行整体立法，对该行业中的国有股权转让的相关具体问题进行原则性规定，具体企业国有股权的转让

[①] 《参考英国经验，使私有化造福于民》，载百度网，http://apps.hi.baidu.com/share/detail/54761618，访问日期：2012年3月4日。

由国资监管机构根据立法精神执行资质的审核，对于那些规模较小的企业，也可以在企业内部由职工代表大会审议通过转让规则后，报地方政府（国资监管机构）批准后交省级人大常委会备案。

第二，专门立法在内容上主要包括两个方面：① 国有股权转让的细节，包括企业的基本信息，如转让方、转让标的的名称，拟转让的股权比例，受让人的基本条件，基本的转让对价，转让所得的使用方式等。② 鉴于我国国有资本投资企业在管理体制上的路径依赖，专门立法还应当规定相关政府机构在国有股权转让过程中的职责和权限，避免国有股权转让中的争夺权力、非法干预、推诿责任等。

（3）人大与国资监管机构的关系。在将重大国有股权转让审批权交给人大、并由人大以专门立法的方式对重大国有股权转让进行规制的前提下，必然涉及的问题是：是否需要设立专门机构以保证人大权利的有效行使？这既是人大行使权力的方式问题，同时也部分涉及现行国有资产管理体制的改革问题。国内学者曾就处理二者的关系提出过两种方案：① 可以在人大专设一个部门负责国有股权行使、转让、监督的相关问题，并由其作为股东的代表行使出资人职责[1]；② 可以将国资委的地位改变为人大的专门委员会，将其置于人大的直接管辖之下，这样既可保证其地位的权威性，又可以体现其行使职权的正当性[2]。本书认为，尽管前一种观点更加符合全民行使股东权利的理论，但在已建立国资监管机构的背景下，并无必要叠床架屋地新设机构，人为制造机构臃肿，人大行使权利的方式可以通过立法的过程实现，也可以通过对国资委的监督来体现。至于后一种观点，本书认为，政府行使国有资产监管权是其履行经济职能的重要方式，若将这一权力交给人民代表大会，则将人为地造成政府经济管理职能和国有资产管理职能的割裂，因此无需将国资委作为人大的专门机构。

在不调整机构、维持目前体制的前提下，在重大国有股转让过程中一方

---

[1] 如深圳市专门成立代表专业小组审查监督国有资产运营，本书认为这种模式较为符合人民代表监督全民所有财产的原理，参见：《深圳人大设代表专业小组审查监督国有资产运营》载星岛环球网，网址：http://news.stnn.cc/c17/2011/0609/2883312204.html，访问日期：2012 年 2 月 27 日。

[2] 代表性观点参见黄雷、叶勇：《国有资产管理的国际比较研究》，载《西安交通大学学报》第 9 期。对这一观点的批判参见张卓元在 2003 年 1 月 24 日《人民日报》第 9 版《解析国有资产管理新体制》一文。

面要注意发挥国资监管机构的作用,另一方面还要实现对其行为的监督和制约。具体而言,应依其法律地位,明确规定国资监管机构负责编制具体企业或具体行业中国有股权转让的方案,同时,这一方案应当通过职工(代表)大会审议,审议过程中应当有专人负责解答职工的询问。在通过职工(代表)大会审议后,应当提交人大(及其常委会)审议,并公布实施。

以此为基础,国资监管机构应当负责向社会公布企业的具体情况,如转让企业的性质、注册资本、转让标的企业最近一个年度审计报告和最近一期财务报表中的主要财务指标数据等,并且需要由国资监管机构在收购方购买国有股权时进行具体交易事项的执行和股权凭证的发放。而为了避免在这一过程中出现的舞弊现象,实现对国资监管机构的监督,转让所得的收益应当由财政部门进行统一管理。① 国资委应当向财政部门提交转让对象名录以及转让凭证,转让所得资金统一向财政部门移交。转让所得应当成立专门账户,以区别于其他项下的资金,在发生实际支出需求时由人民代表大会批准并经财政部门审核后拨款。在转让的整个过程中,人民代表大会有权检查转让进度,有权监督资金的收入和使用情况,并随时可以要求国资监管机构和财政部门对相关事项进行解释。此以,其他组织(如政府其他部门)和个人均无权干涉转让行为。

(4) 建立充分有效的信息披露制度。所谓信息披露,就是市场主体按照法律规定将其基本状况以一定方式向社会或特定对象公开的活动。有效的信息披露可以使大众准确地获取企业的基本信息,从而对转让过程进行监督,同时,对于意向受让方而言也可以有效影响其决策。② 因此,信息披露制度在国有股权转让的过程中具有较为重要的价值。就制度而言,一个完整的信息披露制度应当包括:企业的基本信息、信息披露的方式、披露时间,以及不按照规定披露信息应当承担的责任。因此本书认为,在国有股权转让过程中:

第一,强制要求权利行使主体对拟转让的企业的基本信息进行披露,包括转让企业的名称、转让企业的性质、"成立时间、注册地点、所属行业、主

---

① 本书认为,转让收益应当与财政收入进行区分,但是鉴于当前的收入管理体制,即便是国有资本经营预算也是由财政部门进行管理的,所以当前将转让收益交给财政部门也有其合理性。

② 符绍强认为,增加信息的扩散程度可以有效增加国有企业在招标方式下的成交价格。参见符绍强:《国有产权交易博弈分析》,经济科学出版社2007年版,第75页。

营业务、注册资本、职工人数;企业出资人的性质、出资金额、出资比例;转让标的企业最近一个年度审计报告和最近一期财务报表中的主要财务指标数据,包括所有者权益、负债、营业收入、净利润等;转让标的资产评估的备案或者核准情况,资产评估报告中总资产、总负债、净资产的评估值和相对应的审计后账面值;产权转让行为的相关内部决策及批准情况等。"[①]

第二,应当科学合理地规定信息披露的方式和时间。《转让办法》中要求在产权市场的网站和省级以上公开发行的经济类或金融类报刊上进行公告,其公告时间也较短,只有20天的公示期限。本书认为这种公示方式覆盖范围还不够广,信息披露的最短期限也过短,难以保证对企业状况进行有效的披露。因此,应当扩大信息披露的覆盖面,将企业的基本信息通过发行量较大的报刊、浏览量较高的门户网站进行公告,并且在整个交易的过程中持续对企业的信息进行公示,保证每个意向购买者都可以获得足够的信息。

第三,应当明确信息披露的法律责任。明确的法律责任可以使信息发布者对信息持谨慎态度,目前我国尚未对企业国有产权转让过程中的信息披露规定法律责任。有鉴于此,本书认为,首先应当明确各方的权利义务。国资委应当负责制定专门的信息披露规则,并实施有效监督;企业应当提供各项基本材料,并保证材料的真实可信;中介机构(律师事务所、会计师事务所等机构)应当恪守职业道德,根据转让方提供的信息如实出具意见,并对出具的意见承担相应责任。在上述分工的基础上,应当对不履行或不适当履行其义务的一方进行责任追究,以此保证信息披露的准确性。

(二) 国有股权转让具体规则的构建

1. 受让方的选择

本书认为,竞争性行业和非竞争性行业的转让对象由于其所在领域不同以及所涉及的群体存在较大的区别,因此在转让过程中,对受让方资格的确定也存在较大的差别。同时,对于涉及国家经济战略、国家安全的行业和自然垄断行业,由于其所涉及的领域和影响的群体也存在一定的差异,因而本

[①] 晋入勤:《企业国有产权交易法律制度创新论》,华东政法大学博士学位论文,2010年,第140—141页。

书认为有必要对其各自的受让方资格进行分别论述。

(1) 涉及国家经济战略以及国家安全的行业。如前所述,由于对国家经济发展、经济安全或对国防建设的重要作用,该行业内企业国有股权转让时,除对重大国有股权转让的决策权进行严格控制之外,本书认为,考虑到这类企业设置目的中明显的公共利益倾向,其国有股权转让应当遵守的基本原则是: ① 规定全民都有资格受让被转让的国有股权。由于上述企业对全国范围内的公共利益实现具有重要影响,可以认为其利益相关者包括了全体国民,因此当其国有股权转让时,应当允许全民有资格受让。例如,无论在俄罗斯、捷克或是德国,其私有化过程中的国有股权转让都规定全民有资格受让国有股权。在德国大众公司股权转让的过程中,更是规定了所有公民都可以一定的金额受让国有股权。① 当然,考虑到企业的整体价值以及转让涉及的金额较大,"有权购买"只是一种应然状态,这并不意味着所有人都可能实际参与购买。② 对受让方进行严格限制。由于上述企业对于国家经济、国防具有重要价值,使得在股权转让中对受让方的资格进行严格限制成为必然。本书认为,应当慎重对待上述企业被外资收购的问题,防止影响国家经济发展的重要行业或国防建设的重要产业受制于人。

在上述原则的基础上,本书认为首先应当对企业进行充分有效的资产评估,然后按照一定的规则确定受让对象。应当指出,在我国进行的国有股权转让与俄罗斯、捷克等国的私有化政策存在极大区别。由于当前并不存在短时间内对全部或大部分国有股权进行迅速转让的可能,本书认为,应当按照如下顺序确定国有股权受让方: ① 可以征询本企业职工的购买意向。由于职工是企业最直接的利益相关者,在企业股权转让的过程中可能会由于失业、福利减少等导致其利益受到损失。因此可以在股份总额中取出适量比例,在股权出售前征询本企业职工购买意见,若职工有足够的意愿和能力购买,则在保证转让对价适当的前提下优先由员工购买,并结合实际情况可以给予一

---

① 在德国,大众公司的国有股权以固定价格直接向市场出售,分为三种情况: (1) 社会折扣出让方式,在 2 个月内,任何一个年满 18 周岁、在国内有住宅或户口的自然人,其年收入在 6000—8000 马克 (1959 年标准) 范围内的,可以以票面金额的 80%—95% 购买大众公司股票,限额为 5 股。(2) 凭证出让,本企业的职工可按职工持股,凭证购买 10 股。(3) 一般出让,不符合上述情况者,可以以实价购买 10 股。

定的折扣，但比例不应过大。考虑到保护职工利益与外部购买者之间的利益平衡，职工优先购买的股权比例不应过大，如 10%—20% 较为合适①，同时规定通过这种方式购买的股份在一定年限内不得转让。② ② 在员工不能购买的情况下，应将欲转让的国有股权在产权交易所内挂牌出售。考虑到此类企业具有重要的社会价值，以及与国家安全存在密切关联，应当关注其受让方的身份。本书认为，对于这类企业的受让方原则上应当以国内的购买者为宜，便于在紧急状态下由国家对企业实施控制。

相对而言，上述方案避免了俄罗斯、③ 捷克出现的以"分"为主要形式的私有化，④ 避免了大规模的国有股权被低价甚至无偿转让给无能力进行实际经营的人，且可以保证国家通过股权转让获取足够的对价。此外，本书还认为，无论国有股权的受让方是哪一类主体，都应当保留一定比例的国有股权由所在地方或者中央国资监管机构持有，也可以通过规定"黄金股"的方式保留国家股东对上述企业重大决策中的否决权，以此保证一定范围内的经济、国防安全需求。

（2）自然垄断行业。本书认为，这一行业内的国有股权转让与前述不同。

---

① 由于在国外的私有化往往是通过证券市场进行的，因而每个公民都可以通过证券市场购买到企业股份，但是我国的国有股权转让往往是通过企业的产权交易市场进行，导致公民在资金不足的情况下无法参与股权的竞争购买，本书认为这也属于一种隐性的侵犯公民购买权的行为，但是由于当前存量国有资产规模过大，无法将其投入证券市场，因而在产权交易所进行的转让是当前国情下选择的特殊解决措施。在此情况下，职工的优先购买权就不涉及对普通公民购买权的侵犯，而是一种对职工权益的保护措施。

② 在德国大众汽车私有化的过程中，本企业的职工可按职工持股价，凭证购买 10 股，并且按照凭证方式受让的股票在 2 年之后方可转让。

③ 根据制定于 1991 年的俄罗斯私有化方案，经理和员工（内部人）可以获得免费的股份。这些规则在 1 年之后发生了改变，根据这些方案，内部人员可以拥有企业 25%—50% 的资产，在一些更大的企业中，这些资产会有更高的价值。在 1992 年的私有化方案中为大型和中型企业的私有化提供了三个备选方案，大约有 70%—80% 的企业选择了如下这种私有化方式：(1) "工人共同体"可以以票面价格的 1.7 倍购买 51% 的股份。但是价款的 50% 要通过私有化证券支付；(2) 另外 5% 的普通股应当设立私有化特别基金；(3) 21% 的股份应当为地区财产基金所有；(4) 剩余股份（不得少于 29%）应当在 6 个月内在证券市场上出售。这一方案的大受欢迎反映了内部人员对外部购买人的惧怕，因为外部购买人可以利用控制性的股权对经理施加压力，并促使公司重建，从而威胁到内部人的位置。参见 Elena Medova, Larissa Tischenko，LAWLESS PRIVATIZATION? Working Paper of University of Cambridge，来源：http://www-cfap.jbs.cam.ac.uk/publications/downloads/wp29.pdf, p. 14, 访问日期：2014 年 3 月 20 日。

④ 在俄罗斯由于内部人在获得股权的过程中存在优势，作为平衡，政府允许剩余股份（不少于全部股份的 29%）可以通过私有化票证在拍卖市场上出售。这些私有化票证免费向公民发放，上面都标有名义价格——10000 卢布（1992 年 1 月的价格），这些票证可以在拍卖中出价。

① 在目前我国自然垄断行业的企业中，其业务往往包含一定的（潜在）竞争性业务，因此改革方式也不局限于股权转让。① 本书认为，考虑到该行业存在较为严重的管制者与被管制者利益一体的局面②，应当考虑引入非国有因素来改变监管者与被监管者之间的密切联系。与此同时，还要对该行业内企业的不同业务进行区分。对存在竞争可能性的业务，可以通过与竞争性行业相类似的以市场公开交易的方式进行转让；对于非竞争性业务则专门设计相应的制度进行转让。② 由于自然垄断行业往往与居民生活密切相关，该行业内企业国有股权转让必须考虑对居民生活的影响。因此，这类企业的国有股权转让基本原则就应当与前一类企业存在差别，即在选择受让方时，要着重关注其是否会造成当地居民福利的损失。例如，在英国公用事业私有化过程中，虽然企业经营效率有了提升，但由于收费也有所提高，导致居民对这种经营模式并不满意。③ 因此本书认为，在这类企业国有股权转让的过程中应当优先考虑其所承担的公共职能。鉴于我国目前已在一些城市尝试转让部分公共设施的经营权④，本书认为，这一领域内企业的国有股权可以在充分论证以及普遍监督的条件下对境外投资者或国内的机构投资者进行转让。

在区分竞争性与非竞争性业务的前提下，对从事非竞争性业务企业中国有股权转让的规则设计如下：① 可以仿效第一类企业的做法，赋予职工优先购买的权利，同时对职工购买部分的比例进行限制，在职工放弃购买或对价不足的情况下，将其在产权交易所内公开转让。② 相对而言，这一行业对经营能力的需求要高于对投资者身份控制的需求，因此在转让前应当严格审查受让方的经营资质，对于那些从未从事过相关领域经营，或有不良经营记录的企业，应当对其购买资格予以限制。此外，在考虑经营能力的基础上，可

---

① 王俊豪认为，对自然垄断行业的改革存在以下几种措施：接入管制、所有权分离、联合所有制、经营权分离、形成若干互利部分。本书认为，在我国现阶段的自然垄断行业改革过程中，无论采取何种方式，其中都存在国有股权转让的可能性。参见王俊豪：《自然垄断产业市场结构重组的目标、模式与政策实践》，载《中国工业经济》2004 年第 1 期，第 22—25 页。

② 这一问题在本书第三部分中讨论"自然垄断行业中国有股权的设置目标及其转让的可能性"时已经有所论述。

③ 英国煤气行业私有化后伴随的是提价和劣质服务，导致居民十分不满。参见谢地编著：《自然垄断行业国有经济调整与政府规制改革互动论》，经济科学出版社 2007 年版，第 20 页。

④ 如兰州市政府就曾经将本市的自来水供应的服务及其收费权转让给境外投资者。对兰州自来水服务转让的批评，参见郎咸平：《新帝国主义在中国》，东方出版社 2010 年版，第 16—25 页。

以不必纠缠于企业或出资人的国籍,因而可以向境外有相关资质和经营经验的企业转让。

应当指出,这一行业中国有股权的转让并不意味着政府职能的终结,政府仍然应当努力提高管制效率,维护公共利益。另外,对涉及公共服务职能的企业,政府也可以保留一定的股份,或者通过"黄金股"制度限制投资方滥用支配地位,损害公共利益。

(3) 竞争性行业。已有的大量国有产权交易实践已经为我们积累了丰富的经验,通过产权交易市场公开征集受让方的方式既有利于形成较优的价格,也可以寻找到更为优质的受让方。因此,本书认为竞争性行业中的国有股权转让可以依照现有《转让办法》确定的方式、通过产权交易所公开转让,与此同时,也要注重企业职工对转让决策的集体参与问题。

在上述建议之外,本书认为,所有企业中国有股权转让的受让方选择都应当关注社保基金。研究表明,社保基金作为机构投资者,其重视的是企业及其股份的投资价值,而非投机炒作。因此,社保基金可以作为一个有效的投资者,同时其行为可以对其他投资者起到示范作用。[1] 而新加坡的经验也显示,将国有股权转让给公积金可以在一定程度上实现公积金账户的保值增值。[2] 因此,将国有股权中的一部分转让给社保基金,既可以实现国有股权转让的目的,又可以通过企业的盈利和分红实现社保基金的保值增值。本书建议,上述所有行业中企业国有股权转让时,可以考虑将盈利水平较高的企业的一部分国有股份转让给社会保障基金。

2. 转让方式与转让场所的选择

(1) 转让方式的选择。根据对交易公平的追求以及避免国有资产流失的需要,本书认为,应当针对不同受让对象选择不同的国有股权转让方式。

第一,由于只存在一个交易相对方,竞争性的交易手段并不合适职工购买国有股权的场合,因此,本企业职工购买国有股权时可采取协议转让方式。针对协议转让中容易出现的问题,本书认为,应当从以下方面加强对交易程序的控制:① 加强对国有股权转让方行为的监督。除前述通过人大审批重大

---

[1] 杨俊、龚六堂、王亚平:《国有股权型社会保障研究》,载《经济研究》2006 年第 3 期。
[2] 李志良:《新加坡公共企业的特殊私有化(下)》,载《改革》1999 年第 2 期。

国有股权转让之外，还应当加强对企业经营者行为的监督，避免企业经营者利用占有的信息优势为自己谋取利益，损害全民利益。对交易程序监督的重点是股权价值评估以及公平转让价格的确定。② 赋予双方平等的交易地位。鉴于目前国资监管机构在国有股权转让规则制定以及转让过程监管方面的权利（力）容易导致交易双方地位的不平等，本书认为，将重大国有股权转让的审批权交给人大、同时以专门立法方式进行规制，已经在一定程度上缩小了国资监管机构与受让方地位的差距。但应当注意，考虑到股东与企业职工之间信息不对称，转让过程中应赋予国资监管机构知情权，其可通过审计等途径获取企业内部信息。③ 限制职工决策权，本书建议，在确定转让价格以及转让标的的过程中，限制职工董事的表决权。考虑到大量国有独资公司以及国有资本控股公司中都存在职工董事，因此，限制其表决权可以在一定程度上保证交易的决策权与利益主体隔离。但是这一措施并不排斥职工的集体决策，以及职工集体组织与企业、国资监管机构的谈判，本书认为，上述规则是保护职工集体的权益，与转让的正当程序并不冲突。

第二，针对其他主体的转让原则上应以竞争方式购买为主，但在拟受让方只有一个主体的情况下，股权转让可按协议转让方式进行，并加强对转让过程的监督。在非协议转让过程中，本书认为应当关注的问题是转让的公平性和交易双方地位的平等。具体而言，国有股权转让应当进入产权交易市场，在产权交易所的监督之下进行；交易之前应当进行充分的信息披露，使所有出价者得到相同的信息，并保证该信息的真实性和完全性；在交易过程中还应保证竞价方式的公开和透明，选择交易相对方时，要公示交易的全部或主要条件，尤其是通过招投标方式进行交易时，更要及时公示选择交易相对方的理由。在交易过程中，尤其应当加强相关机构的监督和检查。另外为使交易双方地位尽量平等，可以参照前述对协议转让的建议。最后从实践角度看，国有股权转让方式的选择必须考虑转让具体目标的实现。如果转让的唯一目的是转让价格的实现，那么拍卖方式是最直接有效的方法；如果转让目标具有多元化的特性，例如同时需要保障职工利益、债权人利益等，那么招投标方式就是一种较为理想的选择。

（2）转让场所的选择。根据现行法律对国有股权转让场所的规定，上市公司的国有股权通过股票交易市场进行交易；一般国有股权转让应在专门设置的产权交易市场进行；在股票交易市场和产权交易市场以外由交易双方协商后直接交易。毫无疑问，通过产权交易所与股票交易市场的交易可以在很大程度上通过竞争的方式解决转让定价的难题，也可以在一定程度上克服"暗箱操作"的障碍，实现"阳光交易"。但问题在于，如何协调上市公司的国有股权转让与通过产权交易所进行的国有股权转让？

结合产权交易所发展的现状以及其所从事的主要业务[①]，本书认为，从国有股权转让角度，这一市场的主要作用是在国有股权不能上市流通的情况下，选择一种相对公平且能有效避免国有资产流失的方式转让国有股权，因此在整体上可以被理解为一种权宜之计。但考虑到不上市公司的国有股权转让的需求，产权交易所制度不能完全放弃。基于上述，本书认为，目前中国的股权转让体系应当包含两个层次的股权交易市场：① 以上海、深圳股票交易所为基础的证券交易市场，符合条件的国有公司可以在这一层次的市场内进行股权的交易，并逐步推进其他国有公司的股权进入这一市场进行交易；② 区域性 OTC 市场，这一层次的产权交易市场是在整合现有区域性产权交易市场的基础上建立的。如此，方可有效利用现有的监管框架，为国有股权转让提供全方位的服务。

3. 转让收益的使用方式与制度完善

对国外经验的考察表明，实施大规模国有股权转让的国家对转让收益的分配存在明显不同。例如，俄罗斯试图以转让收益充实国家财政，但由于转让收益并不多[②]，这一目的实际上没有实现，在实践中也就无所谓转让收益的分配问题；在捷克，每个公民实际支付的费用远远低于其通过私有化证券获得的资产价值，这使得捷克实际上并未在这一过程中获得收益[③]；而前西德在进行大型国有企业的股权转让中，扣除成本之后的净收益被用来进行基础设

[①] 实践中，我国的有形产权交易市场设置的主要目的在于大宗的企业产权转让，包括企业国有产权转让、土地转让等，也包括大宗商品的竞争购买。

[②] 据有关统计，在 1993—1996 年内，私有化的收入仅占到俄罗斯国内生产总值的 0.02%—0.04%，占预算收入的 0.13%—0.16%。参见徐海燕：《俄罗斯私有化十五周年回顾》，载《国际资料信息》2007 年第 10 期，第 8 页。

[③] 参见金雁、秦晖：《捷克：起点平等之后》，载《改革》2001 年第 2 期。

施的建设、成立专门基金鼓励科教事业发展。① 本书认为，比较而言，在前西德的做法中所包含的转让收益独立于政府其他收入的思想值得我国借鉴。

根据现行规定，我国企业国有产权转让收益纳入国有资本经营预算进行统一管理，这使其与国有企业上缴的股利难以相互区分。股权转让收益与股利收益具有明显不同，股利是国家股东行使股利分配权获得的收益，体现的是国有资本的增量；而股权转让所得是国家股东转让股权获得的收益，体现的是国有资本存量的变化，因此，上述两者在计算和使用上相互独立，不仅有利于国有股权转让的目标实现程度的评估，而且也便于对转让所得使用的监督。

就目前而言，国有股权转让收入专款专用的必要性还与我国国企基于历史因素而承担的隐性职责有关（如职工的社会保障）。当国有股权转让导致企业性质发生变化，新资本进入企业后未必能够保留完善、充分的福利体系时②，职工的工作岗位甚至有可能消失，这要求在国有股权退出后仍然要关注这部分职工的社会保障问题。基于此，本书认为，国有股权转让收益的专款专用有利于与社会保障制度相结合，优先用于保障国有股权转让后企业中失业职工的基本生活，对这部分职工的基本社会保障所需的资金也可从转让收益中支出。

此外，对转让收益中其余部分，可以从中抽取部分资金优先充实当地的社会保障系统，适当提高低收入者的生活水平，也可以充实医保，扩大基本医疗的覆盖范围③，或提高医疗保险的标准等。剩余部分可以成立专门基金，

---

① 在20世纪60年代大众公司私有化过程中，当时的联邦法国联邦政府与州政府以出让国有股的方式，将部分资产的所有权转让给社会团体、企业和个人，由此收回了部分原始投资与资产收益。在扣除股票发行成本后，这部分资金主要用于联邦政府与州政府的基础设施投资，其余部分由联邦政府与州政府共同建立"大众汽车基金会"，以鼓励科学文化事业。

② 学者认为，国有企业在实际上承担了很大一部分职工福利的发放，这在很大程度上减轻了国家的负担，但是给国有企业造成了沉重的压力，参见刘元春：《国有企业宏观效率论——理论及其验证》，载《中国社会科学》2001年第5期，第69页。刘小玄则认为，企业改制对于员工福利造成了很大的损失，参见刘小玄：《转轨过程中的民营化》，社会科学文献出版社2005年版，第57页。

③ 《北京市基本医疗保险规定》第2条指出："本市行政区域内的城镇所有用人单位，包括企业、机关、事业单位、社会团体、民办非企业单位（以下简称用人单位）及其职工和退休人员适用本规定。用人单位及其职工和退休人员参加基本医疗保险的具体时间由市劳动和社会保障行政部门（以下简称市劳动保障行政部门）规定。"虽然目前北京市医疗保险覆盖率达到92.6%，但是仍有部分群体没能纳入这一体系，从全国范围看，还有不少地区低于这一比例，因而本书认为，扩大基本医疗保险仍然有其可行性。

对基础设施建设以及科教事业的发展提供支持。考虑到国有企业资产的全民属性，本书认为，还应当从国有股权转让收益中专门提出部分作为支持全国范围内的基础设施建设。与此同时，由于在部分产业中还涉及民营资本进入的问题，如在国家安全的行业、自然垄断行业等，虽然在这些行业中并不必然出现国有股权的大规模转让现象，但鉴于当前民营资本的规模以及发展状况还不容乐观的现实，本书认为，可以转让收益专门针对民营资本的发展建立扶持基金，鼓励、支持、引导民营企业进入这一行业。这将对民营企业的发展具有积极的作用。

4. 对《转让办法》的完善

结合目前的具体情况，本书认为，竞争性行业中的国有股权转让可以继续沿用现行《转让办法》确定的基本模式，但应当进一步完善其中的重要制度。

（1）完善转让标的的内涵。如前所述，现行制度对"企业国有产权"以及"企业国有资产"等概念的使用繁杂且混乱，其内涵存在多种不同理解，不仅导致对产权转让过程中的法律适用以及对产权转让效力的争议，而且形成实践中只要企业中存在国家出资，其所有资产转让就会面临程序管控。因此本书认为，必须重新界定和规范使用"企业国有产权""企业国有资产"，应当区分国有股权转让与企业运营过程中的一般性资产转让，并分别适用不同的管控程序。

（2）重新规定无效条款。本书认为，现行的九种产权交易无效行为并非全部合理。① 虽然规则的制定者保护国有资产的意愿十分强烈，但一方面，由于部门规章在效力上低于《合同法》，两者冲突时部门规章的条款无效；另一

---

① 《转让办法》第32条规定了如下一些可能导致转让无效的情形：（1）未按本办法有关规定在产权交易机构中进行交易的；（2）转让方、转让标的企业不履行相应的内部决策程序、批准程序或者超越权限、擅自转让企业国有产权的；（3）转让方、转让标的企业故意隐匿应当纳入评估范围的资产，或者提供虚假会计资料，导致审计、评估结果失真，以及未经审计、评估，造成国有资产流失的；（4）转让方与受让方串通，低价转让国有产权，造成国有资产流失的；（5）转让方、转让标的企业未按规定妥善安置职工、接续社会保险关系、处理拖欠职工各项债务以及未补缴欠缴的各项社会保险费，侵害职工合法权益的；（6）转让方未按照规定落实转让标的企业的债权债务，非法转移债权或者逃避债务清偿责任的；（7）以企业国有产权作为担保，转让该国有产权时，未经担保权人同意的；（8）受让方采取欺诈、隐瞒等手段影响转让方的选择以及产权转让合同签订的；（9）受让方在产权转让竞价、拍卖中，恶意串通压低价格，造成国有资产流失的。

方面，根据《合同法》和《公司法》的法理，上述部分无效条款只有政策意义而无法理依据，如违反法律强制性规定，交易行为并非必然无效。① 这就要求立法者必须重新审视现有规则，在尊重现有规则和遵循一般法理的基础上完善交易无效制度。本书认为，由于《合同法》和《公司法》对股权转让交易提供了相当充分的救济措施，损害国有资产的交易行为完全可以通过上述两部法律进行救济，而无需事无巨细地对交易进行严格控制，但在淡化某些规则强制色彩的同时，应当强化职工参与权的效力，严格约束交易程序。例如，可以规定未经职工（代表）大会审议的转让无效，也可以规定未经公开方式进行的转让无效等。

（3）完善现行定价方式。《转让办法》规定了三种强制适用的定价方式。② 本书认为，三种定价方式的共同目的在于实现转让价格最大化，但强制适用未必可以实现这一效果。因此，应当适当放开股权转让的定价制度。对协议转让方式，由于单一受让方无法形成有效的竞争机制，同时转让方还拥有一定的寻租空间，因此应严格限制其适用空间，即只有在职工（代表）大会对转让方案一致同意的情况下才能适用这一转让方式。对招标方式和拍卖方式，应当加强对非价格因素的关注，如应更加关注股权的受让方对职工利益保护的程度等。本书认为，只要选择的定价机制最终可以形成一个合理的价格，并且可以充分兼顾转让过程中的其他条件，那么这种定价方式就可以采用，而无需强制适用上述三种规则。考虑到资产评估价格未必符合交易双方的实际情况，较高的转让价格未必更合理，因此，甚至可以认为，只要转让过程中严格遵守交易的程序性规定，不存在舞弊、欺诈等情况，就应当认可以该种交易方式形成的转让价格。

（4）适当延长产权转让的公告期限。现行规定的 20 天公告期限相对过短，往往难以让真正想购买的投资者获取足够的信息。本书认为可以从以下两方面对公告制度进行改进。① 增加公告的媒体类型，由于目前电子媒体的巨大影响力，公告媒体不应局限于传统的报刊、杂志，而应当将电子媒体纳入其中，同时，还可以通过广告方式公开召集受让方，费用计入转让价款。

---

① 参见孙鹏：《论违反强制性规定行为之效力——兼析〈中华人民共和国合同法〉第 52 条第 5 项的理解与适用》，载《法商研究》2006 年第 5 期，第 127 页。

② 即协议转让、拍卖转让和招投标的方式转让。

② 根据企业国有股权转让的规模适当延长公告期限，使意向受让方有较为充足的时间对企业状况进行调查，并完成内部决策程序。

五、相关配套制度的改革和完善

为支持前文的制度设计，尽可能减少制度掣肘，本书认为还应当对相关配套制度加以完善。

（一）资产评估方式的完善

资产估价是国有股权转让过程中非常重要的环节，公开透明的资产评估制度可以保证最终分配的公平性，而合理有效的资产评估结论也可以避免在股权转让过程中的私分及低价转让等问题。但有研究指出，当前我国国有资产（产权）转让的资本评估中存在如下问题：（1）定价方式单一、趋同，目前我国国有资产（产权）转让价格大多以净资产值作为定价依据，这种方式不区分资产的优劣，不论转让比例大小如何，不计盈利前景好坏，不看进入门槛高低，一律以资产价格确定转让金额，导致难以真正有效衡量企业股权的价值；（2）定价方式对企业价值内涵缺乏足够的认识，一般都只考虑资产而忽略企业的整体价值和人力资源等内在价值，缺乏科学的价值理论依据。① 针对上述情况，本书认为应当从以下几方面完善国有股权转让过程中的资产评估制度。

1. 应当改变现有的资产评估方式，由国资监管机构和评估机构明确资产评估时适用的具体评估方式。现行《国有资产评估管理办法》原则性地规定了四种资产评估方式②，并未规定具体的适用情形，在实践中许多评估机构往往只使用成本法。但由于每一种评估方式往往有其偏重的项目，采用不同的评估方式会得出不同的结果③，因此本书认为，应当规定资产评估方式适用的

---

① 参见潘琰等：《国有股权转让研究——财务与会计视角》，科学出版社2007年版，第4—5页。
② 《国有资产评估管理办法》第23条规定："国有资产评估方法包括：（1）收益现值法；（2）重置成本法；（3）现行市价法；（4）清算价格法；（5）国务院国有资产管理行政主管部门规定的其他评估方法。"
③ 晋入勤：《企业国有产权交易法律制度创新论》，华东政法大学博士学位论文，2010年，第156页。

具体情形，由资产评估机构根据产权的不同特点采取最合适的方式，使股权评估结果更符合转让当时的状态。与此同时，应当增加对公允价值模式的应用，所谓公允价值是指"在自愿交易的双方之间进行现行交易，在交易中所达成的资产购买、销售或负债清偿的金额"，其体现了公平交易的双方对标的价值达成的共识。[①] 公允价值模式不拘泥于使用某一种固定的计量方式，可以自由选择如历史成本、重置成本等作为公允价值，因而可以综合考虑企业的基本情况确定股权价值。此外，这一模式也不再将企业视作资产的简单堆积，可以从整体上对企业价值进行评估。可见，公允价值模式可以弥补净资产评估模式的缺陷[②]，对国有股权的评估具有更为积极的意义。

2. 由于选择不同的资产评估方式会对结果产生较大影响，因此为保证国有资产评估的公正性，应当规定资产评估程序，以程序的公正保证结果的可接受性。具体而言，应当在现有评估制度基础上对以下内容作出进一步的规定[③]：(1) 评估机构的选择。本书认为，在选择资产评估机构时应当根据评估机构的规模、诚信记录、职业资质条件、评估的历史业绩等情况建立评估机构资料库，需要评估时即可从符合条件的评估机构中随机抽取、或者组织专家从备选库中评议并选择评估机构。(2) 对评估价格的审核与评价。由于资产评估结果对国有股权转让价格的确定具有重要意义，因此评估结果应当受到监督。鉴于目前由一家评估机构进行评估的做法缺乏必要的制约，因此有学者认为应当由评估委托方组织职工代表参与讨论，评估结果的合理性。[④] 本书也认为，应在现有制度基础上增加对评估机构行为的监督，如可以组织职工代表讨论评估结果，也可以委托专家对评估程序和评估结果进行专门评议，还可以采取其他有效的监督手段，以保证国有股权评估结果的可靠性。

[①] 对公允价值的论述参见葛家澍，林志军：《现代西方会计理论》（第二版），厦门大学出版社2006年版，第155页。

[②] 重置成本法、现行市价法、清算价格法都属于净资产估价方式，收益现值法属于市盈率估价方法。

[③] 本处参考了潘琰等学者对股权转让评估完善的意见，参见潘琰等：《国有股权转让研究——财务与会计视角》，科学出版社2007年版，第15—16页。

[④] 潘琰等：《国有股权转让研究——财务与会计视角》，科学出版社2007年版，第15页。

(二) 管理层收购制度的完善

管理层收购制度起源于 20 世纪 80 年代的英国①，此后该制度扩展至全球。这一制度在我国自出现之日起就产生了极大争议。为解决早期管理层收购中的腐败以及国有资产流失等问题，国资委和财政部共同制定了《企业国有产权向管理层转让暂行办法》（以下简称《向管理层转让办法》），此后管理层收购进入了一个较为规范的发展阶段。2008 年颁布的《企业国有资产法》事实上肯定了管理层收购的合理性。②但从实践角度看，这一制度的运行仍然存在一定障碍。

（1）《向管理层转让办法》规定，大型国有及国有控股企业及所属从事该大型企业主营业务的重要全资或控股企业的国有产权和上市公司的国有股权不向管理层转让。③ 本书认为，尽管上述规定的目的在于保护国有资产以及保持国家对大型及国有控股企业的控制权，但在我国国有大型国企已经可以向外资企业或民营企业转让的背景下，禁止管理层对此类企业国有股权的受让明显违背了转让的公平原则。同时，向管理层转让容易出现的内部人操作定价问题完全可以通过设立严格的定价机制以及排除拟收购管理者决策权的方式来避免，《向管理层转让办法》实际上也已经采取了这种程序性限制措施，因此，一味禁止的做法并不科学。

（2）管理层收购面临着融资的困难。通行的管理层收购资金分为管理者自有资金以及债务融资两部分，其中债务融资是通过将拟收购的企业股权进行抵押获得贷款而来。但在我国目前的金融条件下，管理层收购难以获得融

---

① Substian Green, Dean F. berry, Culture and Strategic Change in Management Buy-outs, St. Martin Press, 1991, p. 14.

② 《企业国有资产法》第 56 条规定："法律、行政法规或者国务院国有资产监督管理机构规定可以向本企业的董事、监事、高级管理人员或者其近亲属，或者这些人员所实际控制的企业转让的国有资产，在转让时，上述人员或者企业参与受让的，应当与其他受让参与者平等竞买；转让方应当按照国家有关规定，如实披露有关信息；相关的董事、监事和高级管理人员不得参与转让方案的制定和组织实施的各项工作。"

③ 《向管理层转让办法》第 3 条规定："国有资产监督管理机构已经建立或政府已经明确国有资产保值增值行为主体和责任主体的地区或部门，可以探索中小型国有及国有控股企业国有产权向管理层转让（法律、法规和部门规章另有规定的除外）。大型国有及国有控股企业及所属从事该大型企业主营业务的重要全资或控股企业的国有产权和上市公司的国有股权不向管理层转让。"

资支持。我国目前资金来源主要有个人储蓄、民间资本借贷、银行贷款和政府借款等，其中个人储蓄相对于管理层收购所需的资金无异于杯水车薪，而民间借贷成本过高，同时面临着违法的风险，政府财政借款则存在着合法性的质疑，现有贷款规则也禁止以贷款进行股权投资，这导致管理层收购面临着极大的资金困境。①

由上可见，目前我国管理层收购面临的主要问题：第一是何种企业的股权转让可以采用管理层收购方式，第二是如何处理管理层收购中存在的问题。对第一个问题，本书认为，《向管理层转让办法》中依据企业规模大小限制管理层收购的方式欠缺科学性。因此建议放宽管理层收购的限制，原则上所有可以进行国有股权转让的企业都应当允许管理层参与股权的收购。而针对第二个问题，本书认为应当通过完善转让程序对经营者的行为加以限制。① 应当限制作为受让方的管理层的决策权，国有股权转让的方案、相关的清产核资、财务审计、资产评估、底价确定、中介机构委托等重大事项应当由国资监管机构决定，管理层无权参与。② 管理层应当与其他主体一起参与股权的竞争购买。③ 应当加强职工和人大对管理层收购的监督。本书认为，通过上述手段可以有效避免管理层利用控制权操纵转让价格的问题。

总之，企业经营者作为对企业情况最熟悉的群体，对其提出的正当购买请求不应当因噎废食地一概加以禁止，而应当在充分论证国有股权可以转让的前提下，使其有秩序地参与股权的竞争购买。

（三）职工持股问题的解决方案

相对于管理层收购，职工持股制度对于提高企业效率，完善企业法人治理结构等方面具有重要意义。我国自20世纪80年代初就已经出现了职工持股制度。本书认为，在国有股权转让过程中，职工持股可以作为一项重要的集体参与制度予以建设。但目前为止，职工持股制度中职工持股会的法律地位问题却始终存在争议。

在《社会团体登记管理条例》实施后，职工持股会的社会团体法律地位备受质疑。2000年7月，民政部《关于暂停对企业内部职工持股会进行社会

---

① 详见黎四齐：《对我国管理层收购法律障碍的思考》，载《法学》2004年第10期，第99页。

团体法人登记的函》明确规定，职工持股会不能继续取得法人身份。2000年12月，证监会在《关于职工持股会及工会能否作为上市公司股东的复函》中明确，职工持股会不具有法人资格，不能成为公司股东。2001年4月，《国务院办公厅关于外经贸企业内部职工持股会法律地位问题的复函》中指出，职工持股会不必专门登记。2001年10月，全国总工会、外经贸部及国家工商总局联合下发《关于外经贸试点企业内部职工持股会登记暂行办法》，规定职工持股会应当以企业工会法人作为股东或发起人进行工商登记。

  由上述规定可知，职工持股会的法律地位受到了极大限制。若将其作为社会团体进行登记，则其不得从事营利活动，职工无法从中获得分红。而即便如此，至今仍然有效的《关于暂停对企业内部职工持股会进行社会团体法人登记的函》也使得新成立的职工持股会无法获得社会团体的身份。若按照《关于外经贸试点企业内部职工持股会登记暂行办法》的规定采取依托工会运作的非法人模式，职工持股会的经营性活动又与工会非营利组织的性质相冲突。实践中也有通过公司制进行职工持股会的建设，但由于有限责任公司存在着50人的股东人数限制，股份有限公司的发起人也不能超过200人，这一人数一般远远低于大型国有企业中的职工人数，使得通过公司方式构建职工持股会的做法也难以实现。另外，在一些企业中，职工持股会甚至蜕变为企业变相集资的手段[①]；在另一些企业中，还存在着强制规定员工离职时必须退股的做法。[②] 显然，上述问题的存在制约了职工持股会的健康发展。

  针对上述问题，本书认为应当重新思考职工持股会的法律地位。就现行法律规定看，在总体上似乎存在解决这一问题的空间，即：按照现行规定，在员工持股人数在50人及50人以下的企业中，持股会可以通过设置有限责任公司的方式建立，而在持股人数达到50人以上的企业中，则可以通过设立多个有限责任公司的方式来实现。但本书认为，上述做法操作起来比较复杂，只能是在缺乏财团法人制度的情况下不得已采取的权宜之策。因此，本书建议，为从根本上保证职工持股会以及类似机构享有必要的法律地位，在立法

[①] 参见叶映：《对重建我国职工持股制的探索与思考》，载《经济问题探索》2002年第8期，第45—46页。

[②] 参见吴秀义、王显俊：《论职工持股会的法律保护》，载《工会理论与实践》2003年10月号，第76—77页。

上应当完善我国法人的基本分类,增加财团法人的制度。① 而在财团法人的规则之下,以营利为目的的员工持股会即可有效运作,并独立承担责任。

而对目前职工持股中出现的不规范现象,本书认为,应当通过加强章程在职工持股会中的效力来实现成员的民主管理。可以在章程中对强制退股及其资金来源进行约定,如在章程中规定"职工正常退休是否应强制退股、退股价格是否只有账面净资产一种计价方法等涉及持股会员切身利益的条款"等。② 同时,鉴于章程对规范职工持股会的运作及其行为、对参股职工合法权益实现等方面具有非常重要的作用,章程的制定和修改应当经过绝对多数,如2/3或3/4以上多数的批准才可以生效,重大事项的决定也应当召开全体参股职工大会,由过半数以上并且代表半数以上股份的职工通过才可实施。

当然,职工在股权转让中商谈能力的提升不能仅靠职工持股会制度来实现,职工(代表)大会制度、工会制度都应当成为职工集体行动的重要手段并引起重视。本书仅以职工持股会制度的完善为例,试图为职工集体行动提供一种可选择的思路,增强其集体组织能力,从而有效维护职工在国有股权转让中的合法权益。

(四)黄金股的设计与完善

关于黄金股的起源、制度演变以及实践,本书在第二部分"国有控股权行使方式的改进"中已有详细介绍。此处仅强调,基于黄金股在股权多元化背景下对改进政府对企业控制的明显作用,本书认为,针对中国目前国有企业依然体量庞大、国有资本在一些行业退出可能对现有经济秩序造成冲击的实际情况,若能在国有股权转让过程中灵活运用黄金股制度,不仅可将政府从企业管理的旧框架中解脱出来,加速企业制度改革的步伐,同时也可以保持政府的控制力,实现政府对企业行为的引导。在此基础上,本书建议国有股权转让中可以尝试引入并建立黄金股制度。对涉及国家经济战略和国家安全的产业,该制度可以保证其中的重点企业仍可依照国家利益行事,并维持国家制定的目标;而对自然垄断行业,若国有股权的受让方是非国有机构,

---

① 财团法人是指为特定目的财产集合赋予民事权利能力而形成的法人,其可以以营利为目的,这也是其区别于社会团体法人的最重要的因素。

② 肖兴祥:《职工持股会存续及发展问题研究》,载《财会月刊》2010年8月号,第26页。

那么为了保证公共利益的实现，可以考虑适用黄金股制度来替代政府管制，例如可以通过黄金股股权的行使来否决经营方任意提价等损害公共利益的行为，实现对政府价格管制职能的部分替代。至于竞争性行业，本书认为国有股权应当从这一行业中彻底退出，因此不应在这一行业中保留黄金股。

此外，在强调政府控制的前提下，本书认为黄金股制度设计中必须避免权利滥用。从实践经验来看，适用黄金股制度的企业往往都与公共利益密切相关，黄金股制度设置的目的在于保证国家对企业经营目标以及危害公共福利的行为的控制。因此本书认为，必须对黄金股的适用条件进行严格限制。可以在公司章程中规定适用否决权的情形、规定国家所占的股权比例不得超过其为实现公共利益目标而需要的限额、国家提名董事的人数不得超过一定比例等，以防止这一规则被滥用。

第四部分

国有股股利分配权行使法律制度研究

从改革历史看，由于长期经营效益低下，自1994年"利改税"之后，中国国有企业不再向国家上缴利润，而减轻企业负担因此成为"利改税"的一个重要成果被称道，人们仿佛忘记了国家作为股东还享有收益分配的权利，以致在2005年前后，当国有企业历经放权让利、包、租、卖、股份制以及结构调整等一系列改革重新实现盈利时，国家作为股东是否应当分红成为学界争议的一个问题。① 之后，2007年国务院出台《关于试行国有资本经营预算的意见》（以下可简称《试行意见》），央企开始向国家上缴利润，此前处于长期试点中的国有资本经营预算也随之扩展到全国。② 2008年第十一届全国人大常委会第五次会议通过的《中华人民共和国企业国有资产法》（以下简称《企业国有资产法》）第58条明确规定，国家建立健全国有资本经营预算

---

① 相关文献的检索和分析表明，2005年前后国内经济学（财政学）界对国有资本经营预算政策的研究中，"分不分""分多少"成为一个争论问题。直至2008年2月24日，天则经济研究所与百度财经主办"国企利润、产权制度与公共利益高层论坛"，与会的二十多位经济学界和法学界专家和社会活动家的发言对国有企业是否向国家上缴利润、预算收入是否纳入统一财政等基本政策问题表现出高度共识。消息来源：百度财经2008年2月26日。

② 早在1995年，我国《预算法实施条例》第20条就明确规定，各级政府预算按照复式预算编制，分为政府公共预算、国有资产经营预算、社会保障预算和其他预算。2004年3月，第十届全国人大第二次会议的《政府工作报告》中指出，"抓紧完善国有资产监督管理相关法规和实施办法，研究建立国有资本经营预算制度和企业经营业绩考核体系，进一步落实国有资产经营责任"。其后，随着国有企业经营效益的逐步提高，国有资本经营预算的地方性试点随之展开；在2007年国务院发布《国务院关于试行国有资本经营预算的意见》之前，北京、上海、江苏、安徽、吉林、广西、珠海、厦门、武汉、哈尔滨等省、市的人民政府国有资产监督管理部门就已经先行开始了国有资本经营预算的积极探索，并根据当地实际制定了一批有关国有资本经营预算的地方规范性文件。

制度，对国有资本收入及其支出实行预算管理。

由于涉及国家财政预算制度，国有股股利分配制度成为公司法与预算法的交叉地带，国家股东与其投资的公司之间的利润分配关系与国有资本经营预算收入收缴关系发生了重合。基于上述，"分不分""分多少"以及"谁来分"等问题成为国有股股利分配权行使制度构建的关键问题。从目前的制度规定看，（1）根据2006至2012年相关统计数据分析，中央企业实现利润总额74243.4亿元，净利润52735.3亿元，但上缴利润仅为3199.44亿元，利润上缴比例平均为6%，这一比例被普遍认为偏低，但比例多少方为合适尚无定论，因此"分多少"的问题仍未完全解决①；（2）从目前国有资本经营预算与其他预算的关系来看②，虽然国有资本收益及其使用纳入国有资本经营预算，但在实践中财政部和国资委之间的关系仍然并不清晰，这表明"谁来分"还存在问题。令人遗憾的是，以上问题在法学界的被关注度并不高。③ 本书认为，由于"分多少"的问题在本质上是政府与国企之间的利益分配关系的体现，而"谁来分"的问题更是突出彰显了国有股权的公共权利属性，因此，无论是否受改革环境影响，问题的存在本身就表明，学界和政府对国有股股利分配权行使的公共属性在认识上还存在偏差。

基于上述，本书认为，紧密结合中国当下的改革实践，为更好地协调平衡国有公司与国家股东及全民之间因利润分配产生的关系，应当进一步改革和完善国有企业利润分配制度、合理划分国资监管机构与财政部门在国有资本经营预算中的职责、从预算监督层面加强对国有股股利分配权行使的监督。

应当说明的是，将国有资本收入及其支出纳入国有资本预算管理，虽然表明国有股股利分配权行使制度与国有资本经营预算制度发生交叉，但这并不意味着两个制度完全重合。因此，本部分研究仍然在国有股权行使与监管框架下展开。

---

① 数据来源详见本部分"现行国有企业利润分配制度及其存在的问题"之表一及其分析。
② 在为数不多的法学研究文献中，上述问题往往被简单处理。
③ 2012年中央国有资本经营预算支出安排875.07亿元，其中资本性支出744.72亿元，调入公共财政预算用于社保等民生支出仅50亿元；而补充社保基金支出的20.1亿元则来自国有股减持收入。补充社保基金支出20.1亿元。反映用国有股减持收入补充全国社保基金的支出（资料来源为中国新闻网，2012年3月23日）。这表明，来自央企利润项下的国有资本预算收入主要在央企内部循环。由此可以推论，在实践中，国资委与财政部在国有股股利分配中的法律关系并不很清楚。

一、国有股股利分配权行使的特点及其意义

在公司法层面,股东向公司投资的重要目的之一是通过公司股息红利(以下可简称"股利")的分配获得投资报酬,因此,对公司利润的分享是股东权的重要内容,利润分配是公司的重大事项。但对于以公共利益为存在价值的国有股权而言,由于财产来源的公共属性以及股权设置的公共利益目标,股利分配权的行使不是单纯的股东行使权利和公司利润分配行为,而且也是国家财政行为,即:国有股股利分配是国家财政预算的组成部分。在实行复式预算的国家,其构成了国有资本经营预算制度的基本内容,是国家预算法律制度的重要组成部分。上述,不仅造就了国有股股利分配权及其行使的独特性,而且使这一制度对中国国有公司治理乃至财政预算制度改革产生了重要意义。

(一) 国有股股利分配权行使的特点

1. 国家出资人与企业之间利益分配关系的体现

在公司法层面上,国家股东收益权行使首先体现了国家(政府)作为出资人与企业之间的财产分配关系。中国国有企业公司制改革的过程也是国有资产管理体制改革改革的过程,在确保国家仍然是国有资产所有权人的前提下,要求政府从直接经营国有企业转变为管理国有资产,又从管理国有资产转变为经营国有资本。而基于公司制的产权模式,出资人无权直接控制企业财产,只能依据股东权参与收益分配和剩余价值索取,由此形成所有权与经营权的分离。但对国有企业而言,由于国有资本对公司的控制采用了独资及控股的方式,所有权与经营权的分离实际上只发生在国家(政府)行使股权的层面上。因此,为了杜绝政府行政权力通过股权控制直接介入企业的经营管理,必须在政府与国有企业之间设置一道制度屏障,由此产生了一个新的机构——国资监管机构,其作为政府特设机构专门履行出资人职责。这样,在实务操作层面塑造了一个国有产权主体,国家与国有企业之间的关系被梳理为出资人与企业之间的关系,这一关系在本质上与普通商事公司中股东与公司的关系并无差异,基于此,在微观层面,国有股股利分配权行使首先体

现了国家（政府）出资人与其出资企业之间的利益分配关系，这种利益分配关系的调整应当按照公司法的基本规则进行。

2. 国有股股利分配权行使与国家财政预算管理密切相连

虽然现代企业产权制度的建立将国家与其出资企业之间的关系定位为股东与公司的关系，奠定了国有资本经营增值部分在国家和企业之间进行合理分配的法理基础。但国有股权来源以及设置目标的公共属性，决定了国有股股利分配权行使不仅是公司内部的利润分配和财务管理问题。由于国有股权投资来源的公共性，国有股权的收益和支出必须被纳入到国家财政对经营性国有资产的统一管理之中。这意味着，在国有股股利分配权行使过程中，除企业与国资监管机构外，代表全民行使国家财政管理权的政府财政部门以及人民代表大会也将参与其中，由此形成国家财政预算关系。而对这一关系调整的结果是，在公司法框架之外、在国家财政预算框架内建立了国有资本经营预算制度。在这个层面上，国有资本经营预算制度中的一部分内容将构成国有股股利分配权行使制度的重要组成部分。当然，透过国家财政预算，国有股股利分配权行使制度也折射出国有企业与全民之间的利益关系。

3. 国资监管机构在国有股利分配中权利受限

按照公司法原理，股东的收益分配权包括对公司股息和红利的收取、占有和支配的全部权能。可以说，私人股东按照公司法规定享有完全的股利分配权能，但国有股东则不然。基于股权主体的特殊性，国有资本经营利润的收取与支出将纳入国家财政预算体系，财政部以及人大作为国家预算管理主体收取并支配国有企业上交的利润。在这个层面上，如果说其他国有股权的行使只涉及国资监管机构和政府，那么国有股股利分配权行使与国家财政预算之间的密切联系，则使得其权利行使主体涉及国资监管机构、政府财政部门、同级政府及人大。正是基于各级政府财政部门以及人大在国有资本经营预算中的地位及其职权的行使，使得在国有股股利分配权行使问题上，国资监管机构的职责受到一定限制，即：作为履行出资人职责的机构，其不能如同私人股东那样行使完全的收益权。按照我国《预算法》以及相关法规，在国有企业利润上缴环节，国资委只能执行财政部门收缴利润的指令，协助财政部督促企业适时、足额地上缴利润，享有执行权，但无权直接收取利润并将其纳入自己的财务体系之中，更无权支配与处分。

（二）国有股股利分配权行使制度的价值①

本书认为，正是国有股股利分配权行使所体现的利益关系，使得国有股股利分配权行使制度的价值自始便不同于一般公司的利润分配制度。

1. 国有股股利分配权行使制度的公司治理价值

在历经三十个年的改革之后，中国经营性国有资产的管理和运营呈现出以下值得高度关注的情况：公司制最终作为主要改革手段和制度建设目标在国有企业中推行，变革了传统的国家所有权行使方式。国有股权的行使不仅成为政府控制和运作国有资本的工具，而且形成了政府与国有企业之间关系的新的法律形态。在通过独资、控股或参股等形式使政府对国有企业的影响和控制力得到量化和规范的同时，就股权行使方式而言，国家股东与私人股东的区别日益凸显出来。为了避免政府以国有股权为基础对企业实施直接干预，在国有股份独资和控股的公司中，以"出资人（国家）——代表国家履行出资人职责的主体（国务院和地方人民政府）——履行出资人职责的机构（中央和地方政府设立的国有资产监督管理机构及经政府授权的其他部门或机构）"为基本框架，政府控制国有企业的途径在相关法规中被恰如其分地归纳为"管人、管事、管资产"。② 其中，"管事"的范围在国有独资公司中通过股东与董事会之间的授权关系被大大缩小，在国有股份控制的公司中则演变成为股东代表的委派制以及董事的建议任命制。所有在公司制框架内进行的改革，一方面使国有企业经营自主权不断落到实处，另一方面却不可避免地为经营者控制埋下了伏笔。以至在日后国有经济布局调整中，随着国有资本频繁流动而导致其价值形态的不断转换，问题逐渐暴露出来。

由于经营者控制的政企关系格局大大增加了国有资本运作的风险，因此在以公司制为平台运作国有资本的模式下，如何控制经营者成为国家股东权利行使和权益保护的最关键环节。这要求改革者尽快找到有效手段，加强对经营者约束和激励。在这一过程中，国家所有权的特殊性以及国有资本的独资和控制地位，使得许多适用于一般股份公司的经营者激励和约束制度被排

---

① 该标题下的内容参见徐晓松：《论国有资本经营预算的生存环境及其对法律调整的影响》，载《中国法学》2009年第4期。

② 详见2008年《企业国有资产法》及2003年国务院颁布的《企业国有资产监督管理暂行条例》。

除在外。于是，国有资本经营预算制度进入了立法者的视野：显然，一个直接针对经营性国有资本收益的国家财务，其所体现的公共财产使用的公平正义价值，其所贯彻的公开、法定和效益的管理原则，不仅适应了现行体制下政企财产关系调整的需求，而且更重要的是，它利用预算对公共财产管理和监督的功能，从国有资本收益与支出监管的角度为国家股东提供了对国有企业经营者行为控制和约束的手段，即：相对独立的预算管理可以使政府和全民更加清楚地看到国有资本运作的成果，而这些成果毫无疑问可以成为衡量履行出资人职责的机构以及企业经营者行为的重要指标。基于上述，可以说国有资本经营预算制度为检验现行经营管理体制下国有资本的运作状况提供了一个标准和工具。在这个意义上，如果考虑到在"利改税"以及"利税分流"改革后，随着现代企业制度的建立，企业依法向国家出资人分配利润已不存争议，加之目前国有资本收益在国家财政收入中所占比重不大，那么，将这部分财产的预算管理相对独立，其重要意义将更多地体现在经营性国有资产监管以及国有企业治理方面。

2. 国有股股利分配权行使制度对中国财政转型的价值

由于国有股股利分配权行使的公共属性，国有资本预算制度成为这一权利行使的重要法律载体。本书认为，从中国财政体制改革的历史看，作为复式预算的组成部分，国有资本经营预算制度应当被看做中国财政体制向公共财政转型过程中的一个必然结果。

作为国家对国民财富进行再分配的工具，财政的规模和框架体系与一国经济发展状况、政治及社会发展水平具有密切联系，财政的具体职能及基本制度框架是一国特定时期经济生活的反映。1949年新中国成立后至1978年改革开放以前，我国高度集中的计划经济体制决定了高度集权化的资源配置方式。与此相应，我国的财政预算体制基本照搬了前苏联的"统收统支"模式，在企业全面国有化的基础上，国家利用财政手段全面介入国民经济，形成所谓"建设财政"。从1978年开始，我国财政体制改革围绕三个基本问题渐次展开：(1) 以打破计划经济下财政的统收统支、建立国有企业自负盈亏机制为目标，改革国家与企业之间的分配关系；(2) 改革中央与地方之间的分配关系，平衡中央与地方、地方与地方之间的财政收支关系；(3) 建立公共财政框架，这包括两层含义：① 以建立社会主义市场经济体制为基础，将政府财政支出的范围确定在市场失效的领域内；② 财政收入取之于民，用之于民、应受人民的监督。①

上述改革产生了两方面的结果。一方面，随着国有企业改革的深入，国家与企业之间的直接财政联系被切断，中国的财政体制开始由国家"统收统支"模式逐渐向现代公共财政体制过渡，"建设财政"发挥作用的领域被定位于市场失灵领域已经成为中国财政体制改革发展的趋势。但另一方面，我国社会主义市场经济体制的本质特性以及经济转型期的特殊性，又使政府财政具有区别于发达国家的鲜明特色，即：在建立社会主义市场经济体制的基础上，在经济转型以及经济全球化的背景下，为协调工业化进程中新旧体制交错产生的社会利益冲突，政府干预在中国市场经济体制中占据特殊的重要地位，财政也必将为此担当更多的职责。于是，中国的政府财政在走向"公共"的改革过程中②，以"建设财政"分为"吃饭财政"加"建设财政"为先导③，复式预算制度被确立。在其后的改革过程中，复式预算逐步被明确为"公共预算"和"国有资产经营预算"，并在1994—1995年的预算立法中被肯定，由此，形成了被一些学者称之为"双元财政"的特殊财政结构。④尽管有研究从我国财政转型目标的角度，认为国有资本财政与公共财政并存表现

---

① 第一个方面的改革包括：1983年及1984年的两次"利改税"；1994年取消国有企业与非国有企业（不包含外资企业）在所得税方面的差别，统一按33%税率征收；取消各种包税办法，取消对国有企业的调节税；自2002年开始，在部分企业试行国有资本经营预算制度；2007年内、外资企业所得税税率统一为25%等。第二个方面的改革有：1980年实行的"划分收支、分级包干"体制、1994年的分税制改革、2002年起实施所得税收入分享改革等；第三个方面所涉及的改革措施包括：部门预算改革、健全税收管理体制、国库集中收付制度改革、"收支两条线"改革、政府采购制度改革、税费改革等。

② 学界研究认为，公共财政是我国财政转型的目标定位，尽管并不存在统一的国际标准，但公共财政或财政公共性的程度可以通过财政收支规模和财政职能的状况进行衡量。参见：刘剑文、郭维真：《论我国财政转型与国有资本经营预算制度的建立》，《财贸研究》2007年第2期。但正如本书在前文所言，如果从广义上看，政府的资本性支出也具有公共财政的性质，因此目前学界所言公共财政或财政的公共性实际上是在狭义上使用公共财政的概念。

③ 1991年国务院颁布的《国家预算管理条例》规定从1992年起中央预算及部分省级预算按"经常性预算"和"建设性预算"编制。

④ 所谓"双元财政"是叶振鹏和张馨在复式预算改革学术研究中提出的观点。该观点以西方财政理论为基础，认为在政府活动仍不能脱离营利性的情况下，应将政府财政区分为非营利性与营利性两个相对独立的部分，前者为公共财政，活动于市场失灵领域，后者为国有资本财政，活动于市场有效领域，分别形成公共预算与国有资本预算。详见袁星侯：《复式预算制度改革主张评析》，载《经济学家》2002年第6期。

出我国财政公共性不足①，但本书认为，从中国财政体制改革的实践考察，从财政转型具有阶段性的角度，国有资本经营预算制度的建立应当被视为中国财政向公共财政转型过程中的阶段性结果。

二、国有股股利分配中的利益关系分析与相关立法政策思考

以市场经济关系作为调整对象的法律制度，其主要功能就是对经济活动所涉利益冲突关系的协调平衡。基于此，在对国有股股利分配权行使特性分析的基础上，本书将通过剖析其中所涉及的利益冲突关系，奠定制度构建的基础。

(一) 国有股股利分配中的利益冲突关系

根据《企业国有资产法》及《关于试行国有资本经营预算的意见》对国有资本经营预算收入及支出范围的界定②，国有企业上交国家的利润、国有控股、参股企业国有股权（股份）获得的股利、股息收入在预算收入中占有重要地位；在预算支出方面，如果考虑到目前的实际情况，应当说预算支出的重点仍然放在企业的资本性支出上。③ 因此在现行体制下，国有股股利分配关系所涉主体为：（1）国有企业，其既是股利收入的提供者，又是该项收入支出的需求者；（2）履行出资人职责的机构，在我国现行国有资产管理体制下，该机构经本级政府授权，代表政府行使决定或参与决定国家出资企业利润分配的权利；（3）各级政府的财政部门，在政府层面上，它们既是国有资本预算收入的管理者，又是同类预算支出的决定者和提供者；（4）全体人民，由

---

① 刘剑文、郭维真：《论我国财政转型与国有资本经营预算制度的建立》，载《财贸研究》2007年第2期。

② 见《企业国有资产法》第59条、《国务院关于试行国有资本经营预算的意见》第2条。

③ 虽然《关于试行国有资本经营预算的意见》规定国有资本预算支出包括（1）资本性支出。根据产业发展规划、国有经济布局和结构调整、国有企业发展要求，以及国家战略、安全等需要，安排的资本性支出。（2）费用性支出。用于弥补国有企业改革成本等方面的费用性支出。（3）其他支出。具体支出范围依据国家宏观经济政策以及不同时期国有企业改革和发展的任务，统筹安排确定。必要时，可部分用于社会保障等项支出。但实践中预算支出的重点仍然放在企业的资本性支出上，用于社会保障支出的数额非常有限。

于国有资本来源于公共财产,因此全体人民有权分享其投资收益,是国有资本预算收入使用的主体。本书认为,在现行国有资产管理以及财政管理体制下,国有企业与其他主体之间存在利益冲突关系。其中履行出资人职责的机构和各级政府的财政部门与国有企业之间的利益冲突关系,在本质上是公司与(国家)股东之间的利益关系的体现。

1. 国有企业与国家股东之间的利益冲突关系

在公司制背景下,国有股股利分配权行使过程中必然产生企业与国家股东之间的利益冲突关系。就企业而言,其目标是尽可能多地争取对经营利润的占有,因此必然与国家股东分配股利的意愿产生冲突。应当指出,在国有参股公司中,由于国有股东在公司利润分配中不占主导地位,因此公司与股东就利润分配产生的冲突不会在整体上形成国有企业与国家股东的冲突,但在国有资本独资或者控股的公司中则不然。由于国有股权在公司中的绝对控制地位,在公司利润分配过程中,"尽可能多地争取对利润的占有和自主支配"这一企业的自我利益目标,毫无疑问是直接针对或主要针对国家股东的。因此按照现行法律法规的规定,国资监管机构作为履行出资人职责的机构,财政部门作为国有资本经营预算的主管部门,在行使股东收益权过程中,就企业利润分配(上缴)比例的确定问题,必然与企业(经营者)产生利益冲突。

就本质而言,上述冲突与一般公司在利润分配问题上股东与公司经营者之间的利益冲突并无本质区别。但在国有资本独资或者控股的公司中,由于国家单独投资所形成的特殊产权结构以及因国有股份对公司的绝对控制,在国有资产管理体制改革以及财政管理体制改革的相对滞后的背景下,以国有资本经营预算的方式行使国有股股利分配权,很容易使企业产生这样的忧虑:政企之间的财政关系是否将重蹈计划经济时代"统收统支"的覆辙,进而造成对国有企业经营自主权的侵害?由此在一定程度上对国家股东的分红意图产生抵触。如果考虑到中国经济体制改革以来国有企业与国家在利润分配关系上,由"统收统支"到"利润留成",再到"利改税"的制度演变历史,我们很容易理解上述利益冲突关系存在的现实可能。

基于上述,本书的结论是,为避免政府与企业的财政关系重蹈计划经济时代"统收统支"的覆辙,相关制度设计必须在维护企业经营自主权与防止国家股东对企业自主权的侵害之间进行协调平衡。这决定了国有股股利分配权行使与监督立法的一个重心应当落在企业利润分配环节。基于此，立法者对国有资本经营预算收入监管制度的设计首先要考虑的是，如何保证政府决定企业利润分配的行为在法定权限内、依法定程序进行，并为企业提供必要的救济途径。

2. 国有企业与全民之间的利益冲突关系

按照国务院《关于试行国有资本经营预算的意见》的规定，国有资本预算的支出范围是：（1）资本性支出。即：根据产业发展规划、国有经济布局和结构调整、国有企业发展要求，以及国家战略、安全等需要安排的资本性支出。（2）费用性支出。即：用于弥补国有企业改革成本等方面的费用性支出。（3）其他支出。该项支出的具体范围依据国家宏观经济政策以及不同时期国有企业改革和发展的任务统筹安排确定，必要时可部分用于社会保障等项支出。在上述规定下，一方面，除尽可能少交利润之外，力图从微观角度为自己争取到尽可能多的预算支出必然成为国有企业（国有资本独资或控股的公司）的目标。另一方面，由于国有资本来源的公共财产性质，国家对企业的投资通过财政渠道实施，政府财政部门作为国家财政预算的管理机构，也有义务代表国家将国有资本收益所得用于国家和全民利益。因此，财政部门首先要在宏观层面平衡处于不同领域的不同国有企业之间对预算支出的需求，特别是对资本性支出的需求。不仅如此，财政部门还要站在国家和人民利益的高度，使国有资本收益的使用不仅惠及国有企业，而且惠及全体国民。正是基于不同的价值取向和行为目标，就国有资本收益的使用，在代表国家和人民利益的政府财政部门与国有企业之间必然产生利益冲突。

本书认为，在国有股股利分配权行使的层面，尤其应当关注上诉利益冲突关系中所涉及的政府财政部门、以国资监管机构为主体的履行出资人职责的机构以及国有企业三者的关系。由于预算收入和支出仅仅是依国家社会经济发展情况而确定的公共资金收入和使用计划，因此政府依据法律的授权，在预算资金结构配置方面具有一定的自由裁量空间，加之政府作为管理者在占有信息上的优势，因此如同一些研究所分析的那样，企业上交预算资金和争取预算支出的过程中会产生寻租行为。①更重要的是，在上述关系中，由于各自的职责不同，国资监管机构并不必然维护政府财政的利益，换言之，从国家所有权行使方式专门化的角度，国资监管机构在广义上也可以被视为国有资本的经营管理者。这一点不仅反映了当今中国政府与国企关系的层次性和复杂性，以及由此产生的国有股东收益分配权行使关系的复杂性，而且也意味着，在政府预算层面上，国资监管机构与财政部门之间关系的协调必然成为国有股股利分配权行使制度的又一个重点。

（二）协调国有股股利分配中利益冲突关系的立法思考

如前所述，基于国有股股利分配权行使中不仅存在企业与国家出资人之间的关系，而且存在国有资本预算管理关系，而对双重关系调整的结果是，在公司法框架之外、在国家财政预算框架内建立了国有资本经营预算制度。只有借助国有资本经营预算制度，国家股东才能顺利实现其收益分配权。在这个层面上，国有资本经营预算制度成为国有股股利分配权行使制度的重要组成部分。基于此，本书认为，由于长期以来我国财政管理体制改革相对滞后、复式预算制度未真正实施，在此背景下国有资本经营预算制度的构建必然凸显现行预算管理体制存在的问题，引发新、旧制度之间的冲突。基于这种冲突对国有股股利分配中的利益冲突关系平衡的负面影响，在国有股股利分配权行使的角度，相关立法应当关注以下几方面的问题：

（1）现行预算收入管理制度中，既有预算收入管理体系并没有为国有企业利润的分配和收缴提供管理制度的支持。在这种情况下，企业尤其容易将向国家上缴利润误解为权宜之计，并由此站在自我利益的角度产生讨价还价的动力。因此，为保证国家股东收益权的实现，国有资本经营预算收入管理制度不仅应当为国家出资企业利润分配数额的确定提供科学合理的方式，而且还应当为国有资本经营收益收缴提供法律监管手段。

（2）在现行国有资产管理体制下，国有资本经营预算与现行财政预算行政决策体制存在冲突，这主要表现为现行预算编制程序无法妥善处理财政部门与履行出资人职责的机构之间的关系。按照目前的预算编制程序，财政部

---

① 马蔡琛编著：《政府预算》，东北财经大学出版社2007年版，第93—94页。

门是预算草案编制的行政决策主体。但由财政部单独对预算进行平衡决策的做法，其科学性已受到质疑，更有研究提出应当在政府层面建立更具有权威性的机构（如国务院预算委员会）作为行政层面的预算决策机构。[①]因此，针对国有资本经营预算的特殊性，为保证预算的科学合理，履行出资人职责的机构在预算平衡和决策中的作用应当得到利用和发挥。从这个角度，国有资本经营预算制度试行之初出现的所谓国资委与财政部之间的"权力之争"并非毫无道理。也许正是因为这种争论，在理论上可以推断，在企业利润上交问题上，国资委出于国有资产保值增值的压力，会考虑其所辖企业的资金需求，而缺乏协助财政部监督企业按期足额上缴利润的动力与约束力。因此，在制度设计层面，履行出资人职责的机构应当以什么样的方式参与国有资本经营预算的平衡，应当被重点关注。

（3）基于股权行使主体的拟制性，监管对股权行使至关重要。这一点在国有股股利分配权行使中体现得尤为明显。由于涉及国家财政预算制度，该权利行使过程涉及了包括国资监管机构、政府财政部门以及各级人大等在内的诸多主体，因此权利行使的监督机制将更加典型地体现出国有股权制度的特殊性：由于涉及国家预算监督，国有股股利分配权行使的监督将被提升到预算监督层面进行，立法机关、司法机关和行政机关实施的国家监督以及社会监督将作为制度资源在其中发挥直接作用。而一个众所周知的事实是，现行预算管理体制中人大预算决策权被虚置，尚未形成对预算行政决策权的有效制约。这势必降低国有资本经营预算制度对国有股股利分配的监督作用。因此，相关制度构建应当通过制度改革来使人大对国有资本经营预算的监督权落到实处。

（三）结论

综上所述，本书认为，目前，国有股股利分配权行使制度不是单纯的公司法问题，而是一个既涉及财政预算制度改革又涉及经营性国有资产管理体制改革的复杂问题。因此，当下的制度建设最急需解决的问题是：（1）紧密

---

① 详见朱大旗：《论修订预算法的若干具体问题》，载《安徽大学法律评论》2005年6月，第5卷第1期（总第8期）；刘剑文、郭维真：《论我国财政转型与国有资本经营预算制度的建立》，载《财贸研究》2007年第2期。

结合中国经营性国有资产管理体制改革和财政管理体制改革的实际，完善国有企业利润分配制度，协调平衡国有企业与国家股东在企业利润分配中的利益冲突关系；（2）在国有股股利分配所得以及支出纳入国家预算管理的前提下，为确保国家股东收益权的顺利实现，必须关注现行国有资产管理体制下国资监管机构与政府财政部门的关系问题；（3）在上述基础上，通过预算监督制度的进一步完善，实现国有股股利分配权行使的监督。下文的研究将围绕上述展开。

三、国有企业利润分配制度的进一步改革和完善

就公司法理而言，利润分配属公司重大事项，按照我国《公司法》的规定，在不违反公司法对公司利润分配限制的前提下，由董事会制订方案，股东（大）会审议批准。但对国有企业而言，如前所述，基于国有股权主体及其行使权利的公共属性，按照《企业国有资产法》第59条的规定，从国家出资企业分得的利润是国有资本经营预算收入的重要组成部分。因此，国家股东应当从其投资的公司分得多少股利？在国有股股利分配权行使的层面，这一问题直接关系到国家股东与国有企业之间关系的协调平衡，是国有股股利分配权行使制度构建的核心问题，我们的制度构建必须兼顾企业经营自主权的保护以及国家股东收益权的实现。

目前，我国国有企业利润分配的制度主要由《企业国有资产法》中的相关规定、国务院《关于试行国有资本经营预算的意见》以及财政部和国务院国资委制定的相关规定构成。① 本书认为，针对现行国有企业利润分配制度在利润基数确定、利润分配比例确定方面存在的缺陷，未来立法应当科学准确地界定利润构成，不仅要注重常态下利润分配制度的构建，更要关注特殊情

---

① 财政部2007年1月1日印发《财政部关于国有资本经营预算收支会计核算的通知》；财政部2007年11月20日印发《中央国有资本经营预算编报试行办法》；财政部、国资委2007年12月11日联合印发《中央企业国有资本收益收取管理暂行办法》，包括《试行国有资本经营预算中央企业税后利润上交比例表》《中央企业国有资本收益应交利润申报表》《中央企业国有资本收益（国有股息、股利）申报表》《中央企业国有资本收益（国有产权转让收益）申报表》《中央企业国有资本收益（企业清算收入）申报表》；国务院国有资产监督管理委员会2008年2月25日印发《中央企业国有资本经营预算建议草案编报办法（试行）的通知》。

况下应急制度的构建，以保证利润分配制度的完整性和灵活性，能够平衡企业与国家股东在利润分配问题上的利益冲突。

需要说明，考虑到参股情况下国家股东对公司利润分配不具有主导作用，基本是一个公司法问题，因此本部分只讨论国有资本独资或控股情况下的公司利润分配。又由于在利润分配问题上，相关法律法规并未强调企业改制问题，因此，此处对利润分配制度的研究也不区分公司或者非公司企业，统一将"国有企业"作为分析对象。具体到对现行国有企业利润分配制度存在问题的分析，为方便起见，只以国有独资公司为样本展开。

(一) 现行国有企业利润分配制度及其存在的问题

1. 利润基数确定中的问题

上缴利润的企业涉及不同产业和行业，因而被划分为不同的类型，针对这些不同类型的企业制定的制度标准是否公平合理，体现了国家对国企实施的分红政策，也是国有资本经营预算制度能否顺利实施的关键。而在现有制度中，最令人质疑的是利润基数和分配比例的公平性、合理性问题。

利润基数是企业应向国家上缴利润的计算标准，反映的是经营者人力资本的贡献率与出资人物质资本的贡献率之和，即由经营者运作物质资本而产生的经济增加值，企业和出资人只能就这部分经济增加值进行再分配。所以，只有这部分经济增加值才应该作为利润基数。

目前，《中央企业国有资本收益收取管理办法》（以下可简称《收益收取办法》）规定按照企业年度净利润上交利润。从经济学角度讲，净利润是在扣除纳税款项和折旧准备金后总利润的剩余部分，而总利润是指从产品的销售中得到的收入与生产这种产品时用去的生产要素的全部机会成本的差额。从《试行国有资本经营预算中央企业税后利润上交比例表》列举企业的利润构成情况来看，总利润实际包括三个部分：（1）企业因生产经营而产生的经营利润，即经营者运作物质资本产生的经济增加值；（2）因垄断经营而产生的垄断利润；（3）因占用资源要素而形成的资源占用费或矿区使用费（royalty）。由于不同企业所处行业的垄断状态和资源占用情况不同，导致不同企业销售收入的构成不同。除了经营利润，有的企业销售收入中只包含垄断利润——这类企业享有垄断经营权，但并未占用自然资源，如中国烟草总公司，再如电力企业垄断并且耗费资源；有的只包含资源占用费——这类企业占用了资源，但并不享有垄断经营权；还有的两者兼有——这类企业在占用资源的同时享有垄断经营权。如果销售收入仅减去生产这种产品时用去的生产要素等全部成本，得到的总利润中可能包含着垄断利润和（或）资源占用费，其在内涵和外延上均大于经济学意义上的总利润。在该总利润基础上计算出的净利润也可能包含垄断利润和（或）资源占用费，而垄断利润和资源占用费与经营者的人力资本贡献率无关，不应计算在利润基数中。这表明，《收益收取办法》对作为利润基数的净利润的计算并未科学准确地反映经营者在经济增加值中的贡献率，由此导致利润与资源占用费及税、经营利润与垄断利润的混淆，进而在利润收缴实践中引发混乱。

（1）关于利润与资源占用费及税混淆的问题。占用资源是一种事实状态，是企业从事生产活动继而产生后续收益的物质前提，缴付占用费是为占用资源而支付的对价，无论实际是否产生收益，都应缴付资源占用费，其性质属于租金，具有确定性和刚性。利润的分配受企业利润实现情况的限制、以及企业和出资人之间博弈结果的影响，具有一定的不确定性。《收益收取办法》所规定的净利润，实际上是将资源占用费与利润捆绑在一起，这不仅在理论上混淆了二者的功能，而且在实践中资源占用费因混同在利润中只需按比例向国家上交一小部分，大部分沉淀在企业中，据为企业所有。虽然我国开征了资源税，但力度有限，与国际通行标准相距甚远[①]；另外，以税的形式收取资源占用费，将税与费的功能混淆，使得在财税体制改革和国有企业改革中已经理顺的利税关系在一定程度上又发生混同。至此，利润与资源税、资源占用费相混淆的结果是扩大了利润基数的范围，在上交比例不高的情况下使本应上交国家的资源占用费以利润的形式大部分被企业无偿占有。

（2）关于经营利润与垄断利润混淆的问题。经营利润中既包含着经营者人力资本的贡献率，也包含着出资人物质资本的贡献率，因而需要在二者之间进行再分配。垄断利润是基于国家赋予的垄断性经营特权而获得的利益，

---

① 国际通行做法是收取资源费或矿区使用费，比例为10%—50%。参见盛洪：《改革以来的国企利润分配问题及其性质》。来源于百度财经2008年2月5日。在国外，石油涨价的收入国家最高拿走70%。参见张曙光：《国企改革应"先收租，再取利"》，载《中国企业家》2008年第8期。我国石油企业每吨只交8—30元资源费。

与经营者的人力资本贡献率无关。从理论上讲，这部分利润应该由代表全民的国家拥有，作为社会财富在全社会统一分配。将垄断利润计入利润基数，同样扩大了利润基数的范围，导致应上交国家的垄断利润留在了企业，垄断利润全民所有的性质演变为企业所有，有违公平正义。

（3）忽略经营利润、资源占用费、垄断利润三者功能上的差异，必然导致实践中企业利润负担的不公平。在《收益收取办法》制定之初，上缴利润的企业有151家，上缴利润的企业类型和比例分为：资源型企业为10%，竞争型企业为5%，军工等企业为暂缓三年上交或免交。其后，从2010年起，需要向国家上缴利润的企业的数量大幅增加，相应地，比例也有所提高，中国烟草总公司为20%，其他资源型企业为15%，一般竞争性企业为10%。军工企业、转制科研院所、中国邮政集团公司、2011年和2012年新纳入中央国有资本经营预算实施范围的企业，收取比例5%；政策性公司，包括中国储备粮总公司、中国储备棉总公司，免交国有资本收益。① 从我国企业实际情况看，"资源型"企业绝大多数是处于垄断状态的企业，而处于竞争状态的企业绝大多数是"非资源型"企业。这样，根据资源占用情况和垄断状态，将企业进行了分类，并依此确定上缴利润的比例。由于分类标准不是唯一的，可能导致同一个企业因适用不同的分类标准而被划归不同的类型、适用不同的利润上交比例的现象产生，进而导致企业上缴利润负担事实上的不公平。在国有资本经营预算试行阶段，因利润分配比例较低，这一矛盾尚不突出，如若将来分配比例上调至应有的幅度时，这一矛盾将会凸显甚至激化。

利润负担不公平不仅仅体现在企业类型划分及比例适用上，还体现在利润沉淀上。按照上述企业类型及其利润上交比例，在2011年之前垄断型企业应上交的利润是竞争型企业的两倍，自2011年起上交比例调整之后，除了中国烟草总公司，垄断型企业应上交的利润与竞争型企业相对比值已经不足两倍。如果结合垄断型国有企业职工平均工资是全国企业职工平均工资的5—10

---

① 现行利润上交比例有五档：20%、15%、10%、5%、暂不上交。

倍这一事实来分析①，可以进一步推断出垄断企业的利润应该远高于竞争型企业的利润。即便前者比后者上交的利润多②，也意味着大部分垄断利润还是沉淀在了企业，这首先造成了垄断型企业与竞争型企业之间的不公平。另外，即使同为垄断企业，因所处行业的不同、受国家现行相关法律法规影响而获得垄断利润的能力也不同，垄断企业之间也存在着不公平。从上缴利润的企业名单来看，具有垄断地位的 18 家企业分布于石油、电力、电信、烟草等行业，但现阶段国家只对石油行业征收垄断利润③，其他垄断行业的企业都未上交，这除了表明处于这些行业的企业垄断利润和经营利润严重混淆之外，还表明现行法律法规是否对垄断企业征收垄断利润实行差别待遇，进而影响到国有资本经营预算中垄断企业上缴利润的公平性。

综上所述，经营利润和垄断利润、资源占用费的混淆，导致利润基数的界定缺乏科学性和准确性，以此计算出的应交利润额不能真实地反映企业的获利能力和经营者的人力资本贡献率，这既不利于国家出资人足额收取应得的利润，也会削弱国有资本经营预算制度对企业经营者的激励和约束作用。

2. 现行利润分配比例存在的问题

在市场经济条件下，是否向出资人分配利润以及分配多少利润反映的是出资人与企业之间博弈的过程，但在我国国企数量众多、出资人代表唯一的情况下，由出资人代表与企业通过直接谈判、针对每个企业分别确定利润上交比例，不仅谈判成本高，而且容易滋生寻租行为，缺乏可操作性，因此立法者选择了"固定比例"这一务实的做法，以立法方式将利润分配这一双方

---

① 盛洪：《改革以来的国企利润分配问题及其性质》，来源于百度财经，访问日期 2008 年 2 月 5 日；薛泽海、陈少强在其《国有资本经营收益补充社保基金研究》（《中国财政》2010 年 15 期）一文中表明，据初步统计，国有垄断性企业数量占全国企业总数的 8%，但其工资总额占企业工资总额的 60%，垄断性行业企业职工平均收入是全国企业职工收入平均水平的 5—10 倍。

② 2010 年 11 月，国务院常务会议决定扩大中央企业国有资本经营预算实施范围，将资源类企业上交比例提升至 15%，一般竞争企业提升至 10%。这样，第一类企业只比第二类企业多交 5% 的利润。

③ 2006 年 3 月 25 日财政部颁布《石油特别收益金征收管理办法》，国家开始对中国石油天然气集团公司、中国石油化工集团公司、中国海洋石油总公司征收"石油特别收益金"，是国家对石油开采企业销售国产原油因价格超过一定水平所获得的超额收入按比例征收的收益金，国外俗称"暴利税"，在本质上应该属于"税"的范畴，但在我国此类特别收益金属中央财政非税收入，纳入中央财政预算管理。当时国际市场油价达每桶 60 美元以上。假设三大石油巨头都按最高的每吨 30 元缴纳资源税，则其收益仍远远高于开采成本，即石油行业资源要素的低价格也是促成征收收益金的一个原因。由此推论，征收特别收益金标志着国家开始调节垄断企业的超额利润，即国家开始索取垄断利润。

行为演变为立法者的单方行为。存在的问题是，由于立法者对企业具体情况不甚了解，忽略了企业之间的差异，因此《收益收取办法》只规定了三档比例。这不仅无法满足不同企业自我发展的需求，也难以体现市场经济条件下政企关系的内在要求。

(1) 利润上缴比例确定中的程序问题。在利润上缴比例确定的程序问题上，政府是以尊重企业经营自主权为根本宗旨、与企业进行充分的信息交流之后作出，还是由自己单方面作出，这不仅是理性宣誓层面的程序正义问题，更关系到现实中国有资本经营利润能否顺利地收缴上来，国家股东收益权能否实现的问题。因此，确定比例的程序应该作为一种长效机制确立下来。但恰好在这方面，政府的作为有所缺失。

一方面，政府的信息收集和分析缺乏一套标准规范的工作规程，其前期应做的基础性信息收集和分析没有评判标准：① 比例的确定没有细致的参数指标，包括参数指标的来源、选取根据及其代表性，通过何种方式筛选和甄别相关参数，如何构建数据分析模型，设置备选方案、各套备选方案对相关各方利益的影响程度等；② 所确定的参数指标体系大都没有经过专家论证、评估和分析，未得到权威性专业职能部门的认可；③ 未就企业所在行业的平均利润、企业的发展潜力、基于国家政策所产生的超额利润或政策性亏损的测算、未来国家产业政策对相关企业产生的影响、企业和社会公众心理预期的调查统计数据等进行综合分析，未与国有企业的发展趋势和产业布局的调整相结合，未能准确核实企业的盈利能力；第四，设定上缴利润的前提不当。上缴利润应以企业盈利为前提，而现行法律法规将竞争状态作为确定上交比例的依据，缺乏因果逻辑联系。另一方面，确定上交比例的程序未予制度化，形成制度性缺陷：① 在收集有关分配比例的反馈信息过程中未构建起固定的信息反馈渠道和信息交流平台，未将信息的发布和收集作为一种长效机制；② 相关法律法规在起草过程中未征求社会各界的意见，未举行听证会；③ 相关法律法规的出台缺乏相关的立法说明。

程序的缺失导致关键信息缺乏公开性和透明度，因而无法判别其科学性、合理性，在此基础上确定的利润分配比例难以反映市场的不确定性和企业的差异性。利润上交比例的确定作为国有资本经营预算制度首要和基础环节，直接关系到该制度实施的整体效果。缺乏"程序正义"保护的实体制度，其公信力和权威性也将会受到质疑。

（2）利润上交比例本身存在的问题。在利润上交比例的实体内容方面，按照经合组织国家官员们的建议，对国有企业剩余现金留存比例应该有更严格的标准，对于一家国家百分之百控股的国有企业来说，合理的分红政策是将其全部利润都用于分红。① 我国国有企业结构性调整尚未完成、短时间之内不可能完全退出竞争性领域、企业需要自行解决生存与发展问题，由此决定了现阶段我国不可能将国有企业的利润全部用于分配。按照《收益收取办法》第9条的规定，国有独资企业按照5%—10%的比例上交年度净利润。2010年11月，国务院常务会议决定扩大中央企业国有资本经营预算实施范围，调整了国有资本收益上交比例，除中国储备粮管理总公司和中国储备棉管理总公司仍然免交利润之外，其他企业均在原有基础上提高5%，② 根据2012年《关于提高中国烟草总公司国有资本收益收取比例的函》等规定，烟草行业上缴利润比例提高到20%，这表明国有企业上缴利润进入正式运行阶段。中国共产党十八届三中全会《决定》明确提出，"提高国有资本收益上缴公共财政比例，2020年提到30%，更多用于保障和改善民生。"但仍然存在的问题是，提高幅度并没有基础数据分析和立法说明作依据，程序保障机制依然缺失，由此无法判断提高后的比例是否适宜，因此在试行阶段就存在的问题仍未得到解决。而关于上述利润上缴比例，学界以及相关政府部门的官员都认为有进一步

---

① 世界银行驻中国代表处高路易（Louis Kuijs）、高伟彦（William Mako）、张春霖：《国有企业分红：分多少？分给谁？》资料来源：http://www.worldbank.org.cn/Chinese/content/SOE_cn_bill.pdf，访问日期2005年10月17日。

② 从2011年起不仅提高了比例，而且扩大了范围，又有652家企业被纳入国有资本经营预算实施范围，其中中央管理企业2户，教育部所属企业623户，文化部所属企业3户，农业部所属企业2户，国家广播电影电视总局所属企业1户，中国国际贸易促进委员会所属企业21户。详见《纳入中央国有资本经营预算实施范围企业名单》。2012年共计一级企业963户被纳入中央国有资本经营预算编制。财政部发文通知，经国务院批准，从2012年起，又有301家国有企业按照5%的比例向国家上缴利润。这些企业包括工信部、国家体育总局所属企业、中央文化企业国有资产监督管理领导小组办公室履行出资人职责的中央文化企业、卫生部、国资委所属部分企业、中国民航局所属的首都机场集团公司。其中中央文化企业达到108家，工信部所属企业达到81家。在这301家企业中，还有一些招待所、宾馆、物业管理中心等小型微型企业，通知对这些小型微型企业出台了相应优惠政策：缴利润不足10万元的，比照第四类政策性企业，免交当年应交利润。资料来源：董长青：《301家国企今年起上交"红利"》，载《北京日报》2012年2月4日。http://www.people.com.cn/h/2012/0204/c25408-2510094576.html 访问日期：2013年5月30日。此外，烟草行业上缴利润比例由15%提高到20%。

提升的空间。① 本书认为，通过相关数据分析对比，可以看出这一比例偏低。

第一，与国有企业近年来利润增长指标相比明显偏低。近年来，国有企业利润增长幅度和绝对增长数额都非常大（见表4.1）。

4.1 中央企业利润一览表②　　　　　　　　　　　　　（单位：亿元）

内容\年份	利润总额	净利润	上交利润	上缴利润/利润总额	上缴利润/净利润	利润总额增长额（与前一年比较）	净利润增长额（与前一年比较）	利润总额增长率（同期比较）	净利润增长额（同期比较）
2003	3005.9	2119.8							
2004	4879.7	3544.4				1873.8	1424.6	62.3%	67.2%
2005	6377	4642.7				1497.3	1098.3	30.7%	31.0%
2006	7681.5	5534.9	140③	1.8%④	2.5%⑤	1304.5	892.2	20.5%	19.2%
2007⑥	10,055.7	7368.2	357⑦	3.6%⑧	4.8%⑨	2374.2	1833.3	30.9%	33.1%

---

① 例如，中国发展研究基金会副秘书长汤敏、中央财经大学政府预算研究中心主任王雍君、首都经济贸易大学财政税务学院教授、博士生导师焦建国等学者都认为目前的红利上交比例还是偏低。详见纪佳鹏：《财政部公布2012年中央国有资本经营预算》，载《21世纪经济报道》2012年3月28日，http://finance.sina.com.cn/roll/20120328/010111693390.shtml，访问日期：2013年5月30日。国资委副主任邵宁也曾表示，国有资本上缴比例进一步提升是趋势，对于竞争性企业而言，上缴比例会提高到国内上市公司分红的平均水平。《央企2012年上缴税金约为财政收入16%》，载http://www.022net.com/2013/3-12/413762222429141.html，访问日期：2013年5月30日。国资委原主任李荣融在接受记者采访时表示在确保连续性的前提下，可将国企上缴红利占利润的比例逐步提升到20%、25%。2012年5月4日闭幕的《中美战略与经济对话》会上取得的经济成果之一是"中方承诺提高国有企业红利上缴比例，增加上缴利润的中央国企和省级国企的数量，将国有资本经营预算纳入国家预算体系，继续完善国有资本收益收缴制度"。另外，审计署发布的最新公告透露了中央国有资本经营预算管理方面的现存问题。公告提指出现行国有资本经营收益收缴比例仍偏低。陈法善：《国企上交红利比例仍偏低》，载财新网，http://finance.qq.com/a/20130117/003663.htm，访问日期：2013年5月30日。

② 表中未专门注明出处的数据为本书根据表中的数据计算的结果。

③ 本书目力所及范围只查到了2007年央企上交的国有资本收益，未查到单纯上交的利润，即俗称的"红利"。《国务院国资委五年回顾》，http://www.sasac.gov.cn/2010rdzt/yjj/2009hg.pdf，访问日期：2010年11月18日。

④ 这是上交的国有资本收益与利润总额之比，而非单纯上交的利润与利润总额之比。

⑤ 上交的国有资本收益与净利润之比，而非单纯上交的利润与净利润之比。

⑥ 2003—2007年的利润总额和净利润、上交的国有资本收益数据均来源于2003—2007年的净利润数据均来源于《国资委五年回顾》，参见http://www.sasac.gov.cn/2009rdzt/yjj/wzn.pdf，访问日期：2010年11月18日。

⑦ 本书目力所及范围只查到了2008年央企上交的国有资本收益，未查到单纯上交的利润，即俗称的"红利"。

⑧ 这是上交的国有资本收益与利润总额之比，而非单纯上交的利润与利润总额之比。

⑨ 上交的国有资本收益与净利润之比，而非单纯上交的利润与净利润之比。

(续表)

内容\年份	利润总额	净利润	上交利润	上缴利润/利润总额	上缴利润/净利润	利润总额增长额（与前一年比较）	净利润增长额（与前一年比较）	利润总额增长率（同期比较）	净利润增长额（同期比较）
2008①	6961.8	5075.4	270②	3.9%	5.3%	-3093.9	-2292.8	-30.8%	-31.1%
2009③	8151.2	5968.0	274④	3.4%	4.6%	1189.4	892.6	17.1%	17.6%
2010	11315⑤	8522⑥	430.61⑦	3.8%	5.1%	3163.8	2554	38.8%	42.8%
2011	14943.9⑧	9173.3⑨	757⑩	5.1%	8.3%	3628.9	651.3	24.3%	7.1%

根据表 4.1，2004 年与 2003 年相比利润总额增长 62.3%，净利润增长 67.2%，说明从 2004 年起国有企业利润开始大幅增长，盈利能力显著增强，这标志着国有企业从整体上走出困境。此后三年增长率有所回落，但保持在一个相对稳定的水平：2005—2007 年利润总额平均增长率为 27.4% 左右，净利润平均增长率为 27.8% 左右。2008 年利润总额和净利润从账面数字来看降幅明显，分别为 -30.8% 和 -31.1%。但具体情况是：2008 年金融危机对国

---

① 2008 年利润总额和净利润及其增长额数据来源于《国务院国资委 2008 年回顾 http：//www.sasac.gov.cn/2009rdzt/gzw2008hg.pdf，访问日期：2010 年 11 月 18 日。

② 《央企 2008 年红利 270 亿元上缴完成》http：//www.sina.com.cn，载《21 世纪经济报道》2009 年 11 月 28 日。资料来源：http：//finance.sina.com.cn/roll/20091128/03027028687.shtm

③ 2009 年利润总额和净利润及其增长额数据来源于《国务院国资委 2009 年回顾》，http：//www.sasac.gov.cn/2009rdzt/gzw2008hg.pdf，访问日期 2010 年 11 月 18 日。

④ 2009 年央企上交的国有资本收益为 874 亿元（资料来源：《国务院国资委 2009 年回顾》），其中包括电信企业重组专项资本收益 600 亿元（资料来源：《2009 年央企上缴红利近千亿元占利润总额仅 1 成》，http：//news.china.com.cn/rollnews/2010-05/13/content_2096588.htm，访问日期：2010 年 11 月 25 日），两者相减为央企上交的利润，即红利 274 亿元。

⑤ 2010 年总利润资料来源：《国资委新闻发言人就央企利润、红利、社会责任等答问》，http：//www.sasac.gov.cn/n1180/n1566/n259730/n6971460/13225387.html，访问日期：2011 年 12 月 8 日。

⑥ 净利润资料来源于《2010 年央企净利润 8522 亿元 同比增长 42.8%》，http：//www.sznews.com/rollnews/2011-10/14/content_2191045883.htm，访问日期：2011 年 12 月 8 日。

⑦ http：//www.sina.com.cn，载财政部网站 2011 年 03 月 25 日。

⑧ 纪佳鹏：《财政部公布 2012 年 中央国有资本经营预算》，《21 世纪经济报道》2012 年 03 月 28 日，http：//www.sina.com.cn。资料来源：http：//finance.sina.com.cn/roll/20120328/010111693390.shtml，访问日期：2013 年 5 月 30 日。

⑨ 《国资委：去年央企净利润 9173 亿元增速大幅下降》，载中财网 http：//wenku.baidu.com/view/f71ac9befd0a79563c1e72db.html，访问日期：2013 年 5 月 27 日。

⑩ 纪佳鹏：《财政部公布 2012 年 中央国有资本经营预算》，http：//finance.sina.com.cn/roll/20120328/010111693390.shtml，访问日期：2013 年 5 月 30 日。

有企业的发展产生一定影响；四川地震对部分企业影响比较大；[①] 电力、石油、石化等行业承担了政策性亏损达 2660 多亿元。如果剔除这些行业，实际水平与 2007 年基本持平。2009 年在深受国际金融危机影响的背景下仍累计实现利润总额 8151.2 亿元，比上年增长 17.1%，实现净利润 5968.0 亿元，比上年增长 17.6%。2010 年实现利润总额 11,315 亿元，比上年增长 38.8%，实现净利润 8522 亿元，比上年增长 42.8%。2011 年实现利润总额 14943.9 亿元，比上年增长 24.3%，实现净利润 9173 亿元，比上年增长 7.1%。2012 年实现利润总额 15134.3 亿元，比上年增长 1.3%，实现净利润 11093.5 亿元，比上年增长 17.3%。2011 年和 2012 年央企经济效益出现较大幅度下降，是因近年来受国内外经济形势总体下滑以及经济结构调整等多重因素的影响所致。

从 2003—2010 年国有企业总利润年平均增长率为 24.2%，净利润年平均增长率为 25.7%。与此形成对比的是国有企业上交的利润：2007 年属于试行阶段，减半征收，上交国有资本收益 140 亿元，占 2006 年净利润的比例仅为 2.5%；2008 年上交国有资本收益 357 亿元[②]，占 2007 年净利润的比例只有 4.8%。如果以上交的纯利润计算，所占的比例就更小了。2009 年上交的利润为 270 亿元，占 2008 年净利润的比例 5.3%；2010 年上交的利润为 274 亿元，占 2009 年净利润的比例为 4.6%。与国有企业利润增长幅度相比，利润上交比例明显偏低。单纯从经济角度分析，如此低的投资回报率意味着这种投资是没有意义的。

2011 年和 2012 年如前所述，由于受国内外经济形势总体下滑以及经济结构调整等多重因素的影响，央企的利润总额和净利润增幅出现较大幅度下降，虽然上缴利润的绝对数增加，但这是由于从 2011 年起扩大了上缴利润的企业范围，有 652 家企业被纳入国有资本经营预算实施范围，其中中央管理企业 2 户，教育部所属企业 623 户，文化部所属企业 3 户，农业部所属企业 2 户，国家广播电影电视总局所属企业 1 户，中国国际贸易促进委员会所属企业 21 户。从 2012 年起，又有 301 家国有企业按照 5% 的比例向国家上缴利润。这

---

① 樊曦：《汶川地震造成央企经济损失超过 800 亿元》，载新华网，http://news.eastday.com/c/20080704/u1a3694370.html，访问日期：2008 年 7 月 4 日。

② 未查找到 2007 年和 2008 年单纯上交的利润。

些企业包括工信部、国家体育总局所属企业,中央文化企业国有资产监督管理领导小组办公室履行出资人职责的中央文化企业,卫生部、国资委所属部分企业,中国民航局所属的首都机场集团公司。其中中央文化企业达到108家,工信部所属企业达到81家。2012年共计一级企业963户被纳入中央国有资本经营预算编制。这两年上交的利润额占净利润的比例分别为8.3%和8.8%,比例有所上升,但幅度不大,仍未超过10%。

第二,与国有企业净利润占中央财政收入的比例相比明显偏低。国有企业上缴利润占国有企业净利润的比例与国有企业净利润占中央财政收入的比例相比,差距比较明显(见表4.2),前者远远低于后者。国有企业上缴利润占国有企业净利润的比例在5%左右,五年内年均比例为4.5%;而国有企业净利润占中央财政收入的比例2008年和2009年因受地震和金融危机的影响下降比较明显,但仍达15.1%和16.6%,2010年达20.1%,五年内年均比例为20.7%左右;2011年和1012年由于受国内外经济形势总体下滑以及经济结构调整等多重因素的影响,央企的利润总额和净利润增幅出现较大幅度下降,央企净利润占财政收入的比例跌至两位数以下,与央企上缴利润占净利润的比例大致接近。

表4.2　国有企业上缴利润占国有企业净利润的比例
与国有企业净利润占中央财政收入的比例对比表① （单位：亿元）

	中央财政收入	国有企净利润	国有企业净利润占中央财政收入的比例	国有企业上缴利润	国有企业上缴利润占净利润的比例
2006年	21243.89②	5534.9	26.1%	140	2.5%（减半）
2007年	28611.95③	7368.2	25.8%	357（国有资本收益)	4.8%（国有资本收益）
2008年	33626.93	7368.2	15.1%	270	5.3%

---

① 未注释过的资料为本书根据表中的相关资料自行计算的结果。
② 资料来源：http://finance.sina.com.cn/china/hgjj/20070628/18403734969.shtml,访问日期：2010年12月3日。
③ 资料来源：http://news.xinhuanet.com/newscenter/2008-08/27/content_9722460.htm,来自新华网,访问日期：2010年12月3日。

(续表)

	中央财政收入	国有企净利润	国有企业净利润占中央财政收入的比例	国有企业上缴利润	国有企业上缴利润占净利润的比例
2009 年	35915.71①	5968.0	16.6%	274	4.6%
2010 年	42470②	8522	20.1%	430.61	5.1%
2011 年	103740③	9173.3	8.8%	757	8.3%
2012 年	117209.75④	11093.5	9.5%	970.83	8.8%

第三，与我国上市公司近年现金分红额占净利润的比例相比偏低。与我国上市公司近年来现金分红额占净利润的比例相比⑤，国有企业利润上交比例明显偏低（见表4.3）。表4.3的统计数据显示，2002—2011年我国上市公司的现金分红额占净利润的比例最高年份达到53.69%，最低年份为13.27%，平均为26.23%，远远高于国有企业利润上缴的比例，上市公司的平均现金分红额占净利润的比例是国有企业实际上交利润比例的近7倍，如此高的现金分红比例，并未见到由此影响公司后续发展的信息反馈。这里仅以现金分红在上市公司和国有企业之间进行比较，如果考虑到配送股，上市公司的分红力度更大，国有企业与之差距也会更大。

---

① 资料来源：http://news.xinhuanet.com/fortune/2010-06/24/c_12257519.htm，访问日期：2011年11月29日。

② 资料来源：财政部网站：http://gks.mof.gov.cn/zhengfuxinxi/tongjishuju/201101/t20110120_421479.html，访问日期：2011年12月29日。

③ 财政部《民生 发展 改革：2012预算安排凸显积极财政色彩》；资料来源：http://www.mof.gov.cn/zhuantihuigu/2012czysbgjd/2012ysjd/201203/t20120307_633331.html，访问日期：2013年5月27日。

④ 财政部《关于2012年中央和地方预算执行情况与2013年中央和地方预算草案的报告》资料来源：http://czzz.mof.gov.cn/zhongguocaizhengzazhishe_daohanglanmu/zhongguocaizhengzazhishe_caikuaishijie/201303/t20130320_783287.html，访问日期：2013年5月27日。

⑤ 国有企业利润上交比例的计算基数是企业的净利润，即按净利润的5%—10%上交红利，将上市公司的现金分红额与上市公司的净利润相比，可以保持对比样本统计口径的一致。

表4.3 我国上市公司现金分红额占净利润的比例一览表① （单位：亿元）

	总利润	净利润	分红现金合计	分红现金占净利润比例
2002年	1298.89	826.95	443.96	53.69%
2003年	1890.11	1256.83	494.13	39.32%
2004年	2671.98	1757.06	595.73	33.90%
2005年	2627.31	1674.82	804.79	48.05%
2006年	5109.75	3400.76	835.77	24.58%
2007年	13433.60	9962.23	1322.00	13.27%
2008年	10,738.72	8199.28	3458.86	42.18%
2009年	13,678.97	10,032.22	3181.36	31.71%
2010年	22,208.87	16,457.13	4019.48	24.42%
2011年	26,099.41	19,110.74	3909.37	20.46%

第四，与在海外上市的国有公司向其他股东分红的比例相比偏低。一些在海外上市的国有公司的分红率远远高于现行法律规定的向国家上缴利润的比例（见表4.4）。在美国上市的中国大型国企将其盈利总额的20%至60%用于分配红利。② 但不论是财政部、国资委还是其他任何中央政府部门，都没有从中央大型国有企业那里分得利润，地方政府和地方负责管理的国有企业大多也都如此。这种情况与其他国家形成了鲜明的对比。

从表4.4的统计数据来看，除个别企业在个别年份利润畸高或偏低之外，大部分企业的分红率基本集中在20%—70%这一区间内，中国电信、华能国际、中国铝业在2008年每股收益趋于或等于零、甚至为负数的情况下，仍向股东分红，这种大比例的分红政策并未影响这些在海外上市的国有企业的自我生存和发展空间，说明这种比例是合适的，反证国有企业向国家出资人分配5%—10%的利润是偏低的，而且违背了同股同权、同股同利的基本原则。

---

① 本表所列明的数据是根据2003—2012年《中国证券期货统计年鉴》中的相关数据汇编整理而成。

② 参见《经济参考报》，http://www.788111.com/html/news1/2005-10-29/00000000100010nt4n.html，访问日期：2011年12月8日。

表4.4 在美国上市的中国主要国有企业的分红率一览表① (单位：美元)

		PTR 中石油②	CHL 中国移动③	SNP 中国石化④	CHA 中国电信⑤	CHU 中国联通⑥	HNP 华能国际⑦	ACH 中国铝业⑧	YZC 兖州煤矿⑨	GSH 广深铁路⑩	CEA 东方航空⑪
05年	每股股利	4.13	0.26	1.46	0.83	0.12	1.21	0.53	1.61	0.71	0.48
	每股收益	9.53	1.98	5.83	3.46	0.49	*	8.11	3.77	0.9	亏损
	分红率%	43	13	25	24	24		6.5	43	79	无分红
06年	每股股利	4.49	0.82	1.68	0.97	0.14	1.25	1.26	1.41	0.75	
	每股收益	10.25	2.08	7.77	3.49	0.63	*	3.29	3.13	1.12	
	分红率%	44	39	22	28	22		38	45	67	无分红

---

① 2005—2007年的数据来源：纽约证券交易所这十家上市公司近5年的年报，http://www.nyse.com/；参见雅虎财经，http://biz.cn.yahoo.com/stock/amer.html；新浪财经，http://finance.sina.com.cn/。*为未找到相关数据。

② 中石油2008—2009年数据来源于公司年报。资料来源：XNYS PetroChina Company Limited ADR 2009 Annual Report 20-F Filling (http://www.petrochina.com.cn/petrochina/)，访问日期：2010年12月8日。

③ 中国移动2008—2009年数据来源于公司年报。资料来源：XNYS China Mobile Limited ADR 2009 Annual Report 20-F Filling (http://www.smallcapwatch.com/company.asp?TICKER = chl)，访问日期：2010年12月9日。

④ 中石化2008—2009年数据来源于公司年报。资料来源：XNYS China Petroleum & Chemical Corporation ADR 2009 Annual Report 20-F Filling (http://www.sinopec.com/)，访问日期：2010年12月9日。

⑤ 中国电信2008—2009年数据资料来源于：http://usstock.jrj.com.cn/share/search.shtml?stock = CHA，访问日期：2010年12月14日。

⑥ 中国联通2008—2009年数据资料来源于：http://quote123.com/usmkt/zacks/fais.aspx?symbol = CHU，访问日期：2010年12月14日。

⑦ 华能国际2008—2009年数据资料来源于：http://quote123.com/usmkt/zacks/fais.aspx?symbol = HNP，访问日期2010年12月14日。

⑧ 中国铝业2008—2009年数据资料来源于：http://quote123.com/usmkt/zacks/fais.aspx?symbol = ACH，访问日期2010年12月14日。

⑨ 兖州煤矿2008—2009年数据资料来源于：http://quote123.com/usmkt/zacks/fais.aspx?symbol = YZC，访问日期2010年12月14日。

⑩ 广深铁路2008—2009年数据资料来源于：http://www.gsrc.com/en/down.php?classid = 001 20-F of 2009、20-F of 2008，访问日期：2010年12月14日。

⑪ 东方航空2008—2009年数据资料来源于：http://www.ooinvest.com/us-stock?symbol = NYSE%3ACEA，访问日期：2010年12月14日。http://sec.gov/Archives/edgar/data/1030475/000114420410034855/v180838_20f.htm 来自：Annual Report on Form 20-F for Fiscal Year 2009 of China Eastern Airlines Corporation Limited Available，访问日期：2010年12月14日。

(续表)

		PTR 中石油	CHL 中国 移动	SNP 中国 石化	CHA 中国 电信	CHU 中国 联通	HNP 华能 国际	ACH 中国 铝业	YZC 兖州 煤矿	GSH 广深 铁路	CEA 东方 航空
07年	每股股利	4.78	1.34	2.31	1.09	0.23	1.45	0.87	0.25	0.57	
	每股收益	10.69	2.93	8.9	4.01	1.04	2.52	3.1	4.5	1.39	
	分红率%	45	46	26	27	22	58	28	5.6	41	无分红
08年	每股股利	0.2814	0.4	0.145	1.09	0.29	1.68	0.51	0.25	0.08	-3.14
	每股收益	0.6254	0.81	0.29	0.0015	3.97	-2	0	1.9	0.24	-2.78
	分红率%	44.99 45	49.38	50	726.67	7.3			13.16	33.33	
09年	每股股利	0.2542	0.36	0.16	0.99	0.56	0.57	0	0.53	0.08	0.026
	每股收益	0.5649	0.83	0.71	2.61	0.6	2.4	-6.24	1.23	0.27	0.04
	分红率%	45	43.37	22.54	37.93	93.33	23.75		43.09	29.63	65
10年	每股股利	0.34	0.39	0.19	0.01	0.01	0.03	0.01	0.09	0.01	*
	每股收益	0.76	0.9	0.82	0.03	0.03	0.04	0.02	0.3	0.03	0.41
	分红率%	44	43	23	33	33	75	50	30	33	
11年	每股股利	0.33	0.43	0.23	0.01	0.02	0.01	0	0.09	0.02	0.44
	每股收益	0.73	1	0.812	0.03	0.03	0.01	0.0028	0.3	0.04	*
	分红率%	45	43	28	33	67	100	0	30	50	
12年	每股股利	0.708	0.63	1.02	0.03	0.05	0.39 (rmb)	0.01	0.2	0.03	0.26
	每股收益	0.3	0.28	0.44	0.01	0.02	0.21 (rmb)	*	0.06	0.01	*
	分红率%	236	225	232	300	250	186		333	300	

第五，与地方试点中国有企业上缴利润比例相比偏低。从表4.5中可以看出，我国地方一级国有企业在利润分配的试点中所确定的比例基本在20%—30%之间，也明显高于现行法律规定的央企分配利润的比例，中央国有企业利润上交比例低于地方的理由不充分。

表 4.5　试点省市地方所属国有企业上缴利润比例一览表①

省市	北京	上海	广东	武汉	广州	深圳②	厦门	珠海③
比例	20%	20%	20%	30%	20%	20%—40%	20%	10%—100%

第六，与世界其他国家国有企业向国家出资人分红的比例相比偏低。其他国家国有企业向国家出资人分配利润的比例更是高得惊人。在新西兰，国有企业董事会在与持有股份的政府部门协商后，根据国有企业的资本结构、未来投资计划和盈利前景等因素来制定分红计划。丹麦、芬兰、挪威以及瑞典的国有企业董事会设定了多年度的目标分红率，例如，整个商业周期预期盈利的 33%、50% 或 67%。在瑞典和挪威，国有企业不定期地以特别红利（一次性）的形式将资本金归还国家，目的是减少国有企业的资本（股本）以取得更高的资本（股本）回报率。④在法国，国有企业在按税法规定纳税外，如有盈利则必须按 50% 的比例上缴利润。⑤英国的国有资产经营收入均上缴财政。此外，其他一些国家如新加坡，国有企业分红主要考虑现金流（即折旧前盈利）；俄罗斯纳入预算管理的预算外收入中非税收入的主要部分是国有资产经营收入。现在又有一股加强国有企业的新潮，法国与意大利两国财政部是国有企业的主管部门，财政部门不仅收取国有企业红利，而且对国有企业股权转让收益实行管理，既保障了国有股东权益，也增强了国家财政预算实力。⑥

---

① 资料来源：相关省市国资局网站。

② 深圳国有企业大多已实现了多元化的产权结构，分红由董事会、股东会讨论决定，红利比例一般不会超过 20%，少数企业在 30%—40% 之间，其多元化的产权结构，可以保证分红不会过度，不会影响企业的运营与发展。《国企上缴红利应以 20% 为底线》，载《中国企业报》2012 年 05 月 08 日。资料来源：http://finance.jrj.com.cn/opinion/2012/05/08102213032549.shtml，访问日期：2013 年 5 月 30 日。

③ 2005 年 12 月 5 日颁布的《珠海市市属国有资本收益管理暂行办法》第 16 条第 1 款规定：国有独资企业、国有独资公司经营净利润的上交比例根据企业所属行业类型及发展规划等因素确定，一般情况按以下比例上交：（1）一般竞争性企业，上交比例为 30%；（2）专营竞争性企业，上交比例为 30%—50%；（3）区域垄断性企业，上交比例为 10%。如因国有经济结构调整的需要，市国资委可调整上述比例，上交比例最高可达 100%。

④ 世界银行驻中国代表处高路易（Louis Kuijs）、高伟彦（William Mako）、张春霖：《国有企业分红：分多少？分给谁？》，资料来源：http://www.worldbank.org.cn/Chinese/content/SOE_cn_bill.pdf，访问日期：2005 年 10 月 17 日。

⑤ 万静：《专家质疑国企上缴利润方案合法性》，http://www.finance.sina.com.cn/g/20080302/11364569034.shtml，访问日期：2013 年 03 月 03 日。

⑥ 王石生：《国企利润和改制收入应纳入国家预算》，载《科学决策月刊》2006 年 10 月。

(二) 改革和完善国有企业利润分配制度的立法建议

对现行国企利润分配制度存在问题的分析表明，在目前的体制和利益格局下，国有企业作为博弈的一方确实具有压低利润上交比例的冲动，模糊的利润基数也有利于企业将大部分资金留在企业，履行出资人职责的机构由于在整个国有资本预算过程中并不享有预算编制方面的实质性权利，缺乏协助财政部监督企业按期足额上缴利润的动力与约束力。因此，纵然财政部门可以依据行政权力收缴企业利润并加以监管，但由于其不直接掌管企业，与企业之间存在严重的信息偏在，监管权难以落到实处，不得不采用"一刀切"的办法确定的利润上缴比例，进而导致比例偏低和利润基数确定不合理。这表明，现行利润确定规则并没有很好地平衡国有企业、国资监管机构、政府财政部门之间基于国有股股利分配产生的利益冲突关系。因此，本书提出，未来制度的改革和完善必须紧紧围绕这一目标，科学准确地界定利润构成，不仅要注重常态下利润分配制度的构建，更要关注特殊情况下应急制度的构建，以保证利润分配制度的完整性和灵活性。

1. 利润构成的合理化

准确界定经营利润是合理分配利润以及足额及时上缴利润的关键环节。现行法律法规规定按照企业净利润的一定比例向国家上缴利润，但从国有独资企业利润构成情况来看，净利润中除了经营利润外还包含垄断利润和（或）资源占用费，因此，要从净利润中合理地减除垄断利润和资源占用费。

（1）垄断利润的界定。垄断利润是一种特权收入，与企业生产经营性要素的贡献率无关。从净利润中剔除垄断利润，就是为了准确核实经营利润。解决经营利润与垄断利润混淆这一问题的难点不在于理论上是否有据可依，而在于实践中如何准确计算垄断利润。

利润是企业盈利能力的反映，通过企业绩效评价体系可以较合理地体现出企业经济效益和经营管理水平——企业绩效。目前，国际上通行的三种企业绩效评价体系各有优缺点①,但总体而言均不适合我国国有企业。由于受垄断及国家政策扶持等因素的影响,我国国企尚未完全市场化,企业净利润并非完全为经营管理者经营能力创造的经济增加值,因此,针对我国国企及其经营者的绩效考核,需要寻找一种全新的绩效评价体系。目前,经济学界研发出一套专门针对我国国有企业的创新性绩效评价体系——能力性经济租金体系(Capacity-based Economic Value-added System,以下简称 CEVS)。② 该评价体系以经济增加值的业绩评价体系为基础,剔除了因垄断、国家政策扶持等因素造成的行业差异,将国有企业的经济增加值分解为两部分:一部分为基于行业优势获得的经济增加值,被称为非能力性经济租金,其中包括因垄断形成的利润;另一部分基于经营管理层自身经济能力而获得的经济增加值,被称为能力性经济租金,这部分是企业真实的经营利润,企业的经济增加值减去非能力性经济租金即为能力性经济租金。因此,这一指标可以真实反映经营管理层的经营能力,以此作为企业业绩的主要评价指标更为合理。

(2) 资源占用费的界定。矿产资源在国家主权和经济安全中的特殊地位,决定了国家在这一领域控制与垄断。世界上大多数国家都将矿产资源所有权归属于国家,由国家根据经济发展的需要决定这种具有垄断性质的特殊物的所有权的行使方式。我国传统上对矿产资源实行无偿开采制度。1986 年 10 月 1 日生效的《矿产资源法》提出有偿开采矿产资源,但直到 1994 年 4 月 1 日《矿产资源补偿费征收管理规定》施行之后才变为现实。迄今,关于资源费的一些问题仍然需要澄清。

首先,收取矿产资源使用费的权源基础不清。目前,我国矿产资源有偿

---

① 三种评价体系分别为:(1) 以传统财务指标为基础的绩效评价体系,该评价体系以净资产收益率为基础,参照指标单一,容易受到操纵,玩弄账面游戏,以此作为考核内容会导致经营者短期行为。(2) 基于平衡记分卡的绩效评价体系,该评价体系的进步意义在于将业绩评价与企业的竞争能力、管理绩效和长远发展规律紧密联系起来,但其明显缺陷在于需要针对不同的企业设计不同的指标体系,要充分考虑企业的具体特征,开发成本很高,而且不利于企业之间的横向比较,在我国国企数量众多的国情下,该绩效评价体系缺乏现实操作性。(3) 基于经济增加值的绩效评价体系,经济增加值指标等于公司税后净营业利润减去全部资本成本后的净值,其反映了公司在一定时期内为股东创造的价值。经济增加值指标最大化与股东价值最大化相一致,从而使经济增加值指标克服了传统业绩衡量指标的最大缺陷。这种方法在完全市场化的条件下较为有效。

② 同上。

使用的制度主要是税法，资源税在有偿使用税费中是主体。① 以税的形式收取矿产资源使用费混淆了矿产资源所有权行使的法理基础，使政府代表国家行使的所有权与其公共管理权发生混淆。国家在授权他人开采时收取对价是国家行使所有权的一种体现。从权源角度分析，国家既不是以主权代表者的身份行使政治权力，也不是以社会公共管理者的身份行使以税收征缴为核心的行政权力。从经济学角度分析，国家收取的对价是体现为经济地租的费用，折射了等价交换的基本内涵，其与无偿征缴的税有着本质的区别。从实践角度考察，不同资源、不同矿种、即便同一个矿种但不同区块所产生的收益都会有很大的差异，若以税法调整，要想实现税收公平原则，就只能一个矿区一个税率，要想维护税收的统一性原则，又必须实行同种资源同一税率，这显然陷入一种逻辑困境中。从法律关系角度分析，勘察开发矿产资源是为了取得使用自然力或通过劳动占有单纯自然产品的权利而付给这些自然力或单纯自然产品所有者的价格，是所有权人转让所有权中某项权能而获得的对价，具有契约的属性，是交易双方等价交换的表现。

矿产资源占用费或使用费是对依附于土地地质地层中的资源的占用而支付的租金，是地租的本质属性在矿产资源中的体现，应遵循等价交换的客观经济规律。矿产资源蕴含于土地之中，不同的地理条件和地质条件对矿产资源的品位和开采条件等影响很大。因此矿产资源与土地一同形成租金方面的差异。依照马克思主义政治经济学关于地租的理论，矿产资源同土地资源一样，分为绝对地租和级差地租。绝对地租是只要占用土地或矿产资源就要支付租金，所以，资源型企业不论其占有资源的种类、品位如何，都要支付租金；级差地租是对因矿区开采禀赋差异所产生的额外收益收取的租金，级差地租的功能就是调整因自然条件不同而生成的利益差别。从实际操作角度分析，绝对地租是确定的，但级差地租需一事一议，以税法来调整级差地租，准确性显然难以保证。矿产资源收益受市场因素影响比较大，如矿产品的国际市场价格，国家对特殊矿种的政策倾向、国家产业政策的调整、应对经济发展中的异常情况而采取的应急举措等，这些都要求国家对收取矿产资源收

---

① 2004年我国资源补偿费中资源税占49%。参见朱志刚：《迈向资源节约和环境友好型社会：论环境资源有偿使用制度改革》，中国财政经济出版社2006年版，第94页。

益及时作出调整,以费的方式予以调节,灵活且时效性强,对整个系统的影响比较小,而且程序比较简捷,只要做到公开透明即可,无需像修法一样遵循固定而严格的程序,可以避免法的时滞性。可见,以税法调整矿产资源使用费显然是制度"跑偏"。基于上述,从长远来看,矿产资源收益应该从税法体系中剥离出来,纳入费的范畴。

其次,在资源税短期内无法转变为资源占用费的情况下,通过完善现行资源税尽可能准确体现资源价格,以便将资源占用费从企业利润中区分出来。即便暂不追究矿产资源税费征收的法理依据,采取务实态度以获取实际利益为目的,也应该矫正现行资源税中存在的明显缺陷。

第一,该收取而没有收取绝对地租。从表面来看,资源的占有使用者似乎为使用资源支付了对价,国家实行从量征收,纳税人以应税产品的销售数量或自用数量为计税依据,按照规定的适用税额标准计算应纳税额,但就课税的具体内容和课税额度来看,其实这是一种差别税,是以应税矿产品、盐资源结构和开采条件差异形成的级差收入为征税对象,资源条件好、开采条件好,收入就多,征收的税也多;反之,征收的税则少。从量征税的作用仅是调节级差收入,并非是资源本身价值(价格)的体现,也就是说我国目前征收的资源税仅是级差地租,并非是为占用资源而支付的对价——绝对地租。由此反映出的深层次问题是忽略了国家对资源的所有权。国家不能因资源被消耗而获得补偿,意味着企业在无偿使用属于国家的资源。这样,不仅混淆了利润和资源占用费,而且扩大了利润基数,本应全额上交的资源占用费,在进入利润分配环节后作为利润基数的组成部分,只需按比例上交很少一部分,大部分留在企业,由此导致资源型企业和非资源型企业利润基数事实上的不一致。因此,不收取绝对地租,就很难将资源占用费与企业经营利润真正区分开来。

第二,资源税税率偏低。我国现行资源税的实质是矿产资源税,属于产出型资源税,以加工过的矿石或未经加工的原矿为课税对象。根据我国《资源税暂行条例》的规定,开采矿产品或者生产盐要缴纳资源税,但纳税额度非常小。① 税率偏低导致资源价格严重低于国际市场价格，与资源产品的销售价格和企业利润相比，过低的纳税额不能准确反映资源的贡献率，弱化了税负调节级差收入的功能，不仅使资源浪费现象严重，不利于经济增长方式的转变，不符合可持续发展战略的要求，而且使本应上交国家财政的收入沉淀在企业，变成了企业的利润，将该收入的全民所有性质变为企业所有。

第三，资源税覆盖范围狭窄。目前，收取资源税的范围不尽合理，有些属于资源范畴的产品并不缴纳资源税，例如地下水、森林等，导致资源型企业有的交税，有的则不交。这样，在资源型企业内部也形成不公平。从目前情况来看，资源税中存在的问题属于税法范畴，利润分配制度本身无法解决这个问题，只能通过修改税法来完善资源税的征收。当资源税能够准确反映资源价格时，资源占用费与利润相混淆的问题可以在实务中得到解决。②

第四，矿产资源基准价值确定程序未实现法定化。基于矿产资源的有价性，每一个矿区理应有一个基准价。③ 该基准价值作为计算矿产资源收益的依据或参照标准，反映出资源型企业的收入中资源贡献率所占的份额。所以，矿区评估与基准价的确定对于利润基数具有重要意义。矿区评估和基准价确定的专业性与技术性非常强，如果评估机构受到人为操纵，从专业技术角度作弊通常情况下很难被发现，也很难取证。因此，评估机构的选定以及评估过程应该依法定程序进行。当矿产资源所有权人决定将某一矿区授权某个企业经营时，必须控制该矿区及其基准价的评估过程，全程监控，阻隔评估公

---

① 《资源税税目税额幅度表》规定：原油（元/吨）8.00—30.00；天然气（元/千立方米）2.00—15.00；煤炭（元/吨）0.30—5.00；其他非金属原矿（元/吨或立方米）0.50—20.00；黑色金属原矿（元/吨）2.00—30.00；有色金属原矿（元/吨）0.40—30；固体盐（元/吨）10.00—60.00；液体盐（元/吨）2.00—10.00。

② 据悉，我国"资源税"的修改正在启动，方案也基本成型：(1) 扩大了征税范围，将水资源等纳入缴税范围；(2) 改从量计征为从价计征，由此避免从量计征的缺陷——资源产品价格下跌，国家的税收不减，企业的税负可能加重，或者资源产品价格上涨，但在税额不能持续调高的情况下，资源产品税负偏低，国家税收收入减少。采用从价计征，可以较好地使纳税额与资源的国际市场价格相衔接，即可避免税额的频繁调整，又能保持国家与企业的利益均衡，可以较为真实地反映占有使用资源应支付的对价。

③ 目前，我国在确定矿区基准价以及矿业权评估方面的操作程序是：由矿业权评估师协会进行招标，有相应专业资质的评估公司竞标，由中标的专业评估公司依据专业技术标准和国际通行的评估方法对某一具体矿区作出评估报告，其中即包括基准价。评估方法与技术标准完善与否是地质矿业领域的问题，但其评估结果如果从专业技术角度无法推翻的话，从法学的角度讲，该结果就具有应用价值。

司与企业之间的联系，防止评估公司与企业之间通谋，人为低估矿区价值，侵害所有权人的利益。鉴于矿区基准价及其评估程序的重要性，建议从程序法层面加以规制，将法定程序作为利润预测机制的前置程序。

最后，目前我国资源型企业利润大幅度上升与我国资源要素价格畸低有密切关系。从表面看，这是资源税的问题，但其深层次原因是税费混淆所致。将资源税转变为资源占用费可以从根本上厘清这一问题，鉴于目前来看难度较大，本书认为，应急之作是尽快修改完善资源税法，使企业上缴的资源税尽可能接近资源的价格，以便于准确预测利润。

2. 应急制度的建立

现行制度由政府主导构建，虽省却了"一对一"谈判的高额成本，避免了因谈判僵持不下所导致的预算迟延或无法执行的窘境，但"一刀切"存在问题是，没有考虑企业生产经营特点、发展周期、市场的不确定性以及商业风险的不可预测性等影响企业生产经营的各种因素。由此产生了"一刀切"与"一对一"的尖锐对峙。对此，本书认为需要从立法技术上对现行制度进行调整。应以概括加列举的方式在法律中明确规定，在正常情况下概括适用既定的利润分配比例，当企业遇到特殊情况时可以申请"减免缓"交利润。当然，这里的"特殊情况"必须在法律中做出明确规定，以防止特殊情况被滥用。具体而言，"特殊情况"的确定可以考虑如下因素：

（1）企业对现金流的需求。现金流是企业财务预算的主要指标，通常是董事会决定是否分红、分红比例的决定性因素。在企业发展的不同阶段和不同周期，对于现金的需求量是不同的。处于平稳发展时期的低增长公司，现金比较充裕；处于扩张时期的高增长公司，要对扩大再生产进行投资，现金的需求量非常大，但其利润多为账面数字，实际并无现金向股东分配。因此，经职能部门认定，对处于发展上升时期、并且符合国家产业发展政策的企业，如果现金流紧张，即可申请"减免缓"交利润。

（2）企业承担社会责任、不可抗力、意外事件等因素的影响。如何承担社会责任是一个具有长远发展战略的、负责任的企业认真思考的问题。作为国有企业，本身在一定程度上代替政府承担着社会公共管理职能。如果发生重大突发公共事件，企业因承担社会责任导致利润大幅下滑，允许企业以此为由提出"减免缓"申请。此外，不可抗力、意外事件，特别是具有全局性、系统性的市场风险导致企业利润下降幅度较大的,[①] 都应允许企业提出"减免缓"交申请。

(3) 良好的投资回报。在考虑风险的情况下,如果企业有更好的投资机会,将应该上交国家的利润留在企业可以带来更大的投资回报,也可以申请"减免缓"交利润。但企业必须提供翔实的可行性报告和延期上缴利润的计划书、投资获利分配方案、由于投资失误导致利润损失的责任追究措施以及为此所作的责任保证承诺。

"减免缓"制度因涉及社会公共利益,故要在程序上保证不能偏离制度设计的初衷。当企业提出"减免缓"申请后,首先由履行出资人职责的机构进行审核,然后报请财政预算主体审批。在申请审批过程中要履行严格的信息披露义务,包括企业提出申请的原因、作出的承诺,审核机构的审核意见,批准机构批准的依据、监管的具体措施,以及后续的信息披露,包括企业兑现承诺的具体情况等。审批机构在批准之前应该启动公共利益决策程序,举行听证会。

3. 利润分配机制的构建

国有企业与国家出资人之间利益分配关系的复杂性,使得现行单一制固定比例在协调平衡各方利益时难免顾此失彼。本书认为,从尽可能实现各方利益平衡的制度目标的角度,国有企业利润分配制度应兼顾保护企业自主权和实现国家股东收益权。为此,应通过系列化的制度设计增强制度的包容性和弹性,尽量避免僵化刻板。具体而言,在确立"免交额"制度[②]保护企业自主权的同时,将现行单一固定比例调整为多维度复合比例,保障出资人收益权的实现。

(1) 确立"免交额"制度。"免交额"制度的功能在于保证企业生存和发展最基本的需要。在企业税后利润中先划出一部分直接留给企业,不计入利润基数,其余部分按比例向国家上交。

基于财产支配权在企业经营自主权中的重要地位,考虑到政府作为出资人代表在国有企业中的强大主导地位,如何在利润分配中不伤及企业自我发

[①] 2008年四川地震、世界性金融危机等都应该属于该范畴。
[②] "免交额"与"减免缓"制度的区别在于:"减免缓"中的"免"是应交但免于上交,"免交额"是无需上交的利润。

展能力是国有股股利分配权行使制度构建的关键环节。尽管各界对保护企业自主权已经达成，但在实践中，由于没有一种刚性的制度约束，对企业自主权的保护经常被打折扣。在现行国有资产管理体制下，政府为避"政企不分"之嫌不会再以行政方式直接管理企业。但相关改革的不到位以及制度改革的路径依赖却决定了行政管理方式不可能完全退出，同时通过产权控制和产权管理，政府仍可以对企业施加行政影响。因此，参与利润分配也有可能成为政府介入企业经营活动一个顺理成章的理由。鉴于此，在确定利润分配比例时一定要避免产权管理中渗入行政管理因素，在保证出资人利益实现的同时，防止政府借机通过控制经济利益干涉企业自主权。对此，需要借助"免交额"这一技术性手段厘清政府与企业的边界。

本书认为，"免交额"是保证企业自主权的经济底线。该制度的积极作用在于，首先，将企业自主发展的空间从经济角度予以量化，在界分政企权力（利）边界的同时也保证了该边界的刚性约束力，以此阻却政府对企业自主权的过度干预。其次，确定一个免缴利润的额度，既可保证弱势企业生存发展的基本需求，又可矫正强势企业因多交利润而导致的心理失衡。此外，企业生产经营过程中可能遇到各种风险和不确定性，当企业因国家政策调整、不可抗力、意外商业风险等非常态情况而使经营能力受到严重影响时，如果仍要求企业上缴利润，就会制约其发展，甚至影响到其生存，"免交额"的确定相当于为企业储备一笔后续发展基金和风险防范基金，可以避免实务操作中企业上缴利润之后再由国家退还或补贴，导致资金使用的低效率和高成本。

免交额幅度的确定是一项技术性很强的工作，需要相关职能部门会同技术部门根据行业发展的基本态势、平均成本、未来前景预期以及再投入的力度、国家产业政策的影响和结构调整等测算出行业发展最基本的需求，结合企业的规模和效率、盈利能力等具体经济指标测算出每个企业的免交额。这项工作的关键环节是样本的选取和测算。

（2）变单一制固定比例模式为复合式比例模式。本书认为，应当变单一制固定比例模式为复合式比例模式，依托固定比例设定一个上下浮动区间，形成联动机制，构建一种弹性比例制度，以缓解"一刀切"比例产生的矛盾。

第一,以适用免交额制度为前提将现行固定比例大幅提高。由于免交额制度已经解决了企业生存发展(基金)问题,因此按照大幅提高后的比例向国家上缴利润不会制约企业的发展。另外,从国外情况看,其他国家的国有企业在没有免交额制度保护的情况下仍大比例向国家分红,而企业的发展并未受到影响。这也反过来说明,在为企业设定了免交额之后,国企没有理由仍以目前的低比例向国家分配利润。

第二,确定浮动区间。该区间是以固定比例为基础上浮或下调一定的幅度。浮动比例可以增加利润分配比例制度的灵活性,有辅助实现国家产业政策的功能。产业政策是国家通过对产业的扶持、鼓励、限制或者禁止,影响产业发展及走向,实现经济结构调整的宏观调控手段。但在市场机制起作用的情况下,政府不宜过多以行政手段强制推行产业政策,干预企业的生产经营活动,而应当尽可能通过影响企业的成本和其他生产要素供给条件引导企业的生产经营方向。利润分配恰好可以及时有效地体现产业政策的这种导向作用。因此,国有企业利润分配浮动比例可以服务于国家产业政策的需要,即:如果属于国家产业政策鼓励和扶持的行业或产业,以固定比例为基础下浮一定幅度;反之,则上浮一定幅度。

4. 结论

行文至此,本书得出结论:鉴于目前我国的国有企业改制正在进行之中,企业利润界定中混杂了多种法律关系,这决定了国有企业与国家出资人(股东)分配利润时必须要考虑资源占用情况、垄断状态、企业自主权、产业政策等影响因素。因此,利润上交比例不宜为单一的固定比例制,应该是由一系列制度构成的一种调控机制。在此,本书将利润上交比例的公式归纳为下列公式:

企业应上缴利润 = (净利润 - 资源税 - 垄断利润 - 免交额) × (固定比例 ± 浮动比例)。

四、国资监管机构与财政部门在国有资本经营预算中的职责划分[①]

在对国有企业利润分配制度进行深入探讨之后,紧随其后的另一个重要问题是:国有股股利分配权应当由谁来行使?即由于国有股股利分配所得以及支出纳入国家预算管理,因此在现行国有资产管理体制下,国资监管机构在其中的地位和职责成为一个必须解决的问题。尽管《企业国有资产法》及国务院《关于试行国有资本经营预算的意见》已明确规定,各级政府财政部门负责国有资本经营预算草案的编制工作,国资监管机构负责向财政部门提出由其履行出资人职责的国有资本经营预算建议草案,但由于相关规定过于原则和笼统,特别是具体操作层面配套法规还存在问题[②],加之学界相关研究未在具体制度构建层面充分展开,[③] 因此,就国有股股利分配权行使制度而言,目前国资监管机构与财政部门关系的处理仍是仅次于利润分配比例的重要问题——它直接关系到国家股东收益权能否顺利实现。

本书认为,在政府财政部门作为预算管理主体的体制下,由于经营性国有资产管理体制对预算行政决策模式的重要影响,国资监管机构的法律地位及相应的出资人权利行使直接决定该机构参与国有资本经营预算活动的深度和广度。这是国有资产经营预算中财政部门与国有资产监督管理机构之间职责划分的基本平台。而以此为基础对国资监管机构在国有资本预算中的职责进行具体界定与制度构建,不仅有利于国家股东收益权的顺利实现,而且还

[①] 该标题下的内容详见徐晓松:《论国有资产监督管理机构在国有资本经营预算中的职责》,载《政治与法律》2009 年第 4 期。

[②] 主要有 2007 年财政部《中央国有资本经营预算编报试行办法》、财政部和国资委《中央企业国有资本收益收取管理暂行办法》、2008 年国资委《中央企业国有资本经营预算建议草案编报办法(试行)》等。本书将在下文分析其中存在的问题。

[③] 目前这方面的研究主要集中在经济学领域。文宗瑜、刘微:《国有资本经营预算管理》,经济科学出版社 2007 年版;宋文玉、霍炜:《建立国有资本金预算存在的现实问题和需要进行的配套改革》,载《经济研究参考》2000 年第 18 期;焦建国:《国有资本预算与国有资产管理体制改革》,载《经济与管理研究》2005 年第 8 期;赵元元:《建立国有资本经营预算制度的综述》,参见 http://www.crifs.org.cn,访问日期:2005 年 5 月 17 日。此文献从功能和现状的角度探讨了国有资产监督管理机构在国有资本经营预算中地位和作用。

将在财政部门和国资监管机构之间建立起相互监督的关系，并有利于人大对国有股股利分配过程的监督。

(一) 国有资产管理体制对国有资本经营预算行政决策模式的影响

毋庸置疑，基于国有股权来源的公共财产性质，国有企业股利分配纳入国家预算管理顺利成章。但与此同时应当承认，一国特定的国有资产管理体制对其预算行政决策机制具有显而易见的影响，并形成了国有资本经营预算制度与其他预算的不同。

（1）独立的国有股权行使机构对预算行政决策活动的参与。在普遍对国有企业进行股份制改造的基础上，一些国家出现了单独、集中行使国有股权的机构，[①]实践中，这个机构通常会参与到经营性国有资产的预算活动中。例如，2003 年法国在财政经济部下成立国家参股局（APE），首次将多部门行使的国有企业股权集中由一个机构独立行使，宏观资本经营层面（如投资方向与计划）的决定通过负责战略定位的部际委员会作出，尽管财政部作为该委员会的主持者与财务投资的主要监督者，对宏观资本决策具有相当大的影响力，但为提高资产利用绩效，在具体内容确定上，国家参股局通过特设的参与机制有更多的意见表达与参与的权利。[②]又例如，在新加坡著名的"财政部—国有控股公司—国有企业"三层次架构中，财政部代表政府行使国有资产出资人角色，下设四大国有控股公司，通过控股关系形成公司网络，各自掌握着几百家竞争性企业。其中最为著名的淡马锡投资控股公司（Temasek Holdings）在投资决策、资金使用等方面享有完全的自主权，代表国家经营国有资产，有权决定国有资本的扩张、送股和售股以及按照股权回报率调整股权结构，与此同时也负责编制相应的资产经营预算。由于控股公司董事会成员与财政部官员部分重叠，管理层的经营政策一般与国家宏观经济政策不发生冲突，相应的经营预算也能得到政府批准，而对所得红利的留利再投资与

[①] 2002 年《OECD 国有企业公司治理指引》向所有成员国建议：国家应通过一个集中化的所有权（行政）实体或有效的协调主体来行使其所有权职能，使国家所有权与政府监管职能严格分开，以更好地确保国家所有权能够以一种专业化和问责的方式进行。详见联合国经济合作与发展组织：《OECD 国有企业公司治理指引》，张正军译，中国财政经济出版社 2005 年版，第 2 页、第 33—34 页。

[②] 李兆熙：《国资管理变革的法国样板》，载《国企》2007 年第 5 期。

现金回报，财政部采用不定期与控股公司董事会审查商议的方式确定现金回报比例政策，在现金回报和再投资之间寻求最优组合。①由上可见，在其独特的国有资产管理体制下，通过控股公司董事会成员与财政部官员的部分重叠，新加坡国有控股公司实际参与了相关政府预算的行政决策活动。

（2）经营性国有资产的数量对政府层面的预算决策模式具有重要影响。事实表明，在不考虑其他因素的情况下，经营性国有资产的数量及其处于竞争性领域的比例与这部分资产预算管理职权的下放呈正相关关系。例如，在美国，国有资产的运营管理直接由国会立法建立相应机构进行，资金投放须经国会审核，预算决策权高度集中，这一管理模式与美国国有资产规模小、主要分布于基础设施与公用领域有很大关系。②而在法国和新加坡，由于国有企业较多且分布领域较广，国会逐一立法直接控制的方式变得不可行，因此资本投放决策权呈下放的态势，与经营性国有资产有关的预算职权也根据需要适度下放到国有产权主体机构或具体的资产经营机构：在法国，相关预算职责的行使更多地体现出国家参股局的参与；在新加坡，除红利等少数问题因与公共预算连接仍需要与财政部门协调解决外，通过经营机构组成人员与财政部门人员的高度重合，国有控股公司几乎取得了预算运作层面上的一切权力，经营性国有资产的预算决策在政府层面上实际上已经下放。

(二) 国资监管机构参与国有资本预算活动的法律基础

经营性国有资产的数量及其管理制度对政府层面预算决策模式具有重要影响，这一结论对下文的分析具有重要启示：如果独立的国有股权行使机构

---

① 淡马锡公司是一家国有资产控股公司，相当于"政府——国有资产管理公司——国有公司"三层次模式中的第二层次，该公司的董事会由 10 名成员组成，其中 8 名是政府公务员。目前，淡马锡投资控股公司董事会中 8 名政府有关部门的代表包括：由财政部常务秘书（相当于常务副部长）担任董事长，新加坡金融管理局局长、财政部总会计师、新加坡贸易发展局局长等都担任该公司的董事。详见上海证券交易所研究中心：《中国公司治理报告（2004）：董事会独立性与有效性》，复旦大学出版社 2004 年版，第 28—30 页；四川省国有资产经营投资管理有限责任公司：《扬起资本运作的风帆——新加坡淡马锡控股有限公司启示》，载《四川财政》2001 年第 11 期；宋春风：《法国、新加坡国有企业的比较研究及启示》，载《社会科学家》1998 年增刊。

② 目前，美国国有企业资产仅占全社会资产总额 10% 左右，大大低于西欧国家，并呈下降趋势，需要市场化经营的资产仅占很小的部分，对纯承担政府公共职能的国有企业一般由美国联邦政府的行业主管部门或政府根据国会决议专门设立常设委员会行使管理监督权。详见罗建钢：《委托代理：国有资产管理体制创新》，中国财政经济出版社 2004 年版，第 110 页。

的建立会导致该机构对预算行政决策活动的参与，如果大量经营性国有资产的存在会导致这部分资产的预算行政决策权下放，那么，合乎逻辑的推论就应当是：中国国有资产监管机构的建立、法律对该机构地位的规定以及该机构职权的行使，必将导致其对国有资本经营预算活动的参与以及政府预算决策模式的变化。因此得出进一步的结论是：正视并研究现行国有资产管理体制下国资监管机构的法律地位及其权利行使对国有资本经营预算行政决策模式的影响，应当是界定国资监管机构在国有资本预算中地位和职责的可行思路。

尽管可以相互借鉴，但经营性国有资产管理体制归根到底是由各国国有资产的具体情况决定的。就中国而言，在建立社会主义市场经济的背景下，"政企分开"的国企改革思路已经被法律肯定。2008年颁布的《企业国有资产法》表明，中国在政府层面建立了独立于财政部门的专门行使国有股权的机构。因此，按照上文的结论，国资监管机构的特殊法律地位及相应职责，将导致其对国有资本经营预算活动的参与。由此推论，在法律层面上，国资监管机构参与国有资本经营预算活动的权源以及边界，首先应当取决于其代表本级政府对国家出资企业依法享有的资产收益、参与决策、选择管理者以及制定章程等权利。[①]

基于上述，本书认为，目前我国国有资产管理体制对国有资本经营预算行政决策模式产生的重要影响在于：国资监管机构的设立及其法律地位的确立奠定了该机构参与国有资本经营预算活动的法律基础。因此，在依《预算法》确定财政部门作为国有资本经营预算草案编制主体的同时，应当肯定国资监管机构基于其法律地位和职责对相关预算活动参与的正当性，相关法律法规应以此为基础对财政部门与国资监管机构在国有资本经营预算行政管理及决策层面上的职责进行划分和规定；同时，考虑到在预算收入收缴、预算编制和执行等环节中，履行出资人职责的身份并不必然导致国资监管机构对政府财政总体利益的维护，应从维护国家财政统一性的角度，建立财政部门对国资监管机构履行预算职责的监督机制。

[①] 参见《企业国有资产法》第12—15条、《企业国有资产监督管理暂行条例》第22—37条。

(三) 财政部门与国资监管机构预算职责的划分

1. 预算收入收缴环节的职责划分

如前所述,在我国现行国有资产监管体制和财政体制下,国有股股利分配权的行使涉及两种性质不同的法律关系:一是因确定国有资本收益收缴数额产生的企业与国有资产出资人之间的利润分配关系;一是因国有资本收益的具体收缴产生的企业与政府财政部门之间的预算监管关系。这决定了国资监管机构与财政部门在预算收入收缴环节的职责划分应当从以下两方面入手:

(1) 关于国有资本收益收缴数额的确定。依现行国资监管体制,国有企业利润上缴数额的确定应当由国资监管机构决定。财政部及国资委联合发布的《收益收取办法》中关于国有资本收益收取由企业向国资委申报并审核、财政部复核的规定恰好体现了这一点。①它表明,在现行国有资产管理体制下,国有资本收益收取数额的确定权呈下放状态:国资监管机构在其中居主导地位,而财政部门则处于监督地位。

(2) 关于国有资本收益收缴的监管问题。本书认为,在目前的国有资产管理体制下,一旦国有资本收益收缴数被确定下来,收益收缴的监管则由于其在性质上属政府公共行政行为而不在国资监管机构的职责范围内,应当由财政部门负责。因此,本书建议,立法应当明确规定由财政部门负责采取措施对欠缴国有资本收益的企业实施催缴,而国资监管机构则有义务在出资人职责范围内,对欠缴企业的董事或高管进行行政处分,例如降低绩效工资或工资等级、解除职务或解除聘任等。此时,为加强不同性质处罚的衔接,应当规定国资监管机构与财政部门就收益收缴信息进行通报,规定财政部有权就企业欠交行为建议国资委对经营者实施处分。

2. 预算草案编制环节的职责划分

按照2007年国务院的《关于试行国有资本经营预算的意见》、财政部《中央国有资本经营预算编报试行办法》以及国资委《中央企业国有资本经营预算建议草案编报办法(试行)》的相关规定,财政部为国有资本经营预算的主管部门,负责编制中央国有资本经营预算草案;国资监管机构为国有

---

① 参见财政部、国资委:《中央企业国有资本收益收取管理暂行办法》第14条第1款。

资本经营预算单位，负责编制本单位所辖企业国有资本经营预算建议草案。具体而言，国资委根据中央企业财务预算，结合宏观经济形势和企业生产经营发展状况，测算中央企业本年度预计可实现的国有资本收益，作为编制下年度预算建议草案的预算收入，中央企业根据国资委下达的下年度预算支出计划编制要求，申报本企业下年度预算支出计划，并按照内部决策程序，形成书面申请报告报国资委，国资委按照下年度预算收入统筹安排、综合平衡后编制完成预算建议草案，报财政部审核。[①]

从上述规定中不难看出，国资监管机构在预算草案编制中职责确定的基础是现行的部门预算制度。但本书认为，从国资监管机构参与国有资本经营预算草案编制的法律基础看，这一定位并不准确。（1）就央企预算收入建议草案的编制而言，由于确定国有资本收益收缴数而产生的关系是企业与出资人之间的利润分配关系，预算收入数的预测和确定应当是国资监管机构代表本级政府履行企业国有资产出资人职责的结果，因此央企预算收入建议草案编制的基础实际上是出资人权利。（2）就央企预算支出建议草案的编制而言，国资监管机构的参与仍然取决于出资人职责。就其性质而言，资本性支出数的确定属于国家向企业投资，而根据相关法规：① 资本性支出所涉及的国有企业增资、合并等事项的决定权依法归国资监管机构行使[②]；② 国资委对中央企业的投资活动实行分类监督管理，即：建立规范董事会的国有独资公司的投资项目实行备案管理，未建立规范董事会的国有独资企业和国有独资公司的主业投资项目实行备案管理、非主业投资项目实行审核管理，国有控股公司以及其他类型企业的投资项目实行信息报送管理[③]；③ 国资委对国有企业或国有控股企业受让上市公司股份超过5%以上的实行备案管理。[④] 上述规定清楚地表明，提出企业资本性支出预算建议数在国资监管机构履行职责的范围内。这也意味着，资本性支出预算数的决定权应当呈现分权的态势，即：

---

① 见 2007 年国务院《关于试行国有资本经营预算的意见》第 7、13、14 条；2007 年财政部《中央企业国有资本经营预算建议草案编报办法（试行）》第 3、9 条；2008 年国资委《中央企业国有资本经营预算建议草案编报办法（试行）》5、7、10 条。

② 见《公司法》第 67 条、《企业国有资产监督管理暂行条例》第 21、32 条。

③ 见国资委 2006 年《中央企业投资监督管理暂行办法》第 9 条以及《中央企业投资监督管理暂行办法实施细则》的相关规定。

④ 见 2007 年国资委关于《国有单位受让上市公司股份管理暂行规定》第 9 条。

尽管由于资本性支出来源于国有资本预算收入，是国家财政收入的组成部分，我们首先应当肯定财政部对资本性支出预算数的确定享有行政决策权，但同时也应当承认，国资监管机构有权在其出资人的职权范围内确定企业资本性支出的数额。

综上，不是部门预算制度、而是国资监管机构履行职责的活动导致了其对国有资本经营预算草案编制的参与。因此，本书认为，界定国资监管机构在国有资本经营预算草案编制环节的职责，首要考虑的因素应当是出资人的权利，然后才是与部门预算制度的衔接。具体建议为：（1）明确规定国有资本经营预算建议数由中央企业提出后上报国资监管机构，国资监管机构在其职责范围内进行平衡后确定并形成预算建议草案，与此同时，为对国资监管机构提出预算建议草案的行为实施监督、并与公共预算中的"经济建设预算"进行平衡，应吸收部门预算的合理成分，保留"两上两下"的预算编制程序，规定国资监管机构向财政部门上报预算建议草案，财政部门享有否决权及最终决定预算草案的权利；（2）为避免"两上两下"程序的不足——可能产生财政部在"两下"过程中否决权的随意使用以及预算单位利用信息优势在"两上"过程中巧立名目挤占预算资金，应当从实体及程序两方面对国有资本经营预算草案编制中财政部和国资监管机构"两上两下"中的权利行使进行适当限制。具体而言：应当从程序上规定，国资监管机构上报财政部的预算建议草案应如实反映企业预算收入和企业对预算支出的实际需求，保证预算建议数的合理和真实，财政部对国资监管机构上报的预算建议草案如有否决或重大修改，应当说明理由。为保证上述程序执行的实际效果，建议在国资监管机构层面设立投资决策委员会，负责对企业上报的预算建议数进行审核，同时在财政部层次设立预算草案编制委员会，负责对国资监管机构上报的预算建议草案进行审核、协调，并出具审核意见。

3. 预算执行环节的职责划分

预算执行环节包括国有资本收益收缴、预算支出资金的拨付、预算调整以及结算报告草案的编制等。关于国有资本收益收缴中国资监管机构的职责及其与财政部门的关系已在前文讨论。对《关于试行国有资本经营预算的意见》关于预算执行的其他规定，本书认为，还需要对预算调整程序中国资监管机构的职责做出具体规定。（1）以出资人的权利为基础，国资监管机构有权决定是否根据企业情况变化提出预算调整请求，对特殊情况下的预算调整，应当规定国资监管机构具有一定的处置权。当然，为避免预算调整的随意性，对特殊情况应当做出明确限定。（2）为实现国有资本经营预算制度设置的目标，应当规定国资监管机构必须将企业预算执行情况纳入对企业经营者的考核指标范围。但应当指出，作为履行企业国有资产出资人职责的机构，对所出资企业执行预算进行监督是国有资产监管机构的职责，因此所有类似监督措施的采用均属出资人权利的延伸，并不具有政府监管的意义，不能取代财政部门对预算执行情况的监督。

五、从预算监督层面加强对国有股股利分配权行使的监督

正如本书第一部分所言，股权行使主体的拟制性使得监管对股权行使至关重要。这一点在国有股股利分配权行使中体现得尤为明显，由于涉及国家财政预算制度，该权利行使过程涉及了包括国资监管机构、政府财政部门以及各级人大等在内的诸多主体，因此权利行使的监督机制将更加典型地体现出国有股权制度的特殊性，即：由于涉及国家预算监督，国有股股利分配权行使的监督将被提升到预算监督层面，立法机关、司法机关和行政机关实施的国家监督以及社会监督将作为制度资源在其中发挥作用。

基于上述，本书将在分析我国现行预算监督制度问题的基础上，结合国有资本经营预算的特性，提出：为使现行预算监督制度切实发挥效力，必须确保国有资本经营预算监督权力法定化、确定并突出人大对国有资本经营预算的监督和制约、建立立法型审计制度。

（一）我国现行预算监督制度体系的构成

以《宪法》和《预算法》为主体，辅之以《会计法》《审计法》《税收征管法》《行政诉讼法》《财政监察工作规则》《财政监察条例》《财政违法行为处罚条例》等法律法规和地方规章的相关规定，我国已经基本形成了由立法机关、司法机关和行政机关实施的国家监督以及由其他党派、社会团体、单位财务会计、社会舆论实施的社会监督相结合、外部控制与内部控制并举

的监督体系。在这一体系中,包括立法监督、行政监督和审计监督在内的国家监督居核心地位。

立法监督是指我国人民代表大会及常委会的对政府财政预算的监督。根据 2014 年修订的新《预算法》的相关规定,全国人民代表大会及其常务委员会对中央和地方预算、决算进行监督;县级以上地方各级人民代表大会及其常务委员会对本级和下级预算、决算进行监督;乡、民族乡、镇人民代表大会对本级预算、决算进行监督。各级人民代表大会和县级以上各级人民代表大会常务委员会有权就预算、决算中的重大事项或者特定问题组织调查,有关的政府、部门、单位和个人应当如实反映情况和提供必要的材料。各级人民代表大会和县级以上各级人民代表大会常务委员会举行会议时,人民代表大会代表或者常务委员会组成人员,依照法律规定程序就预算、决算中的有关问题提出询问或者质询,受询问或者受质询的有关的政府或者财政部门必须及时给予答复。

行政监督是指财政部门的监督。财政部门既是人大监督的对象,又是财政预算各单位的监督主体。根据新《预算法》的相关规定,各级政府监督下级政府的预算执行;下级政府应当定期向上一级政府报告预算执行情况;各级政府财政部门负责监督检查本级各部门及其所属各单位预算的编制、执行,并向本级政府和上一级政府财政部门报告预算执行情况。

审计监督是指国家审计机关依据《审计法》的授权,对被审计对象执行国家的财经政策和法律、行政法规、规章制度及其单位制定的内部控制制度的情况,以及被审计对象发生的财政收支行为、财务收支行为及其有关经济活动情况的真实性、合法性和效益性进行审查,评价被审计对象的经济责任,维护财经纪律,维护国家利益和被审计对象的合法权益的一项经济活动。[1]国家审计机关对被审计对象执行国家财经预算的财政收支行为、财务收支行为及其有关经济活动情况的真实性、合法性和效益性进行审查,评价被审计对象在财政预算资金使用上的经济责任,维护社会公众的合法权益。我国新《预算法》第 89 条规定,县级以上政府审计部门依法对预算执行、决算实行审计监督。

---

[1] 申书海:《预算支出绩效评价体系构成研究》,载《财政研究》2003 年第 7 期。

在上述不同角度的监督中，财政监督对部门预算编制和执行起着决定性作用，是第一层次的监督；审计监督的作用也十分关键，它相比财政监督而言属于高一层次的行政监督；人大监督是立法机关的监督，属于外部监督，是我国预算监督的最高层次。人大通过立法规定了监督机构的地位和权限，通过审查、批准政府及政府部门预算的方式规定了政府财政活动的方式、范围。

（二）我国预算监督制度存在的主要问题

我国《预算法》于1994年颁布、2014年修订，在此前长达二十年的实践中，学界普遍认为我国预算监督制度存在以下主要问题：

1. 预算过程缺乏透明度和公开性

尽管近年来我国政府财政预算改革取得了一定成果，但实践中仍然在不同程度上存在着预算不透明不公开、法制化水平低、预算不完整等问题。政府向人大提交的预算报告比较简单，具体支出项目很少，供审查的时间也比较短，人大代表仍只知道支出的数额而对支出的项目并不清楚。"每年提交人大的政府预算报告只是文字说明，不反映账户体系、数据、编表等，不能算是真正意义上的政府预算，因而其透明度大打折扣。同时缺乏透明的表现还在于，即使政府预算公开了，也缺乏令业人士对令业化的数据、表格、账户体系等进行审议以及对公众的说明和解释"。①预算公布范围也比较窄，公众一般很难获取预算信息。预算执行中没有年中执行报告，决算报告反映内容亦不全面；对于主要财政风险等信息也未能在预算文件中进行披露。预算不透明给违规违纪行为留下了可乘之机，容易导致职务腐败和决策失误现象的发生。

2. 各级人民代表大会对预算过程的监督力度不够

（1）预算审查监督涵盖面不够。①在提交人大的政府预算报告中，有相当规模的预算资金没有纳入预算管理。人大代表审议的政府预算，主要是部门预算中的财政预算拨款部分，而其他部分包括预算外资金和基金等财政性

---

① 石华：《关于政府预算透明度的几点思考》，载《安徽农业大学学报（社会科学版）》2004年第3期。

资金并不完全包括在内。政府预算报告中对超收支出问题没有明文规定,①预备费的动用权也不明确。②② 按照修订前《预算法》第 76 条规定,《预算外资金管理办法》由国务院另行规定,表明人大的预算审查只对预算内的资金进行约束,而没有将预算外资金作为政府宏观调控财力来使用,这就使得预算外资金长期游离于人大预算审查监督之外,人大及其常委会无法对财政收支进行全面审查监督。③ 对预算变更的审查监督仅限于总支出超过总收入的情况,即发生财政赤字时才进行预算调整,才要经人大常委会批准,对于预算收入减少而相应减少预算支出则不需要通过人大审批,对于在不突破预算支出总额的前提下,预算支出科目间的调剂则都不是人大审查监督的内容,这在一定程度上削弱了人大预算审查监督的效果。

(2) 预算审查监督手段运用不充分。目前使用的听取和审议政府有关部门预算的执行情况,审查和批准预算草案、决算报告,对有关重点资金、基金的管理使用情况进行调查研究等监督方式虽然能够取得一定的成效,但一些力度较大的监督方式却很少采用,比如,组织特定问题调查、询问和质询,甚至对人大常委会选举任命的,因严重违反财经法纪给国家造成重大财政损失的人员进行罢免和撤销等监督方式很少使用或没有使用。

(3) 预算审查流于形式。"各级人民代表大会对政府预算和决算的审查监督威慑力不大,约束性不强,特别是违法违规责任难以落实,没有相应的责任追究制度"。③ 修订前的《预算法》第 37 条规定,各级财政部门应在本级人大会议召开之前 1 个月将本级预算草案的主要内容提交人民代表大会专门委员会进行初审。专门委员会对预算草案和审查时间只有 1 个月,而人民代表大会时间更短,只有几天时间,人大代表往往没有充分的时间对政府预算进行审查。而且,我国的政府预算是以收支一览表的形式列示,内容过于简单概括,垒大数,切大块,预算安排较为宏观、粗放,没有列示用款单位和支出项目,代表们对财政预算的安排如雾里看花,既看不出每一笔收入来源

---

① 超收支出指预算编制时将收入指标故意压低,留出很大的超收余地。现行法律对超收安排是否进行预算调整没有明文规定,往往造成扩大投资规模和重复建设,甚至滋生腐败的现象。

② 预备费是在预算中不规定具体用途,如果发生原来预算没有列入而又必须解决的临时性开支时,可以动用的备用资金。

③ 安秀梅、徐颖:《完善我国政府预算监督体系的政策建议》,载《中央财经大学学报》2005 年第 5 期。

是否合理、可靠，也看不出重大建设项目有多少，更谈不上审查这些项目是否合理，预算是否科学，无法进行实质性审查，也无法审查这些支出能否带来相应的社会效益和经济效益。

3. 预算监督法治化水平低

预算监督的依据是国家制定的财经法律法规，但从实际情况看，财政管理和预算监督的法制建设还明显落后于预算改革的实践。(1) 我国没有系统的有关预算监督的法律法规，预算监督缺乏独立完整的法律保障。《预算法》《审计法》《会计法》《关于违反财政法规处罚暂行规定》等法律法规中对预算监督仅限于原则性规定，缺乏完整性和系统性，预算监督的职责权限、监督范围和内容、监督程序和步骤等没有法律的明文规定。(2) 修订前的《预算法》的有关规定还带有很多计划经济色彩，有些条款规定过于笼统原则，缺乏可操作性，已经不能适应现阶段深化财政预算改革、严格预算审查监督和加强预算管理的要求。(3) 相关配套法律法规的立法进程迟缓。随着我国改革开放的深入发展和社会主义公共财政的逐步建立和财政预算改革的不断深化，部门预算制度、政府采购制度、国库集中支付制度、财政转移支付制度已经建立起来。目前，除 2002 年出台了《政府采购法》外，其他制度创新还缺乏相应的法律依据，已经不能为当前经济领域中出现的新情况、新问题提供法律支持。预算监督的法律法规体系不健全，削弱了预算监督的权威性与严肃性，影响预算监督效能的发挥

4. 审计机构的监督有待改进

目前我国审计机关隶属于各级政府，在行政系统内部履行预算监督和审计职责，对预算执行和效益情况进行审计监督和评价。近几年，虽然审计的监督职责得到很大加强，但审计监督权的归属和监督主体定位仍然模糊，具有浓厚的内部监督色彩，目标定位存在偏差，难于实现其应有的受托责任，同时也与财政监察交叉，界定不明，有时可能会出现监督真空。另外，我国审计人员专业结构不尽合理，相当多的审计人员只能就账论账，就法规套问题，宏观意识和分析能力差，没有将审计监督的功能充分发挥出来。

(三) 问题成因简析

应当说，上述问题的产生原因是多方面的，仅从法律制度角度分析，本

书认为上述问题的产生至少有以下原因：

（1）人民代表大会对政府预算监督权力的法律依据非常笼统。《宪法》及相关组织法对地方人大及其常委会审查监督预算只是原则性的规定，而对于审查监督的范围、主要内容、实施程序和操作办法，以及与之相适应的机构设置、人员配备等都没有相配套的专项法律规定，实际审查监督工作仍然难以操作。而修订前的《预算法》及其《实施条例》虽然从立法上极大地规范了预算管理程序，但操作性仍然不强。如人大是否享有预算草案的修正权，预算调整如何界定，预算草案的主要内容怎样理解，初审以什么程序和方式进行，审议结果如何处理，预算外资金是否处于预算监管之内等预算法都无规定，而且对违反预算的法律责任的规定也含糊不清，一些违法行为追究无据。

（2）人民代表大会审查监督力量薄弱。从人员组成上看，人民代表大会特别是地方人大缺少专门机构和专业人员，组成人员大多不具备足够的财政、审计、税收专业知识，日常还要搞其他工作，不具备提前介入和初审的能力，审查监督只能流于形式。与此同时，每届人民代表大会一般每年举行一次会议，每次10天左右，在如此短的时间里，要保质保量地审议规模庞大、内容繁杂的预算草案，实际上也是不可能的。上述，导致人大对预算案的审查难以深入全面，难以发现和提出切中要害的问题，形成"怎么报、就怎么批，报什么、就批什么，报多少、就批多少"的被动局面。

（3）制度设计存在缺陷。在这方面，① 由于上下级政府财政分配最终要通过决算来明确，政府决算要待上级财政批复后才能报本级人大常委会审查批准，执行中地方财政在每年终了后数月都无法提交决算草案给人大，影响人大审批决算的严肃性，审批流于形式，而且在两个层次的批准程序中，第二次审批已经失去了意义。② 决算与预算"两张皮"，即由于预决算编制科目体系不同，使得预算和决算脱节，形成了预算和决算"两张皮"。目前提交人大审查的只是预算草案，而没有相对应的预算执行结果的决算草案，这使人大难于通过比较分析发现问题、总结经验，并提出有针对性的意见。

（4）审计监督独立性及权威性不够。作为政府的职能部门，审计机关在干部任命、行政管理、经费保障等方面都由本级政府管理，具体事项实际都由审计对象——其他政府相关部门负责，这使得审计独立性在相当程度上受到严重束缚。《审计法》中虽然规定了审计机关有要求报送资料权、检查权、调查权、处理处罚权等，但是对审计对象不予配合，拒绝或抵制调查等行为，应当承担什么法律责任，没有规定明确的法律责任，便得某些权力在一定程度上处于虚置状态。

（四）完善国有资本经营预算监督制度的立法建议

根据我国政治及经济基本制度的实际情况、针对我国预算监督中存在的问题、结合国有资本经营预算的特殊性及试点法规中的相关问题、借鉴国外发达国家预算监督制度，本书对国有资本预算监督法律制度建设提出以下立法建议：

（1）人大审批与监督权的法定化。国有资本经营预算是我国目前复式预算的组成部分，根据我国《宪法》和《预算法》的基本规定，各级人大应当享有对本级政府国有资本经营预算草案进行审议批准的权力。在此应当指出，2007年国务院《关于试行国有资本经营预算的意见》规定国有资本经营预算由政府审批是不妥的，[①] 不符合《宪法》和《预算法》的精神，不利于对国有资本经营预算进行有效监督。而2008年颁布《企业国有资产法》第60条第1款关于"国有资本经营预算按年度单独编制，纳入本级人民政府预算，报本级人民代表大会批准"的规定，毫无疑问明确了人大对国有资本经营预算草案的审批与监督权。

（2）人大审批与监督权的强化。为使人大对国有资本经营预算的审批和监督权落到实处，在机构设置上要增加人大预算工作委员会对国有资本经营预算审批和监督的职能，明确规定预算工作委员会作为国有资本经营预算立法监督主体的法律地位。预算工作委员会可以要求政府有关部门和单位提供国有资本经营预算情况，并获取相关信息资料及说明。经人大委员长会议专项批准，可以对各部门、各预算单位、重大建设项目的预算资金使用和专项资金的使用进行调查，政府有关部门和单位应积极协助、配合。预算工作委员会可以在内部设立"国有资本经营预算监督评价"专门小组，对国有资本

[①] 该《意见》第8条规定"各级财政部门商国资监管、发展改革等部门编制国有资本经营预算草案，报经本级人民政府批准后下达各预算单位。"

经营预算的主管部门、预算单位的预算编制和执行情况进行专门监督检查，协调人大监督之外各监督主体的监督检查行为。其他监督主体在监督检查中发现的问题要及时向人大预算工作委员会报告。

（3）细化人大对国有资本经营预算的监督权。人大在国有资本经营预算的批准、执行以及决算的监督过程中要层层把关，细化预算科目，强调透明度，加强对预算调整、预算超支收入使用和预算科目之间资金调剂的审核和监督。人大有权强制性制止、纠正预算主管部门、预算单位在预算执行中违反法律、行政法规和国家方针政策的行为。其中，特别要细化人大对预算超收收入使用、不同预算科目之间的资金调剂和预算调整的监督权力。预算执行中需要动用超收收入追加支出时，财政部门应当编制超收收入使用方案，及时向人大预算工作委员会通报情况，国务院应向全国人民代表大会常务委员会作预计超收收入安排使用情况的报告。对不同预算科目之间的资金调剂要重点监督，各预算单位的预算支出应当按照预算科目执行，预算资金的调减，须经全国人民代表大会常务委员会审查和批准。要加强对预算调整的审查工作。因特殊情况必须调整预算时，财政部门应当编制预算调整方案提交全国人民代表大会常务委员会审批。在常务委员会举行会议审批预算调整方案前，财政部门要将预算调整方案的初步方案提交预算工作委员会进行初步审查。

可喜的是，2014年全国人民代表大会审议通过了《预算法》的修正案。本书认为，尽管实施效果还难以评估，尽管诸多规定还需要通过《实施条例》的修改得以细化并可操作，但仍然可以肯定，新《预算法》的以下内容完善了我国预算监督制度，本书上述建议中相当部分内容已经成为立法现实。

新《预算法》建立了"全口径"预算体系，将政府收支全部纳入预算，实现所有财政资金收支都进入法定程序，接受人大监督审核，确立了一般公共预算、政府性基金预算、国有资本经营预算和社会保险基金预算四本预算组成的全口径预算体系，并对四本预算分别作了细化规定。其次，新《预算法》在总结近年来预算公开实践的基础上，从预算公开的内容、时间、解释说明以及法律责任等对预算公开的规定进行了全面的细化规定：① 规定了预算公开的内容，既包括预算，也包括预算调整和决算，既包括本级政府预算，也包括部门预算；② 规定了预算公开的时限，要求本级政府和部门的预算、决算分别在批准或批复后20天内公开；③规定了预算公开的主体，其中本级政府预算由财政部门公开，部门预算由各自部门公开。由此可以看出，新《预算法》规定的预算公开，不仅覆盖了预算草案、预算编制、执行和决算等整个财政运行过程，而且涉及各级政府及组成部门。再次，新《预算法》在总结近年来各级人大预算审查监督经验的基础上，针对实践中反映强烈的问题，主要对人大如何有效行使预算审查监督权作了较具体的规定。①规定预算草案的细化要求。针对实践中预算过粗、"看不清、弄不懂"等问题，新《预算法》规定一般公共预算草案应当按照功能分类和经济分类编制，分别反映预算的支出方向和具体支出用途，按保障功能分类编列到项（类、款、项三级），按经济性质分类编列到款（类、款两级），通过二者结合，全面反映预算支出的全貌。同时，对转移支付支出的编制也提出了明确要求。②完善预算的初步审查制度。实践中预算审查专业性强，而人大会期有限，针对这一问题，新预算法总结实践经验，进一步完善了预算草案的初步审查制度，明确初步审查的范围包括预算草案、预算调整方案和决算方案，审查机构由有关专门委员会或者县级人大常委会进行，规定了审查的时限要求等内容。③明确了预算审查的重点审查内容、预算调整审查的有关程序以及预算执行监督的有关规定。

（4）建立立法型审计监督制度。"从世界各国审计机构发展的共同特点和趋势来看，各个国家审计机构的名称、职权不一，产生和组成的办法也有区别，但共同点就是协助议会审批监督预算"。[①] 对预算执行及决算进行审计，是预算监督的重要内容。我国审计机构是隶属于政府的行政机构，在对国有资本经营预算主管部门（财政部门）、发改委、预算单位（各国资主管单位）进行监督的权威性和强制性很差，独立性受到很大限制，自我监督很难发现问题。在政府行政部门新一轮改革的大背景下，可以在遵循我国基本政治制度的前提下，将审计机关从行政序列中独立出来，逐步把审计机关纳入人民代表大会制度体系之下，并建立与之相适应的审计监督制度，由各级审计机构协助同级人大对国有资本经营预算的合法性、真实性、效益性进行监督。

---

① 国资委"建立国有资本经营预算制度研究"课题组：《论国有资本经营预算监管体系的构建》，载《经济研究参考》2006年第54期。

行政型审计转变为立法型审计，既增强了审计监督的独立性，又有利于把人大的监督的专业化、科学化、综合化建设，人大审议国有资本经营预算草案、预算执行决算报告时，可以借助审计的专业性、技术性服务，了解国有资本收益上缴和资本金支出及其效益情况。具体而言：

首先，在机构设置上，修改《全国人民代表大会组织法》第三章和《审计法》第 2 条的有关内容，将各级审计机构划入各级人大序列。审计署隶属于全国人大常委会，直接对全国人大负责；地方各级审计机构对本级人民代表大会负责并报告工作，在人大闭会期间向人大常委会报告工作。其次，在职权设定上，明确规定审计机构对国有资本经营预算监督的权力，赋予审计机构对不履行提供国有资本经营预算有关情况的单位和个人进行处罚和采取强制措施的权力，对拒绝或者拖延提供有关的资料，拒绝、阻碍审计或者调查，提供与审计事项有关的资料不真实、不完整，拒绝做出承诺等行为，审计机构有权提出给予一定的经济处罚和行政处分的建议；审计机构有权提请公安、监察、财政、海关、工商行政管理等机关予以协助；审计机构有权查询被审计单位或个人在金融机构的存款、贷款情况，保障审计机构拥有必要的手段开展工作。再次，赋予审计机构建议权。在对国有资本经营预算监督进行的过程中，审计机构应充分发挥专项审计调查的优势，对预算编制、执行和决算中出现的问题展开调查，提供客观准确的分析报告，向人大常委会提出建议。审计机构的审计建议和对外发布的、客观公正的审计报告，也为社会监督、舆论监督提供了重要的信息和参考。

第五部分

国有股权监管法律制度研究

如何理解"国有股权监管"？这是本部分开篇必须回答的问题。本书认为，首先，从国有资产管理体制的角度看，"监管"就是政府对国有资产的监督管理，在法律制度层面体现为现行《企业国有资产法》所确定的以国有资产出资人制度为核心的国有资产监管体制。其次，按照《企业国有资产法》第2条的规定，在公司制企业中"企业国有资产"就是"国有股权"，而由于国有股权主体的特殊性，国有股权行使诸主体之间由层层"代理关系"连接，因此，良性股权行使机制的形成不仅依赖法律对股权主体及其行为的制度拟制，而且还有赖于法律对股权行使主体履行职责行为监管的制度拟制。在这个意义上，国有股权监管是整个国有股权制度不可或缺的内容。

在上述意义上，本书提出，国有股权监管制度应当被定义为：为保证国有股权行使的有效性（Validity）而对股权行使主体履行职责的行为进行监督管理的法律制度安排。以此为基础，"国有股权监管"可以来自两个层面：一是"来自国有股权主体的监管"，一是"对国有股权行使主体的监管"。前者是指在现行国有资产出资人制度下，履行出资人职责的机构对其委派的股东代表以及直接任命的独资公司董事、监事的监管。其中，对股东代表的监督属于股权行使过程中基于法定授权产生的国有股权行使主体体系内部的监督，而对独资公司董事、监事的监管则属于公司法层面上的股东监督。至于"对国有股权行使主体的监管"，按照《企业国有资产法》的相关规定，则是指各级人大、政府、各级政府审计机关以及社会公众对各级政府及其授权的履行出资人职责的机构履行职责的行为的监督。

综上所述，首先，由于国有股权行使同时涉及公司制度以及国有资产管理体制问题，"国有股权监管"的主体涉及政府、国家和社会等各个不同方面，既包括来自股东的监督，也包括来自国家所有权的监管，更包括来自社会的监督，在制度构建上更是涵盖了行政监管和司法监督。因此，本部分标题所谓"监管"不同于经济学意义上的"政府监管"。其次，鉴于国有股权监管的制度目标是保障国有股权行使机制的正常运行，因此"国有股权监管"在内容上应当涵盖"来自国有股权主体的监督"和"对国有股权行使主体的监督"，其核心是对国有股权行使过程中所涉主体履行职责行为的监督，在制度内容上包括：（1）国资监管机构对其委派的股东代表以及直接任命的独资公司董事、监事的监督；（2）对各级政府及其授权的履行出资人职责的机构履行职责的监督。

应当说明，由于国有股权行使主体制度构建本身已经蕴含着主体之间的相互制约和监督，例如，前文提到的国有股转让权和股利分配权行使过程中各级人大、财政部门对股权行使主体的监督，因此为避免重复，本部分不赘述前文国有股权行使制度构建中直接涉及的主体之间的监督制度，而针对学界研究在系统性以及深度方面的不足，重点对现行国有股权监管制度体系以及国有股权行使主体民事责任及其追究制度的完善两个问题展开研究。基本观点是：首先，应当完善现行国有股权监管制度体系，其次，应当完善股权行使主体责任制度，尤其应当以信托责任为基础完善国有股权行使主体的民事责任制度、以公益诉讼原告制度改革为重点，完善国有股权行使主体民事责任的追究机制。

一、现行国有股权监管制度体系及其完善

鉴于股权主体的特殊性和复杂性，较之私人股权，国有股权监管法律制度构建首先应当解决的问题是监督管理法律关系中双方当事人的界定。关于这一点，本书认同李曙光教授2009年撰文提出的国有资产经营"五人关系结构理论"。该理论从《企业国有资产法》立法与实践的角度，将国家在经营国有资产过程中所涉及的主体定位为委托人、出资人、经营人、监管人和司法人。其中，"委托人"是国有资产及其权益的最终所有权人，按照《宪法》

第 2 条的规定，全国人民代表大会和地方各级人民代表大会应该是国有资产潜在的最终所有权人或委托人；"出资人"是国有资产最终所有权人或委托人的实际权利（力）的行使人，这一角色在《企业国有资产法》中由"出资人"与"履行出资人职责的机构"分享；"经营人"是得到出资人授权的国家出资企业的经营者；"监管人"是对国家出资企业的出资人与经营人的行为实施政府监管的人；"司法人"是指国有资产纠纷最后的司法救济提供者。[①] 从《企业国有资产法》的相关规定我们不难看出，在上述"五人关系结构"中，中央及地方各级人民政府设立国资监管机构、分别代表国家对其所辖国有资本出资企业履行出资人（股东）职责，因此，国家股东行使股权的行为实际上主要是国资监管机构履行职责的行为，由此，国资监管机构在国有股权监督法律关系中处于被监管主体的地位，与此同时，根据《企业国有资产法》，对国资监管机构实施监管的主体为人大、政府及政府审计机关、社会公众等。因此，国资监管机构在履行出资人职责过程中具有双重法律地位：既对委任的股东代表及其直接任命的董事、监事和高管的职责负有监督职责，本身又是被监督的对象。这样，根据本书对"国有股权监管"的理解，国资监管机构对其委任的股东代表以及直接任免的董事、监事以及高级管理人员的监督关系应当纳入国有股监管的范畴。

基于上述，本书根据权利（力）来源的不同，将国有股权监管分为公司外部监管和公司内部监督两个部分，前者是指各级人大、政府及政府审计机关、社会公众等对作为国资监管机构履行出资人职责的监督管理，后者则指各级国资监管机构从出资人角度对股东代表以及国有公司董事、监事以及高管实施的监督。下文将对其进行分别评述并提出制度完善的建议。

（一）对国资监管机构的监督及相关制度的完善

1. 人民代表大会的监督及相关制度完善

根据我国《宪法》的规定，人大当然有权对国有股权行使状况进行评价和监督。《企业国有资产法》第 63 条规定："各级人民代表大会常务委员会通过听取和审议本级人民政府履行出资人职责的情况和国有资产监督管理情况

[①] 详见李曙光：《论〈业国有资产法〉中的"五人"定位》，载《政治与法律》2009 年第 4 期。

的专项工作报告,组织对本法实施情况的执法检查等,依法行使监督职权。"但应当指出,尽管立法已经明确了人大对国有资产(股权)的监督职能,但目前为止这基本上停留在法律规定层面,实践中并没有严格组织实施。而全国人民代表大会上的《政府工作报告》相对于浩大的国有资产管理工程来讲作用是有限的,真正意义上的人大监督当然是指人大对作为出资人的政府及其授权的国资监管机构的直接监督。在2005年4月26日十届全国人大常委会第十五次会议上,当时的国务院国资委主任李荣融曾作过《关于国有资产监管和国有企业改革情况的报告》,这也是他唯一的一次报告。

  基于上述,本书建议,除本书关于国有股转让权及国有股股利分配权行使中所涉及的人大监督之外,国资监管机构应当在每年全国人民代表大会期间向人大做有关履行国有出资人职责的工作报告,主要围绕企业国有资产的收益状况、保值增值等情况进行说明。[①] 对于国有股权日常行使过程中遇到的重大问题,如重大对外投资捐赠、重要企业改制破产等,可定期或不定期地征求人大常委会的意见或建议。为方便人大代表监督国有股权行使情况,可定期组织人大代表深入企业进行参观、走访、听取汇报,或者直接聘请人大代表担任企业独立董事、外部监事等职务,从而真正将法律的规定落到实处。这些形式很好地体现了人大作为国有资产所有者代表的真实身份,并且在实践操作上是可行的,也是相对容易实现的。

2. 各级政府对同级国资监管机构的行政监督及相关制度完善

  行政监督是指政府对其授权履行出资人职责的机构履行职责情况进行的监督,这是授权的应有之义。根据《企业国有资产法》第12条及第15条的规定,履行出资人职责的机构对法律、行政法规和本级人民政府规定须经本级人民政府批准的履行出资人职责的重大事项,应当报请本级人民政府批准;履行出资人职责的机构对本级人民政府负责,向本级人民政府报告履行出资

---

① 有学者建议:在每年的人民代表大会上面,由国务院总理和国家国有资产管理委员会的主任共同做工作报告。国务院总理所报告的内容,是对国家社会经济生活宏观管理的工作情况,非经营性国有资产的管理状况是服从于这个目标的,其运行效率和资金规模与管理应该一并由政府财政预算的部分报告来说明。而国家国有资产管理委员会主任,则主要向人民代表大会报告经营性国有资产的收益状况、增值情况。对于国有资产管理委员会,它唯一要向大会说明的是,相对于国内外竞争性行业的收益情况,你是否为国家投资创造了价值?参阅宁向东:《国有资产管理与公司治理》,企业管理出版社2003年版,第12—13页。

人职责的情况，接受本级人民政府的监督和考核，对国有资产的保值增值负责。履行出资人职责的机构应当按照国家有关规定，定期向本级人民政府报告有关国有资产总量、结构、变动、收益等汇总分析的情况。应当肯定，相对人大监督而言，政府监督在实践中实施情况较为良好，一方面法律规范相对具体，另一方面国资监管机构本身就是政府的一个组成机构，行政隶属关系中的监督与被监督无论从哪一角度来看都是自然之事。但本书认为，政府对国资监管机构的监督产生于《企业国有资产法》规定的授权关系，但该法却对授权方对被授权方的监督权限内容以及监督权行使未做规定，这可能导致政府对国资监管机构的监督完全依赖政府行政力实施。因此，随着市场经济的发展以及政府职能的转换，"出资人"与"履行出资人职责的机构"之间的授权关系是未来国有股权监督制度中需要认真研究的一个重要问题。

3. 国家（政府）的审计监督及其完善

根据《企业国有资产法》和《审计法》的相关规定，国家（政府）审计机关对国有资本经营预算的执行情况、属于审计监督对象的国家出资企业进行审计监督[①]，审计的主要内容是企业的财务收支状况。虽然并不直接和单独审计国有股权行使情况，但由于国有股权行使的规范与否对公司财务收支状况所产生的直接影响，因此，国有企业审计事实上会对国家股东行使股权的行为产生监督的效果。以企业负责人任期经济责任审计为例，企业负责人任期或离任未经审计，不得解除经济责任；审计不合格，不得兑现效益年薪。这无疑对担任企业负责人的股东代表起到了有力的监督作用。

存在的问题是，根据《审计法》第21条的规定："对国有资本占控股地位或者主导地位的企业、金融机构的审计监督，由国务院规定。"但资料显示，国务院仅在1999年发布过《国有企业及国有控股企业领导人员任期经济责任审计暂行规定》，并没有其他专门针对国有资产管理方面的审计法规出台。还应当指出，除国有公司之外，国家（政府）审计更重要任务在于对各级政府预决算和其他财政收支情况、对国有金融机构、国家事业组织和使用

---

① 需要说明的是，与国有股权行使相关的审计其实有两类：一类是政府审计机关对国有资本经营预算的执行情况和属于审计监督对象的国家出资企业进行审计监督；另一类是公司董事会下属的审计委员会代表董事会监督公司财务会计报表过程和内部控制。此处只讨论第一类，第二类审计活动放在公司内部监督部分论述。

财政资金的其他事业组织的财务收支的审计监督。数据显示，在央企层面，国家（政府）审计每年的审计范围大概是 10 家左右重要央企。相比目前的 117 家央企，基本可以肯定，国家（政府）审计在对国有公司的审计监督方面能力有限。因此，未来国家（政府）审计监督完善的方向是加强与其他监督方式的配合，尤其要加强责任的追究。

4. 社会公众监督及其完善

《企业国有资产法》规定，国务院和地方政府应当向社会公布国有资产状况和国有资产监督管理工作情况，接受社会公众的监督，任何单位和个人有权对造成国有资产损失的行为进行检举和控告。对此学界认为，根据国有股权信托理论，全体国民应当作为国有股权的受益人而存在，而信托理论下的受益人对于受信托人的行为是享有评价监督权的。在实际生活中，确实出现过不少社会公众对发生在国有股权行使过程中的一些非法现象进行检举和控告的案例。① 当然，根据中国的实际，在社会公众监督方面，如何开辟监督渠道，切实保障社会公众对国有企业经营及国有股权行使的评价监督权利的实现，未来还有很长的路要走。

5. 小结

综上所述，本书认为，在总体上，除行政监督之外，无论是来自人大还是来自公众的监督，其法律制度都存在过于原则且缺乏可操作性的问题。而从法律制度与体制改革之间关系的角度，应当说政治体制以及司法制度改革具有的相对的滞后是造成上述状况的根本原因，对这一问题的探讨远远超出了本书的研究范围。因此，本书提出，结合我国的实际情况，对人大以及公众监督权的制度建设，改革实践中的逐步推进远胜于前瞻性的顶层设计，即：改革者应当在国有股权行使的具体实践中，从其公共权利属性出发，注重对人大和公众监督及其相应制度的具体设计。关于这一点，本书在第一、第三及第四部分已经涉及，此处不再赘述。

---

① 通过互联网进行搜索，相关公开报道可谓应接不暇，例如：《社会聚集：武建二公司大量国有资产流失的群众检举信》，载 http://bbs.sogou.com/488294/cyEuQ4-C6gvHBAAAA.html，2009 年 1 月 21 日发布；《临汾互感器厂光明正大的国有资产流失》，载 http://tieba.baidu.com/f? kz = 639623687，2009 年 9 月 6 日发布；《山西亿元煤矿万元卖给个人，被指国有资产流失》，载 http://www.gmw.cn/content/2010-05/21/content_ 1127831.htm，2010 年 5 月 21 日发布，访问日期：2014 年 2 月 7 日。

(二) 国资监管机构对股东代表的监督及其制度完善

根据《企业国有资产法》的相关规定，履行出资人职责的机构根据本级政府的授权，代表本级政府对国家出资企业履行出资人职责，依法享有资产收益、参与重大决策和选择管理者的权利。具体而言，在国有资本控股和参股公司中，履行出资人职责的机构通过委派股东代表进入公司股东（大）会提出议案、发表意见、行使表决权，因此，国资监管机构对其委任的股东代表的行为必须进行全面监督。应当说，基于其与所委任股东代表之间清晰的法律关系，国资监管机构对股东代表监督的操作性远强于人大、政府以及社会公众等主体的监督，并由此成为目前国有股权监督体系中最重要和最有实际价值的部分。① 但如何对国有资本控股和参股公司的股东代表实施监督？《企业国有资产法》只做了原则规定，大量的具体监督措施则体现在各级国资监管机构制定的具体规范中。由于地方国资监管机构制定的相关规范与国务院国资委大同小异，此处仅以国务院国资委的以下规范为例展开分析：《中央企业负责人经营业绩考核暂行办法》《中央企业资产损失责任追究暂行办法》《关于规范上市公司国有股东行为的若干意见》《关于进一步加强地方国有资产监管工作的若干意见》《关于规范国有股东与上市公司进行资产重组有关事项的通知》《董事会试点中央企业专职外部董事管理办法》（试行）、《关于进一步加强中央企业全员业绩考核工作的指导意见》等。综观以上规范性文件，可以发现国务院国资委的监督对象主要包括国有控股公司等中间层机构以及由它们委派到国家出资企业中去的股东代表，也包括由国资委直接持股情形下委派到企业的股东代表。评价监督的范围则扩展到国有股权行使涉及的资产收益、参与重大决策和选择管理者等各个方面。本书以《中央企业负责人经营业绩考核暂行办法》（以下简称《考核办法》）为例，以国有资本控股和参股条件下股东代表委派制度为基础，考察评价国资委对国家出资企业中的

---

① 此外应当说明，在国有独资公司中，自2005年国务院国资委开始大力推行央企董事会制度建设至今，由国资监管机构直接任命董事组成的董事会逐渐成为国有独资公司的领导核心。在运行正常的国有独资公司中，董事会按照《公司法》规定可以实际行使股东的部分职权，因此，对可以行使股东权的国有独资公司董事会的监督具有一定的特殊性：它与一般董事监督不同，而与对国有股东代表的监督却比较相近，因此本文不做专门分析。

国有股东代表进行监督的基本思路与方法特点。

《考核办法》在《企业国有资产法》颁行之后进行了修订，正文部分共分五章41条，还包括四个附件。（1）该《办法》明确将国有资本控股公司中由国有股东代表出任的董事长、副董事长、董事，以及列入国资委党委管理的总经理（总裁）、副总经理（副总裁）、总会计师列入考核范围，体现了企业中"党管干部"的原则。（2）企业负责人的经营业绩，实行年度考核与任期考核相结合、结果考核与过程考核相统一，考核结果与奖惩相挂钩的考核制度，并采取由国资委主任或其授权代表与企业负责人签订经营业绩责任书的方式进行。客观地讲，这种考核制度的设计还是比较合理的，美中不足的是没有对国资委主任与企业负责人之间签订的经营业绩责任书进行定性——是民事代理协议还是行政性合同？另外，经营业绩责任书具体由谁拟定，根据什么原则拟定？（3）《考核办法》第二、三章规定了年度经营业绩考核、任期经营业绩考核的程序和办法，考核指标均包括基本指标与分类指标两类。年度考核的基本指标由利润总额和经济增加值指标构成，分类指标由国资委根据企业所处行业特点，针对企业管理"短板"，综合考虑企业经营管理水平、技术创新投入及风险控制能力等因素确定。任期考核的基本指标由国有资本保值增值率和主营业务收入平均增长率构成，分类指标由国资委根据企业所处行业特点，综合考虑企业技术创新能力、资源节约和环境保护水平、可持续发展能力及核心竞争力等因素确定。这部分规范的问题在于经营业绩责任书的签订程序上，无论是年度考核还是任期考核，都是先由企业负责人向国资委报送考核目标建议值，然后由国资委核定。考虑到中央企业数量众多，涉及行业五花八门，技术规模繁杂多样等特点，这种由考核对象自报目标的方式似乎可以理解，但这实在有违基本的评价监督逻辑。（4）关于考核后的奖惩措施。《考核办法》将年度和任期考核最终结果分为A、B、C、D、E五个等级，完成全部考核目标值为C级晋级点，并规定了相应的计算公式。年度薪酬分为基薪和绩效薪金两个部分，绩效薪金与年度考核结果相挂钩，对于利润总额低于上一年的企业，绩效薪金倍数要低于上一年，而且绩效薪金分期发放。对于任期考核结果为A、B、C级的企业负责人，按期兑现延期绩效薪金，而考核结果为D、E级的，根据考核分数扣减延期绩效薪金。其他惩罚措施方面，主要有扣分、谈话、降级、纪律处分、更换负责人、移送司法机关等。最后,《考核办法》附件对经济增加值考核细则、年度与任期考核计分规则、任期特别奖等内容进行了规定。

通过上述分析可以发现,国资委作为履行出资人职责的机构对企业股东代表的行为进行了深入的研究与总结,在此基础上发展出一套考核办法,作为企业负责人激励约束机制的重要组成部分。特别是之后采取 EVA(Economic Value Added,即经济增加值)考核标准体系,鼓励企业自主加入该考核体系,从而使得企业经营管理人员更易于理解和掌握财务衡量尺度,通过衡量投入资本的机会成本,使管理者不得不权衡所获取的利润与所投入的资本两者之间的关系,从而更全面地理解企业的运营。然而,总体上看这些办法仍然显得过于粗糙,很多规范都是原则性的,在具体执行程序方面还有待进一上细化与完善。而且,部分考核标准和手段的科学性值得怀疑,如没有对中央企业进行行业结构、组织形式和规模等方面的划分,而是采取了近于"一刀切"的态度;没有考虑到企业发展的环境条件,包括内部环境(企业治理机制)和外部环境(法律和政策、经济和市场环境)等。① 本书能够理解国资委的考核心切,但"欲速则不达",规定那么多刚性的考核目标和标准,其实在一定程度反映出对企业商业经营特点的漠视甚至无知,如此考核的结果很可能会"适得其反"。

以上仅选取国资委对中央企业负责人经营业绩考核一个角度来解读来自国资委的评价与监督机制。此外,根据本书对上文列举的其他主要评价制度的考察,整体上感觉与《中央企业负责人经营业绩考核暂行办法》的评价思路与制度特点非常相像。所反映的共同问题是,在国资委层面上对国有股权行使主体及其权利义务的评价监督体系非常庞杂,制度措施层次比较低,也较为混乱,② 尚未形成统一原则与标准指引下的监督评价体系,这也是未来调

---

① 宁向东在其著名的《对"新国有资产管理体制"的十点担忧》一文中,指明的第一个担忧即是:能否按照资产的性质,进行甄别管理,并建立不同的管理体系和不同的评价体系。

② 混乱的一个重要表现便是朝令夕改,以《中央企业负责人经营业绩考核暂行办法》为例,该《办法》最早于 2003 年 10 月 11 日第一次发布,随后 2006 年 12 月 23 日进行了第 1 次修订,2007 年 12 月 24 日又发布《中央企业负责人任期经营业绩考核补充规定》,2008 年 2 月 25 日又发布《中央企业负责人年度经营业绩考核补充规定》,2009 年 12 月 28 日对《中央企业负责人经营业绩考核暂行办法》又进行了第 2 次修订。三年内直接关于中央企业负责人经营业绩考核的问题,国资委连续出台了 4 个文件,这还不包括类似《关于加强中央企业负责人第二业绩考核任期薪酬管理的意见》等间接性规范文件。

整与完善的方向。最后仍想说明，国资委的评价与监督存在"老板加婆婆"的致命缺陷，"婆婆"这个角色在很大程度上即反映在评价监督机制上，自己作为出资人其实是扮演当事人的角色，但同时又制定规则对自己的授权部门和股东代表组织考核，给人以"自己考核自己"的印象。从这种意义上说，来自国资委评价监督机制尽管必要，但如果缺乏对国资委的监督，未必能够做到公正客观令人信服。

（三）公司内部机构对董事、监事、高管的监督及其制度完善

如前所述，从国有股权监督的目标出发，"来自股权主体的监督"对国有股权行使机制的有效性具有重要意义，是构成股权监督制度的重要内容。因此，由国资监管机构直接任命的国有独资公司董事、监事、国有控股公司中由国有控股股东尤其是国有股东代表担任的公司董事、监事、经理应当被纳入监督的范围。此类监督由公司机构按照《公司法》规定进行，就国有公司而言，最值得关注的应当是董事会审计委员会和监事会制度。

1. 董事会审计委员会的监督及其制度完善

审计委员会（Audit Committee）是西方企业普遍建立的一种内部控制与监督机制，通常是作为董事会下属的专门委员会（Special Committee）而存在，主要负责与公司外部审计师事务所检查公司的财务情况。美国证券交易委员会（SEC）要求公众公司必须设立审计委员会，并执行下列职能：向公司推荐会计师事务所作为独立审计师；就有关审计计划向所聘用的独立审计师进行咨询；经咨询独立审计师后，审查审计报告及相关财务报告；咨询独立审计师有关内部会计控制的适当性及相关问题；向董事会就审计结果进行汇报并就改进控制程度的适当性提出建议。[①] 我国《公司法》并没有对专门委员会作出规定，但证监会 2004 年发布的《中央企业内部审计管理暂行办法》第 7 条规定："国有控股公司和国有独资公司，应当依据完善公司治理结构和完备内部控制机制的要求，在董事会下设立独立的审计委员会。企业审计委员会成员应当由熟悉企业财务、会计和审计等方面专业知识并具备相应业务能力的董事组成，其中主任委员应当由外部董事担任。"国资委 2005 年

---

① 施天涛：《公司法论》，法律出版社 2006 年版，第 368 页。

发布的《关于加强中央企业内部审计工作的通知》中指出：中央企业要按照现代企业制度要求建立完善的内部审计机构及监督体系，设立董事会的企业，董事会应下设审计委员会，以加强对内部审计工作的指导和监督。

为保证审计委员会充分有效地监督控股股东及其代表的有关行为，有学者对审计委员会运行提出如下制度建议①：(1) 审计委员会自身要建立起科学合理的运行程序体系。具体而言，首先，制定审计委员会的工作章程，明确审计目标、开会次数、议事规则等事项。其次，赋予审计委员会在执行职责过程中专项调查权。再次，审计委员会应领导并定期检查内部审计机构的工作，搜集独立审计信息并聘请合格的会计师事务所，要求执行董事和财务主管出席审计委员会会议，提供相关材料并回答股东所关注的问题等。(2) 必须为审计委员会提供合适的资金保障，可将审计委员会经费开支纳入股东大会表决事项，以股东会决议形式或直接列入国有资本经营预算方式保证审计委员会拥有足够的活动资金。(3) 在年度财务决算报告中说明审计委员会履行职责的情况，如果审计委员会工作出现问题，应说明理由。采取这种方式加大审计委员会工作的透明度和信息使用者的监督力度，必要时可由国资委直接调查。

本书认为，审计委员会如发现或有证据证明以下事实系受国资监管机构或其委任的股东代表的控制和操纵，由此可能给公司带来损害，可对其采取相应的监督和评价措施：(1) 审议评价企业年度内部审计工作计划，发现不当之处可向内部审计机构提出问询，或向董事会提出修改建议；(2) 监督企业内部审计的实施情况，以及财务信息披露状况。如发现国有股东或其代表隐瞒真实信息或发布虚假信息，应及时向董事会报告。在董事会被国有股东实际控制时，可向监事会或股东会报告有关情况；(3) 监督企业内部审计机构的设置和机构负责人任免程序等是否符合相关规定，如有疑义可要求审计机构作出解释，或向董事会报告；(4) 监督企业社会中介审计等机构的聘用、更换和报酬支付情况，如发现对公司不利的情况，就及时向董事会报告，或要求公司相关部门作出调整；(5) 审查监督企业内部控制机制的有效性，特

---

① 宋文阁、赵璐：《论构建全新的国有企业审计委员会制度框架体系》，载《经济体制改革》2009年第1期。

别是企业内部审计机构履行职责的情况，并受理来自中小股东或其他利益相关者的投诉。公司董事会作为股东（大）会的执行部门，应对审计委员会的审计结论报告及时组织人员进行调查、核实，最终由全体董事成员对报告事项进行投票表决。遇到特别重大事项时，可由1/3以上董事提议召开临时股东（大）会进行讨论，作出决议。而且，如果审计委员会认为必要，可以直接向国资委或未来人大企业国有资产委员会报告有关情况。

2. 监事会监督及其制度完善

在采取设置专门监督机构的公司机构体制下，监事会（Board of Supervision）是对公司管理和经营独立行使监督权的机构。我国国有公司监事会制度的前身是1998年实行的国务院稽查特派员制度。2000年3月以后，稽查特派员制度过渡为监事会制度。对此，国务院2000年出台了《国有企业监事会暂行条例》（以下简称《监事会条例》），国资委2006年出台了《关于加强和改进国有企业监事会工作的若干意见》（以下简称《监事会意见》），两者构成国有公司监事会监督的纲领性文件。据统计，1999—2009年的10年间，国有企业监事会监督检查涉及资产70.32万亿元，占履行出资人职责企业资产总额的75.8%；向国务院以及国资委报送监督检查报告（稽查报告）和专项报告1622份，揭示重大事项2684件，突出反映了企业经营管理和改革发展中的主要矛盾和深层次问题，揭示了涉及国有资产流失的违法违纪违规事件，发现相关线索合计320起，涉及金额977亿元；客观评价了企业领导班子及主要负责人履职情况，对3239位企业主要负责人提出奖惩任免建议。[①]

本书认为，与一般公司相比，国有公司现行监事会制度的最大亮点在于外派监事制度。《国有企业监事会暂时条例》第2条规定："国有重点大型企业监事会由国务院派出，对国务院负责，代表国家对国有重点大型企业的国有资产保值增值状况实施监督"。实行监事外派制度，切断了监事会和企业经营者在经济利益和人事管理方面的联系，解决了内设监事会难以发挥作用的种种问题。[②] 同时，《监事会意见》强调严守"六要六不"行为规范，实行定期轮换制度，并自2007年开始，实行当期监督制度，这些都最大限度地保持

---

① 李荣融：《切实履行监督职责，促进国有资产保值增值——国有企业外派监督会制度十年回顾》，载《国有资产管理》2009年第9期。

② 张裕国：《对发挥国有企业监事会作用的法律思考》，载《国有资产管理》2009年第9期。

了监督会的独立性,为监事会独立履行职责创造了良好的客观条件。然而,上述《监事会条例》和《监事会意见》似乎忽视了一个事实,那就是在股权多元化条件下,监事外派制度的必要性与合理性问题。

从其出台的背景分析,显然,上述《监事会条例》和《监事会意见》明显是针对国有独资情形,并没有考虑国有资本控股公司情况,《公司法》第71条有关国有独资公司监事会的规定也能够证明这一点。[1] 这也容易理解,立法与学界基本上将监事会监督视为出资人监督的一种表现形式。所以,在对待国有资本控股公司监事会监督的问题上,亟须对《监事会条例》进行修订。本书认为,该《条例》修订的基本原则应有两点:(1)保证《公司法》《企业国有资产法》和《监事会条例》三者之间在监事会规范方面的协调一致性;(2)将监事会监督重点明确在国家控股股东及其代表行使国有股权的行为上面,特别是涉及公司财务的行为。具体而言:

首先,现行《监事会条例》的规定与《公司法》《企业国有资产法》存在不少冲突,主要体现在监事会的来源构成与监督规则方面,表5.1就几项代表内容进行了比较。《监事会条例》针对国有重点大型企业提出监事会外派制度,没有进行独资与控股或参股的区分,这显然与法律规范和事实不符。所以,修订应充分考虑国家出资企业的多样性,不能对监事会构成和监督规则进行"一刀切"的规定。针对国有资本控股公司,可以借鉴现行监事外派制度,但应限于履行出资人职责的机构向公司股东(大)会提出监事人选的建议,而不应单方面决定。同时,监事会应对公司和全体股东负责,在公司内部监事会向股东会报告工作;而在国有股东系统内部,国资委对外派监事的考核、监督与评价机制可以与公司内部监督并行不悖。其次,在监事会监督范围和职责方面,应强调监督重点放在国有控股股东及其代表的行为上,这点《企业国有资产法》已经有所涉及。无论立法还是学界观点,都主要强调监事会监督对象为公司财务情况,但任何财务风险的发生发展,都是与经营者特别是企业主要负责人的经营管理行为密切关联的,"管"住了人其实就"管"住了账,而控股股东代表应成为监督的主要对象。因此,应充分落实监

---

[1] 针对国有独资公司,《公司法》第71条第2款规定:"监事会成员由国有资产监督管理机构委派;但是,监事会成员中的职工代表由公司职工代表大会选举产生。监事会主席由国有资产监督管理机构从监事会成员中指定"。

事会对企业负责人的问询、质疑、审计、听取汇报、建议任免等制度措施,并建立起良好的信息沟通机制,弥补监事会开展工作的信息劣势。

表 5.1 国家出资企业监事会制度立法比较

	《监事会条例》	《公司法》	《企业国有资产法》
监事会来源	由国务院派出,对国务院负责	由股东会选举产生,职工监事由职工代表大会等民主选举产生	遵照《公司法》规定设立监事会。国有独资企业由履行出资人职责的机构按照国务院的规定委派监事组成监事会
监事会成员	分为专职监事和兼职监事,主席和专职监事有行政级别和年龄限制	包括股东代表和适当比例的公司职工代表	履行出资人职责机构任免国有独资公司监事和监事会主席,向SCHC、国有资本参股公司的股东会提出监事人选
监事任期	每届任期3年,监事会主席、专职监事和派出不得在同一企业连任	每届任期3年,连选可以连任	依照《公司法》规定
监督范围	以财务监督为核心,对企业的财务活动及企业负责人的经营管理行为进行监督	没有对监督范围进行概括规定,采取列举方式对监事会的7项职权进行规定(第54条)	对董事、高级管理人员执行职务的行为进行监督,对企业财务进行监督检查
监督方式	听取汇报、查阅相关资料、核查意见、向相关部门了解情况、列席企业会议等	质询建议、公司调查、列席董事会会议、提出提案、提议召开或主持股东会会议、提起诉讼、聘请会计师事务所协助等	未单独规定,应依照《公司法》规定

(四)结论

综上所述,基于国有股权行使的特性与重要性,尤其是受制于中国经济和政治体制改革,可以预见,在未来相当长一段时间内,国资监管机构对国有资本控股公司中国有股东及其代表以及国有独资公司董事、监事及高管的评价监督仍将在国有股权监督中处于核心地位。然而,在作为独资和控股股东直接持股的场合,来自国资监管机构的监督应当在《公司法》基础上又独立于《公司法》。长远来看,对国资监管机构行使国有股权行为的监督应当以人大监督、审计监督、社会公众监督为重心,国资委对国有股东代表以及国有独资公司董事、监事以及高管的监督实际上应纳入股东会对于企业高管的监督轨道。否则将分不清国资委监督究竟是在行使股东权利还是在行使行政权力。而对于公司内部机构的监督而言,除以上完善思路与建议外,本书同意部分学者提出的,构建对公司监事会负责的内部审计运行机制,实现监事会监督与审计委员会监督机制的耦合。①

二、现行国有股权行使主体责任制度存在的问题及改革思路

法律责任是行为人基于违法行为、违约行为或者由于法律规定而应伴随的某种不利的行为的法律后果。② 凯尔森指出,法律责任是与义务相关的概念,一个人在法律上要对一定行为负责,或者他为此承担法律责任,意思就是,他作相反行为时,他应受到制裁。③ 制裁(sanctions)问题是一个关系到法律实效的问题,制裁的本质在于法律责任的认定与追究。据此,义务、责任与制裁三者之间是统一的关系,义务是责任产生的实体性条件,责任是义务履行的制度性保障,制裁是责任的程序性结果。法律之所以规定制裁,其目的在于保证法律命令得到遵守与执行,"在于强迫主体行为符合业已确立的秩序"。④ 对于国有股权行使制度来讲,制裁意味着国有股权主体履行职责的行为违反了法定义务,造成相关主体合法权益损失,而由国家司法机关强制追究其法律责任的过程。

然而,在国有资产所有人"泛化"和国有资产管理委托代理理论的影响下,企业国有资产损失情况下有关当事人的责任认定与追究为世人所诟病。正如学者所言,国有资产的占有、利用、收益、处分、决策、监管、保护等任何一个环节的主体都是通过法律或行政拟制的,角色扮演均非当然,因而天然缺乏适

---

① 乔德义:《国有企业外派监事会与内部审计运行机制耦合分析》,载《国有资产管理》2008年第6期。
② 沈宗灵主编:《法理学》,北京大学出版社2000年版,第402页。
③ 〔奥〕凯尔森:《法与国家的一般理论》,沈宗灵译,中国大百科全书出版社1996年版,第65页。
④ Hans Kelsen, General Theory of Law and State, transl. A. Wedberg, Cambridge, Mass., 1949, p. 15.

当的利益驱动和约束，要保证国家所有权的存续和有效实现，关键在于建立一套有效的责任机制。但如今国有资产运用管理中，问题和漏洞很多，根本原因就在于角色设置和问责方式的缺失。① 不仅如此，本书认为，在责任形式上，由于受国有企业"官本位"的影响过于看重行政责任或刑事责任，而对于民事赔偿责任鲜有涉及，大量国有资产流失无法得到弥补和挽回，形成权责不能对等。

基于上述，下文将对现行体制下的国有股权行使主体的责任问题展开探讨。需要说明，根据《企业国有资产法》的相关规定，此处所言"国有股权行使主体"具体包括：履行股东职责的国资监管机构及其委派的国有股东代表；国有独资公司的董事、监事；由国有股东代表担任的国有资本控股公司的董事、监事及高管。

(一) 国有股权行使主体责任制度存在的问题

鉴于目前国家对企业的出资采用了独资、控股以及参股三种不同形式，本书对现行法律法规中国有股权行使主体责任制度的阐述以国有独资公司和国有资本控股公司为重点，针对责任主体所指向的权利主体的不同，将其划分为两个部分分别阐述：（1）国有资产所有权人作为权利主体情况下，履行出资人职责的机构及其委任的股东代表、履行出资人职责的机构直接任命的董事、监事的责任；（2）国有资本控股公司中其他股东作为权利主体情况下，履行国有控股权职责的主体的责任。与此相应，本书对制度存在问题的分析也在上述框架下进行。

1. 国有资产所有权人作为权利主体时相关义务主体的法律责任

《国资监管条例》在第七章用短短4个条文规定了国资监管机构和控股企业负责人的经济责任（民事财产性赔偿责任）、行政责任与刑事责任。经济责任是指国有控股企业负责人滥用职权、玩忽职守，造成企业国有资产损失的，应负赔偿责任；行政责任是指对国资监管机构主管责任人员和国有控股企业负责人的行政处分、纪律处分和禁入限制；刑事责任是指以上人员违法行为

---

① 史际春、冯辉：《"问责制"研究——兼论问责制在中国经济法中的地位》，载《政治与法律》2009年第1期。

构成犯罪的,依法追究刑事责任。很显然,《国资监管条例》在法律责任的制度规范方面十分简略,所列条款基本上是原则性规定,既没有责任构成要件的详细描述,也没有责任实现方式和具体标准的计算依据,更缺乏责任追究程序的规定。相较之下,《中央企业资产损失责任追究暂行办法》倒是详细规定了在国家出资企业及其子企业经营管理人员和其他有关人员违反国家有关规定以及企业规章制度、未履行或者未正确履行职责、造成企业直接或间接资产损失的情况下,如何追究有关主体法律责任的程序与步骤。该《办法》共分七章重点对国资委和企业的工作职责,资产损失认定的证据与标准,资产损失责任追究的主体与范围,资产损失责任的划分和承担条件,资产损失责任处罚形式等问题进行了较为详细的规范。如在资产损失认定的证据方面,该《办法》指出能够证明资产损失真实情况的各种事实,均可作为损失认定证据:包括司法机关、公安机关、专业技术鉴定部门出具的书面文件,会计师事务所、资产评估评估、律师事务所等社会中介机构出具的鉴证证明或意见书,企业内部的会计记录或内部证明材料等。在资产损失责任追究范围方面,该《办法》根据责任行为发生的领域,分别列举了可能导致法律责任的具体情形,并指出因企业内部控制存在重大缺陷或者内部控制执行不力等其他情形造成资产损失,也要追究相关责任人的责任。类似规定既有责任主体与责任内容的具体描述,也对证据认定等追究程序进行了规定,比《国资监管条例》更具操作性。然而,该《办法》并没有沿袭《国资监管条例》的规定,对国有股东代表作为资产损失责任人的赔偿责任作出详细规定,其所定义的经济处罚、行政处分和禁入限制,仅仅涉及责任人绩效津贴、行政级别、任职限制等非财产性赔偿责任,可谓美中仍有不足。而《企业国有资产法》从某种程度上讲,弥补了上述《条例》与《办法》的不足之处。该法第八章较为细致地规定了国资委主管责任人员和其委派的国有股东代表违反法定义务情况下需要承担的赔偿责任、行政责任和刑事责任。特别值得称道的是,在《公司法》公司董事、监事及高管责任制度的基础上,《企业国有资产法》第71条对国家出资企业的董事、监事、高级管理人员应当承担赔偿责任的情形进行了列举性规定,为实践中追究相关责任人的法律责任提供了依据。

2. **其他股东作为权利主体时国有控股股东的法律责任**

我国《公司法》第20条规定了股东滥用权利的责任问题,如因滥用股东权利给公司和其他股东造成损失的，应当依法承担赔偿责任，这可视作股东向公司和其他股东承担法律责任的重要渊源，实践中主要针对的是控股股东。与此同时，《公司法》第21条还专门就控股股东等人员的关联行为进行了规定，如因关联交易行为给公司造成损失，应当承担赔偿责任。此外，我国《证券法》中也有一些条款规定了控股股东的法律责任，如该法第26条规定了控股股东在证券发行阶段的责任，第69条则规定了违反信息披露义务的法律责任，第194条规定了擅自改变募集资金用途的处罚责任等。然而，以上规定大多并非专门针对公司控股股东而设，只是控股股东相对于其他股东来说，更容易因为违反以上条款招致责任制裁。另外，这些条文在责任构成要件方面的规定也比较原则，实践中实施效果并不能令人满意。对国有资本控股公司而言，本书认为，国有控股权行使的法律责任制度构建至少有两点要求。

(1) 必须强调国有控股股东及其代表的民事财产性赔偿责任。如前所述，国有资产经营责任在实践中的最大问题是，一旦发生企业国有资产流失或受损情况，相关责任人该谈话的谈话，该处分的处分，该免职的免职，该判刑的判刑，没有谁在意究竟损失的巨额国有资产究竟如何得到补偿或赔偿问题；而如果侵犯的是公司或是中小股东利益，最终可能达不到应有的结果。① 纵览以上三部法律法规，可以发现有关纪律处分和行政处分的笔墨也明显重于财产性赔偿。② 究其原因，恐怕还是"官本位"思想在起作用。监管部门习惯于党纪处分和行政问责，而企业负责人也对此较为敏感。从某种意义上讲，

---

① 法律在多处规定了国有控股股东及其代表的"赔偿责任"，但本书并没有搜索到类似生效的赔偿案件，可以说，司法实践中追究赔偿责任的寥寥无几。

② 在地方性立法中，类似规范屡见不鲜。以刚刚发布的《广州市市属国有企业资产损失领导人员责任追究暂行办法》为例，《办法》规定企业出现特别重大资产损失，即损失金额超过1000万的，企业领导将承担包括扣除薪水、降职甚至免职等责任。文件还详细列举了几种情况：发生一般资产损失，对直接责任人，给予扣发10%至20%效益年薪以及警示谈话的处理；发生较大资产损失，对直接责任人，给予扣发30%至40%效益年薪，以及警示谈话或者调离岗位的处理；发生重大资产损失，对直接责任人，给予扣发50%至60%效益年薪，以及警示谈话、调离岗位或者降职的处理。对主管责任人和领导责任人，给予扣发10%至20%效益年薪，一定期限内不授予新的股权，以及警示谈话、调离岗位或者降职的处理；发生特别重大资产损失，对直接责任人给予扣发60%至80%效益年薪，以及调离岗位、降职或者免职的处理。对主管责任人和领导责任人，给予扣发30%至40%效益年薪，以及警示谈话、调离岗位、降职或免职处理。那么如果衡量以上各个损失标准呢？文件规定：一般资产损失主要指企业损失在50万元至200万元之内；较大损失是指200万元至500万元之内；重大资产损失是指在500万元至1000万元之内；特别重大资产损失是指企业损失金额在1000万元以上。

这也是一种路径依赖的表现。本书认为，在市场经济条件下，当国有股东及其代表滥用控股权，非法行使国有股权行为给国有资产、公司和中小股东利益带来损失时，无论是国资监管部门还是司法机关，在对责任主体进行纪律处分或行政处分的同时，更应当关注如何对其造成的损失进行补偿或赔偿。财产性赔偿是对有关责任人更为有效的震慑，财产性赔偿一经确认，是对责任人不折不扣的制裁。尤其是在国有股东代表担任董事或职业经理的场合下，其经营公司的主要目标即是获得高额薪金报酬，财产性处罚对其震慑力最大。

（2）责任制度设计必须具体化且具有可操作性。本书认为，现行立法关于被监督主体责任制度规定的最大缺陷在于责任规范过于粗略和原则化。以构成要件为例，一般法律责任的构成要件为四个方面：主观过错、违法行为、损害结果、行为与结果具有因果关系，与此相关的问题是归责原则和免责事由。而现行制度并没有就国有股权主体法律责任在这些方面作出明确的规定，如追究国有股东及其代表责任是否需要证明其有过错，是否必须出现损害结果，有没有免责事由？这些问题得不到回答，责任制度就将因缺乏最基本的可操作性而只能停留于法律条文。此外，责任追究程序与步骤也十分关键，如具体哪些主体有权追究国有股权主体的法律责任？如果提起诉讼，哪些主体可以充当原告，适用何种诉讼程序？如何在执行程序中顺利实现责任追究？以上问题的研究和解决对国有股权行使法律责任制度体系的完善至关重要。

（二）制度改革的思路

通过对国有股权行使责任制度现状与问题的整体分析，我们不难看出，国有股权行使过程中相关主体的责任制度，一方面在责任形式上过分依赖组织内部的行政处罚，另一方面为数不多的关于民事责任的规定也缺乏可操作性。因此，需要探讨的问题是：在现行国有资产出资人制度下，国有股权行使行为所涉及的主体，即：履行出资人职责的机构及其委任的股东代表、履行出资人职责的机构直接任命的董事、监事是否应当承担民事责任？如果回答是肯定的，那么如何进行制度构建才能使国有股权行使主体的民事责任制度落到实处？

关于前一个问题。单从法律层面分析，在国资监管机构直接行使股权的情况下，按照《公司法》以及《企业国有资产法》的相关规定，无论国有资本在公司是独资、控股还是参股，公司董事、监事及高管履行职责违法、造成国有资产损失的责任均包括民事责任。那么，履行出资人职责的机构是否承担民事责任？根据《企业国有资产法》第68条的规定，当该机构不依法履行职责造成国有资产损失时，对其直接负责的主管人员和其他直接责任人员依法给予处分。本书认为，这应当分为两种情况讨论：（1）当履行出资人职责的机构直接向国家出资企业履行职责时，只承担行政责任的规定与目前将履行出资人职责的机构定位为"政府特设机构"的情况基本吻合，也有利于这一定位下贯彻"政企分开"的改革目标。但从对国有股权行使主体监督的角度，考虑到目前乃至未来一段时间我国人大监督和社会监督比较薄弱的现实，本书建议，应当积极推进国资委向"特殊企业法人"定位的机构改革，①在此基础上加强对该机构的司法监督，改变对其责任追究依赖行政路径的局面。（2）当履行出资人职责的机构通过委任的股东代表履行出资人职责时，股东代表和投资控股公司是否应当对违法履行职责造成国有资产损失承担民事责任？根据《企业国有资产法》第70条的规定，答案是肯定的：股东代表未按委派机构的指示履行职责造成国有资产损失的，依法承担赔偿责任。

综上所述，本书认为，尽管还不够完善，但国有股权行使过程中的直接责任人员应当承担民事责任已经是现行法律法规的明确规定。因此，实践中的问题应当出在制度实施层面。可能的情况是，法律法规虽然对国有股权行使中相关主体的民事责任做出了规定，但在实践中这种责任却无法真正被追究。行文至此，制度改革的思路已经豁然开朗：仅从法律制度层面分析，尽管比较简陋仍然需完善，但当下国有股权行使主体责任制度最大的问题不是缺乏民事责任制度的基本规定，而是制度规定本身在可操作性上存在重大缺陷，即：由于民事责任的规定过于原则并且缺乏相应的责任追究制度，导致民事责任制度整体上缺乏可操作性。基于上述，本书提出，在立法层面上，

---

① 本书同意学者的观点，国资委最终应当定位于一个"法定特设出资人机构"，是一个"特殊商业目的法人"，一个"航母级"的资本运营中心，"它本身应该建立资本运营中心治理结构，应有自己的战略规划委员会、风险控制委员会、提名委员会、薪酬委员会和审计委员会。"（参见李曙光：《论〈业国有资产法〉中的"五人"定位》，载《政治与法律》2009年第4期。）只有如此，才有可能使国资委成为能够被问责的真正意义上的股东。

应当针对国有股权行使主体的现状，通过制度改革进一步细化和完善相关民事责任规则，与此同时，从民事诉讼层面构建一个对国有股权行使中相关主体民事责任的追究机制，使现行民事责任制度的规定落到实处。下文将对此分别展开论述。

三、国有股权行使主体民事责任制度的进一步完善

如前所述，按照《企业国有资产法》的规定，国有资本投资的公司包括独资、控股以及参股三种形式，基于对学界研究现状分析，结合目前国有股权行使与监管的实践情况，本书将国有控股权行使作为重点展开研究。因此，下文将遵循这一思路，选择国有资本控股公司国有股东代表为样本展开分析论证。如此选择的另一个理由是，在实践中，国资监管机构或国有控股公司委任的国有股东代表通常还担任国有资本控股公司的总经理或董事长，甚至是"双肩挑"，因此研究极具现实意义。

（一）以信托责任为基础完善国有股权行使主体民事责任制度

根据本书第二部分的分析，国有股权主体内部存在信托法律关系，国有控股股权行使可以运用信托方式，国有股东及其代表对国有资产所有人应承担信托义务。在此基础上，本书进一步认为，基于信托制度重点规范受托人权利、义务和责任的特征，对国有股权行使而言，信托制度的意义不仅在于理念指导，而且更在于其制度设计的实用性与有效性，即：根据国有资本和国有股权信托理论，国有股权行使主体基于受信托人法律地位，当其违反信托义务致使国有股权目标落空时，可以认定、追究其作为受信托人的法律责任。在上述意义上，本书提出，信托制度引入国有股权行使最重要意义在于，立法者可以在信托责任框架下细化、并完善国有股权行使主体的民事责任制度。

1. 信托责任的内涵

信托责任在公司治理领域算不上是一个陌生的词汇。然而，本书注意到，学界对信托责任的分析，要么只是简单的叙述国外的相关理论，要么停留在责任追究程序等片面讨论中，要么在信托责任与委托代理理论、诚实信用原

则之间纠缠不清①，并没有系统论述信托责任的主体、性质、构成要件、责任方式和归责原则等要素。此外，虽有学者对国有企业治理领域企业高管的信托责任及追究机制进行了较为深入的探讨②，但受主题所限也没有就上述问题展开论述。本书认为，信托责任的涵义至少由以下四个方面构成。

（1）信托责任在主体方面表现为受托人责任。信托责任是在信托法律关系中，处于受信托人地位的主体对其违背信托义务的行为承担的法律责任。具体到本文，是国有资本控股公司经理对于国有股东和国家出资企业承担的法律责任。对于国有股东来讲，信托责任在实践中主要通过经理等企业负责人与国资委主任或其授权代表签订经营业绩责任书的方式进行；对于国家出资企业来讲，信托责任应当规定在国有企业章程之中。根据有关法律，受信托人承担的信托义务是要遵守信托协议的规定，为受益人的最大利益处理信托事务，管理信托财产，必须恪尽职守，履行诚实、信用、谨慎、有效管理的义务。

（2）信托责任在内容方面突出民事财产性责任。信托责任是复合性责任，但其主要内容是民事责任。在委托代理论下，经理作为代理人对其经营行为导致的财产性损失通常是由被代理人承担，因此其几乎不承担财产性责任，至多没收其非法收入所得。而引入信托理念就是要利用受信托人的商业属性特点，一方面对经营业绩良好的经理要给予高薪酬激励，另一方面也要对由于经理故意或重大过失行为导致的企业财产损失，以及非法获取企业财产利益的行为进行财产性惩罚。当然，除了民事财产性赔偿责任之外，信托责任也包括行政责任和刑事责任。联系当前在国家出资企业中还现实存在国家工作人员或参考国家工作人员进行管理的人员，所以行政责任在一定时期内还将存在。而刑事责任则是针对国有股东代表违反信托义务的行为达到犯罪程度时需要承担的责任形式。

（3）信托责任是有限责任与无限责任的结合。经理在处理国有股权信托

---

① 参阅朱伟一：《是信托责任，不是诚实信用责任》，载《国际融资》2003年第8期，第44页；第70页；赵彦荣等：《股权全流通下上市公司信托责任问题研究》，载《商场现代化》2006年10月，第342页；魏小娜：《由"保姆"信托责任缺失引发的思考——浅议现代公司治理与代理风险》，载《时代经贸》2008年6月，第47页。

② 详见徐晓松等：《国有企业治理法律问题研究》，中国政法大学出版社2006年版第14章。

经营管理事务过程中，对于因处理信托事务所支出的费用、对第三人所负债务等，以信托财产为限承担责任。但如果经理故意违背信托人意愿对第三人所负债务，或者在处理信托事务中存在故意或重大过失导致受益人利益损失，应以其个人财产承担责任。当然，既然是企业经营，自然就存在经营风险，所以确定经理以其个人财产对信托事务承担责任时一定要慎之又慎，如果经理能够证明自己没有违反信托义务或已经恪尽职责，可以免责。

（4）信托责任实行过错推定原则。各国信托法一般都没有对信托责任的归责原则作出明确规定。一般而言，受信托人违反信托义务导致信托利益落空或信托财产损失是信托责任追究的归责基础，而受托人是否具有过错则是信托责任追究的主观要件。然而，基于国有资产经营管理的特点，应该坚持过错推定归责原则。如上文所言，国有企业特别是国有绝对控股和相对控股公司，其股权结构存在着股权管理行政化和国有股"一股独大"两大缺陷，其高度集中的公司股权结构造成企业"内部人控制"严重，董事会对经理层监督功能弱化，监事会也大多扮演"花瓶"角色，所以对经理的监督机制常常处于真空状态。而国有股东也缺乏监督的动力，特别是在企业董事长兼任总经理的情况下，企业完全是老总一个人说了算。因此，如果发生受托人滥用控股权侵害国有股权或企业利益情况，司法审计机关很难举证证明该损失是由经理的过错导致，经理也可能轻易以政策性亏损为由逃避法律责任。① 所以，实行过错推定归责原则，可以有效避免此种情形的发生，同时也可督促在企业日常经营过程中经理要严格履行信托义务。

2. 信托责任的构成要件和免责事由

确定责任的构成要件是追究责任的前提条件。本书认为，就国有资本控股公司而言，国有股权行使主体承担信托责任需要具备四个要件：（1）股东代表有违反法定义务的行为，即违反忠实义务、注意义务等信托义务行为，这是追究其信托责任的客观要件。对此，必须严格执行对国有股东代表经营业绩的考核机制。（2）国有股东代表违反信托义务的行为在主观上存在过错，包括故意和重大过失，这是追究其信托责任的主观要件。在英美公司法中，董事违反信托义务的主观责任标准被描述为"缺乏善意与重大过失"。但凡构

---

① 王仕军：《国有企业经理制度缺陷与经理行为扭曲》，载《经济问题》1999 年第 11 期。

成对忠实义务违反的行为,当事人均已丧失了其"善意",在未丧失善意的情形下,即使构成了对注意义务的违反,董事也往往可以凭借一系列的制度安排来免于承担个人责任。对于何谓"重大过失",英美公司立法中并没有相应的要件描述,但司法实践中通常要求原告证明被告存在"重大过失"以避免董事的商业判断规则保护。① 本书认为,重大过失应以一般职业经理在类似情况下的行为选择作为判断标准,即正常情况下责任人在法律行为能力范围内能够预见而没有预见,或已经预见但轻信事故不会发生而未采取措施而造成损失。(3) 股东代表违反信托义务的行为给国有股东和国家出资企业带来了损害结果,损害结果可能表现为现有利益或应有利益的减少,也可能是应当增加的利益而没有增加。当然,为避免压抑股东代表的经营创造力,在损害认定方面应充分考虑市场商业风险因素,如果其有合理理由解释损害结果的发生,应视为成立免责事由。(4) 股东代表违反信托义务的行为与损害结果之间存在因果关系,因果关系判断上主张以条件说为依据,即如果没有违反信托义务的行为发生,就必然没有损害结果的发生,但违反信托义务的行为并非是损害结果发生的唯一原则,即违反信托义务的行为是损害结果发生的必要而非充分条件。

  免责条件是指对于行为人免除法律责任的条件,可分为法定免责条件和意定免责条件。② 对于国有股东代表而言,其信托责任基本可以排除意定免责情形,因为从某种意义上说,股东代表与国有股东、国家出资企业之间的权利义务安排,不能像私人投资者那样自由协商,信托的终极受益人是全体国民,带有公益信托③色彩,所以不能通过自由协商形式确定是否承担责任或免除责任。而法定免责条件除了通常的不可抗力、正当防卫和紧急避险外,还应包括由行为环境而形成的特定事由。本书认为,在企业国有股东代表从事经营管理行为过程中,应当借鉴美国判例法上的"商业判断规则"(business

---

① 汪青松:《中国公司法董事信托义务制度评析——以英美公司法相关理论与实践为视角》,载《东北大学学报(社会科学版)》,2008 年第 5 期。
② 张文显:《法理学》,法律出版社 1997 年版,第 152 页。
③ 根据我国《信托法》第 60 条的规定,为了下列公共利益目的之一而设立的信托,属于公益信托:(1) 救济贫困;(2) 救助灾民;(3) 扶助残疾人;(4) 发展教育、科技、文化、艺术、体育事业;(5) 发展医疗卫生事业;(6) 发展环境保护事业,维护生态环境;(7) 发展其他社会公益事业。

judgment rule）来确定其免责事由。① 目前，我国《公司法》没有引入该规则，但已有许多学者认为我国应当借鉴该规则修订公司法。② 同时在实践中一些公司制定了类似规则，如《浙江阳光集团股份有限公司治理细则》规定：董事会决议造成股东和公司利益损失的，如证明参与决策的董事已经按商业判断原则行事，确实履行了诚信与勤勉义务的，可以免除责任。③ 本书基本赞同此种观点，但同时也认为，在没有对商业判断规则中的免责情形及其适用范围进行深入调查与研究的条件下，该规则引用也会给公司治理带来很大风险。因此作为一种过渡性措施，本书主张在国家出资企业领域，可在一定程度上借鉴商业判断规则对于企业董事、经理等国有股东代表的法律责任追究进行某些免责事由设定，但应当规定由责任人进行举证，浙江阳光的上述规定与此相符。可能这种举证责任倒置的制度安排将降低商业判断规则的价值初衷，但限于我国当前公司治理环境还不是十分成熟，再加上国有资本控股公司股权结构特征和国有企业改革路径依赖等因素，想让公司或中小股东等诉讼原告举证证明控股股东的恶意或不诚实，实属不易。所以本着"证据拥有者举证更利于诉讼"的原则，可以授权国有股东代表以商业判断规则进行抗辩，但前提是其有证据证明引发责任行为是"在不涉及个人利益或自我交易的情况下"，"建立在对情况充分知悉的基础上"，"出于善意"，"诚实地相信该行为将有利于公司的最佳利益"，"系由公司法或章程所赋予其职权的范

---

① 美国特拉华州最高法院 1984 年在 Aronson v. Levis 一案中将商业判断规则定义为：商业判断规则是这样一种推定（presumption），即公司董事在做出经营决策时是在知悉情况的基础上，善意地行事并且诚实地相信其所采取的行动符合公司的最佳利益，只要没有滥用自由裁量权的情况的存在，法院就将尊重董事的相关判断。对董事的判断提出质疑的原告将负担举证责任，他们必须证明足够的达到可以推翻上述推定的程度的事实的存在。[Aronson v. Levis, 473 A. 2d 805（Del. 1984）]《布莱克法律辞典》对商业判断规则的解释是：在不涉及个人利益或自我交易的情况下，董事做出的决策是在对情况充分知悉的基础上，出于善意，并诚实地相信他们的行为有利于公司的最佳利益。即使董事和管理人员做出的决策未给公司带来任何利润甚而造成了损失，但因他们的决策是基于善意，谨慎做出，而且是在他们的权利范围内做出的，该规则将为他们提供免责保护。（Black's Law Dictionary, The 8th Edition, West Group, 2004, p. 212.）

② 有关观点可参阅：蔡元庆：《经营判断规则在日本的实践及对我国的启示》，载《现代法学》2006 年第 3 期；容缨：《美国商业判断规则对我国公司法的启示——以经济分析为重点》，载《政法学刊》2006 年第 2 期；刘迎霜：《股东对董事诉讼中的商业判断规则》，载《法学》2009 年第 5 期等。

③ 《浙江阳光集团股份有限公司治理细则》第 73 条，2002 年 3 月公司发布。

围内做出的"。①

(二) 国家股东滥用控股权的民事责任制度及其完善

在国有资本控股情况下,国家股东代表应当承担信托义务和控股义务,这一结论的出发点是基于两类义务的权利主体不同。股东代表违反信托义务需承担信托责任,而违反控股义务需承担控股股东责任,本书将其简称为控股责任。较之信托责任,控股责任比较简单。这是因为,尽管控股责任的权利主体是国有资本控股公司和中小股东,但与信托责任制度的设计可谓殊途同归。基于国有股东及其代表履行控股义务与信托义务具有目标上的一致性,两种责任形式在责任内涵、构成要件与免责事由,包括与公司激励机制的冲突与协调等方面都具有相当的一致性。

既然如此,还有什么必要将国有股东的控股责任单列?本书认为,这不仅仅是基于论述体系完整的考虑。在相关研究中,但凡涉及法律责任,学界往往将目光要么放在股东代表对国有出资人的责任上,要么放在企业高管对国有出资人的责任上,这可以从《企业国有资产法》和《国资监管条例》清楚地得到证明②,但常常有意无意地忽视,当国有控股股东滥用控股地位,侵害国家出资企业本身和中小股东利益的责任承担问题。本书揣测其中原因可能有二:(1) 公司相关立法对于控股股东的法律责任规定本来就少,且大多是原则性规定,③ 尽管中小股东利益保护已被提升到前所未有的高度,但实践中公司和中小股东要想追究控股股东的法律责任仍然困难重重;(2) 现实发生的案例表明,企业国有资产损失非常严重,加上立法强调"国有财产神圣不可侵犯",公司本身和中小股东利益损失便容易被忽视。

然而,公司法常识告诉我们,国有控股股东及其代表侵害企业国有资产

---

① 根据美国法学所 (ALI)《公司治理准则》第 4.01 (e) 款的规定,董事、高级管理人员以诚信为本做出的经营判断,如能够符合以下情况,便认为完成了勤勉尽职之责:(1) 董事、高级管理人员的利益与该经营判断不存在利益冲突;(2) 董事、高级管理人员在进行经营判断时,理性、合理地认为其判断是以知情为基础的;(3) 董事、高级管理人员理性、合理地认为该经营判断符合公司最佳利益。

② 《企业国有资产法》第八章"法律责任"与《国资监管条例》第七章"法律责任"规定中,涉及股东代表或董、监、高法律责任内容的,几乎全部是针对导致企业国有资产遭受损失情况下的责任问题,没有涉及任何导致公司或中小股东利益受损的责任问题。

③ 本书考察了《公司法》和《证券法》,发现两法直接规定控股股东法律责任的只有 8 个条文,分别是《公司法》第 20、21 条,《证券法》第 26、69、189、193、194、214 条。

的行为绝不可能对国有资本控股公司和中小股东没有影响，国有股东的投资行为一经完成，企业国有资产的所有权已经发生转移，成为国有资本控股公司法人财产的组成部分，这部分财产也应是中小股东的利润来源。不仅如此，本书第二部分对国有控股权行使特性的探讨中，曾通过国有资本控股公司与一般控股公司的比较，论证了国有股东在此类公司中具有"超控股东"地位，即：国有控股股东在某些情况下兼具市场经济参与人和宏观经济管理者的双重角色，国有控股股东的"专横"往往表现为不屑于行使控股权，反而运用被授予的政府管制权力"合法地"对企业经营指手画脚。因此，国有控股股东及其代表滥用控股权和行政权"合法"侵害公司和中小股东利益的现象极易发生。基于上述，如果立法一味对企业国有资产损失"睁大眼睛"，只注重追究国有股东及其代表行为导致国有资产损失的责任（而且偏好行政问责），却对国有资本控股公司和中小股东利益损失"睁一只眼，闭一只眼"，必然致使社会投资者对国有股东和国有资本控股公司失去信心，从而退回到国有独资的老路。毫无疑问，这将与中国共产党第十八届三中全会《中共中央关于全面深化改革的若干重大问题的决定》关于积极发展混合所有制经济，使各种所有制资本共存于股份公司，互相取长补短、相互促进、共同发展的改革精神相悖。①

四、国有股权行使主体民事责任的追究机制

如果把法律责任比作车厢，那责任追究程序就是车轮，没有车轮的转动，车厢寸步难行。因此，即便建立起再好的法律责任制度体系，如果缺乏合理有效的责任追究机制，也只能说是"假把式"。当然，根据不同的责任内容，责任追究的程序肯定有所区别。例如，针对国有控股公司中属于国家工作人员序列的国有股东代表来说，如果未按规定向出资人报告财务状况、生产经

---

① 2013年11月，中国共产党十八届三中全会《中共中央关于全面深化改革的若干重大问题的决定》第6条明确指出："积极发展混合所有制经济。国有资本、集体资本、非公有资本等交叉持股、相互融合的混合所有制经济，是基本经济制度的重要实现形式，有利于国有资本放大功能、保值增值、提高竞争力，有利于各种所有制资本取长补短、相互促进、共同发展。允许更多国有经济和其他所有制经济发展成为混合所有制经济。国有资本投资项目允许非国有资本参股。允许混合所有制经济实行企业员工持股，形成资本所有者和劳动者利益共同体。"

营状况和国有资产保值增值状况的，予以警告；情节严重的，给予行政处分。此类行政责任的追究，主要是出资人直接针对股东代表作出，属于主体内部追究而非司法追究，主要依内部行政程序进行。而对于国有股权行使相关主体严重违反信托义务造成出资人或公司重大财产损失，达到犯罪程度的，根据相关规定，可由出资人或国有资本控股公司直接移送公安部门或检察机关，依据刑事诉讼程序追究其刑事责任。应当说，关于行政责任和刑事责任的追究程序问题，相关法律规范特征较为明显，责任追究程序也比较独立和明确。尤其是对国有股权行使中行政责任而言，由于其与目前股权行使主体机制的吻合性，因此责任追究主体明确，只需加强对出资人履行职责的监督即可得到有效实施；而对于刑事责任的追究，由于起诉主体是国家检察机关，因此在保护国有资产的思想指导下，起诉程序也能够得到实施。因此，比较而言，民事责任追究所强调的对当事人诉权的尊重，对国有股权行使主体民事责任追究必然形成障碍。因此，下文主要讨论国有股权行使过程中，国有股东代表、国有独资公司董事、监事执行职务时违法造成国有资产损失，以及上述人员执行职务时违法侵害公司和其他中小股东利益时的民事财产性赔偿责任的司法追究问题。

（一）民事责任追究的现实困境

本书搜集了诸多因非法行使国有股权导致国有资产损失，或侵害国家出资企业、公司非国有股东利益的案例。如：1997年中国交通物资华东公司总经理兼党委书记郝志君违法担保案，造成2000多万元巨额亏损，是当时上海新中国成立以来最大的国有资产流失案，最终法院以玩忽职守罪判处郝志君有期徒刑1年，缓刑1年。[①] 2000年兰州连城铝厂厂长魏光前等人违法经营案，共损失国有资产2.7亿余元，法院最终分别对涉案人员作出无期徒刑或死刑判决。[②] 2002年南京金陵制药集团董事长、党委书记江中银违法经营案，通过贪污、关联关系途径等大肆侵贪国有资产敛财上亿元，最终法院以贪污

[①] 晨冰：《巨额国有资产是怎样流失的——建国以来上海最大玩忽职守案侦破纪实》，载《检察风云》1997年第12期。

[②] 李郁军等：《国资流失近3个亿啊》，载《检察日报》2005年2月3日第T版。

罪、受贿罪判处其死缓。① 一些典型的大案如本书第二部分列举的四川长虹巨额坏账案、中航油巨额亏损案、中储棉巨额亏损案等，直接或间接导致的国有资产损失都以数亿、数十亿元计。

概览这些案件，最终的查处结果通常有两种：(1) 对相关责任人进行行政处分，通常是由国资监管部门或组织部门作出，如警告、减薪、降级、调离岗位等；(2) 对责任人违法行为达到犯罪程度的，移送司法机关追究刑事责任。问题是显而易见的：在国有股东及其代表违法经营导致巨额国有资产损失的情况下，行政处分特别是判处刑罚固然可以起到惩罚当事人的效果，但如何弥补所造成的国有资产损失？相比之下，如果国有控股股东违法行使股权导致中小股东利益受损，他们恐怕不会无动于衷，哪怕是直接起诉无门或者胜诉无望，中小股东至少会"用脚投票"；如国有控股股东损害公司利益，至少还有董事会或监事会等企业内控机关"问事"，哪怕没有明显效果甚至只是做做样子，符合法定条件的还可以由其他股东提起代表诉讼。由此可见，当国有股东代表以及国有独资公司董事、监事及高管履行职责给公司或者其他股东带来财产损失时，权利主体天然具有维护自己权益的动力和能力，通过既有民事诉讼程序得到救济就成为现实可能，而上述人员履行职责违法给国家带来财产损失时，由于用行政处分和刑事处罚代替了民事责任，国有资产的损失最终由全体人民埋单。

之所以出现上述现象，本书认为有三方面的原因。(1) 改革以来，尽管国有企业的用人体制逐渐走向市场化，但由于整个国有资产管理体制改革的滞后，这种变革仅涉及一些中小企业以及大企业的中下层人员，实践中国有企业领导人员的公务员待遇以及相应行政级别的套用佐证了这一点。正是由于在整体上尚未实现企业干部任用体制的根本变革，面对国有股权行使过程中相关主体违法履行职责的情况，监管部门往往注重计划经济体制下处罚企业干部的老办法——行政处罚手段的运用，而不重视对所造成的国有资产损失的弥补。(2) 由于国有财产的公共性和缺乏天然人格化主体的特性，使其容易在股权主体拟制方面出现缺漏，在有的情况下虽有制度规定，但却可能

---

① 穆凯等：《"桂冠"下的罪恶——金陵制药集团原董事长江中银侵吞巨额国有资产案纪实》，载《中国监察》2002 年第 12 期。

因主体之间关系处理的缺失导致监督角色的模拟失效，最终造成国有资产损失无人理会、无人负责的状况。（3）在法律制度方面，由于民事诉讼和行政诉讼都对原告资格有所限定，刑事公诉也有特定的条件限制，这就使得在监督制度不健全的情况下，国有财产受到侵害造成损失时，由于找不到合适的原告而无法通过提起民事诉讼的方式得到弥补。正是基于上述，实践中往往出现国有股东代表与相关主体（如公司董事、监事）狼狈为奸侵害国有资产的情形，双方当事人都能从中获益，出现问题自然谁都"不吭声"，让国有资产所有人——国家充当"冤大头"。尤其涉及股权转让、关联交易等情况，协议内容只有双方知晓，是否公正、是否能为国有资产带来增值，在损害结果发生之前外人很难知道。以上事实再遭遇立法上关于责任追究主体和诉讼程序制度规范的匮乏，不知起诉、不愿起诉、不能起诉、无力起诉的现象比比皆是。

为进一步说明上述问题，下面试举两例。（1）在2005年全国"两会"期间，全国政协委员陈守义曾在全国政协十届三次会议上以"不良资产核销必须问责"为题进行了大会发言。发言提到：在181家央企中，有40家企业总资产损失超过10%，有40家企业的总资产损失超过了20%，2004年央企全年共申报核销损失3178亿元，相当于9.2万亿资产总额的4.2%。加上财政部已核准的近1000亿元损失，央企核销损失共计4000亿元。而这与银行核销损失相比，可谓"小巫见大巫"，在过去几年中，四大国有商业银行共计核销损失接近2万亿元。联系中航油和中储棉巨亏事件，陈守义委员质问：谁对国有企业的巨额亏损承担责任？在央企和国有银行核销损失的时候，又有多少项目是老百姓不清楚的？① （2）2006年6月2日，湖南省衡阳市律师罗秋林曾用特快专递向衡阳市中级人民法院提起诉讼，要求衡阳市国资委确认原告对国有资产占有的份额，查处他反映的情况，确认国资委拒不履行政务信息公开的义务的行为违法。此前，他已经以公民身份，书面向衡阳市国资委反映国有资产流失的情况，并向该委提出了具体要求。原来，罗律师在工作中了解到，衡阳市政府某机关下属的某房地产综合开发公司的所有国有资产，被该机关以政府文件形式划归该公司经理个人所有，包括该公司通过转让方

---

① 陈守义：《必须有人为国有资产损失负责》（原标题为《不良资产核销必须问责》），载 http：//business.sohu.com/20050309/n224597774.shtml，2005年3月9日发布。

式获得的衡阳市中心地段1000多平方米土地的使用权。罗将此情况反映到市国资委，希望他们出面调查，结果遭到拒绝；向有关政府部门反映此问题，同样没有结果。万般无奈，罗一纸诉状将国资委告到法院。①

（二）民事责任司法追究方式之原告制度探索

综上所述，本书认为，构建国有资产损失的民事责任追究机制的关键环节在于原告的确定。应当说明的是，在现行体制下以及未来的改革中，基于《企业国有资产法》所确定主体之间的关系，国有股权行使中的民事责任司法追究存在多种方式。因此，本书以下按照主体间法律关系的不同，分别在非公益诉讼和公益诉讼语境下对原告制度进行探讨。

1. 对国有股东代表及国有独资公司董事、监事民事诉讼的原告

如有证据证明国有股东代表以及国有独资公司的董事、监事违法行使国有股权，涉嫌损害国有资产所有人或公司利益，首先应当考虑如何通过司法途径对相关责任人员进行民事赔偿责任的追究，尽量弥补国有资产的损失，而不能仅仅追究行政责任或党内处分。具体而言，按照《企业国有资产法》第70条及71条的规定，这类诉讼所针对的被告是：国有股东代表以及国家出资公司的董事、监事和高管。因此本书认为，按照其间的法律关系，对国有股东代表的民事赔偿诉讼应当由国资监管机构担当原告；而对国有独资公司的董事、监事的民事赔偿诉讼则按照《公司法》第152条的规定，由董事会或者监事会代表公司作为原告提出诉讼，履行出资人职责的机构则应当作为股东派生诉讼的原告。

关于上述，无论《企业国有资产法》或《国资监管条例》都没有作出明确规定，而在实践中，国资监管机构作为民事诉讼原告起诉国有股东代表和国家出资公司董事、监事和高管的案例也极少出现。② 本书认为，国资监管机

---

① 洪克非：《湖南省衡阳律师状告市国资委促其维护国有资产》，载《中国青年报》2006年6月6日。
② 本书通过互联网搜索，找到国资委作为原告起诉案件仅有一例，参阅赵侠：《自贡国资委起诉宋如华，向托普追三千万旧账》，载http://www.ic37.com/htm_news/2007-8/88322_880397.htm，2007年8月3日发布，访问日期：2013年7月5日。相反，国资委作为被告的情况却比比皆是，如傅乐乐：《绝不放弃维权，张卫星起诉国资委只是第一步》，载《北京现代商报》2004年9月15日；《大商集团着手起诉济南市国资委"一女二嫁"》，载http://finance.jrj.com.cn/2008/10/0920472247813.shtml，2008年10月9日发布；《国务院国资委一审败诉案》，载http://www.liaohai.com.cn/liaohai1/www/index/channel_02_show.asp?idse=594&idth=4339，2008年9月27日发布，访问日期：2013年3月2日。

构作为民事诉讼原告的制度之所以存在缺失，主要原因仍然在于立法者对国资监管机构性质的认识上。《企业国有资产法》第 6 条和第 11 条规定体现了我国现行的国有资产监管体制框架，即：国务院和地方人民政府按照政企分开、社会公共管理职能与国有资产出资人职能分开、不干预企业依法自主经营的原则，依法履行出资人职责，各级国资监管机构是各级政府按照国务院规定设立的履行出资人职责的机构。但问题是，究竟应当如何认识这个依旧设在政府序列的机构？众所周知，学界为此耗费了大量精力，但迄今为止却争论依旧。本书认为，这在某种意义上表明，对国资监管机构性质的认识可能不是一个在现行体制框架内可以统一的问题。对中国而言，目前国有资产经营管理框架中，国资监管机构的设立确实体现了国家所有权行使在政府层面上的独立和集中，至于这个机构是设在政府序列还是人民代表大会序列，不仅取决于国体、政体以及国有资产数量等多种因素，而且更与经济发展密切相关。基于上述，本书认为，在履行出资人职责的机构能否作为民事诉讼原告的问题上，我们只需先抛开国资监管机构的性质和定位的争论即可发现，答案主要不取决于该机构的性质和定位，而取决于法律赋予该机构的职责范围以及由此产生的主体之间的监督制衡关系。这样我们又会发现，在现行体制下，相对其他可以作为上述诉讼原告的候选人，例如国家监察部门、财政部门，或者在人大下设置专门监督机构等，国资监管机构在企业人事任命、听取汇报、财务监督等方面，具有其他主体不可比拟的调查取证优势。毫无疑问，这对于节约诉讼成本、取得良好的诉讼效果具有重要意义。

基于上述，当国有股东代表以及国有资产出资公司的董事、监事违法造成国有资产损失时，履行出资人职责的机构有义务按照《公司法》和《企业国有资产法》的规定履行职责，以原告身份提起民事诉讼。与此同时必须强调，尽管这种诉讼不属于公益诉讼的范畴，但从国有股权监管的角度，诉讼权利同时也是国资监管机构的职责所在，非经法定程序不能任意放弃。

2. 国有股权行使主体民事责任追究之公益诉讼原告制度构想

我国学界对国有资产的公益诉讼原告制度问题的讨论几乎是与环境保护公益诉讼和消费者权益保护公益诉讼同步展开的，但非常遗憾的是，环保和消费者保护公益诉讼方面的研究成果在立法中得到了一定程度的体现，而国有资产保护中引进公益诉讼的问题却仍然止步于学术研究。本书认为，从国有股权行使主体责任追究机制构建的角度,国有资产保护公益诉讼制度中原告制度的构建具有重要意义。

(1) 公益诉讼在实践中的表现与发展。自韩志红教授首次将公益诉讼制度正式介绍引入经济法学研究领域以来,公益诉讼在经济法学乃至整个法学界曾掀起研究热潮。公益诉讼(Public Interest Litigation)是指任何组织和个人都可以根据法律的授权,对违反法律,侵犯国家利益、社会公益利益的行为,向法院起诉,由法院追究违法者法律责任的活动。① 这一定义是在相当宽泛的意义上作出的,其最大特色在于原告制度——几乎将原告扩大到一切主体。很明显,如此的公益诉讼制度在我国现行法律体系中并不存在。在我国法院受理的三大诉讼中,公益诉讼实践主要存在于刑事诉讼领域,即由检察机关代表国家对危害社会利益的犯罪行为提起公诉②,但人们通常所讲的公益诉讼并不包括刑事诉讼。近些年来,我国应当在消费者权益保护、反垄断、环境与资源保护和国有资产保护等领域建立公益诉讼制度已经在学界形成基本共识。③

显然,从维护公共利益的诉讼目的角度,公益诉讼的含义不是一个需要过多讨论的问题,因此,本书主张将公益诉讼纳入国有股权行使主体民事责任追究制度范畴,不是要坐而论道,而是想鼓励人们积极行动起来。在我国司法实践中,已经实际存在了大量公益诉讼案件。比较著名的有:1996 年邱

---

① 韩志红、阮大强:《新型诉讼:经济公益诉讼的理论与实践》,法律出版社 1999 年版,第 27 页。

② 当然,刑事诉讼中也有一些是被害人自诉案件,但所占比重很小。

③ 对于公益诉讼制度的含义、沿革、特征、价值,包括世界各国公益诉讼制度立法状况,以及在我国确立公益诉讼的必要性、可行性等论述,国内外相关研究成果很多,可参阅韩志红、阮大强:《新型诉讼:经济公益诉讼的理论与实践》,法律出版社 1999 年版;林莉红:《公益诉讼与公益法的实践、制度和价值》,载《法学研究》2006 年第 6 期;符启林等:《论社会公共利益和经济法》,载《河北法学》2007 年第 7 期;颜运秋:《公益诉讼理念研究》,中国检察出版社 2002 年版;肖建国:《民事公益诉讼的基本模式研究——以中、美、德三国为中心的比较考察》,载《中国法学》2007 年第 5 期等;Or see: Surya Deva, Public Interest Litigation in India: A Critical Review, Civil Justice Quarterly, Vol. 28, pp. 19—40, 2009; Arthur B. LaFrance, Federal Rule 11 and Public Interest Litigation, Valparaiso University Law Review, Vol. 22, p. 331, 1987—1988; Christian Schall, Public Interest Litigation Concerning Environmental Matters Before Human Rights Courts: A Promising Future Concept? Journal of Environmental Law, Vol. 20, Issue 3, pp. 417—453, 2008; Scott Cummings and Deborah Rhode, Public Interest Litigation: Insights from Theory and Practice, Fordham Urban Law Journal, Vol. XXXVI, 2009.

建东诉公用电话亭及邮电局违法定价案①、1997 年方城县检察院诉方城县工商局和汤某转让国有资产合同无效案②、2001 年乔占祥诉铁道部春运涨价案③、2002 年江苏金坛市财政局在常州市检察院出具支持意义书的条件下诉庄海林等隐藏巨额国有资产案④、2003 年乐陵市检察院诉金鑫化工厂污染环境案⑤、2005 年郝劲松诉铁路局索要发票案⑥、2007 年贵阳市红枫湖与百花湖等管理局诉贵州天峰化工公司环境污染案⑦、2008 年湖南望城县检察院诉长沙坪塘水泥公司空气污染案⑧、2010 年南陵县民政局诉陈某某、宣城市申新瓜子厂等交通肇事案⑨，等等。以上案件可能有些不是严格意义上的公益诉讼，但绝对超出现行诉讼法规定的范围，而且其中大部分以原告胜诉而告终。另据公开报道，1997 年以来，河南省检察机关开展公益诉讼 500 余起，为国家挽回经济损失近 3 亿元。⑩ 甚至实践中有地方法院明确挂牌成立了"公益诉讼审判庭"。⑪

鉴于实践中对公益诉讼制度的需求以及立法研究的取得的诸多成果，2006 年江伟教授领导的民诉法修订小组提交的修改建议稿中，其中最大的一个亮点便是建议在民事诉讼中设立公益诉讼程序，而且提到将国有资产流失列为"受害人没有提起诉讼"的公益诉讼⑫，但修订后的民事诉讼法并没有

---

① 许浩：《我不是刁民——对话中国"公益诉讼第一人"丘建东》，载《中国经济周刊》2007 年第 2 期。
② 《南阳方城县工商所转卖国有资产，检察院起诉》，载 http：//news.qq.com/a/20080331/000838.htm，2008 年 3 月 31 日发布，访问日期：2013 年 7 月 5 日。
③ 韩志红：《乔占祥律师虽败犹荣》，载《中国律师》2002 年第 11 期。
④ 卢志坚等：《公益诉讼：挽回巨额国有资产》，载《新华日报》2002 年 2 月 25 日第 A2 版。
⑤ 《四川乐陵市人民检察院诉金鑫化工厂环境污染案》，载 http：//aifatang.web-33.com/Article.asp? id=1691457，2009 年 8 月 8 日发布，访问日期：2014 年 8 月 20 日。
⑥ 王惜纯：《郝劲松索要"铁路发票"成功》，载《中国质量报》2005 年 3 月 31 日。
⑦ 汤利：《我省首例环境公益诉讼案昨日开审》，载《贵阳日报》2007 年 12 月 28 日第 A1 版。
⑧ 李俊杰：《望城县检察院当原告试水公益诉讼，案件圆满解决》，载《法制周报》2008 年 11 月 12 日。
⑨ 姚军梅等：《全县首例公益诉讼案审结》，载《芜湖日报》2010 年 7 月 15 日第 1 版。
⑩ 郭恒忠等：《专家称检察机关应成为提起公益诉讼主导者》，载《法制日报》2005 年 9 月 28 日。
⑪ 吴兢：《无锡环保审判庭成立，环保社团首次有公益诉讼权》，载《人民日报》2008 年 5 月 8 日。
⑫ 《专家建议公益诉讼写进民事诉讼法》，载 http：//news.sina.com.cn/c/l/2007-01-09/182111991681.shtml，2007 年 1 月 9 日发布，访问日期：2013 年 7 月 5 日。

采纳这一观点。其后，随着国内环境污染和食品安全事故不断发生，一些全国人大代表和有关方面又多次提出在民事诉讼法中增加公益诉讼制度。为此，2012年8月31日修改的《民事诉讼法》增加了关于"公益诉讼"的规定：对污染环境、侵害众多消费者合法权益等损害社会公共利益的行为，法律规定的机关和有关组织可以向人民法院提起诉讼。毫无疑问，如同有关专家所言，上述修改使我国公益诉讼制度的建立迈出跨越性一步。但本书仍然必须指出《民事诉讼法》的上述规定存在的两大缺陷：首先，对公益诉讼受案范围的规定仍然模糊自不待言；其次，同样是损害社会公共利益的行为，该规定却以列举的方式将国有资产保护诉讼排除在公益诉讼的范围之外。

（2）公益诉讼原告制度构想。学界近年关于国有资产流失民事公益诉讼原告的讨论中，较多文献将目标集中于国家检察机关，与此同时，在实践中出现的此类案件也主要是由检察机关作为原告提起的。一般来讲有以下几种形式：以原告身份直接提起民事诉讼；以法律监督机关身份督促提起民事诉讼；以法律监督机关身份支持提起民事诉讼诉讼；还有以民事、行政公诉人身份提起诉讼。[①] 学界基本认同国家检察机关是代表国家和公共利益的适格主体，主张检察机关应当有权作为原告对侵害公益的行为提起民事诉讼；[②] 但也有学者提出由检察机关作为原告提起公益诉讼存在理念和制度障碍，不能作为理想的诉讼方式推广。[③] 本书认为，我国检察机关作为法律监督机关，有职责也有义务对违反法律规范的行为进行纠正，现行立法将纠正方式限定在刑事公诉和民事、行政抗诉三种途径有其局限性。从世界范围来看，对于刑事犯罪案件一般都由国家检察机关代表国家提起公诉，这点并没有太大争议，关键在于民事、行政诉讼中，检察机关是否有权像刑事诉讼那样代表国家或特定主体提起公诉呢？

---

① 刘祥林等：《检察机关提起公益诉讼的价值分析与制度设计》，载《法学杂志》2010年第5期。
② 有关著述可参阅上海市人民检察院第一分院"公益诉讼"课题组：《检察机关提起和参与民事行政公益诉讼资格探讨》，载《华东政法学院学报》2004年第3期；王秀哲：《检察机关的公诉权与公益诉讼权》，载《法学论坛》2008年第5期；汤维建：《论检察机关提起民事公益诉讼》，载《中国司法》2010年第1期。
③ 相关论述可参阅王福华：《对我国检察机关提起民事诉讼的质疑》，载《上海交通大学学报（哲学社会科学版）》，2003年第3期；王蓉、陈世寅：《关于检察机关不应作为环境民事公益诉讼原告的法理分析》，载《法学杂志》2010年第6期。

事实上，世界上像我国这样将检察机关对于民事、行政案件的法律监督仅限定在抗诉权（即事后监督）上极为罕见，更多的是规定检察机关在民事、行政诉讼中的起诉权和参与诉讼权。① 如法国的检察理论认为，检察机关的职责就是维护公益。② 在日本，检察官代表国家维护秩序及善良风俗，亦可谓公益之代表，不仅可检诉个人所犯公罪，而且对民事诉讼亦得参与。③ 而英美法系国家更是确立了广泛的检察机关公益诉讼理论与制度，最具代表的理论基础是"私人检察总长"理论，亦即检察官拥有"主张他人利益的起诉资格"。④ 该理论最早源于英国，但正式形成具体的制度却是1943年美国联邦第二上诉法院在审理纽约州工业联合会诉伊克斯案件中，针对被告有关原告没有起诉资格的主张而确立的理论。美国相关法律明确规定："联邦总检察长可参与或争议他认为美国感兴趣的任何民事或行政案件"，美国政府检察官司可以"对政府主要合同中产生的民事欺诈行为提起诉讼"，"在没有可能受司法裁判的实际争端存在的时候，国会不能授权任何人提起诉讼，以决定法律是否违宪或官吏的行为是否越权。但是在出现官吏的违法行为时，为了制止这种违法行为，国会可以授权一个公共官吏，例如检察总长，主张公共利益提起诉讼"。⑤ 因此，当联邦政府和州政府利益受到侵害时，是美国检察总长和19个州的检察官作为政府的律师或代理人向法院起诉"微软垄断"。

由此可见，检察机关作为公益代表起诉侵害公益行为在世界范围内是通行做法。尽管我国立法无此规定，但在已经出现的检察机关公益诉讼案件中，有相当一部分是检察机关直接作为原告或支持原告起诉侵害国有资产违法行为的，并且国内公认的第一起真正意义上的检察机关公益诉讼案件正是为了保护国有资产不受侵害。⑥ 这充分表明检察机关提起公益诉讼存在必要性与可行性。根据我国刑事法律规定，涉嫌身份犯罪的案件主要由检察机关负责侦查和起诉，因此在检察机关调查了解国企负责人贪污腐败案件过程中，往往

---

① 高建民：《民行检察制度的立法借鉴》，载《检察日报》2000年7月5日第3版。
② 张卫平：《程序的公正实现中的冲突与衡平》，成都人民出版社1993年版，第387页。
③ 颜运秋：《公益诉讼理念研究》，中国检察出版社2002年版，第198页。
④ 王名扬：《美国行政法》，中国法制出版社1995年版，第622页。
⑤ 胡卫列：《检察机关提起行政公诉简论》，载《人民检察》2001年第5期。
⑥ 河南省方城县人民法院《民事判决书》（1997）方民初字第192号，参阅杨立新：《新中国民事行政检察发展前瞻》，载《河南省政法管理干部学院学报》1999年第2期。

能够接触到大量的有关国有代表违法行使国有股权，侵害国有资产和国家出资企业利益的事实、信息及相关证据。当然，由于这一制度适用的前提是行为人构成犯罪，而不能适用于本文所指出的相关主体行为不构成犯罪、但却有确凿证据证明国有资产遭受损失的情形，但透过这一制度仍然可以看出，较之其他主体——例如政府或者人民代表大会，检察机关作为原告或参与国有资产公益诉讼有其独特优势。

对国家检察机关提起国有资产民事公益诉讼持怀疑或否定态度的学者主要基于以下理由：（1）原告身份不够充分。在公益诉讼讨论中，这是一个老生常谈的话题。原告制度是公益诉讼理论的灵魂，但也是初期为国内学者诟病最多的地方。在本书看来，这是一个既复杂又简单的问题。实践中已经出现了大量的公益原告起诉被法院受理，甚至得到胜诉判决的事实自不待言；即便学术观点也已经基本达成一致，认为民事公益诉讼原告可以与案件争讼事实无法律规范中所谓的"直接利害关系"。当然，比较复杂的问题是，即便在《民事诉讼法》确立了环境保护以及消费者保护公益诉讼制度之后，仍然没有能够彻底解决原告问题。这说明，谁来充当民事公益诉讼的原告不是一个简单的机构之间优势比较问题，它不仅涉及国家审判机关、检察机关之间的关系，而且更涉及国家对公益诉讼的态度。毫无疑问，作为公共监督权的一种行使方式，任何民事公益诉讼原告的确定都只能是利益平衡的结果。（2）检察机关提起公益诉讼可能与其法律监督身份角色相冲突，比如遭遇反诉、抗诉、和解、调解、撤诉等情况如何处理。检察机关作为原告提起的民事公益诉讼案件在我国本身就是一种制度创新，公益诉讼也肯定存在与一般诉讼不同的地方。在未来的法律修订中，可以对公益诉讼的起诉、受理、审理、裁决等程序作出特别规定。在国有资产公益诉讼案件中，考虑原告遭遇反诉有点杞人忧天的味道——或者，像行政诉讼那样规定被告无权提起反诉；对于抗诉权，可由起诉检察机关的上一级检察机关行使；而对于和解、调解和撤诉等问题，本书认为应当赋予检察机关决定权，毕竟公益诉讼案件也有可能败诉。基于公益特点而认为检察机关只有维护的义务而无处分的权利，不能在公益问题上让步、处分①，这岂不是要求公益案件必须胜诉？因此，本

---

① 王福华：《对我国检察机关提起民事诉讼的质疑》，载《上海交通大学学报（哲学社会科学版）》2003年第3期。

书认为，只要在合法合理的限度内，检察机关可以审时度势，以最有利于国有资产所有人的诉讼行为完成公益诉讼程序即可。

最后，本书建议，在公益诉讼理论和制度比较完善的基础上，建议考虑除政府、人大、检察机关之外，允许其他社会团体组织、公民个人就违法行使国有股权导致国有资产损失或国家出资企业利益受损情况向人民法院提起公益诉讼，这种诉讼形式在本质上更贴近于国外所谓的"纳税人诉讼"[①] 概念。毕竟，企业国有股权等国有资产归根到底绝大部分来自于全体纳税人缴纳的税款，而这部分财产应"取之于民，用之于民"，国家出资企业从某种意义上说正是"用之于民"的一种机制和平台。所以从法理上看，由社会组织、公民个人提起国有资产公益诉讼并不存在障碍。然而，法律制度毕竟不是法理的简单表述或重复，制度构建需要考虑立法成本、实施效果、社会评价等一系列因素，此种允许社会组织、公民个人提起国有资产公益诉讼的制度构想在实践层面可能存在许多问题，比如哪些社会组织有权担任公益诉讼原告，当不同主体同时提起诉讼时如何处理，会不会造成滥诉、累诉的局面等。然而，任何制度的建设都必然经历一番"痛苦而纠结"的过程，只要存在理论的支撑以及实践的需求，总有一天制度会变成现实——而对于国有资产公益诉讼机制，本书抱有一种期待与信心。

---

① 中国政法大学的施正文教授指出，"税款的终极所有者是纳税人，政府仅享有信托所有权。与私人产品的消费者一样，纳税人有权对公共资金支出的类别、项目、数额、效益等进行监督，具有可诉性。"参阅李丽：《专家呼吁建立"纳税人诉讼制度"》，载《中国青年报》2006 年 5 月 9 日。

参 考 文 献

一、中文文献

（一）著作

1. 常修泽等：《产权交易：理论与运作》，经济日报出版社2005年版。
2. 陈洪等编：《公司购并原理与案例》，中国人民大学出版社1998年版。
3. 陈佳贵：《中国企业改革发展三十年》，中国财政经济出版社2008年版。
4. 陈雪萍、豆景俊：《信托关系中受托人权利与衡平机制研究》，法律出版社2008年版。
5. 程合红、刘智慧、王洪亮：《国有股权研究》，中国政法大学出版社2000年版。
6. 邓峰：《普通公司法》，中国人民大学出版社2009年版。
7. 邓子基、陈少晖：《国有资本财政研究》，中国财政经济出版社2006年版。
8. 符绍强：《国有产权交易博弈分析》，经济科学出版社2007年版。
9. 符绍强：《国有产权交易博弈分析》，经济科学出版社2007年版。
10. 甘培忠：《公司控制权的正当行使》，法律出版社2006年版。
11. 顾功耘等：《国有经济法论》，法律出版社2006年版。
12. 顾功耘等：《国有资产法论》，北京大学出版社2010年版。
13. 郭金林：《国有及国有控股公司治理研究——产权契约分析的视角》，经济管理出版社2008年版。
14. 国际货币基金组织：《财政透明度》，财政部财政科学研究所整理，人民出版社2001年版。
15. 国务院国有资产监督管理委员会研究室编：《探索与研究：国有资产监管和国有企业改革研究报告（2007）》，中国经济出版社2008年版。
16. 韩世远：《合同法总论（第三版）》，法律出版社2011年版。
17. 何宝玉：《英国信托法原理与判例》，法律出版社2001年版。
18. 侯家驹：《中国经济史》，新星出版社2008年版。

19. 计小青：《国有股权、替代性投资者保护与中国股票市场发展：理论及经验证据》，经济科学出版社 2007 年版。

20. 季卫东：《法律程序的意义》，中国法制出版社 2012 年版。

21. 金碚：《何去何从——当代中国的国有企业问题》，今日中国出版社 1997 年版。

22. 金雁、秦晖：《经济转轨与社会公正》，河南人民出版社 2002 年版。

23. 剧锦文：《非国有经济进入垄断产业研究》，经济管理出版社 2009 年版。

24. 李津京：《权力视角下的公企业与国有经济治理研究》，经济科学出版社 2011 年版。

25. 李俊江，史本叶，侯蕾：《外国国有企业改革研究》，经济科学出版社 2010 年版。

26. 李青：《自然垄断行业管制改革比较研究》，经济管理出版社 2010 年版。

27. 林光彬：《私有化理论的局限》，经济科学出版社 2008 年版。

28. 刘剑文主编：《民主视野下的财政法制》，北京大学出版社 2006 年版。

29. 刘剑文：《走向财税法制：信念与追求》，法律出版社 2009 年版。

30. 刘小兵：《政府管制的经济分析》，上海财经大学出版社 2004 年版。

31. 刘小玄：《中国转轨过程中的产权和市场——关于市场、产权、行为和绩效的分析》，上海人民出版社 2003 年版。

32. 刘小玄：《转轨过程中的民营化》，社会科学文献出版社 2005 年版。

33. 刘志杰：《外资并购中的国有股权定价问题研究》，经济管理出版社 2010 年版。

34. 娄芳：《俄罗斯经济改革透视——从"休克疗法"到"国家发展战略"》，上海财经大学出版社 2000 年版。

35. 陆军荣：《国有企业的产业特质：国际经验及治理启示》，经济科学出版社 2008 年版。

36. 毛程连等：《国有企业的性质与中国国有企业改革的分析》，中国财政经济出版社 2008 年版。

37. 茅铭晨：《政府管制法学原论》，上海财经大学出版社 2005 年版。

38. 宁向东：《国有资产管理与公司治理》，企业管理出版社 2003 年版。

39. 潘琰等：《国有股权转让研究——财务与会计视角》，科学出版社 2007 年版。

40. 曲卫彬主编：《国有股权管理与运营》，清华大学出版社，北京交通大学出版社 2007 年版。

41. 石少侠：《国有股权问题研究》，吉林大学出版社 1998 年版。

42. 隋平编：《公司并购法律实务》，法律出版社 2010 年版。

43. 王冀宁、黄澜：《中国国有产权交易的演化与变迁——基于博弈均衡、案例分析和实证检验的研究》，经济管理出版社 2009 年版。

44. 王建平：《上市公司风险的结构控制研究——以法律控制为核心》，法律出版社 2007 年版。

45. 王金存：《破解难题——世界国有企业比较研究》，华东师范大学出版社 1999 年版。

46. 王金存：《破解难题：世界国有企业比较研究》，华东师范大学出版社 1999 年版。

47. 王俊豪、肖兴志、唐要家：《中国垄断性产业管制机构的设立与运行机制》，商务印书馆 2008 年版。

48. 王俊豪：《政府管制经济学导论》，商务印书馆 2001 年版。

49. 王雍君、张拥军：《政府施政与预算改革》，经济科学出版社 2006 年版。

50. 文宗瑜、刘微：《国有资本经营预算管理》，经济科学出版社 2007 年版。

51. 吴从周：《概念法学、利益法学与价值法学：探索一部民法方法论的演变史》，中国法制出版社 2011 年版。

52. 席涛：《美国管制：从命令——控制到成本——收益分析》，中国社会出版社 2006 年版。

53. 席月民：《国有资产信托法研究》，中国法制出版社 2008 年版。

54. 肖海军：《国有股权法律制度研究》，中国人民公安大学出版社 2001 年版。

55. 谢地编：《自然垄断行业国有经济调整与政府规制改革互动论》，经济科学出版社 2007 年版。

56. 徐邦友：《自负的制度：政府管制的政治学研究》，学林出版社 2008 年版。

57. 徐洪才：《中国产权交易市场研究》，中国金融出版社 2006 年版。

58. 徐晓松等：《国有独资公司治理法律制度研究》，中国政法大学出版社 2010 年版。

59. 徐晓松等：《国有企业治理法律问题研究》，中国政法大学出版社 2006 年版。

60. 徐晓松：《公司法与国有企业改革研究》，法律出版社 2000 年版。

61. 徐晓松：《公司资本监管与中国公司治理》，知识产权出版社 2006 年版。

62. 严若森：《中国经济转轨中的国有企业重构》，人民出版社 2008 年版。

63. 杨文：《国有资产的法经济分析》，知识产权出版社 2006 年版。

64. 杨志勇、杨之刚：《中国财政制度改革三十年》，格致出版社、上海人民出版社 2008 年版。

65. 姚国庆编：《博弈论》，南开大学出版社 2003 年版。

66. 叶军、鲍治：《外资并购境内企业的法律分析》，法律出版社 2008 年版。

67. 张多中：《国有控股公司控制体系研究》，中国经济出版社 2006 年版。

68. 张涵：《国有控股公司控制权配置研究》，经济科学出版社 2008 年版。

69. 张杰斌、陈鸣、周莹编：《企业产权交易法律实务》，法律出版社 2007 年版。

70. 张维迎：《产权、激励与公司治理》，经济科学出版社 2005 年版。

71. 张维迎：《企业理论与中国企业改革》，北京大学出版社 1999 年版。

72. 张卫平：《程序的公正实现中的冲突与衡平》，成都人民出版社 1993 年版。

73. 张文魁：《中国国有企业产权改革与公司治理转型》，中国发展出版社 2007 年版。

74. 张文魁：《中国国有企业产权改革与公司治理转型》，中国发展出版社 2007 年版。

75. 张先治等：《国有资本经营预算制度研究》，中国财政经济出版社 2009 年版。

76. 张献勇：《预算权研究》，中国民主法制出版社 2008 年版。

77. 张馨：《财政公共化改革——理论创新·制度变革·理念更新》，中国财政经济出版社 2004 年版。

78. 赵邦宏主编：《发展经济学》，北京大学出版 2009 年版。

79. 赵志峰：《转型中的国有企业产权演化逻辑》，社会科学文献出版社 2007 年版。

80. 郑海航、戚聿东、吴冬梅：《国有资产管理体制与国有控股公司研究》，经济管理出版社 2010 年版。

81. 郑曙光：《产权交易法》，中国检察出版社 2005 年版。

82. 郑永年：《中国模式：经验与困境》，浙江人民出版社 2011 年版。

83. 中国社会科学院经济研究所微观室：《20 世纪 90 年代中国公有企业的民营化演变》，社会科学文献出版社 2005 年版。

84. 周海博：《股权转让论——以有限责任公司为视角》，中国社会科学出版社 2011 年版。

(二) 译著

1. 〔奥〕凯尔森：《法与国家的一般理论》，中国大百科全书出版社 1996 年版。

2. 〔澳〕迈克尔·温考普：《政府公司的法人治理》，经济科学出版社 2010 年版。

3. 〔德〕K·茨威格特、H·克茨：《比较法总论》，潘汉典、米健、高鸿钧、贺卫方译，法律出版社 2004 年版。

4. 〔德〕格茨·怀克、克里斯蒂娜·温德比西勒：《德国公司法（第 21 版）》，殷盛译，法律出版社 2010 年版。

5. 〔德〕哈贝马斯：《在事实与规范之间——关于法律和民主法治国的商谈理论》，童世骏译，三联书店 2003 年版。

6. 〔德〕马克思·韦伯：《经济与社会》，阎克文译，上海人民出版社 2010 年版。

7. 〔德〕托马斯·莱赛尔、吕迪格·法伊尔：《德国资合公司法》，高旭军等译，法律出版社 2005 年版。

8. 〔德〕魏伯乐、〔美〕奥兰·扬、〔瑞士〕马塞厄斯·芬格主编：《私有化的局限》，王小卫等译，上海三联书店、上海人民出版社 2006 年版。

9. 〔法〕让—雅克·拉丰：《规制与发展》，聂辉华译，中国人民大学出版社 2009 年版。

10. 联合国经济合作与发展组织：《OECD 国有企业公司治理指引》，李兆熙译，中国财政经济出版社 2005 年版。

11. 联合国经济合作与发展组织：《国有企业公司治理：对 OECD 成员国的调查》，李兆熙、谢晖译，中国财政经济出版社 2008 年版。

12. 〔美〕阿道夫·A. 伯利（Adolf A. Berle）、加德纳·C. 米恩斯（Gardiner C. Means）：《现代公司与私有财产》，甘华鸣等译，商务印书馆 2007 年版。

13. 〔美〕阿尔伯特·C. 海迪等：《公共预算经典——现代预算之路》（第二卷），苟燕楠、董静译，上海财经大学出版社 2006 年版。

14. 〔美〕阿伦·威尔达夫斯基、〔美〕内奥米·凯顿：《预算过程中的新政治学》，邓淑莲、魏陆译，上海财经大学出版社 2006 年版。

15. 〔美〕爱伦·鲁宾：《公共预算中的政治：收入与支出，借贷与平衡》，叶丽娟、马骏等译，中国人民大学出版社 2001 年版。

16. 〔美〕丹尼尔·F. 史普博：《管制与市场》，余晖等译，上海三联书店，上海人民出版社 1999 年版。

17. 〔美〕弗兰克·伊斯特布鲁克（Frank H. Easterbrook）、丹尼尔·费希尔（Daniel R. Fischel）：《公司法的经济结构》，张建伟、罗培新译，北京大学出版社 2005 年版。

18. 〔美〕弗兰克·伊斯特布鲁克、丹尼尔·费希尔：《公司法的经济结构》，张建伟、罗培新译，北京大学出版社 2005 年版。

19. 〔美〕杰弗里·N. 戈登、马克·J. 罗主编：《公司治理：趋同与存续》，赵玲、刘凯译，北京大学出版社 2006 年版。

20. 〔美〕杰克·奈特：《制度与社会冲突》，周伟林译，上海人民出版社 2009 年版。

21. 〔美〕柯提斯·J. 米尔霍普、〔德〕卡塔琳娜·皮斯托：《法律与资本主义：全球公司危机揭示的法律制度与经济发展的关系》，罗培新译，北京大学出版社 2010 年版。

22. 〔美〕莱纳·克拉克曼、〔英〕保罗·戴维斯等：《公司法剖析：比较与功能的视角》，刘俊海、徐海燕等译，北京大学出版社 2007 年版。

23. 〔美〕莱纳·克拉克曼、〔英〕保罗·戴维斯等：《公司法剖析：比较与功能的视角》，刘俊海、徐海燕等译，北京大学出版社 2007 年版。

24. 〔美〕理查德·雷恩：《政府与企业——比较视角下的美国政治经济体制》，何俊志译，复旦大学出版社 2007 年版。25. 〔美〕罗伯特·C. 克拉克：《公司法则》，胡平等译，工商出版社 1999 年版。

26. 〔美〕罗纳德·哈里·科斯：《企业、市场与法律》，盛洪、陈郁译，格致出版社，上海三联书店，上海人民出版社 2009 年版。

27. 〔美〕玛格丽特·M. 布莱尔：《所有权与控制——面对 21 世纪的公司治理探索》，张荣刚译，中国社会科学出版社 1999 年版。

28. 〔美〕史蒂芬·布雷耶：《规制及其改革》，北京大学出版社 2008 年版。

29. 〔美〕唐纳德·凯特尔：《权力共享：公共治理与私人市场》，孙迎春译，北京大学出版社 2009 年版。

30. 〔美〕维斯库斯等：《反垄断与管制经济学（第四版）》，中国人民大学出版社 2010 年版。

31. 〔美〕小贾尔斯·伯吉斯：《管制和反垄断经济学》，冯金华译，上海财经大学出版社 2003 年版。

32. 〔美〕尤素夫等：《转型：中国国有企业民营化》，何帆审校，中国财政经济出版社 2006 年版。

33. 〔美〕约翰. 康芒斯（Commons. J. R.）：《制度经济学》，商务印书馆 1962 年版。

34. 〔美〕约翰·米克赛尔：《公共财政管理：分析与应用》（第六版），白彦锋、马蔡琛译，中国人民大学出版社 2006 年版。

35. 〔美〕詹姆斯·M. 布坎南、理查德·E. 瓦格纳：《赤字中的民主》，刘廷安、罗光译，北京经济学院出版社 1989 年版。

36. 〔美〕詹姆斯·M. 布坎南：《民主过程中的财政》，唐寿宁译，上海三联书店出版 1992 年版。

37. 〔日〕青木昌彦（Masahiko Aoki）：《对内部人控制的控制：转轨经济中公司治理结构中的若干问题》，载《公司治理结构、债务重组和破产程序》，中国编译出版社 1999 年版。

38. 〔日〕青木昌彦、〔韩〕金滢基、〔日〕奥野—藤原正宽主编：《政府在东亚经济发展中的作用》，张春霖等译，中国经济出版社 1998 年版。

39. 〔日〕森田松太郎：《控股公司》，高巍译，中信出版社 2001 年版。

40. 〔英〕保罗·戴维斯：《英国公司法精要》，范云慧译，法律出版社 2007 年版。

41. 〔英〕弗里德利希·冯·哈耶克：《自由秩序原则》（上），邓正来译，三联书店 1997 年版。

42. 〔英〕亚当·斯密：《国民财富的性质和原因的研究》，郭大力、王亚南译，商务印书馆 1974 年版。

43. 〔英〕约翰·梅纳德·凯恩斯：《就业、利息和货币通论（重译本）》，高鸿业译，商务印书馆 1999 年版。

44. 〔英〕约翰·维克斯、乔治·亚罗：《私有化的经济学分析》，廉晓红、矫静等译，重庆出版社 2006 年版。

(三) 论文

1. 白俊、王生军：《国有股权的有效性：来自中国上市公司的证据》，载《经济管理》2009 年第 5 期。

2. 白永秀、严汉平：《试论国有企业定位与国企改革实质》，载《经济学家》2004 年第 3 期。

3. 陈波：《试论完善国有控股公司治理结构的现实路径》，载《中山大学学报论丛》2007 年第 8 期。

4. 陈红：《公司控制权市场国内研究综述》，载《经济学动态》2005 年第 6 期。

5. 陈建中、欧卫卫：《国有企业改制对银行债权影响情况的调查与思考》，载《事业财会》2006 年第 3 期。

6. 陈少晖：《国有资本财政的职能定位与运行区间研究》，载《当代经济研究》2007 年第 1 期。

7. 陈小洪：《国有经济布局调整及国资管理体制》，载《中国发展观察》2006 年第 2 期。

8. 陈信元、叶鹏飞、陈冬华：《机会主义资产重组与刚性管制》，载《经济研究》2003 年第 5 期。

9. 陈旭琴：《论国家所有权的法律性质》，载《浙江大学学报（人文社会科学版）》2001 年第 2 期。

10. 陈甬军、晏宗新：《论自然垄断行业的国企改革——解决自然垄断方式的一般模型及对中国的适用性》，载《国有经济论丛 2002——"加入 WTO 后国有企业改革与发展国际学术研讨会"论文集》，2002 年。

11. 赤旭等：《用信托制度架构政府与国有控股公司间的关系》，载《金融理论与实践》2005 年第 1 期。

12. 崔学东：《交叉持股的变化与日本公司治理改革》，载《现代日本经济》2007 年第 2 期。

13. 〔德〕德罗普尼希：《德国东部地区国有企业的私有化》，王伟达译，载《现代外国哲学社会科学文摘》1996 年第 11 期。

14. 邓峰：《国有资产的定性及其转让对价》，载《法律科学（西北政法学院学报）》2006 年第 1 期。

15. 邓峰：《中国公司治理的路径依赖》，载《中外法学》2008 年第 1 期。

16. 邓红平、张柏林、柏光明：《论国有股权的转让问题》，载《公会论坛》2011 年 5 月号。

17. 邓康林、高扬：《企业集团整体上市的市场反应》，载《财经科学》2010 年第 11 期。

18. 丁栋虹、杨英：《论职工持股制度》，载《社会科学辑刊》2002 年第 1 期。

19. 范沁芳：《在调和中传承与创新——托马斯·阿奎那的公共利益理论解读》，载《南京社会科学》2007 年第 9 期。

20. 方小敏：《论反垄断法对国有经济的适用性——兼论我国〈反垄断法〉第 7 条的理解和适用》，载《南京大学法律评论（2009 年春季卷）》。

21. 冯瑞菊：《国有资本经营预算编制中的博弈关系初探》，载《经济经纬》2005 年第 3 期。

22. 高山：《新加坡淡马锡模式的经验及对我国国有企业改革的启示》，载《现代经济探讨》2007 年第 5 期。

23. 高小东：《应加强央企国有股东代表管理》，载《产权导刊》2005 年第 11 期。

24. 顾功耘：《国资监管机构的法律定位》，载《上海国资》2008 年第 6 期。

25. 管仁勤、孙中叶：《改革以来国有企业治理结构的博弈分析》，载《中州学刊》2003 年 5 月号。

26. 郭敏：《国有产权转让实务中的规范盲点》，载《上海国资》2010 年 9 月号。

27. 郭银华：《建立国有资本经营预算必须解决好的几个问题》，载《会计之友》2007 年第 6 期（上）。

28. 郭振兰：《论我国国有资产监管公益诉讼制度的构建》，载《经济法论丛》，2009 年第 2 期。

29. 郭志强：《EVA 和 MVA 两种业绩评价方法之比较》，载《财会月刊》（综合）2005 年第 12 期。

30. 韩朝华、戴慕珍：《中国民营化的财政动因》，载《经济研究》2008 年第 2 期。

31. 韩云：《企业改制中的非制度因素与企业伦理》，载《苏州科技学院学报（社会科学版）》2004 年 11 月号。

32. 何佩佩：《管理层收购融资瓶颈破解———有限合伙型 MBO 法律方案设计》，载《福州大学学报（哲学社会科学版）》2009 年第 6 期。

33. 贺清龙：《国外国有资产管理经验与启示之三：各国政府管理国有企业的主要方式》，载《中国监察》2007 年第 18 期。

34. 洪克非：《湖南省衡阳律师状告市国资委促其维护国有资产》，载《中国青年报》2006 年 6 月 6 日。

35. 胡一帆、宋敏、张俊喜：《中国国有企业民营化绩效研究》，载《经济研究》2006 年第 7 期。

36. 黄桂田、张悦：《国有公司员工持股绩效的实证分析——基于1302家公司的样本数》，载《经济科学》2009年第4期。

37. 黄清：《国有企业整体上市研究——国有企业分拆上市和整体上市模式的案例分析》，载《管理世界》2004年第2期。

38. 季卫东：《程序比较论》，载《比较法研究》1993年第1期。

39. 姜爱林、陈海秋：《国有资本经营预算编制：现状、问题与对策研究评述》，载《重庆邮电大学学报（社会科学版）》2008年1月。

40. 焦建国：《国有企业改革：理念、阶段与预算机制》，载《中国党政干部论坛》2007年6期。

41. 焦建国：《国有资本预算与国有资产管理体制改革——国有资本预算到底要解决什么问题》，载《经济与管理研究》2005年第8期。

42. 金碚、刘戒骄：《美国国有企业治理及其对中国的启示》，载《经济管理》2004年第16期。

43. 金碚：《论现代企业制度下的国有企业》，载《国防技术基础》2002年第3期。

44. 井涛：《对上市公司国有股权转让的两点思考》，载《中国商法年刊》。

45. 剧锦文：《改革开放以来中国国有企业的产业分布与产业重组（1979—1996）》，载《中国经济史研究》1999年第3期。

46. 康德琯：《所有权所有制对应关系剥离论和现代企业制度》，载《法学研究》1994年第6期。

47. 康德琯、殷岩峰：《所有制、现代企业制度和产权关系——对建立中国当代产权经济学的思考》，载《政法论坛》1992年第6期。

48. 孔兵：《全流通市场"隧道效应"、"信息披露操纵"行为与监管对策》，载《当代经济科学》2007年第5期。

49. 黎四齐：《对我国管理层收购法律障碍的思考》，载《法学》2004年第10期。

50. 李凤梅：《拍卖是国有企业产权交易双刃剑》，载《产权导刊》2009年第3期。

51. 李海燕、陈锦：《公司外部治理机制与代理冲突的缓解》，载《统计与咨询》2007年第5期。

52. 李建民：《俄罗斯私有化的进展与现状》，载《俄罗斯东亚研究》2003年第1期。

53. 李庆海：《国家所有权法学透析》，载《行政与法》2004年第10期。

54. 李荣融：《关于国有企业改革的几个问题》，载《宏观经济研究》2007年第7期。

55. 李荣融：《进一步推进国有经济持续稳定较快发展》，载《宏观经济研究》2009年第2期。

56. 李荣融：《切实履行监督职责，促进国有资产保值增值——国有企业外派监督会制度十年回顾》，载《国有资产管理》2009 年第 9 期。

57. 李锐：《整体上市中各利益群体的博弈分析》，载《财政研究》2008 年第 2 期。

58. 李曙光：《解析国资法四大问题》，载《上海国资》2009 年第 4 期。

59. 李曙光：《论〈企业国有资产法〉中的"五人"定位》，载《政治与法律》2009 年第 4 期。

60. 李艳：《EVA—现代企业的最佳绩效评价指标》，载《财会月刊》2003 年 B12 期。

61. 李雁争：《尽快建立全流通下国有股权监管制度》，载《上海证券报》2007 年 4 月 24 日。

62. 李增泉等：《"掏空"与所有权安排——来自我国上市公司大股东资金占用的经验证据》，载《会计研究》2004 年第 12 期。

63. 李志良：《新加坡公共企业的特殊私有化（下）》，载《改革》1999 年第 2 期。

64. 林莉红：《公益诉讼与公益法的实践、制度和价值》，载《法学研究》2006 年第 6 期。

65. 林旭：《研究股改后国有股权监管》，载《证券时报》2006 年 3 月 28 日。

66. 林炎志：《应慎重对待"国有企业退出竞争性行业"问题》，载《中州学刊》1998 年第 4 期。

67. 林毅夫、蔡昉、李周：《经营权侵犯所有权问题的症结并不在于产权不明晰》，载《财政》1995 年第 9 期。

68. 刘丹冰：《论国有资产信托及法律调整》，载《中国法学》2002 年第 5 期。

69. 刘德成：《国外国有控股公司的运作模式、运行效果与发展趋势述论》，载《理论导刊》2003 年第 7 期。

70. 刘德光：《中国管理层收购的公平与效率：一个实证分析》，载《经济社会体制比较》2005 年第 1 期。

71. 刘峰等：《控制权、业绩与利益输送——基于五粮液的案例研究》，载《管理世界》2004 年第 9 期。

72. 刘刚：《国有资产管理体制研究综述》，载《首都经济贸易大学学报》2003 年第 5 期。

73. 刘虹：《国资委监管重心转向上市公司国有股》，载《上海国资》2008 年第 3 期。

74. 刘剑文、郭维真：《论我国财政转型与国有资本经营预算制度的建立》，载《财贸研究》2007 年第 2 期。

75. 刘剑文、郭维真：《论我国财政转型与国有资本经营预算制度的建立》，载《财贸研究》2007 年第 2 期。

76. 刘小玄：《国有企业民营化的均衡模型》，载《经济研究》2003 年第 9 期。

77. 刘小玄、郑京海：《国有企业效率的决定因素：1985—1994》，载《经济研究》1998 年第 1 期。

78. 刘元春：《国有企业宏观效率论——理论及其验证》，载《中国社会科学》2001 年第 5 期。

79. 鲁利玲：《德国国有企业股份化的成功案例——大众汽车股份公司的考察报告》，载《经济研究参考》1993 年 Z3 期。

80. 罗党论、唐清泉：《金字塔结构、所有制与中小股东利益保护——来自中国上市公司的经验证据》，载《财经研究》2008 年第 9 期。

81. 毛专：《实施国有资本经营预算的原因和意义》，载《当代经济》2008 年第 7 期（下）。

82. 彭真明、陆剑：《德国公司治理立法的最新进展及其借鉴》，载《法商研究》2007 年第 3 期。

83. 乔德义：《国有企业外派监事会与内部审计运行机制耦合分析》，载《国有资产管理》2008 年第 6 期。

84. 谯薇：《论国有企业委托代理主体的行为目标与行为取向——兼论国有股东代表制度重构》，载《西南民族学院学报（哲学社会科学版）》2002 年第 9 期。

85. 屈宏志：《国资委的多重定位研究》，载《中国地质大学学报（社会科学版）》2006 年第 5 期。

86. 任社军：《国有控股公司内部人控制问题研究》，载《现代企业》2008 年第 1 期。

87. 任胜利：《国有产权转让为何多以协议转让成交》，载《产权导刊》2005 年 12 月号。

88. 〔日〕青木昌彦：《什么是制度？我们如何理解制度？》周黎安、王珊珊译，载《经济社会体制比较》2000 年第 6 期。

89. 容缨：《美国商业判断规则对我国公司法的启示——以经济分析为重点》，载《政法学刊》2006 年第 2 期。

90. 阮忠良、俞巍、朱颖琦：《国有法人股转让未进场交易的法律后果》，载《法学》2009 年第 12 期。

91. 上海市人民检察院第一分院"公益诉讼"课题组：《检察机关提起和参与民事行政公益诉讼资格探讨》，载《华东政法学院学报》2004 年第 3 期。

92. 邵宁：《国有企业与国有资产管理体制改革》，载《中国发展观察》2010 年第 1 期。

93. 邵学峰、孟繁颖：《国有资产流失与所有者主体缺位：由"公地经济"引发的思考》，载《经济与管理研究》2007 年第 4 期。

94. 沈华：《联邦德国的私有化运动》，载《西欧研究》1988 年第 5 期。

95. 石涛：《国有企业：改革回顾、功能分类及终极形态》，载《上海市社会科学界第六届学术年会文集（2008 年度）》（经济·管理学科刊）。

96. 史际春、肖竹：《反公用事业垄断若干问题研究———以电信业和电力业的改革为例》，载《法商研究》2005 年第 3 期。

97. 史际春、肖竹：《公用事业民营化及其相关法律问题研究》，载《北京大学学报（哲学社会科学版）》，2004 年 7 月号。

98. 史际春、姚海放：《国有制革新的理论与实践》，载《法学论坛》2005 年第 1 期。

99. 史忠良、毛树忠：《英、法、德三国国有股东行为机制改革研究》，载《江西社会科学》2007 年第 10 期。

100. 宋伟、胡海洋：《优先股相关法律问题透析》，载《法治研究》2009 年第 9 期。

101. 苏文：《捷克模式：公平与效率的协奏曲》，载《东方》1994 年第 6 期。

102. 孙琳：《人力资源价值计量与人力资本定价》，载《内蒙古科技与经济》2003 年第 6 期。

103. 孙鹏：《论违反强制性规定行为之效力——兼析〈中华人民共和国合同法〉第 52 条第 5 项的理解与适用》，载《法商研究》2006 年第 5 期。

104. 谭伟等：《国有资产公益诉讼的理论与规则》，载《广西师范大学学报（哲学社会科学版）》2009 年第 4 期。

105. 汤谷良、戴璐：《国有上市公司部分民营化的经济后果——基于"武昌鱼"的案例分析》，载《会计研究》2006 年第 9 期。

106. 汤维建：《论检察机关提起民事公益诉讼》，载《中国司法》2010 的第 1 期。

107. 唐宗明等：《中国上市公司大股东侵害度实证分析》，载《经济研究》2002 年第 4 期。

108. 陶伟军：《公共消费品的特性与国有企业定位》，载《常德师范学院学报（社会科学版）》2000 年第 4 期。

108. 汪青松：《中国公司法董事信托义务制度评析——以英美公司法相关理论与实践为视角》，载《东北大学学报（社会科学版）》，2008 年第 5 期。

110. 王保树：《国有企业走向公司的难点及法理思考》，载《法学研究》1995 年第 1 期。

111. 王国刚：《上市公司国有资产减持应以四个原则为基本前提》，载《中国工业经济》2003 年第 2 期。

112. 王海杰：《我国自然垄断产业产权制度改革：超越简单的私有化逻辑》，载《生产力研究》2008 年第 3 期。

113. 王红领、李稻葵、雷鼎鸣：《政府为什么会放弃国有企业的产权》，载《经济研究》2001年第8期。

114. 王杰、李宏：《国有股权转让协议效力的法律分析》，载《内蒙古民族大学学报（社会科学版）》2005年8月号。

115. 王俊豪：《自然垄断产业市场结构重组的目标、模式与政策实践》，载《中国工业经济》2004年第1期。

116. 王珺：《双重博弈中的激励与行为——对转轨时期国有企业经理激励不足的一种新解释》，载《经济研究》2001年第8期。

117. 王凌、汪冬梅：《国有资本经营预算制度初探》，载《齐鲁珠坛》2007年1月。

118. 王研：《国有股权的职能及其法律调整》，载《法学》2002年第3期。

119. 王燕梅：《我国制造业的对外开放与国家经济安全》，载《中国工业经济》2004年第12期。

120. 王勇：《对国有大股东作用的一种认识——来自国有股独大企业与全流通企业的比较》，载《上海经济研究》2007年第8期。

121. 魏秀丽：《股权多元化的国有控股公司治理结构特点及其构建》，载《经济与管理研究》2008年第2期。

122. 文宗瑜、谭静：《上市公司并购及反恶意并购的国有股调控》，载《国有资产管理》2007年第12期。

123. 吴兢：《无锡环保审判庭成立，环保社团首次有公益诉讼权》，载《人民日报》2008年5月8日。

124. 吴敬琏：《论现代企业制度》，载《财经研究》1994年第2期。

125. 吴林祥：《股份全流通后高管行为变化及监管对策》，载《证券市场导报》2008年第3期。

126. 吴茂见：《国有控股公司的概念和法律特征分析》，载《西南政法大学学报》2005年第6期。

127. 吴祥云：《建立国有资本经营预算的若干思考》，载《当代财经》2005年第4期。

128. 吴秀义、王显俊：《论职工持股会的法律保护》，载《工会理论与实践》2003年10月号。

129. 吴振信、张雪峰：《股权分置改革后大股东与管理者合谋的博弈分析》，载《经济问题》2009年第1期。

130. 夏杰长、李勇坚：《国有股减持与股市风险化解》，载《财经科学》2001年第3期。

131. 夏立军、陈信元：《市场化进程、国企改革策略与公司治理结构的内生决定》，载《经济研究》2007 年第 7 期。

132. 夏雅丽：《试论公司法与现代企业制度》，载《政治与法律》1994 年第 6 期。

133. 肖海军、朱建云：《国有股权的法律属性与法律关系》，载《邵阳高等专科学校学报》，2002 年 3 月号。

134. 肖建国：《民事公益诉讼的基本模式研究——以中、美、德三国为中心的比较考察》，载《中国法学》2007 年第 5 期。

135. 肖进中：《正当法律程序价值的再认识》，载《湖南公安高等专科学校学报》2010 年 4 月号。

136. 肖兴祥：《职工持股会存续及发展问题研究》，载《财会月刊》2010 年 8 月号。

137. 肖兴志、邓菁：《战略性新兴产业组织的政策评价与取向》，载《重庆社会科学》2011 年第 4 期。

138. 肖焰：《对我国国企经营者激励机制改革的回顾与展望——兼谈〈国有控股上市公司实施股权激励试行办法〉》，载《生产力研究》2008 年第 18 期。

139. 胥和平：《战略性竞争产业中的国有企业》，载《中国工业经济》2001 年第 5 期。

140. 徐爱农、申红：《对国有股权转让中净资产定价原则的探讨》，载《技术经济与管理研究》2003 年第 6 期。

141. 徐海燕：《俄罗斯私有化十五周年回顾》，载《国际资料信息》2007 年第 10 期。

142. 徐士英等：《国有资产授权经营公司与政府部门关系初探》，载《华东政法学院学报》2001 年第 2 期

143. 徐晓东、陈小悦：《第一大股东对公司治理、企业业绩的影响分析》，载《经济研究》2003 年第 2 期。

144. 徐晓松、范世乾：《论国资委与国有独资公司董事会的关系》，载《月旦财经法杂志》2006 年第 6 期。

145. 徐晓松：《管理与法律的互动：经济法理论研究的起点和路径》，载《政法论坛》2006 年第 3 期。

146. 徐晓松：《论国有控股公司组建及运作的法律规范》，载《政法论坛》1998 年第 6 期。

147. 徐晓松：《论国有资本经营预算的生存环境及其对法律调整的影响》，载《中国法学》2009 年第 4 期。

148. 徐晓松：《论国有资产监督管理机构在国有资本经营预算中的职责》，载《政治与法律》2009 年第 4 期。

149. 徐晓松:《论垄断国有企业监管法律制度框架的重构》,载《政治与法律》2012 年第 1 期。

150. 许斌龙:《关于国有股权的法理思考》,载《改革与战略》2008 年第 11 期。

151. 薛晓军:《从微观经济学看国有股一股独大——论国有股股东"专横"》,载《河南省政法管理干部学院学报》2005 年第 4 期。

152. 燕春:《国有股权的公权本质与私法行使》,载《安徽农业大学学报(社会科学版)》2008 年第 1 期。

153. 杨灿明:《产权特性与产业定位——关于国有企业的另一个分析框架》,载《经济研究》2001 年第 9 期。

154. 杨灿明:《论产权结构与产业结构的一致性》,载《财政监察》2001 年第 3 期。

155. 杨凤:《政府监管的一种规范分析——传统公共利益理论述评及其政策应用》,载《经济纵横》2007 年第 24 期。

156. 杨会新:《国有股权信托若干问题》,载《国家检察官学院学报》2005 年第 5 期。

157. 杨会新:《国有股权信托若干问题》,载《国家检察官学院学报》2005 年第 5 期。

158. 杨记军、逯东、杨丹:《国有企业的政府控制权转让研究》,载《经济研究》2010 年第 2 期。

159. 杨寅:《公私法的汇合与行政法演进》,载《中国法学》2004 年第 2 期。

160. 姚洋、支兆华:《政府角色定位与企业改制的成败》,载《经济研究》2000 年第 1 期。

161. 叶映:《对重建我国职工持股制的探索与思考》,载《经济问题探索》2002 年第 8 期。

162. 叶勇、黄雷:《终极控制股东、控制权溢价和公司治理研究》,载《管理科学》2004 年 10 月号。

163. 叶正茂、洪远朋:《共享利益与股份合作制的产权界定》,载《学术月刊》2002 年第 4 期。

164. 余松林:《城市公用事业民营化法制问题研究——理论与现实、路径与任务、政府责任》,载《成都行政学院学报》2009 年第 5 期。

165. 余颖、唐宗明、陈琦伟:《能力性经济租金:国有企业绩效评价新体系》,载《会计研究》2004 年 11 期。

166. 禹来:《国有企业的外部人控制问题》,载《管理世界》2002 年第 2 期。

167. 元方、杨海成、杨凌:《中国航天产业军民结合发展的现状及对策》,载《中国科技论坛》2008 年 1 月号。

168. 袁丽娜等：《国有控股公司董事会治理结构控析》，载《河北科技大学学报（社会科学版）》2005 年第 2 期。

169. 岳洋：《再论管制与法律的互动：中国与美国比较的视角》，载《经济法论丛》2010 年第 2 期。

170. 曾庆生：《政府治理与公司治理：基于洞庭水殖捆绑上市与 MBO 的案例研究》，载《管理世界》2004 年第 3 期。

171. 翟小波：《人民主权原则的规范逻辑与实践技艺——以卢梭的〈社会契约论〉为根据》，载《北大法律评论》第 11 卷第 1 辑。

172. 翟志华：《刍探建立国有资本经营预算制度》，载《财会月刊（综合）》2007 年 5 月。

173. 张春霖：《存在道德风险的委托代理关系：理论分析及其应用中的问题》，载《经济研究》1995 年第 8 期。

174. 张春霖：《国有企业改革的新阶段：调整改革思路和政策的若干建议》，载吴敬琏主编《比较》（第八辑），中信出版社 2003 年版。

175. 张春霖：《论国有企业的债务问题》，载吴敬琏主编《改革》1996 年第 1 期。

176. 张春霖：《以捷克为例看大众私有化以后的公司治理问题及投资基金的作用》，载吴敬琏主编《改革》1999 年第 4 期。

177. 张嘉宇：《浅谈国有股的流通方案》，载《经济与管理》2001 年第 2 期。

178. 张军：《对国有企业实施股份制改造中股权结构问题的探讨》，载《经济与管理研究》2009 年第 4 期。

179. 张弥：《放开石油领域，引入民营资本》，载《理论视野》2008 年第 6 期。

180. 张敏：《论英国国有企业的经营与管理》，载《欧洲》1996 年第 5 期。

181. 张培尧：《国有股权的行使与监督——以国有控股公司为考察对象》，载《法治研究》2010 年第 2 期。

182. 张培尧：《国有资产管理委托代理论思考》，载《政法论丛》2009 年第 3 期。

183. 张曙光：《国企改革应"先收租，再取利"》，载《中国企业家》2008 年第 8 期。

184. 张维迎：《从现代企业理论看中国国有企业的改革》，载《改革与战略》1994 年第 6 期。

185. 张维迎：《从现代企业理论看中国国有企业的改革》，载《改革与战略》1994 年第 6 期。

186. 张维迎：《公有制经济中的委托人—代理人关系：理论分析和政策含义》，载《经济研究》1995 年第 4 期。

187. 张维迎:《所有制、治理结构及委托代理关系——兼评崔之元和周其仁的一些观点》,载《经济研究》1996 年第 9 期。

188. 张文魁:《国资管理体制改革四大要点不容回避》,载《中国经济时报》2003 年 2 月 11 日。

189. 张裕国:《对发挥国有企业监事会作用的法律思考》,载《国有资产管理》2009 年第 9 期。

190. 赵晶、汪燕:《上市公司国有股权运作的问题与对策》,载《经济体制改革》2002 年第 6 期。

191. 赵卫斌、王玉春:《"一股独大"与股权制衡——基于深交所中小上市公司的分析》,载《苏州大学学报(哲学社会科学版)》2008 年第 3 期。

192. 赵旭东等:《国有资产授权经营法律结构分析》,载《中国法学》2005 年第 4 期

193. 郑康营:《创新交易方式是提高竞价率和增值率的有效途径——"雪津啤酒"国有股权转让与"两轮竞价"》,载《上海国资》2006 年 12 月号。

194. 周祺:《论国有产权转让的无效》,载《法制与社会》2010 年 9 月。

195. 周晓蓉:《国有资本经营预算定位及科目设置研究》,载《财会月刊(会计)》2007 年 2 月。

196. 周宗安、高晓辉:《国有商业银行股权结构中设置"金股"的探索》,载《金融理论与实践》2006 年第 4 期。

197. 朱红军、陈继云、喻立勇:《中央政府、地方政府和国有企业利益分歧下的多重博弈与管制失效——宇通客车管理层收购案例研究》,载《管理世界》2006 年第 4 期。

198. 朱秋霞:《德国国有企业私有化的原则、方法及对我国的启示》,载《开放导报》2005 年 4 月号。

199. 祝志勇、吴垠、刘燕:《国有企业民营化改制的理论和实践约束》,载《财经问题研究》2005 年 3 月号。

(四) 博士学位论文

1. 何国华:《国有独资企业利润分配与上缴法律制度研究》,中国政法大学博士学位论文,2009 年。

2. 胡占琪:《国有控股公司企业集团(公司)投资与股权治理决策研究》,天津大学博士学位论文,2007 年。

3. 蒋言斌:《国有产权交易法律问题研究》,中南大学博士学位论文,2008 年。

4. 晋入勤:《企业国有产权交易法律制度创新论》,华东政法大学博士学位论文,2010 年。

5. 蓝定香:《大型国有企业产权多元化研究——基于股权控制力耗散视角》, 西南财经大学博士学位论文, 2009 年。

6. 李国荣:《大型国有企业产权多元化改革问题研究》, 华中科技大学博士学位论文, 2007 年。

7. 李晓云:《公司向信托的回归》, 西南政法大学博士学位论文, 2006 年。

8. 唐运舒:《全流通进程中大股东侵害及中小投资者权益保护研究》, 合肥工业大学博士学位论文, 2009 年。

9. 吴茂见:《国有控股公司治理法律问题研究》, 重庆大学博士学位论文, 2007 年。

10. 张少鹿:《国有企业产权主体多元化研究》, 西南财经大学博士学位论文, 2000 年。

11. 张天民:《失去衡平法的信托——信托观念的扩张与中国〈信托法〉的机遇和挑战》, 中国政法大学博士学位论文, 2002 年。

12. 张英:《企业国有产权转让监管法律制度研究》, 西南政法大学 2006 年博士论文。

二、外文文献

1. Aaron Tornell. Privatizing the Privatized. NBER Working Paper No. 7206, July 1999.

2. Admati, R. A., P. Pfleiderer, and J. Zechner, J., Large Shareholder activism, risk sharing, and financial markets equilibrium, Journal of Political Economy, 102: 1097—1130, 1994.

3. Aghion, Philippe, and Olivier J. Blanchard: On the Speed of Transition in Central Europe. Analytics of Transition, 1994, 15.

4. Amy L. Chua, The Privatization-Nationalization Cycle: the Link between Markets and Ethnicity in Developing Countries, Columbia Law Review March, 1995.

5. Andrei Shleifer, Robert W. Vishny, "A Survey of Corporate Governance", NBER Working Paper, No. W5554, April 1996.

6. Andrei Shleifer, Robert W. Vishny, "A Survey of Corporate Governance", NBER Working Paper, No. W5554, April 1996.

7. Aronson v. Levis, 473 A. 2d 805 (1984).

8. Barrett James, Information-the Key to Fair Privatization: British Success and Russian Pitfalls, Loyola of Los Angeles International and Comparative Law Journal, December, 1998.

9. Bernard S. Black, Reinier Kraakman, Anna Tarassova, Russian Privatization and Corporate Governance: What Went Wrong?, Stanford Law Review, Vol. 52, No. 6 (Jul., 2000).

10. Black's Law Dictionary, The 8th Edition, West Group, 2004.

11. С. Э. Жилинский:《Предпринимательское право》, Издательство НОРМА Москва, 2005.

12. Coase, R. H. The Nature of the Firm, Economics, 4: 386—405, 1937.

13. Cochran, Philip L., Wartick, Steven L. Corporate Governance: A Review of the Literature, Financial Executives Research Foundation (Morristown, N. J.), p. 74, 1988.

14. Demseta, Harold. The Structure of Ownership and the Theory of the Firm, Journal of Law and Economics, 26: 375—390, 1983.

15. Demseta, Harold. The Structure of Ownership and the Theory of the Firm, Journal of Law and Economics, 26: 375—390, 1983.

16. Fan J P. H, Wong T. J, Corporate Ownership Structure and the Informativeness of Accounting Earnings in East Asia, Journal of Accounting and Economics, 33: 401—425, 2002.

17. George Yarrow, Privatization in theory and practice, Economic Policy, Vol. 1, No. 2 (Apr., 1986).

18. Gomes and Novaes, Sharing of Control versus Monitoring, PIER Working Paper, 2005.

19. Hart, Oliver and Moore, John. Property Rights and the Nature of the Firm. Journal of Political Economy, University of Chicago Press, Vol. 98 (6), pages 1119—58, December.

20. Hecht v. Malley, 265 U. S. 144, 146 (1924).

21. Henry Hansmann and Reinier Kraakman, The End of History for Corporate Law, Georgetown Law Journal, Vol. 89, 2001.

22. Henry Hansmannn, Reinier Kraakman. The Essential Role of Organizational Law. Discussion Paper No. 284, 2000.

23. Henry Hansmann, Reiner Kraakman. "The End of History for Corporate Law", Harvard Law School Discussion Paper, 2000, No. 280.

24. Henry Paris, Public Enterprise in Western Europe, Helicon Room Ltd., 1987.

25. Herry G. Manne, Mergers and the Market for Corporate Control. The Journal of Political Economy, Vol. 73, No. 2, pp. 110—120. 1965.

26. Ingo Vogelsang, Deregulation and Privatization in Germany, Journal of Public Policy, Vol. 8, No. 2 (Apr.—Jun., 1988).

27. Jay Dahya, Orlin Dimitrov, John J. McConnell. Dominant Shareholders, Corporate Boards and Corporate Value: A Cross-Country Analysis. Finance Working Paper No. 99/2005.

28. Jeffrey N. Gordon. "Just Say Never? Poison Pills, Deadhand Pills, and Shareholder-Adopted Bylaws: An Essay for Warren Buffett", Gardozo Law Review, Vol. 19, No. 2, 1997.

29. John Armour, David A. Skeel Jr. "Who Writes the Rules for Hostile Takeovers, and Why? The Peculiar Divergence of US and UK Takeover Regulation", Georgetown Law Journal, Vol. 95, p. 1727, 2007.

30. John Beath, UK Industrial Policy: Old Tunes on New Instruments?, Oxford Review of Economic Policy, Vol. 18, issue 2.

31. John C. Coffee, Liquidity Versus Control: The Institutional Investor as Corporate Monitor, Columbia Law Review, Vol. 91, 1991.

32. John Lowry and Alan Dignam. Company Law (Second edition), Butterworths, 2003.

33. Kornai, J. The Socialist System, The Political Economy of Communism. Princeton: Princeton University Press, 1992.

34. Krishna Palepu, Tarun Khanna, Joseph Kogan. Globalization and Similarities in Corporate Governance: A Cross-Country Analysis, Harvard NOM Working Paper, No. 02—31.

35. La Porta, Lopez-de-Silances, F. Shleifer, A. Vishny. Legal Determination of External Finance_ Journal of Finance, 1997, 1131.

36. Lee C. J. and Xing Xiao, "Cash dividends and Large shareholder expropriation in China", working paper, 2002.

37. Московский государственный университет им. М. В. Ломносова Юридический факультет: 《Предпринимательское право российской федерации》, Москва ЮРИСТЬ, 2004.

38. Мунтян М. А., Подберезкин А. И., Стреляев С. П. Приватизация и приватизаторы. - М., Воскресенье, 2005.

39. Медведев Р. А. Чубайс и Ваучер. Из истории российской приватизации. М. : ИМПЭТО, 1997.

40. Margaret M. Blair. Corporate Ownership, Brookings Review, 1995.

41. Mark. J. Roe, Some Differences in Corporate Structure in Germany, Japan, and the United States, 102 YALE Law Review. 1927—1977 (1993).

42. Megginson, W. L., and J. M. Netter. From State to Market: A Survey of Empirical Studies on Privatization. Journal of Economic Literature, 39 (2), 321—389.

43. Michael C. Jensen and William H. Meckling, Theory of the Firm: Managerial Behavior, Agency Costs and Ownership Structure, 3 The Journal of Financial Economics 305 (1976).

44. Moran v. Household Intem., Inc., 500 A. 2d 1346 (1885).

45. Nadia Gaydarska, Stephan Ranmmeloo. "The Legality of the 'golden share' under EC Law", Maastricht Faculty of Law Working Paper. Vol. 5. No. 9. 2009.

46. Philip H Pettit Ma, Equity and the Law of Trusts (Ninth edition), Butterworths, 2001.

47. Pierangelo Toninelli, From private to public to private again: a long-term perspective on nationalization, Análise Social, vol. XLIII (4. o), 2008.

48. Pierre-Henri Conac. "The New French Preferred Shares: Moving Towards a More Liberal Approach", European Company and Financial Law Review, Vol. 2, No. 4, 2005.

49. P. Poutvaara, A. Wagener, Why is the Public Sector More Labor Intensive? A Distortionary Tax Argument, 2005, Discussion Paper No. 3.

50. P. W. Singer, The Dogs of War go Corporate, London News Review, Mar. 19, 2004.

51. Rafael La Porta, Flowrencio Lopez de silanes, Andrei Shleifer, Robert W. Vishny. "Law and Finance", 1996, NEER Working Paper No. W5661.

52. Richard Crowe, Golden Share as an Obstacle to the Free Movement of Capital, Academy of European law, Materials for Company Law Forum, Madrid, 2003.

53. Richard Swedberg. "Max Weber's Contribution to the Economic Sociology of Law", Annual Review of Law & Social Science, Vol. 2, December 2006.

54. R. Vernon, The International Aspects of State Owned Enterprise, Journal of International Business Studies, 1979, Vol. 10, No. 3.

55. Scott Cummings and Deborah Rhode, Public Interest Litigation: Insights from Theory and Practice, Fordham Urban Law Journal, Vol. XXXVI, 2009.

56. Shirley, Mary M. and Walsh, Patrick Maurice, Public vs. Private Ownership: The Current State of the Debate, World Bank Policy Research Working Paper No. 2420.

57. Simeon Djankov & Peter Murrell, Enterprise Restrucring in Transition: A Quantitative Survey, Journal of Economic Literature Classification, No. P0, L1, L33, 012.

58. Simon Johnson, Rafael La Porta, Florencio Lopez de Silanes, Andrei Shleifer. "Tunneling", Harvard Institute of Economic Research Paper, 2000, No. 1887.

59. Substian Green, Dean F. berry, Culture and Strategic Change in Management Buy-outs, St. Martin Press, 1991.

60. T. Hafsi, M. N. Kiggundu, J. J. Jorgensen, Strategic Apex Configurations in State Owned Enterprises, The Academy of Management Review, 1987, Vol. 12, No. 4.

61. Vemon, R. and Aharoni, Y. (eds.), State-owned Enterprise in Western Economies. Londres, Croom Helm, 1981.

62. William N. Goetzmann, Matthew I. Spiegel, Andrey Unhov. "Modeling and Measuring Russian Corporate Governance: The Case of Russian Preferred and Common Shares", NBER Working Paper No. w9469.

63. Williamson, O. E. Comparative Economic Organization: The Analysis of Discrete Structural Alternatives, Administrative Science Quarterly. 36: 269—296, 1991.

64. World Bank, Private Sector Development in Low-Income Countries, Washington, DC: World Bank, 1995.

三、互联网资料

1. 《关于中航油案及国资委对相关责任人的处理》,载 http://www.china.com.cn/economic/txt/2007-02/08/content_ 7781554.htm, 2007 年 2 月 8 日发布, 访问日期: 2013 年 7 月 15 日。

2. 《进一步推动国有经济布局和结构战略性调整》, 载 http://www.sasac.gov.cn/n1180/n1566/n258252/n258659/1728074.html, 2006 年 12 月 19 日发布, 访问日期: 2013 年 7 月 15 日。

3. 《中储棉巨亏事件切中央企之痛》, 载 http://business.sohu.com/20050117/n223979656.shtml, 2005 年 1 月 17 日发布, 访问日期: 2013 年 7 月 15 日。

4. 《李荣融在全国国有资产监督管理工作会议上的讲话》, 载 http://www.sasac.gov.cn/n1180/n1566/n259760/n264785/6919432.html, 2009 年 12 月 24 日发布, 访问日期: 2013 年 7 月 15 日。

5. 《广州新任命国企领导取消行政级别》, 载 http://www.gov.cn/gzdt/2009-06/01/content_ 1328899.htm, 2009 年 6 月 1 日发布, 访问日期: 2013 年 7 月 15 日。

6. 《加强国有股权管理, 山东国资委拟设最低持股比例》, 载 http://stock.hexun.com/2008-08-08/107984348.html, 2008 年 8 月 8 日发布, 访问日期: 2013 年 7 月 15 日。

7. 《社会聚集: 武建二公司大量国有资产流失的群众检举信》, 载 http://bbs.sogou.com/488294/cyEuQ4-C6gvHBAAAA.html, 2009 年 1 月 21 日发布, 访问日期: 2013 年 7 月 15 日。

8. 《山西亿元煤矿万元卖给个人, 被指国有资产流失》, 载 http://www.gmw.cn/content/2010-05/21/content_ 1127831.htm, 2010 年 5 月 21 日发布, 访问日期: 2013 年 7 月 15 日。

9. 《临汾互感器厂光明正大的国有资产流失》, 载 http://tieba.baidu.com/f?kz=639623687, 2009 年 9 月 6 日发布, 访问日期: 2013 年 7 月 15 日。

10. Geoffrey M. Heal, Corporate Social Responsibility: An Economic and Financial Framework, See: http://papers.ssrn.com/sol3/papers.cfm? abstract_ id =642762, December 2004, 访问日期: 2013 年 7 月 15 日.

11. Roman Frydman, Cheryl Gray, Marek Hessel, Andrzej Rapaczynski. Private Ownership and Corporate Performance: Some Lessons from Transition Economies. See: http://web.cenet.org.cn/upfile/80740.pdf, June 1997, 访问日期: 2013 年 7 月 15 日.

12. 陈守义: 《必须有人为国有资产损失负责》 (原标题为 "不良资产核销必须问责"), 载 http://business.sohu.com/20050309/n224597774.shtml, 2005 年 3 月 9 日发布, 访问日

期：2013年7月15日。

13.《南阳方城县工商所转卖国有资产，检察院起诉》，载 http://news.qq.com/a/20080331/000838.htm，2008年3月31日发布，访问日期：2013年7月15日。

14.《国务院国资委一审败诉案》，载 http://www.liaohai.com.cn/channel_02_show.asp?idse=594&idth=4339，2008年9月27日发布，访问日期：2013年7月15日。

15.《稀土巨头停产引发争议 专家称促进产业健康》，载 http://finance.sina.com.cn/roll/20111027/070010700679.shtml，访问日期：2011年11月14日。

16. 载 http://zh.wikipedia.org/wiki/%E5%A4%A9%E4%BD%BF%E6%8A%95%95%E8%B5%84%E8%80%85，访问日期：2011年11月14日。

17.《大宗资源优先配置重点企业》，载 http://www.hbgrb.net/epaper/html/2009-12/15/content_38346.htm，访问日期：2011年7月10日。

18.《福州明年出台闽江砂限采额，由国有企业统一开发》，载 http://news.xmnn.cn/hxxw/200912/t20091218_1273253.htm，访问日期：2011年7月10日。

19.《争夺稀土：包钢稀土独霸北方 央企南控赣桂粤湘》，载 http://finance.sina.com.cn/chanjing/cyxw/20110620/051910015251.shtml，访问日期：2011年7月13日。

20.《北京通州区国资委原主任受贿877万被公诉》，载 http://news.xinhuanet.com/legal/2010-11/03/c_12734267.htm，访问日期：2011年7月5日。

21.《新华网评：公共服务中有多少"茅台成本"》，载 http://www.afinance.cn/new/xwpl/201104/339362.html，访问日期：2011年7月5日。

22. 国务院国有资产监督管理委员会网站，载 http://www.sasac.gov.cn/n1180/n1226/n2425/index.html，访问日期：2011年6月20日。

23.《评论：中石油超千亿利润到底是如何赚来》，载 http://www.chinanews.com/stock/2010/10-29/2621501.shtml，访问日期：2011年6月21日。

24.《"商而优则仕"：国企老总转任地方政府官员渐成风潮》，载 http://news.xinhuanet.com/local/2011-04-06/c_121272119.htm，访问日期：2011年11月16日。

25.《竞争性行业民企效率胜一筹》，载 http://www.chinavalue.net/media/article.aspx?articleid=17782，访问时间：2011年7月12日。

26.《国有经济结构调整成效初显，国有企业经济效益大幅增长》，来源：国务院国有资产监督管理委员会网站，载 http://www.sasac.gov.cn/n1180/n1211/n2695/n4592/12349031.html，访问日期：2011年7月4日。

27.《武汉113家国企改制造成银行近20亿损失》，载 http://news.163.com/06/1130/12/31662PQN00011SM9_2.html，访问日期：2011年7月21日。

28.《受贿17万,原市国资委评估管理处处长被判刑5年》,载http://news.qq.com/a/20070630/001992.htm,访问日期:2011年8月9日。

29.《宁波市国资委一处长受贿被判刑十年》,载http://www.zjjcy.gov.cn/jcdt/fffy/201006/t20100624_378517.htm,访问日期:2011年8月9日。

30.《国资委出具〈产权界定意见函〉是不是具体行政行为》,载http://wenku.baidu.com/view/ed3dbac20c22590102029d3b.html,访问日期:2011年8月9日。

31.《关于企业改制中职工补偿金处置的探索》,载http://news.9ask.cn/gsbg/sjpg/201003/380409.html,访问日期:2011年8月9日。

32.《产权交易试水黄金股》,载http://finance.sina.com.cn/g/20051108/16172102864.shtml,访问日期:2011年11月25日。

33.《财政部:推动地方开展国有资本经营预算工作》,载http://www.chinanews.com/cj/2011/05-10/3029202.shtml,访问日期:2011年12月3日。

34.《国有资本经营预算编制情况》,载http://www.mof.gov.cn/zhengwuxinxi/caizhengshuju/201005/t20100511_291391.html,访问日期:2011年12月3日。

35.《国资委:央企中的特殊企业要加强社会监管》,载http://tech.163.com/11/1213/04/7L4JVEM0000915BE.html,访问日期:2012年2月5日。

36.《李荣融:积极推进国有资产管理体制和国有企业改革》,载http://www.gzw.dl.gov.cn/article/2005/0115/article_4165.html,访问日期:2012年2月5日。

37.《法国国有企业私有化收入用于消散国债和增加科研》,载http://www.mofcom.gov.cn/aarticle/i/jyjl/m/200611/20061103623503.html,访问日期:2012年3月1日。

38.《参考英国经验,使私有化造福于民》,载http://apps.hi.baidu.com/share/detail/54761618,访问日期:2012年3月4日。

39.《深圳人大设代表专业小组审查监督国有资产运营》,载http://news.stnn.cc/c17/2011/0609/2883312204.html,访问日期:2012年2月27日。

40. John S. Earle, Post-Privatization Ownership Structure and Productivity in Russian Industrial Enterprises, 载http://papers.ssrn.com/sol3/papers.cfm?abstract_id=80648,访问日期:2012年3月15日。

41. Elena Medova, Larissa Tischenko, "LAWLESS PRIVATIZATION?" Working Paper of University of Cambridge, 载http://www-cfap.jbs.cam.ac.uk/publications/downloads/wp29.pdf,访问日期:2012年3月7日。

42. John S. Earle, Post-Privatization Ownership Structure and Productivity in Russian Industrial Enterprises, 载http://papers.ssrn.com/sol3/papers.cfm?abstract_id=80648,访问日期:2012年2月28日。

43. Daniel H. Cole and Peter Z. Grossman, The Meaning of Property Rights: Law vs. Economics?, 载 http://www.iulaw.indy.indiana.edu/instructors/cole/web%20page/Meaning%20of%20Property%20Rights.pdf, 访问日期: 2012 年 3 月 23 日。

44. The World Bank, Development Research Center of the State Council, the People's Republic of China, China 2030: Building a Modern, Harmonious, and Creative High-Income Society, 载 http://www.worldbank.org/en/news/2012/02/27/china-2030-executive-summary, 访问日期: 2012 年 3 月 25 日。

45. 《ФЕДЕРАЛЬНЫЙ ЗАКОН О ПРИВАТИЗАЦИИ ГОСУДАРСТВЕННЫХ И МУНИЦИПАЛЬНЫХ ПРЕДПРИЯТИЙ В РСФСР》, 载 http://www.consultant.ru/online/base/?req=doc;base=LAW;n=541, 访问日期: 2011 年 7 月 28 日。

46. 《ФЕДЕРАЛЬНЫЙ ЗАКОН О ПРИВАТИЗАЦИИ ГОСУДАРСТВЕННОГО ИМУЩЕСТВА И ОБ ОСНОВАХ ПРИВАТИЗАЦИИ МУНИЦИПАЛЬН ОГОИМУЩЕСТВА В РОССИЙСКОЙ ФЕДЕРАЦИИ》, 载 http://www.consultant.ru/online/base/?req=doc;base=LAW;n=28103, 访问日期: 2011 年 7 月 28 日。

47. 《ФЕДЕРАЛЬНЫЙ ЗАКОН О ПРИВАТИЗАЦИИ ГОСУДАРСТВЕННОГО И МУНИЦИПАЛЬНОГО ИМУЩЕСТВА》, 载 http://www.consultant.ru/online/base/?req=doc;base=LAW;n=116647, 访问日期: 2011 年 7 月 28 日。

48. УКАЗ ПРЕЗИДЕНТА РОССИЙСКОЙ ФЕДЕРАЦИИ ОТ 31.12.1992 N 1705 《О РАСШИЛЕНИИ ВОЗМОЖНОСТЕЙ УЧАСТИЯ НАСЕЛЕНИЯ В СПЕЦИАЛИЗИРОВАННЫХ ЧЕКОВЫХ АУКЦИОНАХ》 и УКАЗ ПРЕЗИДЕНТА РОССИЙСКОЙ ФЕДЕРАЦИИ ОТ 04.11.1994 N 2063 《МЕРАХ ПО ГОСУДАРСТВЕННОМУ РЕГУЛИРОВАНИЮ РЫНКА ЦЕННЫХ БУМАГ В РОССИЙСКОЙ ФЕДЕРАЦИИ》, 载 http://www.consultant.ru/online/base/?req=doc;base=LAW;n=116650, 访问日期: 2011 年 7 月 28 日。

49. 《Перспективы отечественной промышленной политики и реформа ОПК》, 载 http://www.proatom.ru/modules.php?name=News&file=article&sid=355, 访问日期: 2011 年 11 月 20 日。

50. 《РОССИЙСКАЯ ФЕДЕРАЦИЯ ФЕДЕРАЛЬНЫЙ ЗАКОН О ЕСТЕСТВЕННЫХ МОНОПОЛИЯХ》, 载 http://www.consultant.ru/online/base/?req=doc;base=LAW;n=122787, 访问日期: 2012 年 1 月 13 日。

51. 肖金成、孙玉:《国有资本经营预算体系构建过程中若干关系分析》, 载 http://www.iac.org.cn/default.asp2010 年 3 月 20 日。

52. 《国有资本经营预算编制主体之辩》, 载 http://www.hrbgzw.gov.cn/news_text.asp?id=3206, 2010 年 3 月 20 日。

53.《国有资本经营预算不能成为账外账》,载《第一财经日报》,日期2007年6月1日。

54. 世界银行驻中国代表处高路易(Louis Kuijs)、高伟彦(William Mako)、张春霖:《国有企业分红:分多少?分给谁?》,载http://www.worldbank.org.cn/Chinese/content/SOE_cn_bill.pdf2010年3月20日。

55. 邹雪:《国企上缴红利优先投向何处》,载《人民网——人民日报海外版》2007年7月10日。

56.《石油特别收益金开征:"暴利税"先拿石油开刀》,载http://news.xinhuanet.com/fortune/2006-04/05/content_4385837.htm,访问日期:2010年3月20日。

57.《上缴170亿元 国企垄断的历史将终结》,载http://info.china.alibaba.com/news/detail/v5003008-d1000906405.html,访问日期:2008年4月24日。

索　引

（按首字的汉语拼音字母顺序排列）

洞庭水殖 MBO 案　64
公司治理问题　16, 18, 19, 67, 100, 126
公益诉讼制度　285—287, 289
管理层收购　11, 60, 65, 158, 170, 193—195　国家安全行业　129, 179
国有产权转让　10, 100, 124, 125, 153, 156, 157, 159, 161, 166—168, 171—175, 182, 188, 189, 211
国有公司治理问题　19, 21
国有股东代表制度　11, 86, 87, 90
国有股股利分配权行使　10, 11, 42, 45, 199—204, 206—211, 234, 236, 243, 256
国有股股利分配中的利益冲突关系　206, 209
国有股权　1, 2, 4—13, 15, 16, 23, 24, 27, 28, 31—38, 40—48, 51—54, 56, 59, 61, 64—67, 69, 71—79, 85—89, 92—94, 99—111, 115—119, 121—129, 131, 135, 139, 141, 142, 146—159, 161, 163—165, 168—170, 172—190, 192—195, 197, 198, 201—203, 206, 207, 210, 211, 237, 239, 243, 253—259, 262, 265—267, 271, 273—275, 280, 283, 289, 290
国有股权的公共权利属性　8, 9, 11, 23, 31, 36, 37, 41, 141, 200
国有股权的可转让性　126
国有股权的信托行使　106, 108, 110, 117, 119, 122
国有股权过度控制　73, 99
国有股权监管　10, 12, 13, 253—255, 284
国有股权监管法律制度　10, 11, 253, 254
国有股权失控　64, 65, 99
国有股权行使　1, 2, 4—13, 15, 20, 21, 23, 31, 34—43, 46, 48, 51—53, 61, 65—67, 69—71, 73—79, 83, 86, 87, 92—94, 98, 99, 103, 106, 110, 111, 117—122, 126, 152, 180, 200, 237, 238, 253—259, 261, 262, 266—268, 271—273, 275, 280, 281, 283—285
国有股权行使主体的民事责任　10, 11,

254，271，273

国有股权行使主体民事责任的追究机制
10，11，254，279

国有股权行使主体责任制度 267，268，
272

国有股权制度的核心范畴 31，32，34

国有股转让权行使 9，11，37，43，123，
125，126，128，141，151，153，173，
174，177

国有控股股东重大事项决定权行使 9，
42，48，75

国有控股权行使的特性 48，49，52

国有控股权主体制度 81

国有资本经营预算制度 41，45，165，
199—202，204—206，209，210，212，
215，216，236，237，243，251

国有资本控股公司 6，9，11，14，37，
40，43，47—50，52—57，59—61，63，
65—67，71，73—78，81，82，84—94，
96，98—101，103—106，108，110，
117，122，187，260，265，266，268，
270，273—275，277—280

国有资产授权经营 70，72，107，109，
110，116，117

黄金股 9，11，75，87，100，101，130，
184，186，197，198

经济战略行业 131，134，179

控股股东的隧道效应 63

利润上缴比例 200，216，217，227

上海磁悬浮交通项目股权信托计划 107

四川长虹巨额坏账案 60—62，281

完全竞争行业 122，139，141

现行国有股权监管制度体系 10，254

优先股 9，87，100，101，103—106

预算监督 10，11，45，200，210，211，
243，245—252

职工持股 11，109，150，183，184，195—
197

中航油事件 64，87

资产评估 11，96，160，168，169，182，
183，191—193，195，269

资源占用费的界定 228

自然垄断行业 30，44，50，123，128，
135—139，151，152，164，179，182，
184，185，190，197

后　　记

呈现在读者面前的《国有股权行使和监管法律制度研究》是作者在国家哲学社会科学基金项目最终成果基础上修改而成。该项目负责人为中国政法大学民商经济法学院教授、博士生导师徐晓松。中国政法大学民商经济法学院经济法研究所刘继峰教授、刘丹副教授、北京化工大学何国华副教授、中国人民保险集团股份有限公司李哲博士、天津师范大学法学院张培尧博士、中国神华海外开发投资有限公司法律与内控部岳洋博士等参加了该项目的研究工作。

本书研究主题的确定、研究思路设计、各部分研究和撰写的指导由徐晓松教授负责。徐晓松、何国华、刘丹、李哲、张培尧、岳洋等执笔完成初稿。全书由徐晓松教授修改审定。

本书撰写具体分工为：

绪论：徐晓松

第一部分：徐晓松

第二部分：徐晓松、张培尧、刘丹

第三部分：徐晓松、岳洋、刘丹

第四部分：徐晓松、何国华、李哲

第五部分：徐晓松、张培尧、刘丹

本书入选"2015年国家哲学社会科学成果文库"，相关出版事宜得到了北京大学出版社的大力支持。在此，谨向课题资助方、北京大学出版社以及郭栋磊编辑表示最诚挚的谢意！

徐晓松

2015 年 11 月

图书在版编目(CIP)数据

国有股权行使和监管法律制度研究/徐晓松等著. —北京:北京大学出版社,2016.3
(国家哲学社会科学成果文库)
ISBN 978-7-301-26994-7

Ⅰ. ①国… Ⅱ. ①徐… Ⅲ. ①国有股权管理—法规—研究—中国
Ⅳ. ①D922.291.914

中国版本图书馆 CIP 数据核字(2016)第 044329 号

书　　名	国有股权行使和监管法律制度研究
	Guoyou Guquan Xingshi he Jianguan Falü Zhidu Yanjiu
著作责任者	徐晓松　等著
责任编辑	郭栋磊
标准书号	ISBN 978-7-301-26994-7
出版发行	北京大学出版社
地　　址	北京市海淀区成府路 205 号　100871
网　　址	http://www.pup.cn
电子信箱	law@pup.pku.edu.cn
新浪微博	@北京大学出版社　@北大出版社法律图书
电　　话	邮购部 62752015　发行部 62750672　编辑部 62752027
印 刷 者	北京中科印刷有限公司
经 销 者	新华书店
	730 毫米×1020 毫米　16 开本　21 印张　333 千字
	2016 年 3 月第 1 版　2016 年 3 月第 1 次印刷
定　　价	68.00 元

未经许可,不得以任何方式复制或抄袭本书之部分或全部内容。
版权所有,侵权必究
举报电话: 010-62752024　电子信箱: fd@pup.pku.edu.cn
图书如有印装质量问题,请与出版部联系,电话: 010-62756370